Medienrhetorik

Medienrhetorik

Herausgegeben von

Joachim Knape

Redaktion: Stefanie Luppold

Attempto
VERLAG

Bibliografische Information der Deutschen Bibliothek

Die Deutsche Bibliothek verzeichnet diese Publikation in der Deutschen Nationalbibliografie; detaillierte bibliografische Daten sind im Internet über <http://dnb.ddb.de> abrufbar.

Umschlagabbildung: Tamara de Lempicka. Telephone II, 1930. © VG Bild-Kunst, Bonn 2004.

Herausgeber und Verlag bedanken sich bei der Vereinigung der Freunde und Förderer der Universität Tübingen (Universitätsbund) e.V. für die finanzielle Unterstützung der Drucklegung dieses Bandes.

Dischingerweg 5 · D-72070 Tübingen

Internet: http://www.attempto-verlag.de
E-Mail: info@attempto-verlag.de

Gesamtherstellung: Hubert & Co., Göttingen
Printed in Germany

ISBN 3-89308-370-7

Inhalt

Joachim Knape

Medienrhetorik. Einleitung zu den Beiträgen

1. Marshall McLuhan, Medientheorie und neue Medienorthodoxie

„Ein Gespenst geht um unter den Medienwissenschaftlern, sein Name ist Marshall McLuhan." Zu dieser Variante einer berühmten Formulierung sieht man sich veranlasst, wenn man alte und neue Einschätzungen des vermutlich einflussreichsten, gewiss aber bekanntesten und meist umstrittenen Medientheoretikers des 20. Jahrhunderts liest. Der Kanadier McLuhan (1911-1980) erregte bei Erscheinen seiner drei wichtigsten Bücher ‚The Gutenberg Galaxy' (1962), ‚Understanding Media' (1964) und ‚The Global Village' (zusammen mit B. R. Powers 1989) großes Aufsehen und rief zugleich gläubige Zustimmung und aggressive Ablehnung hervor.[1] Die Wellenschläge spürt man heute noch in neueren Darstellungen zur Medientheorie. Für Werner Faulstich (1998) etwa ist McLuhan lediglich Begründer jener „neueren Pseudo-Medientheorien", die „Globalerklärungsansprüche erheben" und „Forschungsbedarf [vermutlich sind Forschungsergebnisse gemeint, die freilich oft fehlen] durch Glaubenssätze und häufig nicht nachvollziehbare Utopien" ersetzen.[2] Man könne Werken nach der Art McLuhans, die vielfach „als irrational oder als bloßes Geschwafel kritisiert" würden, „vielleicht einen utopistischen, feuilletonistischen, literarischen, sprachkünstlerischen oder bestenfalls philosophischen Charakter zusprechen".[3] Für Rainer Leschke (2003), der diese Einschätzung teilt, ist McLuhans „neuerliche Popularität" höchst erstaunlich, zumal sie aggressive Generalabrechnungen (wie etwa die völlig überzogene, aber nach wie vor mit Vergnügen zu lesende Beschimpfung durch den Schriftsteller Hans Magnus Enzensberger von 1970)[4] vom historischen Tisch fegte. Nach Sicht der neuen Theoriedogmatiker unter den Medienwissenschaftlern führte das zu dem bedauerlichen Ergebnis, „dass seit Mitte der achtziger Jahre kaum ein Medienwissenschaftler vor dem Rekurs auf McLuhan zurückschreckte, ja McLuhan zum heimlichen Stammvater der

---

1 Dt. ‚Die Gutenberg Galaxis. Das Ende des Buchzeitalters' ([1]1968), ‚Die magischen Kanäle. „Understanding Media"' ([1]1968), ‚The Global Village. Der Weg der Mediengesellschaft in das 21. Jahrhundert' (1995).

2 W. Faulstich: Medium. In: Ders. (Hg.): Grundwissen Medien. München [3]1998, S. 21-105, hier S. 99.

3 Faulstich (Anm. 2), S. 23.

4 Die „schönsten" Stellen sind abgedruckt bei R. Leschke: Einführung in die Medientheorie. München 2003, S. 253f.

Medienwissenschaft avancierte".[5] Liegt es nur daran, dass McLuhan die neue, um Anerkennung ringende Disziplin „Medienwissenschaft mit Selbstbewusstsein" versorgt, wie Leschke vermutet, und ihr in dieser Hinsicht immerhin doch „Bedeutung und Orientierung" zu geben vermag?[6]

Heimliche oder unheimliche Gründerväter schafft man offensichtlich nicht so schnell aus der Welt. Man kommt eben nicht darum herum, dass es McLuhan war, der die Frage einer zukünftigen Medienwissenschaft und Medientheorie explizit, provokativ und breitenwirksam auf die epistemische Agenda des 20. Jahrhunderts gesetzt hat, während die schon bestehenden Anfänge der amerikanischen *mass media*-Forschung meist noch ganz aufs Einzelne konzentriert waren.[7] Wie steht es dabei aber mit all den Einwänden, die Leschke in seiner mehrseitigen, ältere Positionen zusammenfassenden Kritik gegen McLuhan als Theoretiker vorbringt? Der Hauptvorwurf liegt darin, dass bei ihm „Wissenschaft durch eine Art Gebrauchsliteratur [!] substituiert" werde, „so dass Ähnlichkeiten dort Evidenzen evozieren, wo eigentlich kausale Zusammenhänge zu belegen wären". McLuhans „Vorstoß" einer „eher ästhetisch zusammengeklaubten Kette von Merkmalen" nach „Similaritätsgesichtspunkten" könne als „Versuch einer Begründung wenigstens eines bestimmten Typs von Medienwissenschaft" nur bei Leuten verfangen, bei denen nicht mehr als nur „lascheste geisteswissenschaftliche Kriterien Verwendung finden".[8]

In solchen Bemerkungen zeigt sich die Sehnsucht des geisteswissenschaftlichen Apostaten, der sich als neuer Medienwissenschaftler versteht, nach unlascher „Wissenschaftlichkeit", wie sie insbesondere aus dem Bereich der Naturwissenschaften herüberzuleuchten scheint. Auch Faulstich artikuliert diese Sehnsucht, wenn er den vorfindlichen „Einzelmedientheorien" vorwirft, dass sie

> „bestenfalls vortheoretische Verstehensansätze darstellen: Sie beschreiben Tatbestände und stellen Thesen auf, aber sie bilden in keinem Fall ein System von Gesetzesaussagen mit prognostischer Bedeutung, wie es für Theorien erforderlich wäre".[9]

Alle Achtung! Einem bekennenden Geisteswissenschaftler stockt bei solch hoch gesteckten, nicht unbedingt von sachbereichsadäquater Reflexion gekennzeichneten Ansprüchen der Atem. Setzt sich derjenige, der im Bereich der Kultur-, Sozial-, und Verhaltenswissenschaften (falls die neue Medienwissenschaft dazu gehören sollte) „Gesetze" entdecken will, nicht der Gefahr

---

5 Leschke (Anm. 4), S. 253.

6 Leschke (Anm. 4), S. 254.

7 Man muss der jüngeren Generation an dieser Stelle ins Bewusstsein rufen, dass zu McLuhans Zeit und noch lange danach das Fernsehen und der Begriff „Medien" für viele Intellektuelle – und solche, die sich dafür hielten – ein Bildungsverfallsbegriff war und dass die als Medien bezeichneten Phänomene als Indikatoren des geistigen Niedergangs eingeschätzt wurden.

8 Leschke (Anm. 4), S. 250.

9 Faulstich (Anm. 2), S. 23.

einer inadäquaten *nomothetic fallacy* aus? Auch hinsichtlich der Prognosefähigkeit ist im Bereich menschlich-kultureller Interaktionszusammenhänge Zurückhaltung geboten und sind sehr spezielle Überlegungen anzustellen. Mit sicherlich gut gemeinten, aber doch bloß holzschnittartigen Theoriepostulaten der genannten Art, die schematisch von Standards anderer Disziplinen abgeleitet sind, wird man all den Problemen nicht gerecht, die in medienaffinen Disziplinen bearbeitet werden können, zumal sie die geforderte theoretische Produktivität eher zu hemmen scheinen.[10] Darauf deutet zumindest die bei Faulstich selbst zu findende Bemerkung hin, dass „eine umfassende wissenschaftliche Theorie ‚des' Mediums mit hinreichender Akzeptanz in der ‚scientific community' bis heute noch nicht existiert".[11] Jean Baudrillards apodiktische Bemerkung von 1972 „Es gibt keine Medientheorie" ist offensichtlich noch aktuell.[12] Zitate ähnlicher Art finden sich oft und führen regelmäßig zu Feststellungen wie: „Diskussionen über Medientheorien werden gegenwärtig äußerst kontrovers geführt."[13]

Der Weg zu einer einheitlichen Medientheorie ist offenbar deswegen noch so weit, weil die selbstbewusst vorgetragenen hohen Ansprüche nicht eingelöst werden (können). Es fehlt nach wie vor an plausiblen Bestimmungen der fundamentalsten Theorieelemente. Insbesondere fehlt es an zufrieden stellender Theoriearbeit am Medienbegriff und der damit verbundenen Begrenzung des fachlichen Gegenstandsbereichs sowie fachspezifischen Fragestellungen. Nur der dabei zu leistende Reduktionismus kann den disziplinären Kern im Sinne einer wissenschaftlichen Differentia specifica zum Vorschein bringen.[14] Offenbar geht beim neuen Wissenschaftsfeld „Medien" die Tendenz aber immer noch weiter in entgegengesetzte Richtung. Rainer Leschke muss dementsprechend in seinem Überblick zur Lage der Medientheorie eine bedenklich stetige „Erweiterung des Objektbereichs" konstatieren, die zu offensichtlicher Unübersichtlichkeit und dem Zustand führt,

> „dass die einzelnen Theoriemodelle, wiewohl sie sich in einer Art permanenter Koexistenz befinden, strukturell inkompatibel sind. Medienwissenschaft ist von daher nicht nur unübersichtlich, sondern strukturell in unterschiedliche theoretische Stränge dissoziiert, die sich prinzipiell einer Synthetisierung widersetzen."[15]

Insgesamt kommt Leschke zu dem ernüchternden Befund, dass es „weder einen verlässlichen Ursprung noch einen auch nur halbwegs exakt zu be-

---

10 Vgl. „zur Theoriefrage" auch J. Knape: Allgemeine Rhetorik. Stationen der Theoriegeschichte. Stuttgart 2000, S. 9-22.

11 Faulstich (Anm. 2), S. 26.

12 Zit. bei Leschke (Anm. 4), S. 257.

13 G. Helmes, W. Köster: Einleitung. In: G. H., W. K. (Hg.): Texte zur Medientheorie. Stuttgart 2002, S. 15-22, hier S. 15.

14 Sich damit abzumühen, alles, was sich inzwischen faktisch unter dem Mediendach tummelt, in eine einheitliche Theorie zu integrieren, dürfte ein vergebliches Unterfangen sein. Jede vernünftige Theoriebildung hat hier zunächst einmal das Ockham'sche Rasiermesser anzusetzen.

15 Leschke (Anm. 4), S. 28.

zeichnenden Ort der Medienwissenschaften" gebe „und auch der Gegenstand der Medienwissenschaften" sich „historisch als recht flexibel erwiesen" habe.[16] McLuhan jedenfalls, darin ist er sich mit Faulstich und anderen einig, gehört seiner Meinung nach nicht in den Horizont dieser Fächer.

Medienwissenschaft und was sich unter dieser Bezeichnung sammelt ist wissenschaftsgeschichtlich gesehen noch taufrisch. Insofern darf es auch nicht verwundern, dass sehr viel Klärungsbedarf hinsichtlich des Profils dieser Disziplin und ihrer theoretischen Grundlagen besteht. Alles was da unter den Medienfachleuten an methodischer Selbstkasteiung und an harten Theoriepostulaten auftritt, um vor bestimmten Nachbardisziplinen bloß nicht als „lasch" (sprich: „geisteswissenschaftlich") dazustehen, ist der nötigen Etablierungs- und Stabilisierungsarbeit der Disziplin geschuldet und insofern verständlich, ja vielleicht auch unvermeidlich. Aber was ist damit gewonnen, den ungeliebten Vater McLuhan einfach aus dem Wissenschaftstempel zu jagen, ohne mit gutem Willen nach dem Diskussions- und Inspirationspotenzial seiner Schriften zu fragen?

Ernst zu nehmende Theorien können ihren empirischen Grund durchaus in Selbstbeobachtung von Experten, in ganz individuellen Expertenbeobachtungen oder persönlichen Erfahrungen haben. Gemessen an den Validitätsvorstellungen mancher empirischer Wissenschaften haben solche Theorien dann vielleicht nur den Status von Hypothesen, können nur als vorläufig gelten. Aber sind sie deswegen schon zu verwerfen? Die Geschichte bestimmter biologischer Theorien, etwa der Darwin'schen Evolutionstheorie (die ja höchst plausibel ist, der es aber nach Ansicht mancher Kritiker bis heute an strengen „wissenschaftlichen Beweisen" mangelt), sollte uns da eines Besseren belehren. Man kann die innere Konsistenz der McLuhan'schen Theorien mit Recht bezweifeln, Leschke aber lehnt McLuhans Art der Theoriebildung prinzipiell ab. Gegenüber diesem prinzipiellen Vorbehalt trage ich meinerseits prinzipielle Bedenken. McLuhan sei vorzuwerfen, heißt es da, „eher ästhetisch" anzusetzen, mit seinen Ausführungen allseits zitierfähig zu sein, „geradezu programmatisch offen und anschlussfähig" zu formulieren und immer mit gerade „passenden Analogien" zu arbeiten, die ihm die „Phantasie" liefere.[17] Leschke erweist sich hier als Exponent eines bestimmten Theoriebildungsparadigmas, das allein als „wissenschaftlich" gelten soll. McLuhans Art zu theoretisieren hat da keinen Platz:

> „Analogien und Metaphern, der Rekurs auf bekannte Differenzen, das Arbeiten mit Oppositionskernen als logischer Form sowie der alles dominierende Gestus der Interpretation – all das macht deutlich, dass von McLuhan geisteswissenschaftliche Modelle auf die Medientechnologien appliziert werden."[18]

---

[16] Leschke (Anm. 4), S. 11.

[17] Leschke (Anm. 4), S. 254.

[18] Leschke (Anm. 4), S. 256. Hier könnte ein Missverständnis des ganzen Ansatzes vorliegen: Führt McLuhans anthropologisches Interesse wirklich zu den genannten Applikationen auf Medientechnologien oder eher zu kühnen, vielleicht allzu kühnen Verkopp-

McLuhan charakterisiert sich und seinen Idealleser am treffendsten selbst, wenn er die Schriften des Klassikers der frühneuzeitlichen Wissenschaftstheorie Francis Bacon charakterisiert:

> „Francis Bacon wurde nie müde, heiße und kalte Prosa [in seinem Werk] gegenüberzustellen. Er schrieb in ‚Methoden' oder einem ‚Fertigpackungsstil' und stellte seinen Ausführungen Aphorismen oder einzelne Bemerkungen wie etwa ‚Rache ist eine Art wilder Justiz' gegenüber. Der passive Konsument will alles schon verpackt; aber jene, welchen daran gelegen ist, mehr zu erfahren, so meinte er, und die nach Gründen suchen, werden zu Aphorismen greifen, weil sie ja unvollständig [i.e. kalt] sind und aktive, gesamtpersönliche Beteiligung suchen."[19]

Die zuvor genannten Bemerkungen Leschkes treffen McLuhans literarisches Verfahren sicherlich recht gut. Sie gipfeln in dem natürlich als Vernichtung gemeinten Urteil: „Argumentation wird durch Rhetorik" substituiert.[20] Wenn denn die orthodoxe Medientheorie ihren historisch ersten berühmten Beweger damit ins Reich der Rhetorik (um einen Buchtitel Chaïm Perelmans aufzugreifen) abschieben will, so sei er dort willkommen. McLuhans literarisches Verfahren (von Leschke als „Gebrauchsliteratur" abgetan) ist vor allem das der Aphoristik und der strukturellen Assoziation, womit in seinen Schriften immer wieder punktuell überraschende, regelmäßig mediensensible und immer wieder treffende Einsichten in zentrale Fragen der Medialität und des Zusammenhangs von Anthropologie, Kultur und Medien zutage gefördert werden. Zweifellos war McLuhan kein streng systematisch denkender Theoretiker. Sprunghafte Verbindungen, visionäres Konzipieren, wildes Denken und blitzartige Einsicht mischen sich in seinen Schriften auf eine Weise, die selbst gutwilligen Lesern bisweilen abenteuerlich vorkommt. Dies wird jeder vernünftige Mensch McLuhans Kritikern konzedieren. Ob er aber historisch gesehen tatsächlich keinerlei Theoriemehrwert erwirtschaftet hat, ist zu bezweifeln.

Wie man sieht, misstraut ein Teil der inzwischen „orthodox" gewordenen Medienwissenschaft McLuhans Konstrukten, hält sie grundsätzlich nicht für nützliche Formen von Einsicht, weil man glaubt, methodisch anders gewonnene Konstrukte lieferten sehr viel bessere Einsichten in den Zusammenhang

---

lungen? Im Übrigen sei der Hinweis gestattet, dass sich das schon im 17./18. Jahrhundert in der Londoner Royal Academy diskutierte Verbot von Metaphern für wissenschaftliche Texte längst als naiv und von mangelnder Einsicht in sprachliche Verhältnisse erwiesen hat. Man stelle sich nur einmal vor, die moderne theoretische Physik müsste bei der Vermittlung ihrer Einsichten in der Öffentlichkeit auf metaphorische Ausdrucksweisen verzichten.

19 McLuhan: Magische Kanäle (Anm. 1), S. 46.

20 Leschke (Anm. 4), S. 250. Dem Rhetoriker fällt dabei auf, dass Leschke meint, das Argumentieren sei nicht ein Kernelement des rhetorischen Verfahrens, sondern geradezu das Gegenteil von Rhetorik (eigenartig). Im übrigen kann ich Leschkes Urteil, McLuhan argumentiere nicht, keineswegs zustimmen; eine ganz andere Frage ist, ob man McLuhans Argumentationen immer zustimmen kann, z.B. wegen mangelnder Stringenz, aus Gründen der historischen Faktizität oder wegen unbegründbarer Generalisierungen usw. (Leschke führt da eine Menge treffender Gesichtspunkte an).

der Welt. Man muss das hinnehmen, man kann es auch gut nachvollziehen, braucht es aber nicht unkorrigiert lassen. Als verbindliche methodische Maxime „die Rekonstruktion kausaler Strukturen" mit „auch nur einigermaßen Aussicht auf Vollständigkeit" aufzustellen, ist zwar löblich,[21] aber *in toto* für den Bereich, mit dem wir es hier zu tun haben,überzogen. Ich stehe nicht an zu behaupten, dass bei Kausalitäts-Argumentationen angesichts der Multifaktorialität auf dem Feld der Medien nie die hier so selbstbewusst vorgetragene Gewissheit, sondern immer nur höhere oder geringere Plausibilitäten zu erreichen sind.

Ob sich die Weltgeschichte aus der Struktur der Medien erklären lässt, wie McLuhan meinte, wird immer eine Glaubensfrage bleiben. Darin kann man rasch mit seinen schärfsten Kritikern einig gehen. McLuhans systematisch durchgehaltene Idee jedoch, das menschliche Denken auf seine materialen, medientechnischen Füße zu stellen, also konsequent die Frage zu stellen, ob nicht etwa die vom Menschen selbst geschaffenen Artefakte und technischen Bedingungen der Kultur ihrerseits wiederum ganz entscheidend zur mentalen Konstitution der Menschen (insbesondere der westlichen Welt) beitragen, sie gar determinieren, lohnt sich vielleicht doch zu untersuchen. Zumindest haben das Denker wie Flusser, Virilio oder Kittler so gesehen. Ob all dies strengeren Anforderungen an eine (offensichtlich noch ungeschriebene), allseits akzeptierte Medientheorie entspricht und inwieweit die Medienwissenschaft auf jegliches Anregungspotential nach Art McLuhans verzichten kann, das sind Fragen, die die Medienwissenschaftler unter sich ausmachen müssen.

2. Medienrhetorik oder *The Medium is the Massage*

Für die Rhetorik jedenfalls, die ja als Tübinger Universitätsdisziplin keine Medienwissenschaft im engeren Sinn ist, sondern sich nur hinsichtlich ihrer eigenen Belange für deren fachliche Probleme interessiert, bleibt die Frage nach McLuhans Konzepten interessant. Ihren medientheoretischen Status haben die Medienfachleute zu klären. Unter rhetorischer Perspektive ist McLuhan unter anderem deshalb interessant, weil er seine Thesen zur Medienwelt immer auch in den human-kommunikativen Interaktionskontext stellt, insofern mehr als puristische Medientheorie liefert. Wie die Rhetorik hat er auch einen anthropologischen Ansatz, denkt noch konsequent vom handelnden Menschen her und auf den Menschen hin, hält viele Anregungen über den Zusammenhang von Artefakten, Technik und menschlicher Kommunikation bereit und bietet bei alldem aus rhetorischer Sicht interessante Möglichkeiten einer Abgrenzungs- und Präzisierungsdebatte.[22]

---

21 Leschke (Anm. 4), S. 250.

22 Siehe dazu den ersten Beitrag dieses Bandes.

An dieser Stelle ist der bislang noch nicht eingeführte Begriff *Medienrhetorik* aufzurufen. An ihn knüpft sich die Hypothese, dass Medien vermutlich ein rhetorisches Potenzial haben, also dass Medien in ihrer Eigenschaft *als Medien* rhetorische Effekte entfalten. Im kommunikativen Zusammenhang müsste sich dieser *appeal* der Medien nutzen lassen, um im Sinne der Rhetorik kommunikative Ziele zu befördern.[23] Die von Karl Bühler auf das Zeichen im semiotischen Sinn bezogene Kategorie *Appell* wird hier also spezifisch auf das Zeichen tragende Medium appliziert. Dieser Gedanke ist eine Implikatur des berühmtesten aller Sätze McLuhans: „Das Medium ist die Botschaft" (*The Medium is the Message*).[24] Es ist bezeichnend für McLuhans hellwach-unorthodoxe Denkbewegungen, dass er mit viel Esprit aus einem unbeabsichtigten Orthografiefehler beim Catchword „Botschaft" in einem amerikanischen Zeitungsartikel (*massage* für *message*) die überraschende, aber von seinem Ansatz her sachlich nahe liegende Konsequenz zog und zusammen mit Quentin Fiore 1967 ein bis heute höchst erfolgreiches Buch unter dem Titel ‚The Medium is the Massage' veröffentlichte.[25] Der Untertitel ‚An Inventory of Effects' macht die rhetorische Ausrichtung dieser Publikation, ja des ganzen McLuhan'schen Denkens deutlich. Das ganze Buch besteht aus einer Collage von Bilder, die den Zusammenhang von menschlichem Leben (*you – your family – your neighborhood – your education* usw.) und seinen medialen Ausweitungen (*the wheel – the book – clothing* usw.) sowie entsprechenden Effekten (*Because something is happening* ...) mit Hilfe beigegebener Sentenzen, Aphorismen bzw. Theorie- und Dichtungsausschnitten evident machen sollen.

Von der Medienrhetorik ist begrifflich die *Medialrhetorik* zu unterscheiden. Unter ihr ist jener fachliche Bereich der Disziplin Rhetorik zu verstehen, der sich mit den rhetorikrelevanten Problemen der Medialität beschäftigt.[26] Davon ist im folgenden ersten Beitrag dieses Bandes die Rede.

---

[23] Zum rhetorischen Ansatz J. Knape: Was ist Rhetorik? Stuttgart 2000.

[24] McLuhan: Magische Kanäle (Anm. 1), S. 17ff. Selbstverständlich wird auch dieser Satz von McLuhans Kritikern als „tautologisch" abgetan (Leschke (Anm. 4), S. 246 und 254), was freilich auch angesichts des bei McLuhan gleichzeitig exponierten undiskreten Medienbegriffs berechtigt ist. Siehe zur Tautologie-These auch unten den ersten Beitrag dieses Bandes.

[25] Dt. M. McLuhan, Q. Fiore: Das Medium ist Massage. Koordiniert von Jerome Agel. Frankfurt/M., Berlin, Wien [1]1969.

[26] Knape: Was ist Rhetorik? (Anm. 23), S. 90-106. Die Beschäftigung der Rhetorik mit dem Thema Medien fügt sich in jenen Verbund der Bindestrich-Medien-Theorien, die in dem von S. Weber herausgegebenen Sammelband ‚Theorien der Medien' (Konstanz 2003) versammelt sind: Techniktheorien, ökonomische Theorien, Kritische Theorie, Zeichentheorie, Kulturtheorie, Konstruktivismus, Systemtheorie, Feminismus, Psychoanalyse, Poststrukturalismus, Philosophie.

3. Die Tübinger Vortragsreihe zur Medienrhetorik im Wintersemester 2001/2002

McLuhans Satz von der Medienmassage wurde im Wintersemester 2001/2002 zum gedanklichen Ausgangspunkt einer Vortragsreihe im Studium generale der Universität Tübingen, die unter der Leitfrage stand „Hatte McLuhan Recht?" Daran nahmen 14 Redner aus sehr verschiedenen Arbeitsbereichen teil, in denen die Einzelmedien Buch, Zeitung, Malereimedien, Ausstellung, Theater/Oper, Kino, Radio, Fernsehen und Internet eine Rolle spielen. In den Vorträgen sollte vor dem Hintergrund der Ideen McLuhans über Theorie und Praxis der Medien oder über persönliche Erfahrungen im Umgang mit den Medien oder Mediensystemen gesprochen werden. Zu den Rednern gehörte die Mehrzahl der Beiträger dieses Sammelbandes. Teilnehmer waren außerdem Bazon Brock (Ästhetik, Universität Wuppertal, mit dem Thema: Rhetorik der Kunstausstellung), Gerd Haffmans (Verleger, Zürich, mit dem Thema: Das Buch - ein Übel? Oder kompatibel?), Friedrich Kittler (Ästhetik, Humboldt-Universität Berlin, mit dem Thema: Der Appell des Mediums Buch), Kurt Rittig (Filmproduzent, Berlin, ehemaliger Programmdirektor des Südwestfunks, mit dem Thema: Macht und Ohnmacht der Fernsehmacher) und Gerd Ueding (Allgemeine Rhetorik, Universität Tübingen, mit dem Thema: Bildrhetorik). Ihre Beiträge wurden bereits an anderer Stelle publiziert oder standen für eine Veröffentlichung nicht zur Verfügung. Für die Publikation der übrigen Beiträge konnten ergänzend noch eine Reihe weiterer Autoren gewonnen werden, die das thematische Spektrum in unterschiedlicher Hinsicht erweitern und abrunden.

4. Die Beiträge dieses Sammelbandes im Überblick

Die Beiträge dieses Sammelbandes finden jeweils ihren ganz eigenen Zugang zum Oberthema Medien, Medienrhetorik und Medialrhetorik. Am Anfang stehen zwei Beiträge, die den Medienbegriff aus rhetorischer Sicht durchleuchten. Es folgen acht Vorträge und Aufsätze, die sich mit Einzelmedien unter verschiedenen Aspekten beschäftigen. Den Schluss bilden zwei Beiträge zum Thema der Kombination unterschiedlicher Medienphänomene.

Der von mir stammende erste Aufsatz konzentriert sich auf die aus Sicht der Rhetorik „nötige Arbeit am Medienbegriff" unter dem von McLuhan bezogenen Obertitel ‚*The Medium is the Massage?*' mit dem Untertitel ‚Medientheoretische Anfragen und Antworten der Rhetorik'. Im Mittelpunkt steht die Ausarbeitung einer Definition des Begriffs „Medium" gegenüber dem auch in der Medienwissenschaft nach wie vor üblichen, umgangssprachlichen Pluralabstraktum „die Medien", worunter man gewöhnlich alles subsumiert, was irgendwie mit dem Komplex der neueren Medien des 20. Jahrhunderts zu tun hat. Als Alternative definiere ich das „Medium" als spezifischen Kommunikationsfaktor in Abgrenzung zu den auf anderen theoretischen Ebenen angesiedelten Faktoren „Kode", „Text" und „Mediensystem". Für den rhetoriksystematischen Bereich „Medialrhetorik" ist insbesondere die Abgrenzung von Textur und Medium wichtig, weil sich nur so die spezifischen Handlungs- bzw. Produktionsaspekte im rhetorischen Prozess auf der Ebene des Mediums (im Kontrast zu jenen auf der Ebene der Textur) vernünftig isolieren lassen.

Der zweite Beitrag von **Fabian Klotz** (Rhetoriker, Tübingen) mit dem Titel ‚Zur Medienwertelehre' geht von der eben genannten, rhetoriktheoretisch so wichtigen Differenz der analytischen Ebenen Text und Medium aus. Klotz erörtert die Frage, was es im sozialkommunikativen Zusammenhang mit bewertenden Zuschreibungen an die Medien als Medien jenseits des Textes auf sich hat. Dabei gibt er einen Einblick in wichtige Grundpositionen der Medienwertelehre, die sich an die allgemeine Wertetheorie anschließt und Ergebnisse der Medienwirkungsforschung einbezieht, und formuliert Hinweise zur weiteren Erforschung dieses Bereichs. Für die praktischen rhetorischen Arbeitsprozesse ist die Frage der Medienbewertung insofern von Belang, als die Medienbewertungen ein „Unterscheidungsmuster" zur „Handlungsorientierung für unseren Umgang mit den Medien" darstellen. „Zur Institutionalisierung der Medien gehört auf eine spezielle Art die Medienwertung. Man kann sie als Versuch verstehen, Medien einen gesellschaftlichen Rang zuzuweisen, der definiert, welche Bedeutung man medial vermittelten Texten geben soll."

Der sich anschließende Aufsatz von **Claus Rieder** (Verleger, Rhetoriker und Medienwissenschaftler, München) bietet ‚Prolegomena zu einer rhetorischen Analyse des Mediums Theater und seines Mediensystems'. Rieder untersucht in einer grundlegenden Analyse das Theater unter medialrhetorischer Perspektive. Dabei geht es um drei Fragen: Wie sind das Medium Theater und das theatrale Mediensystem strukturiert, was hat im Medienkomplex Theater überhaupt als Textur zu gelten und wie ist hier die Institution des Orators zu sehen? Bei allen drei Fragen ergibt sich, dass Abstraktionen vorgenommen werden müssen, die sich auf komplexe Strukturen und Differenzierungen im Theater beziehen. Vom Dramentext des Schriftstellers als literarischem Autor und Erstorator bis hin zur letztendlich theatralen Bühnentextur ist ein differenzierter und hoch arbeitsteiliger Prozess anzusetzen. Bei all diesen Überlegungen tritt das „Medium" Theater in seiner Eigenart deutlich hervor.

Der vom literarischen Autor oder vom Komponisten einer Oper bezogene Ausgangstext gerät im Medium Musiktheater (in der Institution Musiktheater) in eine ganz neue Dimension, die mit den spezifischen Strukturen des Musiktheaters und seinen besonderen Anforderungen bei der Umsetzung in eine Bühnenaufführung als theatraler Textur zu tun hat. Mit diesem bereits von Rieder angesprochenen Problembereich beschäftigt sich auch der nächste Beitrag von **Claus Zehelein** (Intendant, Staatsoper Stuttgart) unter dem Titel ‚Musiktheater – Text und Institution'. Zehelein geht von der älteren Repertoiretheorie aus, nach der die Institution Oper mit der inszenatorischen

Wiederholung als einer immer schöneren, repräsentativeren, kulinarischeren Inbesitznahme der Opernliteratur beschäftigt ist. Damit wird dem Musiktheater eine Art von Intentionalität zugesprochen, die Zehelein kritisch hinterfragt. Zur Verhandlung steht in Hinsicht auf das Programm einer angemessenen, sich immer wieder neu der Kunstfrage stellenden Opernregie, die ja Intentionalität ausagiert, auch der an die genannte ältere Auffassung geknüpfte Begriff der „Werktreue". Zehelein zeigt in einer Interpretation der Bühnenanweisungen Wagners, dass ein zeitgenössischer Regisseur bei überlegter Lektüre der Bühnenanweisungen in eine innere Partnerschaft mit dem Komponisten treten kann, ohne sich historistischem Interpretationszwang ausgesetzt zu sehen. Der künstlerische Spielraum des Theaters ist immer gefährdet, nicht nur durch die vermeintlichen Einschränkungen der Opernliteratur. Immer müssen Dramaturgie und Regie auch dem Zwang der medialen Strukturen des Theaters mit Blick auf das intendierte ästhetische Aufführungsergebnis entgegentreten. Auf der Agenda steht heute eine „Umkehrung der Abhängigkeit von Institution und Text".

Der sich anschließende Beitrag von **Franz-Josef Deiters** (Germanist, Tübingen) widmet sich dem Thema ‚Bilder ohne Rahmen – Zur Rhetorik des Plakats' und führt gedanklich zunächst in den sozialen Agitations- und „Multimediaraum" Großstadt, in dem das zeitgenössische Plakat seine Rhetorik entfaltet. In der „flüchtigen Rezeptionssituation Straßenraum" übermittelt das Plakat seine rhetorische Botschaft in knapper unmittelbarer Ansprache. Deiters untersucht im Fortgang seiner Ausführungen, worin die „rhetorische Strategie" der Plakattexturen besteht, wobei er unter anderem auf Roland Barthes' Unterscheidung von kodierter und nicht-kodierter Botschaft zurückgreift. Bei alldem wird auch die Frage der Plakatästhetik virulent. Historisch ist der Jugendstil als eine entscheidende Phase der endgültigen künstlerischen Anerkennung des Plakats anzusehen. Deiters untersucht, wie sich die Plakatkunst seitdem, insbesondere auch in den politischen Auseinandersetzungen des 20. Jahrhunderts, entwickelt hat. Unter dem Begriff der „Rahmenlosigkeit" kommt er zu dem Ergebnis, dass das Plakat inzwischen teilhat „an der die einzelnen Medien übergreifenden und weitgehend entgrenzten Textur der modernen Welt".

Dass die Zeitung immer noch „zu den wichtigsten Kommunikationsmedien der Gegenwart gehört" ist allgemeiner Konsens. Doch wie steht es tatsächlich um die „kollektive Macht der Presse" zwischen den Galaxien Marshall McLuhans? Mit dieser Frage beschäftigt sich **Almut Todorow** (Germanistin, Medienwissenschaftlerin, Konstanz). Ausgangspunkt ihrer Überlegungen ist das feststellbare Misstrauen vieler Zeitgenossen gegenüber den mächtigen „Medien", das sich in abwertenden Schlagworten wie „Mediokratie" o.ä. ausdrückt. Die Skepsis korreliert mit der Tatsache, dass die Mediensysteme in modernen Gesellschaften bestimmte Formen der „Autonomie" mit entsprechenden Machtstrukturen erreicht haben. Dies nährt den Manipulationsverdacht. Für Todorow kann hier eine Relektüre Marshall McLuhans als eines in der Tradition der Aufklärung stehenden Erziehers, dem es um den „emanzipativen Mediengebrauch“ geht, gedanklich weiterführen. McLuhan sieht sehr deutlich, dass die Macht der Zeitungsbesitzer letztlich im Besitz des Mediums als solchem liegt. Damit bekommen sie eine Schlüsselposition in den Prozessen der modernen, „medienbestimmten Wahrnehmungswelt“. Nach diesen auf das Medium und das Mediensystem Presse bezogenen Überlegungen untersucht Todorow in einem zweiten Schritt, wie sich die moderne Zeitung in unserer Umwelt zu einem „Multimedium“ mit ganz neuem Textur-„Gesicht“ entwickelt hat, das „Informationen in einem selbstreflexiven Ensemble von Relationen und Zuweisungen unterschiedlicher Faktizitäts- und Sinndeutungsqualitäten“ organisiert. Dabei analysiert sie detailliert eine ganze Reihe von aktuellen Beispielen aus deutschen Zeitungen. Resümierend heißt es: „Die Rhetorik moderner Medienkommunikation agiert unpersönlich, reflexiv und intermedial und gleicht den Mangel an Wirklichkeitsgewissheit alter Konvenienz aus durch die Positivierung von Fiktionalität, ästhetischer Imagination und Dezentralisierung der Perspektive in den medialen Zeichenprozessen.“ Der alltägliche Umgang mit den ständig produzierten neuen Varianten von Medialisierungsweisen lässt erwarten, dass die Rezipienten entsprechend geschärfte Bewusstseinsformen entwickeln. Die Glaubwürdigkeitsfrage allerdings wird zu allen Zeiten immer wieder neu zu beantworten sein.

Damit verlassen wir die Printmedien. Als Nächster befasst sich **Jörg Metelmann** (freier Autor, Hamburg) unter dem Titel ‚Die Kirche der Postmoderne. Das Dispositiv Kino/Film in der Microsoft-Galaxis‘ zunächst mit dem filmtheoretischen Segment der Theorien Marshall McLuhans. Er kommt zu dem Ergebnis, dass hier der so wichtige Zusammenhang von Zeit und Film nicht genügend ausgearbeitet ist. Für Metelmann ist die besondere „Eigenart der Zeit-Raum-Korrelation“ das „Film-Spezifikum im Medienverbund“ schlechthin. Daher soll im ersten Teil des Beitrags der von Jochen Hörisch und anderen betonten Rolle des „Echtzeit“-Phänomens im Film besondere Aufmerksamkeit geschenkt werden. Metelman will das „Verhältnis von Echtzeit, De-Realisierung und kollektiver Wahrnehmung“ untersuchen, um eine „genauere Bestimmung der ‚Zeit‘ und ihrer Kino-Erscheinungsformen“ zu leisten. Zunächst ist auf Grundlage der Arbeiten des italienischen Theoretikers Maurizio Lazzarato von der sozioökonomischen Basis die Rede. Metelmann befasst sich hier mit dem Thema „Verwertung und Kommunikation“ unter den Bedingungen der Globalisierung. Einbezogen werden sodann die filmzeittheoretischen Überlegungen von Gilles Deleuze und Henri Bergson, die zu dem Ergebnis führen: „Wo das Kino die Zeit im Bild nur repräsentierte, da ist das Fernsehen ein direktes Bild der Zeit.“ In Fortsetzung dieses Gedankens haben für Lazzarato Fernsehen, Video und Computer eine *tempo-potenza*, also die Kapazität „Zeit zu kristallisieren“, womit „genau der Prozess *zu sein*“ (statt bloß zu „repräsentieren“) angesprochen ist, der als Teil verloren gegangener „Subjekt-Schichten“ bezeichnet werden kann. Im zweiten Teil des Beitrags wird das Zeit-Thema in Hinblick auf die von der Existenz des Videos beförderte Illusionierungsfähigkeit des Kinos diskutiert.

Metelmann setzt sich hier zunächst mit Dominique Païnis auseinander. Seiner Ansicht nach kann das Kino-Dispositiv im Unterschied zum Tele-Video-Dispositiv „eine eigene Raum-Zeit-Dramaturgie" schaffen. In seiner ganz spezifischen „Verbindung von Nähe und Ferne" schafft das Kino in Opposition zum Tele-Video eine eigene Form der „Illusion des Kino-Kunstwerks". Das Kino wird zum „besonderen Ort", zur „Kirche der Postmoderne". Sein gesellschaftliche Relevanz zeigt sich insbesondere in der hier mit besonderem Gewicht hervortretenden „Semantik der Gewalt".

Das Radio steht im Mittelpunkt des sich anschließenden Beitrags zum Thema ‚Räume des Radios'. **Jürg Häusermann** (Medienwissenschaftler, Tübingen) untersucht die Frage, „zu welchen speziellen Leistungen" das Medium Radio „als ältestes elektronisches Massenmedium" fähig ist. Häusermann stellt die „Eigenheiten der Radiokommunikation" auf Grund der Analyse einer Reihe von Beispielen aus verschiedenen Phasen der Radiogeschichte dar. Dabei entwickelt er vor allem Überlegungen zur „spezifischen Art" des Radios, „entfernte Räume zu verbinden", „neue Räume zu schaffen" und „diese Räume mit eigenen ästhetischen Mitteln zu gestalten". Das Radio erweist sich nach wie vor, z.B. in den aktuellen Kriegsgebieten der Welt, aufgrund seiner einfach zu handhabenden Technik und seiner Einstellung auf akustische Kodes als günstiges Propagandamittel. Ermöglichung von Grenzüberschreitung und Mobilität der Kommunikation haben es von Anfang an zu einem interessanten Kommunikationsmittel gemacht. Häusermann konstatiert deutlich, dass das Medium sehr früh die Performanz und die Beschaffenheit der von ihm gesendeten Texte prägte, dass man geradezu von einer Radio-Sprache reden kann. Doch es gibt auch eine andere Seite: das Radio als Medium textueller Variantenvielfalt. Häusermann zeigt mittels Vergleich historischer Reportageaufnahmen, wie unterschiedlich sich ein und dasselbe historische Raumerlebnis im Radio vermitteln lässt und welche Möglichkeiten bestehen, ganz spezielle Radio-Raumerlebnisse zu kreieren. Das zeigt sich vor allem auch im Hörspiel seit seinen ersten Anfängen. Häusermann formuliert schließlich im Rahmen einer kritischen Auseinandersetzung mit McLuhans Radio-Theorie Vorbehalte dagegen, dass man „die Bedeutung des Mediums in seiner technischen Dimension überdehnt". Demgegenüber sei der sozialpolitische Kontext sehr viel stärker in Anschlag zu bringen.

Von der solcherart thematisierten sozialen Einbindung der Medien und ihrer Rolle im kulturellen Zusammenhang geht auch **Hans-Werner Ludwig** (Anglist, Medienwissenschaftler, Tübingen) in dem folgenden Grundsatzartikel zum Thema ‚Wahrnehmungsmagnet Fernsehen' aus. Während McLuhan den gesellschaftlichen Aspekten der Medienentwicklung alles in allem zu wenig Beachtung schenkt, setzen sich Theoretiker wie Neil Postman oder Raymond Williams durchaus kultur- oder auch sozialkritisch mit dem Fernsehen auseinander. Ludwig will an diese Betrachtung des Mediums und Mediensystems Fernsehen in Hinblick auf Phänomene „kultureller Praxis" anknüpfen. Die Zuschauer und ihre Verkopplung mit den Fernsehmachern stehen dabei im Mittelpunkt. Der ganze Komplex rezeptiver Praxis auf Zuschauerseite ist im metaphorischen Leitbegriff „Wahrnehmung“ gefasst, und das Medium wird unter Bezug hierauf begrifflich als „Wahrnehmungsmagnet“ charakterisiert. Die daran anknüpfenden Ausführungen explizieren diese Charakterisierung unter dem Gesichtspunkt „Reichweite“ rein quantitativ aufs Eindrücklichste: In der Lebens- und Erlebniswirklichkeit Deutschlands lässt sich eine „Invasion des Fernsehens“ in alle Bereiche der „Alltagswelt“ feststellen. Ludwig schließt hieran die Frage an, wie es bei all dem nachweislichen Fernsehkonsum um die bei uns in Staatsverträgen festgelegten qualitativen Maßgaben steht. Die drei wichtigsten Stichwörter sind hierbei 1. Information, 2. Unterhaltung und 3. Bildung. Ludwig geht ihnen nach. Beim Thema Information kommt er zu dem gemäßigt kritischen Ergebnis, dass die reine, unverfälschte, dokumentarische Information, auf die der Zuschauer wohl mit Recht ein Recht zu haben meint, aufgrund der Spielmöglichkeiten des Fernsehens zunehmend problematisch wird. Was die Unterhaltung angeht, ist unbestritten, dass sie die dominierende Größe im Fernsehalltag geworden ist, auch wenn man bezweifeln kann, dass sie bis in die letzte Sendung hinein regiert (Neil Postman); freilich wird eine Grenzziehung zwischen Unterhaltung und Nicht-Unterhaltung immer schwieriger, ja die Kategorie „Unterhaltung“ selbst wird zunehmend undeutlich. Bleibt noch die Bildung; sie ist inzwischen eine Art hoch qualifiziertes, aber sektoriertes Randphänomen im Gesamthaushalt des deutschen Fernsehens geworden. Ludwig tritt in Anbetracht dessen dafür ein, von der Idee der Bildung *durch* das Fernsehen überzugehen zu einem Konzept von Bildung *über* das Fernsehen, also die auf Kritik und Mündigkeit orientierten Zuschauerkompetenzen zu schulen.

Zu einem der neuesten Medien führt uns der folgende Beitrag von **Olaf Kramer** (Rhetoriker, Tübingen). Er beschäftigt sich mit dem Thema ‚Rhetorik im virtuellen Raum. Das Internet in medialrhetorischer Perspektive‘. Kramer geht zunächst vom Problem der Medien-Neuheit aus, die – wie die Geschichte zeigt – stets von eigenartigen Blindheiten der Zeitgenossen begleitet ist. Dementsprechend wird auch beim Internet einige Zeit vergehen, „bis eine medienspezifische Rhetorik, welche die Produktionsbedingungen und Rezeptionsformen richtig einzuschätzen weiß, entsteht“. Insofern, so Kramers Schlussfolgerung, befinden wir uns noch in einem Lernprozess. Doch inzwischen ist zumindest eines klar geworden: Man kann, wenn man Erfolg haben will, nicht einfach beliebige Texte ins Netz stellen. Damit ist bereits eines der ersten Prinzipien der Rhetorik überhaupt angesprochen: das Angemessenheitsprinzip. Kramer erörtert es ausführlich unter dem Stichwort „Web-Usability“ nach den Kategorien „Page Design“, „Content Design“ und „Site Design“. Es zeigt sich, dass die Kenntnis der Strukturdeterminanten des Mediums, d.h. seiner speziellen Anforderungen an die Texturen, über Erfolg oder Misserfolg der Kommunikation, mithin der Erreichung des rhetorischen Ziels entscheiden. Dementsprechend müssen auch die klassischen rhetorischen Produktionsstadien medienspezifisch gefasst werden. Bei alldem kann der „Link“ als das wirklich proprietäre und zugleich ganz neuartige Texturphänomen des Internets aufgefasst werden. Es „bedeutet Diskontinuität und Multiplizität, Auflösung und Zerfaserung“ herkömmlicher „textueller Strukturen“.

Die Arbeit mit dem Internet beinhaltet auch die Multimediatechnik. Insofern schließt sich das Thema Multimedia-Rhetorik mit einer gewissen Folgerichtigkeit an das Thema Internet-Rhetorik an. **Georg Braungart** (Germanist, Tübingen) stellt unter dem Titel ‚Multimedia-Rhetorik und historische Medienästhetik‘ theoretische Überlegungen zu den ästhetischen Bedingungen „multimedialer Ensembles“ an. Dabei konzentriert er sich auf den Kern dessen, was heute unter dem Begriff „Multimedia“ als neuer Dimension der Bildschirmarbeit diskutiert werden muss: die Relation und Interaktion von Bild und Sprache in ihren diversen Kodierungsformen. Braungart gibt dem Thema eine für manchen vielleicht überraschende historische Tiefe, indem er deutlich macht, dass die auf diesem Gebiet zur Verhandlung stehenden semiotischen Grundfragen nicht erst in jüngerer Zeit Gegenstand künstlerischer, literarischer und theoretischer Bemühungen waren. Verschiedene historische Stichproben, von dichterischen Texten bis hin zur Emblematik, verdeutlichen das. Als expliziter Theoriebeitrag sind die berühmten Erörterungen Lessings zur „spezifischen Zeichenlogik“ von besonderer Bedeutung. Mit Gewinn können hier Anschlüsse an die theoretischen Probleme der „Bild-Text-Beziehung im Medienarrangement“ gefunden werden. Eine Auseinandersetzung mit dem Emblem (als Ensemble ikonographischer und skriptoraler Elemente) führt einerseits direkt ins Zentrum der McLuhan'schen Theoriewelt, mit der sich Braungart hinsichtlich des für die Epoche (der frühen Neuzeit) kennzeichnenden inner-emblematischen Kodierungskonflikts auseinandersetzt; andererseits verdeutlicht sie, dass die Herausforderungen moderner Multimediatechnik auf Probleme grundsätzlicher Art verweisen. So kommt Braungart schließlich zu weiter gehenden, epochenkontrastiven Überlegungen, die die Frage aufwerfen: „Trifft es nun zu, dass wir mit dem Eintritt ins Multimedia-Zeitalter gar nichts prinzipiell Neues erleben, dass es eigentlich nur um die Wiedergewinnung einer bzw. vieler Dimensionen geht, die das Mittelalter medial bereits geboten hatte?“ Seine Antworten formuliert Braungart am Ende in sieben Multimediathesen.

Am Schluss des Bandes steht der Text eines Vortrags, den ich wenige Wochen nach dem New Yorker Terroranschlag vom 11. September 2001 in einer Matinee im Schauspielhaus des Stuttgarter Staatstheaters in dessen Vortragsreihe ‚Willkommen im 21. Jahrhundert‘ gehalten habe. Er setzt sich mit dem Thema Katastrophenrhetorik unter den Bedingungen der Strukturdeterminiertheit von Medien auseinander. Untersucht wird die mediale Verarbeitung der New Yorker Ereignisse vom 11. Septembers 2001 in Deutschland. Ausgangspunkt der Überlegungen ist die Tatsache, dass sich rein semiotisch Bilder vom „wirklichen“ Leben und Bilder mit Fiktionen nicht unterscheiden. Das Künstliche der Texturen in den Medien ist eine Strukturdeterminante, mit der jeder Kommunikator rechnen muss. Diese und andere Determinanten der Kodes, Textformate und Medien haben Konsequenzen für die Kommunikation. Das betrifft auch die determinierenden Strukturen der Mediensysteme, etwa jene wirtschaftlicher Art, die dazu führen, dass das Fernsehen nicht nicht senden kann, obwohl bisweilen vielleicht Schweigen geboten wäre. Der Hauptteil des Beitrags untersucht, was insbesondere Journalisten angesichts solcher medienspezifischen Widerstände für Arbeitsspielräume, für Möglichkeiten haben, wenn sie mit Katastrophen wie dem Terroranschlag vom 11. September 2001 umgehen müssen. Anhand zahlreicher Beispiele werden die konkreten Formen der Verarbeitung dieses Ereignisses erörtert. Wie sich zeigt, versuchen die Journalisten in der Regel, nicht immer, das ganz Außergewöhnliche ins Gewöhnliche ihrer Medienformate zu integrieren. Das wirft die Frage nach der Wertkonnotation auf, die den Berichten von Katastrophen in solchen Fällen angeheftet wird. Einerseits also möglicherweise Banalisierung. Andererseits aber auch ein gegenteiliges Verfahren: die Ästhetisierung. Wie sich in vielen Fällen belegen lässt, wird das Schaurige nicht selten zum ästhetisch Erhabenen, zum „enthusiastischen Terror" im Sinne des Engländers John Dennis stilisiert.

Zum Abschluss möchte ich den drei Mitarbeiterinnen herzlich danken, ohne deren tatkräftigen Einsatz dieser Band nicht hätte entstehen können: Stefanie Luppold sowie Elisabeth Grüner und Anne Ulrich.

Joachim Knape

The Medium is the Massage? Medientheoretische Anfragen und Antworten der Rhetorik

1. Rhetorik und Text

Die Rhetorik ist eine kleine Spezialdisziplin, die den Vorzug hat, ein übersichtliches systematisches Untersuchungsfeld und eine spezifische systematische Fragestellung zu besitzen.[1] Der systematische Forschungsgegenstand der Rhetorik sind die mit der Handlungsrolle *Orator* verbundenen humankommunikativen Probleme, und die Fragestellung ist ausschließlich auf die Erfolgsbedingungen menschlicher Kommunikation gerichtet.[2] Ganz knapp könnte man als systematisches Programm der Rhetorik auch formulieren: Die Rhetorik untersucht, wie und warum ein Kommunikator effizient und erfolgreich kommunizieren kann. Das Erfolgskriterium wird dabei unter der zentralen rhetorischen Kategorie der Persuasion verhandelt.[3]

Die theoretisch abstrahierte Handlungsrolle *Orator* bezieht sich auf dessen Handlungen im Rahmen aller erdenklichen Fälle menschlicher symbolischer Interaktion in der sozial-kulturellen Praxis. Die rhetorische Theorie gründet sich seit der Antike auf die Beobachtung der Tätigkeiten von entsprechenden Akteuren auf ganz konkreten kommunikativen Tätigkeitsfeldern, wie etwa dem eines Politikers, der sich und sein Parteiprogramm erfolgreich kommunizieren will, oder eines Unternehmers, der sich selbst innerhalb der eigenen Firma oder sein Produkt auf dem Markt erfolgreich positionieren will.[4] Die Reihe solcher Akteure ließe sich beliebig fortsetzen. Auf dieser praktischen Ebene stellt sich die Frage, welche Rolle Medien im Planungs- oder sonstigen

[1] Von den historischen Aspekten der Rhetorik, die mit Recht eine große Rolle in Forschung und Lehre spielen, soll hier nicht die Rede sein.

[2] Unter dem theoretischen Konstrukt Orator wird dabei ein auf erfolgreiche Kommunikation eingestellter Kommunikator verstanden.

[3] J. Knape: Was ist Rhetorik? Stuttgart 2000; J. Knape: Persuasion. In: Historisches Wörterbuch der Rhetorik 6 (2003), Sp. 874-907.

[4] Um keine Missverständnisse aufkommen zu lassen, sei angemerkt, dass die Akteure in beiden genannten Fällen natürlich eine professionelle Hilfe zu Rate ziehen können, z.B. einen PR-Fachmann, der für sie die kommunikativen Maßnahmen plant und umsetzt und der damit einen Teil ihrer rhetorischen Handlungsanforderungen (z.B. das rhetorische Kalkül) übernimmt.

Handlungszusammenhang der verschiedenen Oratoren spielen.[5] Wenn sie eine Rolle spielen, so muss das entsprechende Konsequenzen für die rhetorische Theorie haben.[6]

Schon die klassische Rhetoriktheorie konzentrierte sich systematisch auf jene Probleme, die mit der Erfolg versprechenden Ausarbeitung und Performanz von Äußerungen des kommunikativ Handelnden verbunden sind. In den textlich kodierten Äußerungen des Orators sah man von Anfang an das Hauptinstrument der rhetorischen Intervention. Beim Politiker können solche Äußerungen aus Reden, beim Unternehmer etwa aus Werbetexten bestehen. Dafür hält die Rhetorik seit der Antike ein gestuftes Modell von Produktionsstadien und -operationen bereit, das von kontextbezogenen Vorüberlegungen über das Materialsammeln und -ordnen bis hin zum Ausarbeiten einzelner Formulierungen reicht. Ein wesentlicher Teil der rhetorischen Theorieanstrengungen ist also zunächst einmal auf Fragen der Vertextung gerichtet. Verlangt wird dabei vom geschulten Orator ein reflektiertes Produktionskalkül, das sich auf die geschulte Kompetenz zum Einschätzen der Adressaten und zum Ausschöpfen der Möglichkeiten aller in Betracht kommenden Textsorten stützt. In der Praxis bestehen die Arbeitsschritte hier zunächst aus zielreflektierenden Selektionen und Kombinationen bei den semiotischen Mitteln. Was bei der Wahl bestimmter sprachlicher Mittel sinnvoll, nötig und angemessen erscheint, erforschen insbesondere die Sprach- und Textwissenschaften als Nachbar- und Referenzdisziplinen, die nicht nur in Deutschland durch ausgedehnte und hoch differenzierte linguistische und literaturwissenschaftliche Forschungen hervortreten.[7] Wenn in das rhetorische Textkalkül auch Bilder einbezogen werden, z.B. im Fall einer Produktwerbung, müssten die Ergebnisse der bei uns in systematischer Hinsicht noch nicht sehr weit entwickelten Bildwissenschaft als Referenzdisziplin herangezogen werden.[8]

---

5 Im rhetorischen Theoriezusammenhang wird damit die von Leschke für „Medienontologien" festgestellte Ordnung umgekehrt, die darin besteht, dass „die Medien [selbst] zwangsläufig den Protagonisten stellen". R. Leschke: Einführung in die Medientheorie. München 2003, S. 248.

6 Nach der Systematik Werner Faulstichs wären damit die folgenden Überlegungen den „kommunikationstheoretischen Medientheorien" zuzuschlagen. W. Faulstich: Medium. In: Ders. (Hg.): Grundwissen Medien. München [3]1998, S. 21-105, hier S. 22.

7 Die traditionell und aus ernst zu nehmenden Gründen an ästhetisch überkodierten Texten interessierten Literaturwissenschaften haben sich inzwischen auch längst der pragmatischen Texte angenommen. Verwiesen sei auch auf das insbesondere von Teun A. van Dijk vorangetriebene Projekt einer allgemeinen Textwissenschaft; siehe etwa T. A. van Dijk: Textwissenschaft. Tübingen 1980.

8 Ich spreche hier nicht von den historisch arbeitenden Kunstwissenschaften, der Kunstgeschichte usw. Inzwischen bewegt sich einiges auf dem Feld systematischer Bildwissenschaft; siehe K. Sachs-Hombach: Das Bild als kommunikatives Medium. Elemente einer allgemeinen Bildwissenschaft. Köln 2003; J. Knape: Rhetorik. In: K. Sachs-Hombach (Hg.): Bildwissenschaft. Bildwissenschaften. Frankfurt/M. 2005 [im Druck]; J. Knape (Hg.): Bildrhetorik. Baden-Baden 2005 [im Druck].

2. Nötige Arbeit am Medienbegriff

Wichtig ist bei diesen knappen Andeutungen, dass die genannten semiotischen Phänomene auf systematischen Theorieebenen angesiedelt sind, bei denen die Medienfrage im Verständnis der damit befassten Disziplinen nicht auftaucht. Es geht insbesondere um die theoretisch zu trennenden, analytischen Ebenen von Kode und Textur. *Kodes* sind die Symbol- und Zeichenvorräte einer Kommunikationsgemeinschaft, einschließlich ihres Verwendungsregelwerks.[9] Im Sinne eines erweiterten Textbegriffs ist ein *Text* ein begrenzter und geordneter Zeichenkomplex.[10]

Was sich im Bereich der Semiotik solcherart auf zwei diskreten theoretischen Ebenen ansiedeln lässt, muss für den rhetorischen Zusammenhang handlungstheoretisch transformiert und in eine produktionstheoretische

---

9 Dabei hat es sich als praktikabel, wenn auch begrifflich nicht ganz befriedigend erwiesen, materiale und informationale Kodes zu unterscheiden: Ein *materialer Kode* ist ein konkreter Vorrat an Symbolen, dessen Einzelelemente im Rahmen von semiotischen Operationen genau definiert und wahrnehmungstheoretisch einem bestimmten Wahrnehmungsbereich zugeordnet sind (optisch etwa die Schrift, akustisch etwa Lautzeichensysteme usw.). Ein *Informationskode* ist ein abstraktes System (eine *langue*), das aus zwei Hauptkomponenten besteht: a) einem begrenzten Vorrat an Zeichen (bedeutungstragenden Einheiten), dessen Einzelelementen in einer Kommunikationsgemeinschaft bestimmte Bedeutungen zugeordnet werden, so dass sie sich für die Textkonstruktion eignen; b) dem für die Textkonstruktion nötigen zeichenorganisierenden Regelwerk (z.B. eine Grammatik). Michael Giesecke arbeitet mit dem „weichen“ bzw. „unscharfen“ Medienbegriff und unterscheidet daher begrifflich „Informations- und Kommunikationsmedien“, also etwa Sprache versus Schrift usw. (M. Gieseke: ‚Volkssprache‘ und ‚Verschriftlichung des Lebens‘ in der frühen Neuzeit. Kulturgeschichte als Informationsgeschichte. In: Ders.: Sinnenwandel, Sprachwandel, Kulturwandel, S. 73-121, hier S. 89). Zu den Kodes generell siehe auch U. Eco: Semiotik: Entwurf einer Theorie der Zeichen. München 1987 (= Supplemente 5), S. 64.

10 Beim Vorliegen entsprechender Kodes können „Texturen“ in diesem Sinn aus allen möglichen Zeichenarten konstruiert werden. Das in der Definition genannte texttheoretische Differenzkriterium *Begrenzung* kann sich auf textsemantische, performativ-pragmatische oder technische Bedingungen beziehen. Das Kriterium *Ordnung* bezieht sich auf die in einer Kommunikationsgemeinschaft akzeptierten grammatischen und semantisch-pragmatischen Regulative bzw. Textorganisationsprinzipien. Implikaturen des Definitionsbegriffs *Zeichen* sind der Rückgriff auf Kodes, das Vorhandensein von konventionalisierter Bedeutung und das Vorliegen von Kommunikation (symbolischer Interaktion), einschließlich der kommunikativen Absicht eines Kommunikators. Demgegenüber sind andere interpretierbare, aber nicht in kommunikativer Absicht gesendete Phänomene nach Umberto Eco (‚Zeichen‘ 1977) lediglich als *Indices* zu sehen, die keinen Text konstituieren können (Ecos Beispiel für einen *Index*: wenn ein willkürliches Feuer ausbricht und die Feuerwehr den Rauch als Aufforderung zum Ausrücken interpretiert). Der Begriff *Komplex* impliziert unter anderem, dass die Textur zu höher organisierten Bedeutungen kommt als sie sich aus der isolierten Interpretation ihrer Einzelelemente ergeben, dass also im Zusammenhang der Textur die elementaren Einzelbedeutungen der Zeichen zur Generierung neuer Sinneinheiten herangezogen werden. Zum Textbegriff in rhetorischer Hinsicht siehe auch Knape: Was ist Rhetorik? (Anm. 3), S. 107-135, hier insbesondere auch S. 107.

Betrachtungsweise überführt werden. Der Grund ist in den operativen Anforderungen der rhetorischen Praxis zu suchen. Zur Veranschaulichung sei auf eines der genannten Beispiele verwiesen. Der Unternehmer hat etwa bei seiner Produktwerbung praktische Selektions- und Kombinationsentscheidungen zu den Kodes zu treffen: Welcher materiale Kode soll etwa verwendet werden (der akustische Lautkode, oder optische Kodes wie Schriften, Visiotypen, Ornamente oder alles zusammen usw.)? Welcher Informationskode soll verwendet werden (deutsche Standardsprache, ein Dialekt, eine Fremdsprache oder werbewirksame englische Catchwords als Einsprengsel, Bildkodes usw.)? Eine Fülle von Selektions- und Kombinationsentscheidungen sind auch auf Textebene bei der Vertextung zu fällen (welche Textsorte kommt in Betracht, wie soll sie variiert oder angereichert werden, welche Formulierungskriterien sollen gelten, welche Stilmittel sind angemessen oder nötig usw.)?

Alles, was sich hier bei den Texten unter dem Dach der Morris'schen Bereiche Syntax, Semantik und Pragmatik abspielt, wird heute in unterschiedlichen Theoriezusammenhängen erörtert, wobei die genannten Ebenen theoretischer Abstraktion sinnvollerweise diskret gehalten werden. Die sinnvolle Trennung der semiotischen Theorieebenen von Kode und Textur scheinen bei Film und Fernsehen Schwierigkeiten zu bereiten. Bei genauerem Hinsehen erweisen sich die Schwierigkeiten jedoch nicht als theoretisch-systematische, sondern als ein Problem des höheren semiotischen Komplexitätsgrades. Die Produzenten von Filmen konstruieren unter Heranziehung mehrerer Kodes (etwa der Informationskodes Musik, Sprachen, Geräusche, Farben, Bilder) den „Film" als semiotischen Komplex (Textur) ganz eigener Art;[11] in der Konsequenz mit eigenständigen Textsorten und allen entsprechenden Implikaturen.[12] Von Fragen der Filmästhetik, d.h. Fragen der speziell ästhetischen Kodes und ästhetischen Texturregulative ist auf dieser basalen Ebene noch gar keine Rede.[13] Die Filmästhetik betrifft ein Theoriefeld, das in unserem Zusammenhang keine Rolle spielt. Zur Erforschung der

---

11 Zur Frage der „intentionalen Steuerungsmöglichkeiten" von Filmemachern siehe Leschke (Anm. 5), S. 43.

12 McLuhan äußert sich über das Spezifische des Fernsehens gegenüber dem Film wie folgt: „Die Enttäuschung über das Fernsehen wie auch die Kritik an ihm lassen sich vor allem auf die Unfähigkeit seiner Kritiker zurückführen, es als eine völlig neue Technik zu begreifen, die andere Sinnesreaktionen erfordert. Diese Kritiker bestehen darauf, das Fernsehen bloß als eine heruntergekommene Form der Buchdruck-Technik zu betrachten. Die Kritiker des Fernsehens können nicht begreifen, daß die von ihnen gepriesenen Filme wie ‚The Knack', ‚Hard Day's Night' und ‚What's New Pussycat?' beim Massenpublikum durchgefallen wären, wenn dieses Publikum nicht schon zuvor durch die Fernsehwerbung an abrupte Zooms, elliptische Montage ohne Handlungsfaden und schnelle Schnitte gewöhnt worden wäre." M. McLuhan, Q. Fiore: Das Medium ist Massage. Koordiniert von Jerome Agel. Frankfurt/M., Berlin, Wien 1969, S. 128; engl. The Medium is the Massage. Corte Madera 2001 ([1]1967), S. 128.

13 Bei Lektüre mancher Grundlagenwerke zur Medientheorie bekommt man allerdings oft beim Kapitel „Film" den Eindruck, als gehe es hier vor allem um Filmästhetik.

Filmtexturen hat sich die Filmwissenschaft etabliert, die ihre Arbeit nicht selten auch als „Filmphilologie" charakterisiert. Diese zunächst befremdlich erscheinende Bezeichnung ist aber insofern doch recht gut getroffen, als mit ihr als Begriffsbestandteil das griechische Wort für Text (*lógos*) aufgerufen ist. Inzwischen gibt es sogar Ansätze zu einer auf die Filmtextur bezogenen „Rhetorik des Films".[14]

Von Medien war bislang nicht die Rede. Die Medientheorie ist neu. Die Rhetoriktheorie ist alt.[15] Sind etwa auch die Medien so neu wie ihre Theorie? Oder gab es sie schon immer, ohne dass man sie für theoriewürdig erachtet hätte? Die Anlage des 2002 von Günter Helmes und Werner Köster herausgegebenen Sammelbands ‚Texte zur Medientheorie' scheint eine klare Antwort auf diese Frage zu geben: Medientheorie gibt es seit es unsere Schriftkultur gibt. Der Band beginnt mit dem alttestamentlichen Bilderverbot, zitiert unter anderem einen Abschnitt aus Platon zur „Medienkonkurrenz: Schrift und dialogische Rede", wie es die Herausgeber nennen, sowie die Überlegungen des Horaz zur „Funktion der Dichtung".[16] Aufgenommen ist auch ein Kapitel zum Thema „Rhetorik und Gedächtniskunst" aus Ciceros wichtigster rhetoriktheoretischer Schrift ‚Über den Redner' vom Jahre 55 v. Chr. Dieses Kapitel ist sehr viel treffsicherer ausgewählt als die anderen genannten antiken Texte, denn es handelt in der Tat vom Medienproblem.

Seit der Antike beschäftigt sich die Rhetoriktheorie nicht nur mit der Frage, wie der kommunikativ Handelnde mit dem *Text* ein optimales Organon oder Instrument für die Zwecke erfolgreicher Kommunikation konstruieren kann, sondern auch mit der Frage, wie Texte optimal gespeichert, gesendet und performiert werden können. Die Speicherfrage wird im rhetorischen Kapitel zur Gedächtniskunst erörtert, die Performanzfrage im Kapitel über Vortrag und Aufführung. Wie sind diese Zusammenhänge aus rhetoriktheoretischer Sicht einzuordnen und was für Schlussfolgerungen ergeben sich daraus für eine Definition der Kategorie „Medium"?

Schon die antike, handlungstheoretisch orientierte Rhetoriktheorie sah sehr deutlich, dass die für die Produktion des Textes nötigen Operationen in der Praxis von jenen Operationen zu unterscheiden waren, die der Speicherung und Sendung des Textes dienten.[17] Man war sich auch darüber klar,

---

14 K. Kanzog: Grundkurs Filmrhetorik. München 2001 (= Diskurs Film 9).

15 J. Knape: Allgemeine Rhetorik. Stationen der Theoriegeschichte. Stuttgart 2000.

16 G. Helmes, W. Köster (Hg.): Texte zur Medientheorie. Stuttgart 2002.

17 Speichern und Senden sind zwei im Zusammenhang mit Medienfragen durchaus gebräuchliche Begriffe. In der Praxis gibt es technische Medien mit extrem kurzer Speicherzeit. So besteht die Speicherzeit beim Telefon aus jenen Bruchteilen von Sekunden, in denen der ursprünglich akustisch-lautlich kodierte Text in elektronische Signale umkodiert ist. Das Senden besteht aus Operationen, die im Ergebnis dazu führen, dass der Rezipient den Text des Orators dekodieren kann. Man hat nicht ganz zu Unrecht die Frage aufgeworfen, ob ein Computer überhaupt ein Medium ist (Leschke (Anm. 5), S. 56f.). Wenn unter einem Computer eine technische Einrichtung zu verstehen ist, die Texte „natürlicher" oder künstlicher Sprachen für unterschiedliche Rezipienten zum Dekodieren verfügbar macht, ist auch ein Computer ein Medium.

dass die Theorie für beide Bereiche je eigene Systematisierungs- und Erklärungsanstrengungen verlangte (etwa die nach wie vor gültigen Gedächtnistechniken oder habituelle, mimisch-gestisch-stimmliche Performanztechniken).[18] Daher wurden diese Arbeitsstadien des erfolgsorientierten Orators auch begrifflich deutlich vom texttheoretischen Bereich unterschieden. In der oralen Kultur der Antike sah die Rhetoriktheorie den menschlichen Körper als die maßgebliche Speicher-, Sende- und Performanzeinrichtung an.[19] Die umfangreiche ältere Memoria- und Actio-Literatur befasst sich dementsprechend mit den mentalen und korporal-aktionalen Techniken der Textspeicherung und Textperformanz. Die neuere Rhetoriktheorie hat von deren Einsichten nichts zurückzunehmen, wie ja generell gilt, dass die antiken Theoretiker im Bereich der interpersonalen Kommunikation nach wie vor gültige, auf Grund empirischer Beobachtungen aufgestellte Prinzipien und Regeln formuliert haben. Der Grund dafür liegt auf der Hand: Die Rhetoriktheorie hatte sich damals wie heute in der Praxis zu bewähren. Auf einem ganz anderen Blatt steht natürlich die Frage, wie begrenzt uns heute der theoretische Horizont jener Zeit vorkommt.

Bereits an dieser Stelle lässt sich eine für die Zwecke der Rhetoriktheorie hinreichende Definition der Kategorie „Medium" formulieren, deren Plausibilität im weiteren Verlauf der Überlegungen zu exponieren ist: *Ein Medium ist eine Einrichtung zur Speicherung und Sendung von Texten*.[20] Dabei wird vorausgesetzt, dass die genannte Einrichtung Bestandteil von Kommunikationsprozessen ist und natürlichen oder technischen Ursprungs sein kann.

Diese Definition stellt als Differentia specifica des Kommunikationsfaktors *Medium* seine Funktion als Prozessor semiotischer Einheiten (Texte) im Kontrast zum *Text* als dem prozessierten semiotischen Aggregat mit diskreten Informationen heraus.[21] Man könnte zum besseren Verständnis dieser

---

18 J. Knape: Memoria in der älteren rhetoriktheoretischen Tradition. In: LiLi. Zeitschrift für Literaturwissenschaft und Linguistik 27 (1997), H. 105, S. 6-21.

19 Zum Begriff „Menschmedium" siehe W. Faulstich: Medienkultur: Vom Begriff zur Geschichte. Werte- und Funktionswandel am Beispiel der Menschmedien. In: U. Saxer (Hg.): Medien-Kulturkommunikation. Opladen 1998, S. 44-54 (= Publizistik. Sonderheft 2).

20 Die jeweilige Beschaffenheit der „Einrichtung" ist vom historischen Stand der Entwicklung abhängig, muss aber auf jedem Fall der operativen Leistungsanforderung entsprechen, in irgendeiner Form Texte speichern und senden zu können. Man könnte dies nach Bedarf noch sehr viel technischer ausdrücken, indem man sagt, dass mit Hilfe der genannten Einrichtungen Signale gespeichert und gesendet werden, die von Menschen im Kommunikationsprozess als Texte enkodiert bzw. dekodiert werden usw. Ich denke aber, dass es solcher Spezifizierungen hier nicht bedarf, weil dies zu den üblichen Implikaturen in Hinblick auf andere Theoriezusammenhänge gehört.

21 Die in der Fachliteratur für „Einzelmedien" verwendeten Begriffe sind linguistisch gesehen immer Kollektiva oder Abstrakta. Hinsichtlich der genannten theoretischen Differentia specifica ist die Frage der physikalischen Beschaffenheit des Mediums (natürlicher Organismus oder technisches Gerät) zu vernachlässigen. Bei der hier vorgenommenen Abgrenzung theoretisch-analytischer Ebenen spielt die rein technische Seite des Geräts in Hinblick auf die in diesem Zusammenhang gewählten Abstraktionskriterien

kategorialen Unterscheidung der theoretischen Ebenen von Text und Medium einerseits von den Oppositionskriterien „semiotisch hoch-informationell" versus „semiotisch nicht- oder niedrig-informationell" sprechen oder vielleicht auch sagen: der Text repräsentiert die primäre Information, das Medium ist der „Träger" dieser Repräsentation. Damit ist zugleich aus rhetorischer Sicht eine Hierarchie impliziert: Die semiotisch-informationelle Ebene des Textes ist kommunikationstheoretisch gesehen die wichtigere, weil sich die mentalen Anschlussoperationen der Kommunikationspartner in erster Linie hierauf beziehen (wir lesen zunächst einmal Texte, nicht Medien). Dementsprechend untersucht auch die so genannte „Medieninhaltsforschung", ebenso wie die vor allem mit quantitativen Methoden arbeitende sozialwissenschaftliche „Inhaltsanalyse", Texte, welche technische Medien dimittieren.[22] Dabei wird die hochinteressante, noch zu besprechende Frage, ob nicht auch die Medien als Medien jenseits des Textes eine Semantik haben, nicht einmal im Ansatz diskutiert.

Vergegenwärtigen wir uns noch einmal unser Beispiel des Unternehmers, der eine Produktwerbung erfolgreich kommunizieren, d.h. rhetorisch handeln will. Nehmen wir an, dass er zu einem bestimmten Zeitpunkt seinen Werbetext optimal konstruiert hat.[23] Spätestens jetzt, wenn nicht schon vorher, hat sich sein rhetorisches Kalkül auch auf Selektionsentscheidungen bezüglich optimaler Medien zu richten.[24] Für seine anstehende Werbekampagne kann er unter diversen „Einrichtungen zur Speicherung und Sendung" seines feststehenden Textes wählen: Werbezettel, Zeitung oder Radio. Wenn es sich um einen rein sprachlichen Text handelt, kann der Text hier unter Umständen immer derselbe bleiben, während sich die Medien ändern. Entscheidet er sich jedoch für Kino oder Fernsehen als Medien, dann müsste er seinen sprachlichen Text unter Umständen umarbeiten, komplexer machen und zu einem „Film" oder Fernsehformat ausbauen. Für ihn stellt sich das Medium Fernsehen dann als eine technische „Einrichtung" dar, mit deren Hilfe er aus seinem inzwischen angefertigten, semiotisch unterkomple-

---

keine Rolle. Physikalisch gesehen zerfällt etwa beim Film die theoretisch-begrifflich als Einheit gedachte „Einrichtung zur Speicherung und Sendung von Texten" in diverse Komponenten des technischen Studio-Set-Kamera-Kinotheater-Komplexes. In anderen Theoriezusammenhängen kann die Frage, wie eine solche mediale „Einrichtung" rein technisch funktioniert, natürlich von größter Relevanz sein. Die Theorieumgebung legt die Abstraktionskriterien fest. Im Zusammenhang eines technisch-informationstheoretischen Ansatzes etwa werden Medien als „Kanäle" definiert. Vgl. auch den Überblick bei Leschke (Anm. 5), S. 12ff.

22 H. Bonfadelli: Medieninhaltsforschung. Konstanz 2002; W. Wirth u.a. (Hg.): Inhaltsanalyse. Köln 2001.

23 Dabei hat er bereits mindestens ein Medium als Speicher benutzt: seinen Körper, in dem der Text als mentale Repräsentation vorliegen muss, wenn kein externes Medium ins Spiel gekommen sein sollte.

24 Der Begriff des rhetorischen Kalküls ist auf die Ermittlung optimaler Interventionsmöglichkeiten der Instanz des Orators im Kommunikationsprozess gerichtet. Externe Faktoren werden dabei im ersten Schritt auf ihr Widerstandspotenzial hin geprüft.

xen Drehbuch (nur schriftlich gefasster Sprachtext) eine semiotisch sehr viel höherkomplexe Fernsehtextur herstellen, speichern und senden kann. In dem von Werner Faulstich herausgegebenen Band ‚Grundwissen Medien' werden 16 „Einzelmedien" vorgestellt, auf die sich das rhetorische Kalkül gegebenenfalls zu beziehen hätte: Theater, Blatt, Brief, Buch, Zeitschrift/Zeitung, Heft/Heftchen, Plakat, Foto, Telefon, Tonträger/Schallplatte/Kassette/CD, Hörfunk, Film, Fernsehen, Video, Multimedia, Computer/Internet/Online-Medien.[25]

Der solcherart skizzierte, für rhetoriktheoretische Zwecke völlig hinreichende Medienbegriff ist natürlich sehr reduktionistisch. Die Reduktion bringt ihm aber den Vorzug eines höheren Falsifikationsgrades ein. Was gegenwärtig in der Medientheorie an Medienbegriffen gehandelt wird, stellt meiner Meinung nach demgegenüber kein attraktiveres oder eindeutigeres Angebot dar. Zumindest bekommt man diesen Eindruck, wenn man sich Werner Leschkes Überblick über die gegenwärtig in den verschiedenen Zweigen der Medientheorie vorfindlichen „Konstruktionen des Medienbegriffs" ansieht.[26] Auch Leschke selbst hat offenbar keine wirklich klare Vorstellung von der erforderlichen Unterscheidung maßgeblicher analytischer Ebenen. So stellt er etwa fest, Platon habe natürlich noch keinen Medienbegriff gehabt, aber doch „über ein medientheoretisches Problem" verfügt, „nämlich das der Medienkonkurrenz", das er „auf dem Wege der Reflexion zu bewältigen" suchte.[27] Nach Leschke lässt sich diese Konkurrenzlage wie folgt ausdrücken: „Es gibt mehrere Medien: mündliche Kommunikation, Malerei und Schrift."[28] Bei einem scharfen McLuhan-Kritiker wie Leschke überrascht diese Formulierung denn doch beträchtlich.[29] Die Schrift (Kode), die Malerei (Textur) und die mündliche Kommunikation (Variante der symbolischen Interaktion, bei der diverse theoretische Aspekte ins Spiel kommen) werden hier in einer Weise unter den modernen, bei Platon noch nicht vorkommenden Begriff des Mediums subsumiert, wie wir es eigentlich nur von Marshall McLuhan kennen.

In einem der berühmtesten Abschnitte von ‚Understanding Media' (1964) schreibt McLuhan:

> „Elektrisches Licht [...] ist gewissermaßen ein Medium ohne Botschaft, wenn es nicht gerade dazu verwendet wird, einen Werbetext Buchstabe um Buchstabe auszustrahlen. Diese für alle Medien charakteristische Tatsache bedeutet, daß der ‚Inhalt' jedes Mediums immer ein anderes Medium ist. Der Inhalt der Schrift ist Sprache, genauso wie das geschriebene Wort Inhalt des Buchdrucks ist und der Druck wieder Inhalt des Telegrafen ist. Auf die Frage: ‚Was ist der Inhalt der Spra-

---

25 Faulstich (Anm. 6), S. 109-451.

26 Leschke (Anm. 5), S. 12-20.

27 In dieser Formulierung steckt offensichtlich ein Vorbehalt, der bei Leschke auch an anderen Stellen hervortritt: Nachdenken („Reflexion") ist für Leschke keine medienwissenschaftliche Methode.

28 Leschke (Anm. 5), S. 34.

29 Zu Leschkes McLuhan-Kritik siehe die Einleitung zu diesem Band.

> che?' muß man antworten: ‚Es ist ein effektiver Denkvorgang, der an sich nicht verbal ist.' Ein abstraktes Bild stellt eine direkte Äußerung von schöpferischen Denkvorgängen dar, wie sie etwa in Mustern von Elektronenrechnern erscheinen könnten."[30]

Dieses Zitat macht McLuhans völlig indiskreten, aus dem alltäglichen Sprachgebrauch bezogenen Medienbegriff deutlich. Weder das Licht (als bloß technischer Bestandteil von Medien), noch die Sprache (Kode), noch die Schrift (Kode), noch ein abstraktes Bild (Textur) stellen „Einrichtungen zur Speicherung und Sendung von Texten" dar. Wenn McLuhan vom „Inhalt" der Medien spricht, dann ist dies in erster Linie der unbeholfene Ausdruck seiner Einsicht, dass wir es mit einer Reihe von Phänomenen zu tun haben, die einerseits für sich beobachtbar sind (daher eigenständiger Gegenstand von Theoriebildung werden können), die andererseits aber doch auch einen engen Zusammenhang bilden.

In der Rhetorik wird dieser Zusammenhang unter der Perspektive des operierenden Kommunikators als hergestellter Zusammenhang, als Ergebnis von gestuften Handlungsvorgängen gesehen, die der Orator nach Maßgabe seines Kalküls vollzieht: Er bedient sich der Kodes, um gewissermaßen aus diesem Baumaterial Texte zu konstruieren und wählt dabei ein Medium, um sie zu prozessieren. Der bei der rhetorischen Mediendefinition hergestellte unauflösbare Konnex zwischen Produzent, Text und dessen Speicher- und Sendeeinrichtung macht den Begriff „Medium" zu einem Terminus der Kommunikationstheorie im engeren Sinn. Für McLuhan hingegen ist alles, was seiner Meinung nach irgendeine Verbindungen zwischen Menschen herstellt, ein Medium: Licht, Schrift, Sprache, Eisenbahn, Flugzeug, Schießpulver, Geld, Stein, Papier, Rad, Theater, Straßen.[31]

Ein so weit gefasster und letztlich nichts sagender, weil zu indiskreter Medienbegriff ist inzwischen insofern nicht mehr ganz alltäglich, als sich im Sprachgebrauch das Pluralabstraktum „Medien" heute normalerweise deutlicher auf den Kommunikationssektor im engeren Sinn bezieht. Damit wird der Begriff Medium aber keineswegs klarer, außer dass er regelmäßig den gesamten Komplex moderner Massenkommunikationsmittel aufrufen soll. So etwa auch in dem 1984 in zweiter Auflage erschienenen Sammelband ‚Rhetorical Dimension in Media'. Einleitend heißt es da: „Today we are bombarded by messages from radio, television, film, newspapers, magazines, and a host of other media which bring with them a ‚rhetoric' all their own." Wer nun erwartet, dass der umfangreiche Band im weiteren Verlauf die spezifische Rhetorik der Medien („their own") auf Grundlage eines rhetoriktheoretisch reflektierten Medienbegriffs exponiert („how their rhetorical appeals

---

30 M. McLuhan: Die magischen Kanäle. „Understanding Media". Düsseldorf etc. 1992, S. 18 (engl. Understanding Media. The Extensions of Man, 1964).

31 McLuhan (Anm. 30), S. 18f., 24, 30f., 36f., 70, 113 und 123f.; zur Kritik an diesem weit ausholenden Medienbegriff siehe D. Kloock, A. Spahr: Medientheorien. München 1997, S. 57.

are structured", wie es heißt), der wird enttäuscht. Schon die knappe Charakterisierung der Hauptkapitel macht stutzig, weil hier das übliche Sammelsurium aller möglichen Kommunikationskategorien auftaucht („media or genres"?), die sich den unterschiedlichsten analytischen Ebenen zuordnen lassen: „Nine different media or genres are explored: oratory, public campaigns and movements, magazines and newspapers, literary forms, graphic arts, music and song, and, of course, radio, television, and film." Wenig später wird dann ganz klar gesagt, worauf letztlich alles nur hinauslaufen soll:

> „The authors in this volume each explore an artifact or event – a speech, newspaper story, film, cartoon, television program or genre – for the purpose of suggesting not only how that one artifact or event can be understood, but how other similar ‚texts' might be analyzed and evaluated." [32]

Es geht mithin um die gute alte, natürlich keinesfalls zu verachtende rhetorische Textanalyse. Der Titel des Bandes wird entsprechend erläutert: „The second edition of ‚Rhetorical Dimensions in Media' continues the exploration of diverse ‚texts' that seem to have ‚designs upon an audience'." Warum dann aber überhaupt das Hantieren mit dem so herausgehobenen Begriff „media"? Er scheint offensichtlich deshalb gewählt, weil man sich „of course" auch mit Texturen aus „radio, television, and film" auseinandersetzt und damit offenbar Modernität der Fragestellung signalisiert werden kann. Verständlich wird diese unklare Begrifflichkeit, wenn man liest, dass der Gewährsmann in Sachen Medienbegriff McLuhan ist: „McLuhan's ‚global village' is upon us."

Die Herausgeber des bereits genannten Sammelbandes ‚Texte zur Medientheorie' Helmes und Köster grenzen den Medienbegriff im Jahre 2002 natürlich gegenüber McLuhan'scher Weiträumigkeit auf die Kommunikation im engeren Sinne ein, doch möchten auch sie ihrer Auswahl kein zu enges Konzept zu Grunde legen:

> „Diese unbotmäßig verkürzende Perspektive verdankt sich verengten Medienbegriffen, die essentiell auf fotochemische, mechanische und/oder elektronische Technologien und die damit verbundenen (Re-)Produktionsmöglichkeiten und -praktiken rekurrieren."

In Abgrenzung dazu werde hier

> „von einem weiten Medienbegriff ausgegangen. Dieser Medienbegriff umfasst neben technischen Medien, die den angewandten Naturwissenschaften entsprungen sind auch traditionelle Künste wie die Malerei und vormals den Künsten zugeschlagene Disziplinen wie die Architektur oder die Rhetorik. Außerdem gehören zu einem solchen Medienbegriff auch Bezüge auf Körper, Sinne, Gehirn und Sprache."[33]

---

[32] M. J. Medhurst, T. W. Benson (Hg.): Rhetorical Dimensions in Media. Dubuque, Iowa ²1984, S. vii-viii.

[33] G. Helmes, W. Köster: Einleitung. In: Dies. (Anm. 16), S. 15-22, hier S. 20.

So einleuchtend die Ausweitung des Medienbegriffs auf Einrichtungen natürlichen Ursprungs ist, so fragwürdig muss es doch sein, Künste und ganze Disziplinen wie Malerei, Architektur oder Rhetorik zu Medien zu erklären. Soweit sollte der „Medienbegriff" nun doch nicht gestreckt werden.

Eine anders geartete Dehnung erfährt der Medienbegriff bei Werner Faulstich, der „das Medium" als Metonymie für ein ganzes gesellschaftlich verankertes Subsystem verwenden möchte, um möglichst alle sozialen Querverbindungen, die man inzwischen in der Wissenschaftslandschaft mit dem Medienkomplex verbindet, unter einen Hut zu bringen. In Anlehnung an den Begriff „des" Mediums bei Ulrich Saxer definiert Faulstich wie folgt: „Ein Medium ist ein institutionalisiertes System um einen organisierten Kommunikationskanal von spezifischem Leistungsvermögen mit gesellschaftlicher Dominanz." Er erläutert die in dieser Definition enthaltenen vier „spezifischen Merkmale des Mediums" wie folgt:

> „(1) ‚Institutionelles System' meint eine ausdifferenzierte, in [wohl ‚auf'] mehrere Bereiche entfallende, auf verschiedenen Ebenen wirkende komplexe Vermittlungseinrichtung, die in das gesellschaftliche Regelsystem eingefügt ist und nur in dieser ‚Umwelt', in diesem Kontext von Voraussetzungen, Produktion, Rezeption, Verarbeitung und Auswirkungen, als Prozeß, zureichend begriffen werden kann. (2) ‚Organisierter Kommunikationskanal' heißt, daß die Kommunikation zufallsenthoben reguliert und funktionalisiert ist, wobei die Kanalisation zum Beispiel technologisch oder auch anderweitig, etwa kultisch oder rhetorisch, angeregt, begrenzt und gestaltet wird. (3) ‚Spezifisches Leistungsvermögen' meint die Besonderheit eines Mediums im Unterschied zu den anderen Medien, bezogen sowohl auf die quantitative und qualitative Potenz und Gesetzmäßigkeit als auch auf die konkrete Sinnhaftigkeit. (4) ‚Gesellschaftliche Dominanz' bezieht sich auf die Geschichtlichkeit des Mediums, das als solches und im Verhältnis zu anderen Medien einem permanenten Wandel unterliegt, also entsteht, sich verändert und (als Medium) auch wieder untergeht, und akzentuiert seine wirtschaftlichen, politischen, sozialen und kulturellen Steuerungs- und Orientierungsaufgaben."[34]

Die Fragen nach der inneren Konsistenz und begrifflichen Treffsicherheit dieser Definition, die sich insbesondere aus den Erläuterungen (3) und (4) ergeben, können hier nicht im Einzelnen erörtert werden. Die Erläuterungen insgesamt deuten jedenfalls eher darauf hin, dass eine Art Dachkonstruktion für die Forschungsfelder der von Faulstich in den Blick genommenen Medienwissenschaft gefunden werden sollte. Deutlich wird unter (2) etwa auch, dass nur ein Bezug zu modernen technischen Medien hergestellt werden soll. Hervorzuheben ist aber vor allem der in der Definition steckende Kerngedanke des Systems.

Aus Sicht der Rhetorik ist hier eine weitere, theoretisch isolierbare Ebene aufgerufen, der wiederum spezifische Operationen zugeordnet werden können. Es ist die Ebene der in den Kulturen unterschiedlich entwickelten „Me-

---

[34] Faulstich (Anm. 6), S. 27.

diensysteme". Wir können sagen: *Mediensysteme sind Institutionen, die in einer Gesellschaft die technische Infrastruktur des Medieneinsatzes organisieren.*[35]

Für den Orator werden die Mediensysteme zum Gegenstand eines eigenen Handlungskalküls, weil sie den Zugang, die Nutzung und das zulässige Leistungspotenzial regulieren.[36] Der Unternehmer in unserem Beispiel etwa muss sich die Frage stellen, wie er handeln muss, um für seine Produktwerbung überhaupt Zugang zum Fernsehsystem zu bekommen und das Medium Fernsehen zur Verbreitung seines Werbetextes nutzen zu können. Wenn er sich die Nutzung erkauft oder anderweitig erhandelt hat, muss er außerdem einkalkulieren, dass er nicht beliebig über das ‚Medium' verfügen kann, sondern dass das ‚Mediensystem Fernsehen' festlegt, unter welchen Einschränkungen der Text gesendet werden kann (Sendezeit, Sendekontext, zulässige Länge und Machart der Filmtextur usw.). Im Extremfall muss er sogar mit Zensur rechnen, was zusätzliche Auswirkung auf die Gestaltung seiner Textur hätte.

Hier ein erstes Fazit: In der Rhetorik diktieren die Anforderungen der Praxis, was theoretischer Reflexion unterworfen werden soll oder nicht bzw.

---

[35] Wobei eine Institution ein juristisch, gewohnheitsrechtlich, politisch oder informell regulierter Sozialverband ist. Als Beispiel verweise ich auf die Erörterungen von Claus Rieder zum Mediensystem „Theaterwesen" in diesem Band. Mit den damit entwickelten Definitionen von Medium und Mediensystem lässt sich an Ulrich Saxers Unterscheidung der „Kommunikationskanäle, die bestimmte Zeichensysteme transportieren", und der Medien-„Organisationen" als „zweckgerichteten und zweckerfüllenden Sozialsystemen" anschließen. U. Saxer: Der Forschungsgegenstand der Medienwissenschaft. In: J.-F. Leonhard, H.-W. Ludwig, D. Schwarze, E. Straßner (Hg.): Medienwissenschaft. Bd. 1. Berlin 1999 (= Handbücher zur Sprach- und Kommunikationswissenschaft 15,1), S. 1-14, hier S. 5f.

[36] Man könnte folgende Tabelle mit einigen ausgewählten Elementen aufstellen, die natürlich dem jeweiligen historischen Entwicklungsstand einer Epoche, einer Kultur oder eines Landes anzupassen wäre:

Texturen	*Medien*	*Mediensysteme*
Theaterstücke	Theater	Theaterwesen
diverse Textsorten (Schrift- und Bildtexturen)	Buch, Zeitung usw.	Verlags- und Pressewesen
Bilder (Gemälde, Zeichnung, Fotographie usw.)	Maler-Leinwand, Holztafel, Zeichenblatt, Foto usw.	„Kunstsystem", Fotoindustrie usw.
Filme	Kino	Filmindustrie
Texturen diverser Fernsehformate	Fernsehen	Fernsehsystem
Bildschirmtexte	Online-Medien	Internet

anderen überlassen wird. Eigentlich ist das nichts Ungewöhnliches. Bei den praktischen Operationen des Orators wurde die Arbeit am Text schon in der Antike von der Arbeit an der Performanz des Textes unterschieden, mit entsprechenden Konsequenzen für die Systematik der Rhetoriktheorie. Dabei tauchte der moderne Begriff „Medium“ natürlich noch nicht auf, war aber sachlich bereits in Form des natürlichen Mediums ‚Körper in der Aufführungssituation‘ Verhandlungsgegenstand. Für die Belange der Rhetoriktheorie lässt sich mit dem Begriff Medium nur vernünftig arbeiten, wenn er in eine Differenz zu den analytischen Ebenen von Kode, Text und Mediensystem gebracht wird. Die Toleranz, die sich die Medienwissenschaft regelmäßig in Hinblick auf das Durcheinander bei ihren Zentralkategorien gestattet, bringt die Rhetorik nicht weiter. Für ihre Zwecke ist die hier vorgeschlagene systematische Abgrenzung ausreichend.

3. *Extensions of some human faculty* oder: Medien als Bestandteil kommunikativer Settings

Zu den aufsehenerregendsten Theoremen Marshall McLuhans avancierte seine Feststellung, alle technischen Mittel, die die Menschen erfinden, um untereinander eine Verbindung herzustellen und die daher seiner Meinung nach „Medien“ genannt werden können, seien in ihrer Konsequenz „Ausweitungen des Menschen“: das Rad, das Geld, das Schießpulver, die Eisenbahn, die Kleidung oder das Buch. McLuhan nennt dies in ‚Understanding Media‘ gar das „Leitmotiv dieses Buches“.[37] Es ist ganz offensichtlich, dass es sich bei McLuhans Überlegungen zu diesem Problem vorrangig um anthropologische und kommunikationstheoretische Erörterungen zu den Technikfolgen handelt. Er fragt, was die Erfindungen des Menschen für ihn in seinem Lebensvollzug bedeuten. Seine Antwort lautet: Die Technik ist eine Ausweitung unserer Sinne (wir können z.B. mit Hilfe der Technik Dinge zeitgleich auf anderen Kontinenten wahrnehmen) und unserer Handlungsmöglichkeiten (wir können z.B. mit technischen Geräten über Zeit und Raum hinweg handelnd in Prozesse eingreifen). Man kann zu McLuhans Extensions-These stehen wie man will, auf jeden Fall problematisiert sie die Rolle der technischen Medien in menschlichen Interaktionszusammenhängen, insbesondere in der Kommunikation, wiederum anthropologisch vor dem Hintergrund der ursprünglich-biologischen Begrenztheit des Menschen.

Wenn sich die Rhetorik der Extensions-These zuwendet, muss sie unter ihrer Perspektive fragen, wie sich die damit aufgeworfene Problematik des Medieneinsatzes handlungs- bzw. oratortheoretisch darstellt. Systematisch ist damit der Bereich des rhetorischen Settings aufgerufen. Das antizipierende, auf zukünftige Interventionsmöglichkeiten gerichtete Kalkül des Orators hat auf dieser Ebene all jene Bedingungen, insbesondere all jene Widerstände

---

[37] McLuhan (Anm. 30), S. 109.

zu reflektieren, die die Kommunikationsumgebung (*communication environment*) betreffen. Die klassische Rhetoriktheorie ging dabei von einem Basis-Setting aus, auf das sich all ihre Überlegungen konzentrierten: die kommunikative *Situation*.[38] Dabei wird vorausgesetzt, dass alle Kommunikationspartner sich in einer auf einen Ort konzentrierten *Face to face*-Beziehung befinden. Die moderne Rhetoriktheorie muss demgegenüber ein zweites Basis-Setting abstrahieren, um der Entwicklung der Kommunikationsbedingungen Rechnung zu tragen. Es handelt sich dabei um die situationsüberschreitende Kommunikation, für die sich der Begriff der *Dimission* anbietet.[39] Der positive Effekt besteht bei der Dimission für den Orator darin, dass sein Text per situationsüberschreitender Distanzkommunikation mit Hilfe externer Medien (Bote, Brief, Online-Medien usw.) über Raum und Zeit hinweg gesendet werden kann, ohne dass er selbst noch bei diesem Teil des Kommunikationsprozesses als Speicher und Sender operativ tätig sein muss. Die kommunikative Instanz Orator bleibt der „Absender", gibt aber in der Dimission an einem bestimmten Punkt des Kommunikationsprozesses die Medialisierung an einen externen Prozessor ab.[40]

Die kategoriale Unterscheidung von kommunikativer *Situation* und *Dimission* bezieht sich zunächst einmal auf den praktischen Gegensatz von Anwesenheit und Abwesenheit des Orators, genauer gesagt: auf die praktische Alternative, ob sein Körper in der Kommunikation als Medium fungiert oder nicht.[41] Rhetoriktheoretisch formuliert resultiert die Differenz zwischen beiden Basis-Settings daraus, dass aus der Perspektive der kommunikativen Instanz des Orators in der situativen Kommunikation ein internes Medium (der eigene Körper)[42] den Text prozessiert, in der dimissiven Kommunikation hingegen ein externes Medium im Verbund mit dem zugehörigen Mediensystem. Daraus ergeben sich für die rhetorisch kalkulierende und handelnde Instanz unterschiedliche Bündel von Operationen bzw. Handlungskomple-

---

38 Lat. *situs* = die Lage vor Ort.

39 Lat. *dimittere* = schicken, aussenden; mlat. *missiva* = der Brief.

40 Dass dabei in der Praxis oft ganze Agenturen (verschiedenster Art und Komplexität) einbezogen werden, ist für das abstrakte Grundmodell ohne Belang.

41 Die von dem Linguisten Konrad Ehlich vorgeschlagene Lösung, bei der Dimission lediglich von einer Situationszerdehnung zu sprechen, ist aus rhetorischer Sicht nicht angemessen. K. Ehlich: Text und sprachliches Handeln. Die Entstehung von Texten aus dem Bedürfnis nach Überlieferung. In: A. Assmann u.a. (Hg.): Schrift und Bild, München 1983 (= Beiträge zur Archäologie der literarischen Kommunikation, Bd. 1).

42 Von eventuell benutzten Hilfsmitteln, z.B. einem Blatt Papier zum Ablesen, braucht auf dieser Abstraktionsstufe nicht die Rede zu sein, weil sie im situativen Kommunikationsvorgang die oben genannten Definitionskriterien für ein Medium faktisch nicht vollständig erfüllen und die Autokommunikation hier ausgeklammert wird. Prinzipiell könnte man sich aber in Hinsicht auf den Einsatz potenzieller externer Medien in situativen Kommunikationen (denen hier aus Sicht des Orators nur der Status von Hilfsmitteln zugestanden wird) auch noch andere theoretische Modelle vorstellen.
In der Praxis gibt es inzwischen situative Settings, in die dimissive Elemente integriert werden, z.B. wenn der Orator zwar anwesend ist, aber seinen Text von einem technischen Medium prozessieren lässt. Ist damit ein Mischtyp entstanden?

xen. Entscheidend wird bei jedem auf die Phase der Dimission bezogenen rhetorischen Kalkül, dass die externen Medien und Mediensysteme einen zusätzlichen Widerstandsfaktor neuer Qualität darstellen, dessen Bewältigung in der „Situation" nicht gefordert ist.[43]

Wenn wir, um bei unserem Beispiel zu bleiben, von einem heute vielleicht nur noch schwer zu findenden Unternehmer ausgehen, der daran gewöhnt ist, sein Produkt selbst mündlich auf dem Marktplatz in situativer Kommunikation anzupreisen, so bedeutet es für ihn einen qualitativen Sprung, wenn er beschließen sollte, zur Rundfunkwerbung überzugehen. Mediale Extension bedeutet für ihn, der Kommunikation seines Werbetextes potenziell eine neue Dimension in Raum und Zeit erschließen zu können (große Reichweiten, neue Zielgruppen usw.). Zugleich bedeutet sie aber auch eine neue Dimension für sein antizipatorisches Kommunikationskalkül. Er muss jetzt den ganzen Komplex externer Medien und Mediensysteme ins operative Kalkül einbeziehen. Als besonders widerständig tritt jetzt der mediale Kontrollverlust in Erscheinung. Wenn der Orator in situativer Kommunikation im Idealfall seinen Körper bei der Aufführung seines Werbetextes (stimmlich, gestisch, mimisch) kontrollieren konnte, so zwingen ihm in der Dimission die externen Medien und Mediensysteme ihre aus eigenen Strukturdeterminanten resultierenden Bedingungen auf. Unter Umständen behält er nicht einmal mehr die volle Verfügungsgewalt über Form und Inhalt seines Textes, weil ihm das externe Medium bestimmte Auflagen macht. Als Widerstandsfaktor ist dabei nicht nur an die Gesetze zu denken, denen die Agenten der Mediensysteme ihrerseits (mit entsprechenden Auswirkungen auf die Texte des Orators) folgen, sondern auch an die Zwänge der technischen Bedingungen der Medien.

4. *Hot and cold* oder: Der Text unter dem Strukturdruck des Mediums

Aufmerksamkeit erregte Marshall McLuhans auf diese technischen Strukturdeterminanten bezogene Unterscheidung von heißen und kalten Medien:

> „Es gibt ein Grundprinzip, nach dem sich ein ‚heißes' Medium, wie etwa das Radio, von einem ‚kühlen', wie dem Fernsehen, unterscheidet. Ein ‚heißes' Medium ist eines, das nur einen der Sinne allein erweitert, und zwar bis etwas ‚detailreich' ist. Detailreichtum ist der Zustand, viele Daten oder Einzelheiten aufzuweisen. Eine Fotografie ist optisch ‚detailreich'. Eine Karikatur ist ‚detailarm', und zwar einfach, weil wenig optisches Informationsmaterial zur Verfügung steht. Das Telefon ist ein kühles Medium oder ein detailarmes, weil das Ohr nur eine dürftige Summe von Informationen bekommt. Und die Sprache ist ein kühles, in geringem Maße definiertes Medium, weil so wenig geboten wird und so viel vom Zuhörer ergänzt werden muß. Andererseits fordern heiße Medien vom Publikum eine

[43] Zum Begriff des rhetorischen Widerstands siehe Knape: Was ist Rhetorik? (Anm. 3), S. 58-63.

geringe Beteiligung oder Vervollständigung. Heiße Medien verlangen daher nur in geringem Maße persönliche Beteiligung, aber kühle Medien in hohem Grade persönliche Beteiligung oder Vervollständigung durch das Publikum."[44]

McLuhan verfolgt diese eigenartige Idee des Gegensatzes von heißen und kalten Medien seitenlang in windungsreichen Assoziationsketten weiter bis hin zu bizarren Verästelungen, wie etwa den Behauptungen, dass es medial heiße und kalte Präsidentschaftskandidaten, heiße und kalte Kulturen gebe oder dass Frauen mit Lesebrille *hot*, Frauen mit Sonnenbrille hingegen *cold* seien. Auch Universitätsvorlesungen sind danach heiß, wohingegen Seminarveranstaltungen medial kalt sind. Das braucht hier nicht weiter im Einzelnen erörtert werden. Für unsere weiteren Überlegungen reicht das obige Zitat aus.

McLuhan stellt die „heißen Medien" Radio und Fotografie den „kalten Medien" Telefon bzw. Fernsehen und Karikatur gegenüber.[45] Zur Unterscheidung gibt er drei Kriterien an: (1) Erweiterung nur eines Sinnes, (2) Detailreichtum und (3) erhöhte Ergänzungsaktivität bzw. erhöhter Zwang zu persönlicher Beteiligung oder Vervollständigung. Wenn wir dies mit Hilfe unserer oben eingeführten Kategorien genauer analysieren, dann ergibt sich Folgendes: Das erste Kriterium der Sinneserweiterung betrifft den Medieneinsatz in der kommunikativen Interaktion gemäß der bereits erörterten Extensionsthese und lässt sich in der Tat auf Medien im strengen Sinne wie Radio, Fernsehen und Telefon beziehen. Die meisten der im Zitat genannten Medien kommen als Prozessoren von Texten in der Dimission in Betracht. Nach McLuhan sind sie heiß, wenn sie nur einen einzigen Sinn „erweitern", das heißt nach unserem Verständnis, wenn sie technisch so eingerichtet sind, dass sie operativ lediglich an einen einzigen der Wahrnehmungssinne des Menschen anschließen, d.h. ausschließlich an den akustischen Sinn beim Radio, ausschließlich an den optischen Sinn beim Foto. Nach diesem Kriterium müssten Kino und Fernsehen immer kalt bleiben, weil sie technisch in der Lage sind, operativ an mindestens zwei Sinne, den akustischen und optischen Sinn des Menschen, zugleich anzuschließen (Tonfilm). Nach diesem Kriterium müsste dann aber eigentlich das Telefon „heiß" sein, denn es bedient nur einen einzigen Sinn, weil es rein akustisch arbeitet. Man kann mit

---

44 McLuhan (Anm. 30), S. 35.

45 Auf die in obigem Zitat ebenfalls enthaltene Behauptung McLuhans, dass auch „die Sprache" (von ihm nicht als Kode, sondern natürlich auch als Medium identifiziert) ebenfalls „kalt" sei, gehe ich hier nicht näher ein. Systematisch könnte sich McLuhan auf das Problem der Leistungsfähigkeit so genannter „natürlicher" Sprachen als Informationskodes beziehen. Sein diffuser Medienbegriff vernebelt dies allerdings. Ich vermute, dass er schriftkodierte sprachliche Texte (insbesondere hoch ästhetisierte und daher mit vielen Leerstellen versehene) meint, die aufgrund der schriftkodebedingten Reduktion sprachlicher Ereignisse auf die eine, optische Linearität eine extreme Verarmung dessen bedeuten, was ein Sprech-Ereignis sein kann.

dem Medium Telefon anstellen, was man will, als solches wird es nie auch ‚optische Texte' liefern.[46]

Nach unseren Kategorien fällt die von McLuhan als kaltes „Medium" genannte „Karikatur" systematisch heraus, weil sie für uns als Textur, nicht als Medium zu gelten hat.[47]

Damit sind wir beim zweiten McLuhan-Kriterium, dem des informationellen Detailreichtums bzw. der Detailarmut. Dieses Kriterium kann sich selbstverständlich nur auf Texturen beziehen, nicht auf Medien. Jetzt wird deutlich, dass McLuhan unter „Fotografie" die fotografische Textur, nicht das Medium Foto meint.[48] Nach McLuhan gilt für derartige „heiße Medien" (sprich: Texte) als Merkmal, wie wir uns erinnern: „Detailreichtum ist der Zustand, viele Daten oder Einzelheiten aufzuweisen. Eine Fotografie ist optisch ‚detailreich'. Eine Karikatur ist ‚detailarm', und zwar einfach, weil wenig optisches Informationsmaterial zur Verfügung steht."

Mit dem dritten Kriterium der Ergänzungsaktivität wechselt McLuhan neuerlich zu einer anderen analytischen, zur handlungstheoretischen Ebene. Jetzt spricht er davon, welche Operationen der Rezipient beim Dekodieren des Textes ausführen muss. „Kalte" Texturen, wie wir sagen würden, verlangen „in hohem Grade persönliche Beteiligung oder Vervollständigung durch das Publikum". Bei heißen Texturen gibt es demgegenüber einen geringeren Aktivitätsfaktor auf Rezipientenseite.

Die Erläuterung des zweiten Kriteriums wirft neben einigen anderen auch die Frage auf, auf welchem Theoriefeld sich McLuhan hier eigentlich bewegt. In seiner Formulierung scheint er von einem wahrnehmungstheoretischen Problem zu sprechen. Er spricht davon, dass die meist aus wenigen Zeichenstrichen bestehende Karikatur rein quantitativ weniger „optisches Informationsmaterial" als eine Fotografie für die Wahrnehmung bereitstelle. Daraus soll sich dann die mit dem dritten Kriterium angesprochene erhöhte Vervollständigungsaktivität ergeben. Leider ist man bei der Interpretation dieser Stelle auf Vermutungen bezüglich der Frage angewiesen, was unter optischem „Informationsmaterial" zu verstehen ist. Mit hoher Wahrscheinlichkeit unterliegt McLuhan hier der auch bei anderen Theoretikern häufig anzutreffenden Verwechslung der wahrnehmungstheoretischen mit der zeichentheoretischen Ebene.[49] Die Abstraktionen auf der semiotischen Ebene gehen von ganz anderen Prämissen aus. Der genannte Zwang zu erhöhter Vervollständigungsaktivität ergibt sich aus dem Bemühen, beim Dekodieren Bedeutungslücken zu füllen. Bedeutungslücken aber sind kein wahrnehmungsthe-

---

46 Ein „Bildtelefon" wäre demgegenüber ein neues Medium.

47 Medium wäre das Zeichenblatt oder der Druck etc., der die Karikatur bei der Dimission „trägt".

48 „Foto" soll hier begrifflich für das Medium stehen, während zur Unterscheidung die „Fotografie" für die fotografische Textur stehen soll.

49 Man könnte zur Verdeutlichung der Differenz zwischen beiden Ebenen sagen: Die Reaktionen der Rezipienten beziehen sich im einen Fall nicht auf die Interpretation von Kodes (nicht-kodiert), im anderen Fall auf die Interpretation von Kodes (kodiert).

oretisches Problem, sondern ein zeichentheoretisches, also bildgrammatisches bzw. bildsemantisches. Es handelt sich dabei um Fragen der Semantik bzw. Textbedeutung, die von ihrem Theoriezusammenhang her nichts mit den theoretischen Fragen der Wahrnehmung zu tun haben.[50] Texturtheoretisch gesehen ist die Karikatur eine Bildgattung, deren Regelwerk einen extremen Zeichenreduktionismus vorsieht, ja vorschreibt. Es gehört zum Proprium der Bildtextgattung „Karikatur", die Kunst des optischen Lückentexts oder generell einer bestimmten Art devianten Zeichengebrauchs zu kultivieren. Ob das dann als heiß oder kalt im Sinne McLuhan zu gelten hat, braucht hier nicht weiter diskutiert werden.

Vom Standpunkt der Rhetoriktheorie aus erkennen wir in McLuhans Heiß-und-Kalt-Theorem die interessante, wenn auch von ihm in inkonsistenter Weise abgehandelte Frage: Determiniert das Medium den Text? Diese Frage ist für den Orator in produktionstheoretischer Hinsicht sehr wichtig, bedeutet sie doch, dass er gegebenenfalls a) seinen Text in Hinblick auf die spezifischen performativen Möglichkeiten des Mediums einrichten muss oder b) kompensatorische Strategien beim Text vorzusehen hat, um performanzbedingte, beeinträchtigende Mängel oder Eigentümlichkeiten des Mediums, die die Textsemantik gefährden könnten, auszugleichen. In jedem Fall ist davon auszugehen, dass die Medien entweder je eigene Texturformate bedingen oder aber den Texten spezifische Merkmale abverlangen, was für das oratorische Kalkül und die oratorische Produktionstätigkeit sehr wichtig ist.

McLuhan spricht davon, dass beim Telefon „das Ohr nur eine dürftige Summe von Informationen bekommt" (Information hier offensichtlich wiederum als Wahrnehmungsmaterial verstanden). Auch beim Fernsehen war zu McLuhans Zeit der Grad der Bildauflösung noch sehr niedrig, oft war das Bild auch durch schlechte Antennenanlagen in der Wahrnehmungsqualität beeinträchtigt. Wir müssen davon ausgehen, dass solche Beobachtungen hinter seinen Überlegungen stecken. Was bedeutet dieser technisch strukturelle Einfluss? Texttheoretisch gesehen bedeutet er zunächst einmal nichts. Der gesendete Text meines Telefongesprächs ist als „Text" was er ist, egal wie schlecht die vom performierenden Medium abhängige Ton- bzw. Wahrnehmungsqualität ist.[51] Zeichentheoretisch gesehen ändert das Rauschen der Medien am Text nichts. Der Spielfilm, den die Flimmerkiste eines technisch unterentwickelten Fernsehens in den 1950er Jahren mit schwacher Bildqualität sendete, blieb texttheoretisch gesehen jederzeit dieselbe Filmtextur. Wenn der antizipatorisch kalkulierende und produzierende Orator weiß, dass das Medium für seine Textur schlechte Wahrnehmungsbedingungen bereithält,

---

50 Der praktische Zusammenhang, um den es hier aber nicht geht, besteht in der Vorgängigkeit der Wahrnehmung beim Dekodierungsvorgang.

51 Bei einem „Echtzeitmedium" wie dem Telefon hat als Text (im Sinne eines analysierbaren Aggregats) alles zu gelten, was sich für den Zeitraum der Kommunikation an Zeichen notieren lässt, etwa mit Hilfe einer Tonaufnahme. Text wird hier abstrahiert als eine Zeichenkonfiguration im Sinne der oben genannten Textdefinition.

muss er unter Umständen Eingriffe in den Text vornehmen, um erwartbaren Informationsverlusten oder Missdeutungen entgegenzutreten. Wenn etwa zu erwarten ist, dass die Bildwahrnehmungsqualität bei der Dimission eines Filmtextes schlecht ist, muss er vielleicht auf akustischer Ebene mehr Information bieten, um gegenzusteuern.

Die genannten, medienbedingten Wahrnehmungseffekte, all die möglichen Beeinträchtigungen und Schädigungen der „Wahrnehmung" von Texten sind für den Orator - auf Ebene des Performanzkomplexes - ein Problem ersten Ranges. Als der berühmteste antike Redner, Demosthenes, gefragt wurde, was für ihn das Wichtigste auf dem Gebiet der Rhetorik sei, sagte er nur drei Worte: „Die Performanz, die Performanz, die Performanz" (*actio, actio, actio*).[52] Das soll heißen, der Text kann als Text noch so ausgeklügelt sein; wenn das für die situative oder dimissive Kommunikation gewählte Medium die Wahrnehmung des Textes aufgrund seiner Beschaffenheit oder aufgrund technischer Mängel beeinträchtigt, kann das ganze rhetorische Kommunikationsunternehmen gefährdet sein. Die technischen bzw. strukturalen Determinationen der „Einrichtungen zum Speichern und Senden von Texten" sind mithin ein zentraler Gegenstand des rhetorischen Kalküls. Der Orator kann ihre Vorzüge für das erfolgreiche Kommunizieren seines Textes nutzen, aber er muss auch um ihre Strukturgrenzen wissen, um gegebenenfalls ausgleichende textuelle bzw. kommunikative Maßnahmen zu ergreifen. Unser Beispielunternehmer wird sich also z.B. überlegen, ob er die lediglich auf akustischer Wahrnehmungsbasis mögliche Radiowerbung durch eine Werbemaßnahme in den optischen Printmedien ergänzt.

5. *The Medium is the Message* oder: Gibt es eine Mediensemantik?

Seinen zweifellos berühmtesten Satz „The Medium is the Message" erläutert Marshall McLuhan in einer für ihn typischen Weise, die nicht unbedingt und ohne weiteres zu dessen besserem Verständnis beiträgt. Der Satz solle eigentlich nur heißen, schreibt er zunächst,

> „daß die persönlichen und sozialen Auswirkungen jedes Mediums - das heißt jeder Ausweitung unserer eigenen Person - sich aus dem neuen Maßstab ergeben, der durch jede Ausweitung unserer Person oder durch jede Technik eingeführt wird."[53]

Was soll das heißen? McLuhan unternimmt an anderer Stelle einen weiteren Erklärungsversuch. Wenn er über den Film spricht, erläutert er den *Message*-Satz wie folgt:

> „Der Film brachte uns, durch bloße Beschleunigung der Mechanik, von der Welt der Folge und Verbindung zur Welt der schöpferischen Gestalt und Struktur. Die Botschaft des Mediums Film ist die des Übergangs von linearer Verbindung zur

[52] Cicero: Brutus 38, 142.

[53] McLuhan (Anm. 30), S. 17.

> Gestalt. Es ist der Übergang, der zu der nun vollkommen richtigen Bemerkung geführt hat: ‚Wenn es funktioniert, ist es überholt.' Wenn die elektrische Geschwindigkeit noch mehr von den mechanischen Filmsequenzen übernimmt, werden die Kraftlinien in Strukturen und Medien laut und deutlich. Wir kehren zur allumfassenden Form des Bildsymbols zurück."

Diese Sätze werden nur verständlich, wenn man sich den ganzen McLuhan'schen Denkhintergrund vergegenwärtigt. McLuhan geht davon aus, dass das Medium Kino als technische Einrichtung (wie wir sie verstehen) etwas absolut Neues in die Welt brachte.[54] Nach unserer Nomenklatur wäre es die in der Tat historisch absolut neue Texturgattung „Film" (bewegte Bilder in Echtzeit, kombiniert mit Echtzeitsound). An die daran geknüpften völlig neuen Wahrnehmungs- und Dekodierungserlebnisse der Zuschauer knüpft sich für McLuhan eine neue Bewusstseinsform. Sie leitet sich von einem neuen Kode her, wie Vilém Flusser sagt, der den indiskreten Medienbegriff seines Meisters McLuhan präzisiert. Der alte lineare Schriftkode der Gutenberg-Galaxis prägte eine Interpretations- und Bewusstseinsform von Generationen, die die Welt als „Welt der Folge und Verbindung" sah. Der neue „Technobildkode" des Films (wie ihn Flusser nennt, während McLuhan immer nur von „Medien" redet) hingegen lässt jetzt die Menschen der neuen Turing-Galaxis die Welt als „Welt der schöpferischen Gestalt und Struktur" sehen. Daher sagt McLuhan: „Die Botschaft des Mediums Film [gemeint ist der „Technokode" der Filmtextur] ist die des Übergangs von linearer Verbindung [= schriftgeprägt] zur Gestalt [= technobildgeprägt]." Wenn er schließlich sagt: „Wir kehren zur allumfassenden Form des Bildsymbols zurück", dann rekurriert er damit auf seine Vorstellung einer historischen Abfolge von bewusstseinsprägenden Masterkodes, die sich bei Flusser als epochale Entwicklung vom Bildkode über den Schriftkode hin zum unsere Epoche nunmehr prägenden Technobildkode darstellt.[55] Interessant ist, dass McLuhan auch hier offensichtlich (man kann sich da nie völlig sicher sein) auf die wahrnehmungstheoretische Ebene zielt, letztlich nicht auf die texttheoretische. Ihm geht es um die Wahrnehmungserlebnisse von „Beschleunigung" und „Geschwindigkeit", die der Betrachter jenseits des eigentlichen Textes als „Botschaft" vom Kino mitnimmt, und denen man bewusstseinsprägende Kraft zuzuschreiben hat.

Es gehört zu den Inkonsistenzen McLuhans, dass er im Fortgang seiner Überlegungen auf die Malerei des Kubismus und damit wiederum auf Kodes (diesmal ästhetische) und Texturen zu sprechen kommt. Von der Leinwand als Medium der Malerei (in unserem Sinne) ist dabei nicht in der eigentlich nötigen Weise die Rede. Insgesamt kann man bei seinen Ausführungen zum *Message*-Satz aber doch eine Tendenz zu Überlegungen feststellen, die sich

---

[54] Vgl. zum Gedanken der völligen Neuartigkeit des Films Leschke (Anm. 5), S. 76.

[55] J. Knape: Die kodierte Welt. Bild, Schrift und Technobild bei Vilém Flusser. In: Perspektiven der Buch- und Kommunikationskultur, hrsg. von J. Knape, H.-A. Riethmüller. Tübingen 2000, S. 1-18; für Flusser allerdings ist es keine Rückkehr zum alten Bildkode, sondern der Technobildkode stellt einen qualitativen Sprung dar.

unserem harten Medienbegriff annähern. Etwa wenn er bemerkt, „der ‚Inhalt' jedes Mediums [womit er den Text einschließlich der bei ihm verwendeten Kodes meint]" mache die meisten Analytiker „der Wesensart des Mediums gegenüber blind".[56] Das kann man wiederum wegen seiner undeutlichen Begrifflichkeit kritisieren, doch gibt es die wichtige Anregung, sich die Medien als Medien jenseits des Textes genauer anzusehen. Zumindest hat dies auch McLuhans scharfer Kritiker Hans Magnus Enzensberger 1970 so verstanden. War es das Missverständnis eines Kritikers, der in McLuhan möglicherweise zu Unrecht einen ideologischen Widersacher ersten Grades sah? Für den Logiker Enzensberger jedenfalls ist klar, dass es sinnvollerweise keine Identität, sondern eine Differenz zwischen Medium und Text geben muss, mit entsprechenden Konsequenzen. Er formuliert seine Kritik am *Message*-Satz wie folgt:

> „Trotz seiner provozierenden Idiotie verrät er mehr, als sein Urheber weiß. Er stellt den tautologischen Zug der Medienmystik auf das Genaueste bloß: das einzig Bemerkenswerte am Fernsehgerät wäre ihm zufolge der Umstand, daß es läuft; eine These, die angesichts der amerikanischen Programme allerdings etwas Verführerisches hat."[57]

In seiner ‚Einführung in die Medientheorie' kontaminiert Rainer Leschke bei seinem Kommentar zum McLuhan/Enzensberger-Dissenz die Kategorien Medium und Mediensystem in einer Weise, wie es zumindest bei McLuhan nicht gemeint sein kann (Enzensberger spricht hier nur vom „Fernsehgerät"). McLuhan liege weniger daran, heißt es da, „die Selbstreflexivität und Suisuffizienz des Mediensystems" zu demonstrieren, vielmehr gehe es um „die Umstellung der medienwissenschaftlichen Reflexion von der Inhaltsorientierung auf das Interesse an den Strukturen des Mediensystems, das trotz Enzensbergers Kritik medienwissenschaftliche Bedeutung erlangen sollte". Wichtig ist eine sich daran anschließende Feststellung Leschkes, die vom Anregungspotenzial McLuhans zeugt, auch wenn man bei einem Begriff wie „Form" des Mediums ins Grübeln kommen mag:[58]

> „Denn wenn das Medium selbst die Botschaft ist, dann geschieht das unabhängig von seinem potentiellen Inhalt. Medienwissenschaftlich relevant ist so vor allem die Form des Mediums und wenigstens in dieser Hinsicht sind sich McLuhan und Enzensberger näher, als letzterer es vielleicht zugeben mag, geht doch gerade auch Enzensberger bei der Analyse medialer Interaktivität von der Form des Mediums

---

56 McLuhan (Anm. 30), S. 19.

57 H. M. Enzensberger: Baukasten zu einer Theorie der Medien. In: Kursbuch 20 (1970), März-Heft, S. 159-186, hier S. 178; Auszug bei Leschke (Anm. 5), S. 253f.

58 Leschke greift auch an anderer Stelle McLuhans undifferenzierten Inhaltsbegriff auf. Hier setzt er ihm auch dessen nicht näher erläuterte Kategorie „Form des Mediums" entgegen. Leschke (Anm. 5), S. 254.

– z.B. bei der Opposition von Distributions- und Kommunikationsmedien – aus und analysiert deren Auswirkungen auf die möglichen Inhalte."[59]

Vom Standpunkt des rhetorischen Kalküls aus gesehen, ist die Frage, ob Medien Bedeutung haben. Bei den Entscheidungen des Orators in den planerischen und operativen Phasen seines kommunikativen Handelns kann die Wahl des angemessenen Mediums Einfluss auf größeren oder geringeren persuasiven Erfolg haben. Wir wissen inzwischen, dass es einen *appeal* der Medien gibt.[60] Es macht etwa für junge Leute durchaus einen Unterschied, ob sie eine Nachricht per Brief (altertümlich), Handy (*up to date*) oder Telefon (nicht ganz so aufregend) erhalten. Den Medien werden im kulturellen Symbolsystem Bedeutungen zugeschrieben, die rhetorisch interessant sind, weil sie in der Interaktion Sympathie- oder Antipathiereaktionen auslösen können und für die kommunikative Leistung der Texte Konsequenzen zeitigen. Freilich wissen wir zu diesem ganzen Komplex noch recht wenig. Es tut sich hier ein weites Forschungsfeld auf.[61]

6. *The Medium is the Massage*

McLuhan hat die zunächst einmal durchaus spielerisch-ironisch gemeinte Variante seines *Message*-Satzes im Titel des erstmals 1967 zusammen mit Quentin Fiore herausgegebenen Buchs ‚The Medium is the Massage' nicht detailliert erläutert. Nach seinem eigenen Verständnis würde man diese Formulierungsvariante also vielleicht „kalt" nennen können, weil sie uns bei ihrer Interpretation viel persönliche Beteiligung abverlangt. Immerhin gibt der Untertitel ‚An Inventory of Effects' doch einen deutlichen Hinweis. McLuhan bezieht den Ausdruck „Massage", unter dem Lexika gewöhnlich die „Behandlung durch mechanische Beeinflussung der Körpergewebe" verzeichnen, metaphorisch auf den Zusammenhang von Einfluss nehmenden Operationen der Medien und entsprechenden Medieneffekten. Diese Effekte werden selbstverständlich durch das Zusammenspiel von Medien-*appeal* und Textrhetorik erzeugt.

Die Medialrhetorik hat also auch den Verbund von Medium und spezifisch medialisiertem Text in den Blick zu nehmen. Die Seite der Texte ist letztlich schon immer gut untersucht worden. Ein wirkliches Desiderat aber stellt die andere Seite, die Seite der Medien, dar. Sehr viel stärker muss in Zukunft untersucht werden, was Medien als Medien leisten, welches ihrer Leistungsprofile sich für welche kommunikativen Ziele eignet und wie das

---

59 Leschke (Anm. 5), S. 254; eine kritische Diskussion der Enzensbergerschen Unterscheidung von Distributions- und Kommunikationsmedien siehe bei Leschke (Anm. 5), Kap. 4.5.

60 Vgl. den Beitrag von Fabian Klotz zur Medienwertelehre in diesem Band.

61 Insbesondere wäre hier auch an eine Ausweitung der Medien-Image-Forschung zu denken.

Verhältnis von handelndem Orator und instrumentell einzusetzenden Medien beschaffen ist. Wenn der in dieser Frage noch sehr große Forschungsbedarf eines Tages wenigstens teilweise gedeckt sein wird, können vermutlich durchaus prognoseartige Aussagen über das bei Kommunikationsprozessen einzukalkulierende Widerstandspotenzial und die Effizienz bestimmter Medien, insbesondere auch die auf sie bezogenen Bedeutungszuschreibungen, bei der Speicherung und Sendung von Texturen aufgestellt werden.

Fabian Klotz

Zur Medienwertelehre

Der gleiche Text, ein anderes Medium

Angenommen dieser Artikel stünde nicht abgedruckt in einem Buch, sondern im Internet unter http://www.usw.usf. Würde er dasselbe sagen? Sicherlich - wer genau hinschaut, erfährt im Internet genauso viel wie aus einem Buch, solang der Text der gleiche bleibt. Was das eine Medium kann, kann das andere auch und noch viel mehr. Aber schauen wir tatsächlich mit der gleichen Aufmerksamkeit ins Internet wie in ein Buch?

Wenn wir aufmerksam sind, dann nehmen wir über unsere Sinne etwas auf. Marshall McLuhan hat richtig bemerkt, dass dies je nach Medium etwas ganz anderes bedeutet. „Wenn eine Technik [...] dem einen oder anderen unserer Sinne ein neues Gesicht oder einen neuen Auftrieb gibt, dann verschiebt sich das gegenseitige Verhältnis aller unserer Sinne."[1] Regelmäßige Konfrontation mit einem Medium, das derart das menschliche Sensorium durcheinander wirbelt, wirke sich schließlich, so McLuhan, auf unser In-der-Welt-Sein aus. „Wir fühlen uns nicht mehr als dieselben, auch unsere Augen, Ohren und andere Sinne bleiben nicht mehr dieselben."[2] Ja sogar die Art und Weise, wie wir Sinneswahrnehmungen in unseren Köpfen Bedeutungen zuschreiben, ist, so McLuhan weiter, von den unterschiedlichen Möglichkeiten abhängig, wie Medien unsere Sinne konfigurieren. „Aber wenn sich die Sinnesverhältnisse [...] verschieben, dann wird das, was bisher als sehr klar erschien, plötzlich unklar und dunkel werden, und was verschwommen und dunkel war, wird durchsichtig."[3] McLuhans Beispiel ist der Buchdruck, der über Jahrhunderte hinweg das Auge gegenüber dem Ohr und den anderen Sinnen bevorzugte. „Von nun an [als der Buchdruck erfunden war] hatte die ‚Imagination' die Tendenz, sich immer mehr auf das visuelle Vorstellungsvermögen zu beziehen."[4]

Das sinnliche Erlebnis eines Buches und des Internets kennt indessen keinen großen Unterschied. Eine Buchseite ist kaum flacher als ein Bildschirm moderner Baureihe und wie von ihr kann auch von ihm Information nur mit den Augen abgelesen werden. Die informationsverarbeitenden Prozesse, mit

---

1 M. McLuhan: Die Gutenberg-Galaxis. Das Ende des Buchzeitalters. Bonn u.a. 1995 (engl. The Gutenberg Galaxy: The Making of Typographic Man. Toronto 1962) , S. 29f.

2 McLuhan (Anm. 1), S. 30.

3 McLuhan (Anm. 1), S. 52.

4 McLuhan (Anm. 1), S. 155.

denen man dem ‚Gesehenen' anschließend eine Bedeutung zuschreibt, können entsprechend nur die gleichen sein und zur gleichen Lesart führen.[5]

Aufmerksamkeit wird jedoch bereits vorausgesetzt, wenn wir über unsere Sinne etwas aufnehmen. Nicht der Akt des Aufnehmens, sondern der Umstand, dass überhaupt etwas aufgenommen wird und in unser Bewusstsein gelangt, ist das Besondere an unserer Aufmerksamkeit. Mit der Unendlichkeit an Reizen, die unsere Sinne erfassen, gehen wir äußerst selektiv um. Nur die allerwenigsten lassen wir zu uns durchdringen. Manchmal liegt der Grund, warum wir etwas in unser Bewusstsein hineinlassen, außerhalb unserer selbst, dann nämlich, wenn etwas schlicht nicht zu überhören oder zu übersehen ist. Solche Reize zu vermitteln, gelingt nicht allen Medien, dem Buch und Internet am wenigsten, dem Radio schon eher und am besten dem Fernsehen. Aber es muss schon kräftig auf die Pauke geschlagen werden, damit es so weit kommt, denn nur ungern lassen wir uns zwingen. Lieber entscheiden wir selbst, ob etwas lesens-, hörens- oder sehenswert ist. Was unsere Aufmerksamkeit weckt, ist dann nicht Aufdringlichkeit von außen, sondern ein innerer Beweggrund, der sich aus unserer Bedürfnislage und unseren inneren Einstellungen und in Anbetracht der pragmatischen Gegebenheiten einer Situation ergibt und zu bestimmten Handlungsentscheidungen führt.

Um auf die Anfangsfrage zurückzukommen: Wenn Buch und Internet die gleichen Sinne ansprechen, also nicht im Sinne McLuhans unser Sensorium jeweils anders konfigurieren, wenn zudem beide gleichermaßen diskret im Hintergrund verweilen und sich nicht von außen aufdrängen, man ihnen aber dennoch eine unterschiedliche Aufmerksamkeit zuteil werden lässt, dann kann das folglich nur an einem in irgendeiner Weise anders gearteten inneren Beweggrund liegen, den wir auf sie projizieren. Etwas *in uns* wäre Büchern gegenüber anders eingestellt als dem Internet gegenüber.

Ein Beweggrund, warum man den vorliegenden Artikel liest, könnte – rein hypothetisch – die vorauseilende Überzeugung sein, durch ihn in wissenschaftlicher Form etwas Wissenswertes erfahren zu können. Mit Stolz

---

5 Kognitionspsychologische Theorien der Kommunikation, die „[...] die kognitiven Prozesse bei der Planung, der Ausführungskontrolle und der Ergebnisbewertung von kommunikativen Handlungen [beschreiben]", kommen zu dem Ergebnis, dass weder ‚die Wahl des Codes', noch ‚Kommunikationsmodalitäten' wie das ‚Übertragungsmedium', ‚Ko-Präsenz' oder ‚Wechselseitigkeit' für kognitionspsychologische Erklärungen eine Rolle spielen. „Der sensorische Output bzw. Input ist bei Sprache und Bild zwar unterschiedlich, aber die eigentliche Bedeutungsgebung operiert gleichwohl nach sehr ähnlichen Prinzipien, da die informationsverarbeitenden Prozesse, die bei der Bedeutungsgenerierung und -verleihung von komplexen Äußerungen zur Anwendung kommen, nur zu einem geringen Teil reizabhängig sind. Auch neuropsychologische Befunde sprechen dafür, dass die – vorzugsweise mit den Händen vermittelten – nichtvokalen Gesten und die vokalen Gesten der Sprachkommunikation teilweise von denselben Hirnarealen verarbeitet werden [...]." M. Charlton: Produktion und Rezeption von Massenmedien als soziales Handeln. In: T. Sutter, M. Charlton (Hg.): Massenkommunikation, Interaktion und soziales Handeln. Wiesbaden 2001, S. 46-66, hier S. 47.

bemerkt sein Autor, dass ihn der Leser immerhin schon bis zur x-ten Zeile aufmerksam gelesen hat. Gesetzt den Fall, derselbe Leser hätte bei identischen Rahmenbedingungen den im Wortlaut selben und in der Aufmachung weitgehend ähnlichen Text im Internet weniger aufmerksam gelesen, so wäre dies ein Zeichen dafür, dass er aufgrund des Medienwechsels die wissenschaftliche Qualität des Textes anders beurteilte und deswegen für weniger wissenswert hielte. Seine Aufnahmebereitschaft hätte im selben Zuge abgenommen wie seine Erwartungen, die er an den Text richtet. Dabei muss man sich vor Augen führen, dass ‚Wissenschaftlichkeit' gemeinhin als objektives Kriterium verstanden wird. Karl Poppers kritischer Rationalismus steht dafür Pate. Bei übereinstimmendem Wortlaut auf der Textebene dürfte deswegen, was die Wissenschaftlichkeit betrifft, kein Unterschied bemerkt werden. Um so erstaunlicher ist es, wenn ‚Wissenschaftlichkeit' dennoch als Unterscheidungsmerkmal genannt wird. Streng genommen kann sie sich nicht auf den Text beziehen - im Wortlaut bleibt er ja identisch -, betroffen ist vielmehr das Medium. Es klingt verwirrend: Hier wird als ‚wissenschaftlich' nicht der Inhalt prädikatisiert, sondern die Tragfläche, die ihn vermittelt. Ganz nach dem Motto: Ein Buch ist letztlich wissenschaftlicher als das Internet, egal ob in beiden das gleiche geschrieben steht. Wenn das keine Wertungen sind?

Medien und Wertzuschreibungen

Menschen haben zu vielem eine wertende Einstellung, auch zu Medien. Diese auf Medien bezogenen Werteinstellungen sind der Gegenstand der Medienwertelehre. Hervorzuheben ist, dass die Medienwertelehre Medien im harten Begriffsverständnis als sozial-distributive Tragflächen versteht.[6] Wertungen, die sich auf den medial übertragenen Text richten, wie etwa in der Literatur-, Film- oder Fernsehkritik, gehören deswegen zunächst nicht zu ihrem Untersuchungsgegenstand.[7] Das gegenseitige Abhängigkeitsverhältnis zwischen Medienwertigkeiten und Textwertigkeiten muss übergeordnet berücksichtigt werden. Die Theorie der Medienwertelehre schließt in großen Teilen an eine allgemeine Wertetheorie an. Darüber hinaus fließen kommunikationstheoretische Fragestellungen in sie ein.

Wie alle Wertigkeiten sind auch diejenigen, die Medien betreffen, keine „Eigenschaft irgendwelcher Dinglichkeit."[8] Die Wertephilosophie macht deutlich, dass es Wertigkeiten lediglich in den Vorstellungen der Menschen gibt, ohne dass irgendjemand seine Wertungen als imaginäre Zuschreibun-

---

6 Vgl. J. Knape: Was ist Rhetorik? Stuttgart 2000, S. 62 sowie insbesondere auch den ersten Beitrag dieses Bandes.

7 Vgl. S. Bolik, H. Schanze (Hg.): Medienwertung. München 2001; H. Schanze: Medienwertungsforschung - Stand und Aufgabe. In: P. Ludes, H. Schanze (Hg.): Medienwissenschaften und Medienwertung. Opladen 1999, S. 13 - 19.

8 G. Schischkoff (Hg.): Philosophisches Wörterbuch. 22. Aufl. Stuttgart 1991, S.776.

gen empfindet. „Das Subjekt erfährt seine eigenen […] Wertungen nicht als Setzungen, sondern als unabhängig von ihm selbst Gegebenes".[9] Wenn ein Mensch wertet, nimmt er Bezug auf etwas, das er als jenseits seiner selbst wahrnimmt. Max Scheler spricht deswegen von einer vermeintlichen Objektivität unserer Werte.[10] Daraus darf aber nicht geschlossen werden, wir besäßen ein kohärentes Wertigkeitssystem mit klar voneinander abgetrennten und durchdachten Kategorien. Unserer Wahrnehmung der Wertigkeiten als etwas, das unabhängig von uns selbst besteht, entspricht, dass wir sie in der Regel nicht rational herleiten. Wir haben schlicht die Gewissheit oder das sichere Gefühl, dass etwas richtig oder falsch, gut oder schlecht ist, und als letzte Begründung dafür nennen wir wiederum nur unsere Werte selbst.[11] Werten ist mithin ein emotionaler Akt im historisch gesellschaftlichen Kontext. Wertzuschreibungen, auch die, die Medien betreffen, erfolgen spontan und quasi aus dem Bauch heraus. Wir stellen zu den Gegenständen unseres Erkennens nicht erst ein kognitives Verhältnis her, „um erst dann Gefühle auf die konstituierten Gegenstände zu richten", „die Wertnehmung [geht] der Wahrnehmung immer voraus."[12]

Die grundlegende Funktion unseres subjektiven Empfindens vermeintlich objektiver Wertigkeiten ist sicherzustellen, dass unsere Handlungsentscheidungen nicht dem Zufall anheim fallen.[13] Die inneren Einstellungen, die wir Medien entgegenbringen, stellen in diesem Sinne ein Unterscheidungsmuster dar, das uns als Handlungsorientierung für unseren Umgang mit den Medien dient. Im einführenden gedanklichen Beispiel zum Unterschied zwischen Buch und Internet war etwa das Gefühl, man habe es das eine Mal mit einem ‚wissenschaftlichen' Medium zu tun, das andere Mal jedoch nicht, ausschlaggebend dafür, ob man sich einer aufmerksamen Lektüre hingab oder nicht. Ähnliche Hypothesen der Medienwertelehre werden durch Ergebnisse der empirisch arbeitenden Medienwirkungsforschung gestützt. Untersuchungen haben gezeigt, dass „Medienimages und Zuschreibungen wie etwa Grade der Entbehrlichkeit, der emotionalen Bindung, des Prestiges, der

---

9 H. Joas: Die Entstehung der Werte. Frankfurt 1997, S. 207.

10 Vgl. M. Scheler: Der Formalismus in der Ethik und die materiale Wertethik. Neuer Versuch der Grundlegung eines ethischen Personalismus. In: ders.: Werke. Bd. 2. 4. Aufl. Bern 1954.

11 Robert Bellah beschreibt, wie Probanden große Schwierigkeiten haben, Wertzuschreibungen anders als durch sich selbst zu begründen: „So antwortet ein Befragter auf die Versuche, ihn zu Begründungen zu bewegen, warum Wahrhaftigkeit gut und Lüge böse sei: ‚Ich weiß es nicht. Es ist einfach so. Das ist eben ein Grundsatz. Ich möchte mich nicht weiter damit herumquälen, ihn anzuzweifeln. Das ist ein Teil von mir. Ich weiß nicht, woher es kommt, aber es ist sehr wichtig.'" R. Bellah u.a.: Gewohnheiten des Herzens. Individualismus und Gemeinsinn in der amerikanischen Gesellschaft. Köln 1987, S. 27. Zitiert nach: Hans Joas (Anm. 9), Seite 21.

12 Joas (Anm. 9), S. 104.

13 Joas (Anm. 9), S. 206.

Glaubwürdigkeit der Medien in der Bevölkerung“[14] als Indikatoren für den Umgang mit Medien genommen werden müssen.[15]

Medienwertigkeiten als soziales Unterscheidungsmerkmal

Die Wertephilosophie unterscheidet zwischen starken und schwachen Wertungen. Schwache Wertungen beurteilen die Realisierbarkeit einer Handlung in Anbetracht der situativ-pragmatischen Gegebenheiten, starke Wertungen dagegen entscheiden über die Vertretbarkeit einer Handlung sich selbst und den anderen gegenüber. Man hat es beispielsweise mit starken Wertungen zu tun, „wenn wir [Handlungen], die durchaus realisierbar sein können, gleichwohl ablehnen, weil wir ihre [Durchführung] für inakzeptabel halten.“[16] Nur für diese Art von Wertungen interessiert sich die Medienwertelehre. Es geht ihr darum, dass wir für unseren Umgang mit Medien nicht nur kontingente Gründe in Betracht ziehen, sondern auch kategoriale „wie [etwa] höher oder niedriger, tugendhaft oder lasterhaft, mehr oder weniger verfeinert, tief oder oberflächlich, edel oder unwürdig“[17], wissenschaftlich oder abergläubisch, usw. Hier liegt die Besonderheit einer Handlungsorientierung, die auf starken Wertungen beruht, sie nimmt Bezug auf etwas Größeres, auf ein abstraktes Ideal, das außerhalb unserer selbst liegt.

Bemerkbar ist, dass starke Wertungen eng mit unserer Identität verbunden sind. Indem wir kategoriale Überlegungen für unsere Handlungen in Betracht ziehen, meinen wir, qualitativ unterschiedlichen Lebensweisen gerecht zu werden: „entfremdet oder frei, heiligmäßig oder bloß menschlich, mutig oder kleinmütig usw.“[18] In unseren Wertigkeiten liegt somit auch eine Antwort auf die Frage, wer wir sind bzw. wer wir idealerweise sein wollen. Charles Taylor hat diesen Zusammenhang herausgearbeitet.

> „Er macht drei Argumente geltend. Zum einen beinhaltet jede Beantwortung der Frage nach meiner Identität eine Angabe von sozialer Zugehörigkeit, […] zu denen ich keineswegs distanzlos stehen muss, die aber auf jeden Fall einen Raum eröffnen, in dem ich bestimmen kann, wofür oder wogegen ich eintrete. Die Frage nach der Identität kann demnach zunächst beantwortet werden mit dem Verweis auf freiwillig eingegangene Zugehörigkeiten oder auf eine nicht gewählte Zugehörigkeit, die gleichwohl Hintergrund bleibt für die eigene wertende Stellungnahme. In beiden Fällen enthält die Antwort den Bezug zu starken Wertungen. Als zwei-

---

[14] H.-D. Kübler: Medienanalyse. In: H. Schanze (Hg.): Handbuch der Mediengeschichte. Stuttgart 2001, S. 41-71, hier S. 42.

[15] Zuletzt K. Berg: Massenkommunikation 2000. Frankfurt 2001. Vgl. auch K. Berg und M.-L. Kiefer: Massenkommunikation V. Eine Langzeitstudie zur Mediennutzung und Medienbewertung 1964 – 1995. Baden-Baden 1996.

[16] Joas (Anm. 9), S. 202 – 203.

[17] C. Taylor: Was ist menschliches Handeln? In: Ders.: Negative Freiheit? Zur Kritik des neuzeitlichen Individualismus, Frankfurt 1988, Seite 11. Zitiert nach H. Joas (Anm. 9), S. 203.

[18] Joas (Anm. 9), Seite 11.

> tes Argument führt Taylor an, dass Identität selbst ein ‚strongly valued good' sei – sie stellt an uns selbst die Forderung, ihr treu zu bleiben oder unser Handeln ihren Forderungen gegenüber zu rechtfertigen. Auch in diesem Sinne können Identitäten nicht einfach als bloß faktische Gegebenheit verstanden werden. Drittens und hauptsächlich argumentiert Taylor, dass in unserem Selbstverständnis, in unserer Reflexion auf unsere eigenen Handlungsorientierungen unsere Identität nur dann eine Rolle spielen könne, wenn sie qualitative Unterscheidungen verkörpert. Unsere Identität ist das, wodurch wir zu bestimmen vermögen, was für uns wichtig ist und was nicht."[19]

Ein Zitat von Jochen Hörisch macht deutlich, wie Medien auf diese Weise als Ausdruck von Identität fungieren können:

> „Hochkulturell ist, wer Journalisten verachtet, wer nicht ins proletarische Kino geht, wer mit schlechtem Gewissen fernsieht, wer Computerspiele für verderblich hält und wer sich entschuldigt, wenn er nur eine E-Mail und nicht einen handgeschriebenen Brief verfasst."[20]

Die Ablehnung der einen und die Akzeptanz der anderen Medien dienen hier zur Abgrenzung zwischen höher- oder minderwertigen Formen des Lebens, der Umgang oder ‚Nicht-Umgang' mit Medien wird zu einer Antwort auf die Frage, wer wir sind bzw. wer wir sein wollen. In starker Ausprägung trägt dieser Zusammenhang von Medienwertigkeiten und Identität sogar zur Differenzierung größerer gesellschaftlicher Gruppierungen bei. Ein Beispiel dafür ist der regelrechte Buch- und Theater-Kult der Aufklärung und des anschließenden bürgerlichen Zeitalters, der als Bezugsrahmen auch hinter Jochen Hörischs ironisierender Medienwertung steht. Die Lektüre eines Buches und der Gang ins Theater gelten – stilisiert zum Ideal – als Ausdruck höchster bürgerlicher Lebensart. Sie sind ein Sinnbild des gebildeten und moralisierten Bürgers. „Das Buch ist Bildungsgut und dient *der Erziehung des Menschengeschlechts*, das Theater soll *moralische Anstalt* sein."[21] Auch heute noch stehen Medien immer wieder als Gravitationspunkt im Zentrum von Trends und Moden. Tagesaktuell sind jene ‚Flashmobs', die sich erst im Internet finden und dann als plötzliche Menschenansammlungen auf der Straße zeigen.[22] Nicht selten liegt gerade in der ablehnenden Haltung gegenüber bestimmten Medien – man denke an die zahlreichen Fernsehverweigerer – ein identitärer Verweis.

---

19 Joas, (Anm. 9), S. 205.

20 J. Hörisch: Der Sinn und die Sinne. Eine Geschichte der Medien. Frankfurt 2001, S. 69.

21 Schanze (Anm. 7), S. 9. (Kursiv im Original.)

22 Vgl. Bericht im Spiegel: Die Nonsens-Meute. In: Der Spiegel Nr. 36 (2003), S. 160 – 161.

Medienwertigkeiten im diskursiven Miteinander

Sobald Medienwertungen soziale Zugehörigkeiten generieren und ausdrücken, können sie als interesselose Einschätzungen nicht mehr gelten. Man kann sagen, „Medien vermitteln nicht nur, sie stehen selbst unter Ideologieverdacht. Sie erheben sich selbst zur Botschaft, die sie zu vermitteln vorgeben."[23] Es ist denkbar, dass Medienwertungen in ähnlicher Weise als kulturelles Kapital zu betrachten sind wie das Vorrecht, ästhetische Urteile zu fällen. Eine in der Gesellschaft tonangebende Gruppe, die ihre Definitionsmacht über die Kategorien des Schönen und Guten auszunützen weiß, legt sie nach ihrem Gutdünken fest. Durch die Zentrierung der Gesellschaft auf diese Gruppe hin, sind sie schließlich Bezugspunkt für alle. Jeder muss sich mit den Medienwertigkeiten dieser Gruppe auseinandersetzen, entweder in Form des Ressentiments oder der Zustimmung.

Wer so argumentiert, nimmt Friedrich Nietzsche beim Wort. Für ihn stand fest, dass Wertungen den einen einen vorteilhaften Nutzen bringen, den anderen dagegen nichts als Nachteil.[24] Was seine Vorstellungen von der Entstehung der Werte aus dem Ressentiment betrifft, soll ihm hier nicht gefolgt werden, doch lohnt es sich, den darin enthaltenen Hinweis auf die den Werten inhärenten Machtdimensionen aufzugreifen. Er liefert eine mögliche Antwort darauf, warum man Medien überhaupt Wertigkeiten zuschreibt. Sozial-distributive Tragflächen, die sie sind, übermitteln sie Texte von Mensch zu Mensch. Ein Vorgang, sollte man meinen, der unproblematischer nicht sein kann. Warum also die Tragflächen, welche die Übermittlung der Texte ermöglichen, mit Wertigkeiten belegen? So belanglos es auf den ersten Blick erscheint, so tiefgreifend ist die Tendenz, der es entspringt. Ganz offensichtlich unterhält der Mensch ein äußerst spannungsreiches Verhältnis zu ‚Information', insbesondere derjenigen, die in sprachlicher Form kommuniziert wird. In Handlungstheorien des symbolischen Interaktionismus wird dargestellt, wie die Sprache die wichtigste menschliche Darstellungsmethode ist, um Gesellschaft in Szene zu setzen. Es wird behauptet, dass wir soziale Begebenheiten insbesondere durch Sprache existent werden lassen. Durch sie versetzen wir auch die anderen in Kenntnis darüber und fordern sie zu sozialer Interaktion auf.[25] Ob durch die Sprache oder eine andere Art der Verständigung ist jedoch letztlich egal. Es hängt an jeglicher Art menschlicher Kommunikation, ein bestimmtes Bild von der Gesellschaft, eine Vorstellung von sozialen Kategorien, die auch Werte enthalten, auszudrücken und zu vermitteln. Kommunikation bringt Gesellschaft hervor und setzt sie stets aufs Neue aufs Spiel. Daher unser spannungsreiches Verhältnis zu ‚Information'. Bei Michel Foucault kann man nachlesen, welche Regulative sich der Mensch

---

23 Schanze (Anm. 7), S. 8.

24 F. Nietzsche: Zur Genealogie der Moral. Eine Streitschrift. In: ders.: Werke. Bd. 2. (Musarionausgabe) München 1969, S. 761 - 900.

25 Vgl. Ritsert (Anm. 3), S. 76.

ausgedacht hat, um dennoch gefahrlos mit ihr umzugehen.[26] Er zeigt, wie mächtige Institutionen über Vernunft und Wahnsinn entscheiden, wie festgelegte Prozeduren wahr und falsch identifizieren. Gäbe es sie nicht, hätte jede Rede etwas Einzigartiges. Alles Einzigartige aber wirkt bedrohlich. Was Menschen sagen, will entschärft sein im Sinne der Gesellschaft. Dafür herrscht Diskurskontrolle. Sie mit Medien zu umfahren, ist im Grunde eine Leichtigkeit. Wie kann man schon verhindern, dass am anderen Ende einer Leitung subversives Gedankengut verbreitet wird? Schon wirkt das Gesagte mit seiner ganzen Wucht. Was entsteht, ist gesellschaftliche Kakophonie. Das jedenfalls glaubt der Mensch und fürchtet es. Medien werden zum Sündenbock. Ganz besonders jene, die mit Ton und bewegtem Bild erscheinen. Ein Glück, dass sie ihrerseits bereits institutionalisiert wurden. Mit großer Ehrfurcht stehen wir vor den großen Medienanstalten, die zur öffentlichen Rede berechtigt sind, den Fernseh- und Radiosendern, den Zeitungsverlagen usw. Für alle gilt: Nur der darf in ihnen publizieren, der sich vorher anzupassen wusste.

Zur Institutionalisierung der Medien gehört auf eine spezielle Art die Medienwertung. Man kann sie als Versuch verstehen, Medien einen gesellschaftlichen Rang zuzuweisen, der definiert, welche Bedeutung man medial vermittelten Texte geben soll. Fragen wir uns, wie wir was zu verstehen haben, dann sind Medienwertigkeiten Orientierungshilfen. Sie eilen einem Text voraus, um ihn mit Gültigkeit zu versehen bzw. ihm die Gültigkeit zu nehmen. Eben ganz nach dem bereits genannten Motto: Wahrheiten, die das eine Medium verbreitet, sind wahrer als dieselben Wahrheiten, die ein anderes Medium verbreitet. Auch auf hermeneutischem Wege kommt man zu Marshall McLuhans These: The medium is the message.

Medienwertigkeiten und ihr sprachlicher Ausdruck

Durch Medienwertungen Diskurskontrolle zu betreiben, scheint auf den ersten Blick ein Unterfangen mit wenig Aussicht auf Erfolg. Und dennoch kommen wir oft nicht umhin, Medienwerte zu beachten. Wir berücksichtigen sie, ganz einfach weil wir glauben, dass auch andere sie berücksichtigen. Es ist wie ein Entgegenkommen den anderen gegenüber, zu dem wir uns genötigt sehen, weil wir unser Handeln mit ihnen koordinieren wollen. Mitunter reicht dieses Entgegenkommen sogar so weit, dass wir uns über eigene Zweifel an der einen oder anderen Wertzuschreibung hinwegsetzen und sie trotzdem beachten, nur der gesellschaftlichen Achtung wegen. Unsere Wertungen stellen eben nicht nur ein individuelles, sondern vor allem auch ein gesellschaftliches Orientierungsmuster dar, über das der einzelne nur sehr bedingt verfügen kann. In der Regel fällt uns erst gar nicht auf, dass wir es mit übernommenen Wertungen zu tun haben, geschweige denn stört es uns, dass wir

[26] M. Foucault: Die Ordnung des Diskurses. München 1974.

über sie nicht das letzte Wort besitzen. Durch die soziale Genese des Selbst, wie sie Georg Herbert Mead beschreibt, hat sich der einzelne zu *eigen* gemacht, was eigentlich gesellschaftlichen Ursprungs ist. Wir sind zwar am Ende Wertträger - vorher aber nicht alleinige ‚Werte-Schöpfer'. Ohne gesellschaftlichen Bezug und Ursprung könnten Wertungen letztlich auch Identitäten nicht generieren und könnte in ihnen kein Verweis auf gesellschaftliche Machtstrukturen liegen.

Als gesellschaftliche Handlungsorientierung sind Medienwertigkeiten ein Teil dessen, was die „anthropologisch-universalen Koordinationsanforderungen des sozialen Handelns"[27] erfüllt, die „angesichts der unvermeidlichen Einbettung des Handelns in soziale Kontexte unvermeidlich sind."[28] Es sind Strukturen unseres Miteinanders, an denen wir uns orientieren können, wollen wir gemeinsam etwas unternehmen. Es fragt sich nur, in welcher Form Medienwertigkeiten diese Koordinationsanforderungen erfüllen. Müssen sie durch eindeutige Gesten oder Verhaltensweisen in der Konkretisation des Umgangs mit Medien ausgedrückt werden? Oder bedürfen sie gar eines begleitenden verbalen Kommentars, der auf sie hinweist? Beides geht mit Sicherheit an der Wirklichkeit vorbei. Weder kann der Umgang mit Medien in festgelegten Formen verlaufen - dafür ist die Vielfalt der situativpragmatischen Umstände, die es ebenso zu berücksichtigen gilt, schlicht zu groß und somit Eindeutigkeit nicht erreichbar -, noch kann jede Handlung, die sich an Werten orientiert, sprachlich auf den Punkt gebracht werden. Nicht für alle Empfindungen haben wir Worte. Entsprechend erfüllen Medienwertigkeiten die an sie gestellten Koordinationsanforderungen nicht erst durch einen nach außen gewandten verbalen oder nonverbalen Ausdruck. Es reicht bereits aus, dass sie allgemein gängig sind, dass eine Mehrheit über sie Bescheid weiß und sie dann als Hintergrundwissen in Erinnerung hält. Schon dadurch bringen sie Struktur in unseren gemeinschaftlichen Umgang mit den Medien.

Die Kehrseite dieses Verweilens in einem imaginären Hintergrund ist jedoch, dass wir nie wirklich Klarheit darüber schaffen, auf welche Medienwertigkeiten wir im einzelnen Rücksicht nehmen.

> „Während wir in abstracto, das heißt, dem aus Handlungssituationen herausgelösten Diskurs, Gewissheit darüber herstellen können, dass aus bestimmten Vorannahmen über zu berücksichtigende Gesichtspunkte bestimmte Handlungsziele Vorrang genießen sollten, erreichen wir in der Konkretation der Handlungssituationen zwar durchaus häufig ein subjektives Gewissheitsgefühl, intersubjektiv aber nur Plausibilität."[29]

Für die Forschung bedeutet das, dass Medienwertigkeiten direkt nicht zu fassen sind. Handlungen meinen eben stets mehr, als was sie sagen, so auch unser Umgang mit den Medien. Ein Versuch sie aufzudecken, ist am erfolg-

---

27 Vgl. Joas (Anm. 9), S. 269.

28 Vgl. Joas (Anm. 9), S. 269.

29 Vgl. Joas (Anm. 9), S. 268.

versprechendsten, wenn man sich ihrem sprachlichen Ausdruck zuwendet. Begriffe der Zustimmung wie ‚schön', ‚gerecht', ‚nützlich', oder das im einführenden Beispiel erwähnte Merkmal ‚wissenschaftlich' verweisen auf Wertigkeiten, die in bestimmten Zusammenhängen auch Medien zugewiesen werden. Dabei ist jedoch immer zu berücksichtigen, dass die Empfindung der Höherwertigkeit in sprachlicher Form bereits abstrahiert und transformiert wurde. Der sprachliche Ausdruck einer Medienwertigkeit ist nicht mit ihrer subjektiven Empfindung gleichzusetzen, genauso wenig wie die Rede über Medien gleich ist mit dem Umgang mit ihnen. Wer über Medien nachdenkt – wie zum Beispiel der Feuilletonist einer Zeitung –, betrachtet seinen Gegenstand bewusst und reflektiert. Die Wertnehmung vor Ort findet demgegenüber spontan und quasi aus dem Bauch heraus statt, wie eingangs bereits erwähnt. Vermuten lässt sich dennoch, dass sich sprachlichen Äußerungen – berücksichtigt man ihren abstrahierten und transformierten Charakter – Medienwertigkeiten entnehmen lassen, die denen sehr ähnlich sind, die im Umgang mit den Medien auch angewandt werden. Man wird sich also in erster Linie an die Sprache halten, um Medienwertigkeiten zu erforschen. Sie müssen von den sprachlichen Äußerungen über Medien her, quasi Schicht für Schicht, aufgedeckt werden, bis ihre ganze Tiefe zum Vorschein kommt: ihr gedankliches und emotionales Spektrum, ihre diskursiven auf eine Gesellschaft verweisenden Strukturen und zu guter Letzt auch ihre historische Ver- und Unverbundenheit.

Claus Rieder

Prolegomena zu einer rhetorischen Analyse des Mediums Theater und seines Mediensystems

I.1. Fragestellung und Begriffsdefinition

Der Beitrag widmet sich insofern einem Desiderat der Forschung, als er das Theater nicht nur als institutionell und medial konstituiertes, sondern vor allem auch als rhetorisch gesteuertes System in den Blick nehmen will. Dazu bedarf es zunächst der begrifflichen Klärung und der paradigmatischen Konstituierung der medialen Bedingungen des Theaters anhand bereits vorliegender Forschungsergebnisse.

Wie lässt sich der Begriff „Theater" definieren? Nach Erika Fischer-Lichte stellt er eine Bezeichnung dar, die sowohl „eine Kunstform" als auch „die institutionellen, sozialen und kommunikativen Formen ihrer Realisierung" einschließt.[1] Die Institution Theater wird also als ein hierarchisch gegliedertes soziales, wirtschaftliches und kulturelles System verstanden, das in verschiedene künstlerische und technische Handlungsbereiche unterteilt ist, in denen mehrere „Handlungsrollen" (S. J. Schmidt) an der Herstellung eines je unterschiedlich beschaffenen ästhetischen Produkts arbeiten, das für eine Bühnenaufführung vor Publikum in einem Theatergebäude bestimmt ist. Der Produktionsprozess bringt in einem Medialisierungsverfahren[2] das Endprodukt der theatralischen Aufführung hervor. Unter einer Aufführung ist ein komplex strukturiertes Programm weitgehend geplanter Aktivitäten zu verstehen, das an einem vorab festgelegten Zeitpunkt in einem dafür bestimmten Raum von einer Gruppe von Akteuren vor einem körperlich anwesenden Publikum durch- bzw. vorgeführt wird. Die Institution Theater, die dem ästhetischen Kommunikationssystem zugerechnet wird, dessen Funktion vornehmlich in der Produktion von Kunstwerken, nicht von Waren liegt, dient als organisatorische Basis für theatralische Aufführungen. Als öffentlichrechtliche und staatlich subventionierte Einrichtung unterliegt sie dabei nur bedingt denselben ökonomischen Anforderungen wie der vor allem privatwirtschaftlich organisierte Unterhaltungsmarkt. Die institutionellen Bedingungen, unter denen die Produktion und Distribution der Kommunikations-

---

1 E. Fischer-Lichte: Theater. In: Reallexikon der deutschen Literaturwissenschaft 3 (2003), S. 619-624, hier S. 619.

2 Siehe zur Medialisierungsthematik: C. Rieder: Fernseh-Volkstheater. Theaterware im Fernsehsystem. Wiesbaden 2000.

angebote stattfindet, sind denen massenmedialer Herstellung zwar durchaus vergleichbar, denn auch hier findet Arbeitsteilung statt und es sind mehrere Produzenten beteiligt, die Produktion eines Theaterstücks hat aber dennoch nicht den Charakter industrieller Fertigung.[3] Im Unterschied zu massenmedialen Kommunikationsangeboten gestaltet sich die Wahrnehmungssituation in der Institution Theater zudem als „Spezialfall einer face-to-face-Kommunikation" [4], die Kommunikation findet also unmittelbar statt und die Kommunikationspartner sind räumlich präsent, was eine Relativierung der räumlichen Distanz sowohl zu den anderen Kommunikationsteilnehmern als auch zu den unmittelbaren Produzenten der Kommunikationssituation zur Folge hat.

I.2. Forschungsergebnisse

Mit der Erforschung des komplexen Phänomens Theater sind mehrere wissenschaftliche Disziplinen befasst. Zu nennen ist zunächst die traditionelle Theaterwissenschaft, die sich bis in die 70er Jahre des 20. Jahrhunderts weitgehend als eine positivistische, historisch orientierte Kunstwissenschaft verstand. Theater definiert sie als „transitorisches Ereignis, das nur innerhalb der Aufführung stattfindet,"[5] untersucht und interpretiert wird also die Aufführung. Die Theaterwissenschaft steht dabei allerdings vor der Schwierigkeit, dass das materielle Artefakt der Aufführung im Gegensatz zu den Kommunikationsangeboten der elektronischen und der Printmedien nicht in einer fixierten tradierbaren Form vorliegt. Die Forschung hatte daher lange Zeit eher den Charakter einer weniger analytischen als vielmehr kongenialen Inszenierungsbesprechung, ähnlich der Theaterkritik, vergleichende empirische Aufführungsanalysen wurden hingegen nicht durchgeführt. Erst in den 70er Jahren des 20. Jahrhunderts verändert sich das Forschungsparadigma, die Theaterwissenschaft etabliert sich „als Kommunikationswissenschaft – vor allem in der Auseinandersetzung mit den Massenmedien Film und Fernsehen."[6] Die Produktion und Aufführung eines Theaterstücks wird nun als kommunikativer Prozess untersucht, der die gesellschaftlichen und medialen Bedingungen bis hin zu den Zuschauerreaktionen einbezieht. Vor allem Erika Fischer-Lichte war in den 1970er und 1980er Jahren darum bemüht, ein theoretisches Modell im Sinne einer Theatersemiotik zu entwickeln, um damit ein Instrumentarium für differenziertere Analysen bereitzustellen. Die Aufführung wird aus dieser Sicht als „Text aus theatralen Zeichen"[7] verstanden, der als System zur Bedeutungsproduktion untersucht wird. Eine Auf-

---

3 B. Großmann: Medienrezeption. Opladen/Wiesbaden 1999, S. 21.

4 E. Fischer-Lichte: Theater im Prozess der Zivilisation. Tübingen 2000, S. 176.

5 C. Balme: Theaterwissenschaft. In: Reallexikon der deutschen Literaturwissenschaft 3 (2003), S. 629-632, hier S. 631.

6 E. Fischer-Lichte (Anm. 4), S. 160.

7 E. Fischer-Lichte (Anm. 4), S. 168.

führung gestaltet sich überwiegend als Inszenierung eines Dramas, also eines literarischen Textes, sowohl „in medialer als auch in semiotischer Hinsicht" bestehen zwischen dem theatralen Text der Aufführung und dem literarischen Text des Dramas somit „fundamentale Unterschiede." [8] Die Inszenierung eines Dramas ist demnach als

> „semiotischer Prozess zu begreifen, in dem ein Text, der aus sprachlichen Zeichen besteht unter bestimmten räumlichen Bedingungen und den Bedingtheiten, welche die Physis der beteiligten Schauspieler setzen, in einen Text aus theatralen Zeichen transformiert wird."[9]

In diesem Prozess der Zeichenverwendung fungieren der Körper des Schauspielers und der Bühnenraum „nicht als Medium der Übermittlung, sondern stellen neben dem Text gleichberechtigte Materialien"[10] zur Herstellung der Aufführung dar. Die Aufführung behandelt die Semiotik als ein semiotisches System, unabhängig vom jeweils verwendeten Zeichensystem wird demnach kein Inhalt vermittelt. Die „im Drama in Schrift enkodierte Information" lässt sich mithin auch nicht

> „einfach ‚dekodieren' und erneut mit den Mitteln des theatralen Zeichensystems ‚enkodieren', ohne dass die ‚Information' verändert würde. Weil jedes künstlerische Zeichensystem Aufbau und Struktur der mit seinen Mitteln produzierten Werke bedingt, [...]"

ist das Drama also weder

> „als Partitur für die Aufführung angemessen zu bestimmen, noch als Invariante für variante Aufführungen noch als Tiefenstruktur, aus der die Aufführung als Oberflächenstruktur generiert wird, noch als Signifikant, dem die Aufführung als Signifikat zuzuordnen ist."[11]

Die Aufführung ist vielmehr als je individuelles Werk, die Inszenierung eines dramatischen Textes als dessen Transformation zu bestimmen. Der Begriff der Werktreue, das heißt der Sinn- bzw. Bedeutungsgleichheit zwischen dem literarischen Text des Dramas und dem theatralen Text der Aufführung kann demnach keine Verwendung finden. Denn bei einem Transformationsprozess ist „von unterschiedlichen ästhetischen Objekten auszugehen, für die ihrerseits wiederum die unterschiedlichsten Interpretanten erzeugt werden können."[12]

Seit den 1990er Jahren erfährt die Theaterwissenschaft eine zunehmend kulturwissenschaftliche Ausrichtung, Kultur wird also primär als Performance untersucht, das Erkenntnisinteresse ist primär von Fragen nach der „Materialität, Medialität sowie interaktiven Prozesshaftigkeit kultureller Pro-

---

[8] E. Fischer-Lichte (Anm. 4), S. 173.
[9] E. Fischer-Lichte (Anm. 4), S. 174.
[10] E. Fischer-Lichte (Anm. 4), S. 174.
[11] E. Fischer-Lichte (Anm. 4), S. 174.
[12] E. Fischer-Lichte (Anm. 4), S. 175.

zesse" geleitet.[13] Die Forschung ist entsprechend dem von der Kulturwissenschaft übernommenen Konzept der „cultural performance" (Milton Singer) nicht an den linguistischen Textstrukturen kultureller Äußerungen interessiert, sondern an ihrer Inszenierung und Darstellung. Theater wird vorrangig als performatives Medium gesehen, was die Einführung neuer Paradigmen, wie das der Theatralität, zur Folge hat. Theatralität ist zu definieren als Ensemble aller Materialien und Zeichensysteme, die in einer Aufführung zum Tragen kommen und „ihre Eigenart als Theateraufführung ausmachen, also die je spezifische Organisation von Körperbewegungen, Stimmen, Lauten, Tönen, Licht, Farbe, Rhythmus, etc., wie sie von der Inszenierung"[14] gegebenenfalls nach der spezifischen Theaterkonzeption eines Regisseurs hergestellt wird. Das Paradigma der Theatralität bezieht sich auf „die Inszenierung (Zeichenverwendung), die Darstellung bzw. das Material, d. h. die Korporalität, die Rezeption und den Zuschauer, seine Beobachtungsfunktion und -perspektive, seine Wahrnehmung."[15]

Die Medien- und Kommunikationswissenschaft interessiert sich für Theater vor allem im Rahmen der Mediengeschichte und Intermedialitätsforschung (Theaterfilm, Theater im Fernsehen). Das ‚Handbuch der Mediengeschichte' (2001), das im Rahmen des Siegener Sonderforschungsbereichs entstanden ist, der sich seit 1985 schwerpunktmäßig mit dem Medium Fernsehen beschäftigt hat, behandelt Mediengeschichte und Medialisierungen des Theaters in den sogenannten neuen Medien des Films, des Hörfunks und des Fernsehens und unterscheidet dabei prinzipiell drei Realisierungsformen:

> „(1) die mediale Transformation als Umsetzung eines für das Medium Theater bestimmten ‚Textes' (Drama, Oper etc.) in einem anderen Medium und mit dessen Mitteln; hierher gehört vor allem der Theater- und Opernfilm [...]; (2) die mediale Transposition, bei der nicht ein ‚Medientext', sondern seine szenische Realisierung (Inszenierung bzw. Aufführung) aus dem Medium des Theaters in ein anderes Medium transponiert, ‚versetzt' wird und mithin die Medialisierung einer Medialisierung darstellt [...] (Live-Übertragungen von Aufführungen [...], Aufzeichnungen); und (3) die mediale Transfiguration, bei der im anderen Medium nicht ein bestimmter ‚Medientext', sondern die ihm zugrunde liegende ‚Geschichte' [...] realisiert wird."[16]

Das dreibändige HSK-Handbuch ‚Medienwissenschaft' (2002)[17], das sich mit der Entwicklung der Medien und Kommunikationsformen auseinandersetzt, und in dem man klärende Beiträge zur Medialität des Theaters erwarten

---

13 E. Fischer-Lichte: Ästhetische Erfahrung. Das Semiotische und das Performative. Tübingen 2001, S. 9.

14 E. Fischer-Lichte (Hg.): Theatralität und die Krisen der Repräsentation. Stuttgart, Weimar 2001, S. 2.

15 E. Fischer-Lichte (Anm. 14), S. 285.

16 H. Schanze (Hg.): Handbuch der Mediengeschichte. Stuttgart 2001, S. 338f.

17 J.-F. Leonhard, H.-W. Ludwig, u.a. (Hg.): Medienwissenschaft. Ein Handbuch zur Entwicklung der Medien und Kommunikationsformen. Berlin 2000-2002 (= Handbücher zur Sprach- und Kommunikationswissenschaft. Band 15.3).

würde, erwähnt es hingegen nicht. Werner Faulstichs Kompendium ‚Grundwissen Medien' (1998) nennt das Stichwort „Theater" unter der Rubrik „Einzelmedien" und zeigt die historische Entwicklung der Theater- und Dramentheorien auf.[18] Seine ‚Einführung in die Medienwissenschaft' (2002) geht im Rahmen der Medienproduktanalyse auf das Theater ein und bezeichnet es als „das einzige heute noch existierende Primärmedium".[19] Faulstich rechnet es zu den „traditionellen Menschmedien" und sieht die Nähe zu Film und Fernsehen, da alle diese Medien mit Schauspielern arbeiten. Auch auf Produktionsfragen wird eingegangen:

> „Während der (literarische) Buchautor in der Regel als personale Instanz im Medienproduktionsprozess fungiert, gilt der Regisseur, wenngleich ebenfalls individuell, als übergreifende Leitungs- und Gestaltungsinstanz. Regie gibt es bei allen szenischen Medien, nicht nur beim Theater, sondern auch etwa bei Radio, Film und Fernsehen. [...] Der Regisseur bündelt komplexe künstlerische Produktionsprozesse gemäß seinen Zielvorstellungen. Dabei handelt es sich vor allem um Interpretationen von geschriebenen Vorlagen und wirkungsorientierten Inszenierungsintentionen. Betroffen sind sowohl einzelne Elemente wie Geräusche, Musik, Kostüme, Beleuchtung, Rollenbesetzung, Sprechweise oder Bühnenbild [...] Dem Regisseur wird also auch kreative Bedeutung zugeordnet [...] Seine Arbeit reicht von der Bearbeitung der Vorlage und der Erstellung eines vorläufigen Konzepts über alle technischen Entscheidungen und die Leitung der Proben der Szenen bis zur Aufführung."[20]

Als grundlegend für die Beschäftigung der Literaturwissenschaft mit der performativen Komponente der literarischen Äußerungsform „Drama" gilt noch immer die Studie von Manfred Pfister von 1977, die das Drama als plurimediale Darstellungsform untersucht.

> „Der dramatische Text als ein ‚aufgeführter' Text bedient sich, im Gegensatz zu literarischen Texten, nicht nur sprachlicher, sondern auch außersprachlich-akustischer und optischer Codes; er ist ein synästhetischer Text."[21]

Die sprachliche Komponente des Superzeichens Aufführungstext kann der Schrifttext nicht eindeutig vorschreiben,

> „da in die mündliche Realisierung dieses Textes durch den Schauspieler nicht völlig determinierbare paralinguistische Variablen - durativ: individuelle Stimmqualität; nicht-durativ: Intonation, Tempo, Pausierung usw. - eingehen."[22]

Pfister weist darauf hin, dass die detaillierte sprachliche Ausarbeitung einer dramatischen Figur, der Aktionen und des Handlungsraumes hinter die reale Individualität eines Schauspielers, seiner Mimik und Gestik, und die konkre-

---

18 W. Faulstich (Hg.): Grundwissen Medien. 3., vollst. u. stark erw. Aufl. München 1998, S. 339-367.

19 W. Faulstich (Hg.): Einführung in die Medienwissenschaft. Probleme – Methoden – Domänen. München 2002, S. 112.

20 W. Faulstich (Anm. 19), S. 245.

21 M. Pfister: Das Drama. Theorie und Analyse. München 1977, S. 24.

22 M. Pfister (Anm.21), S. 29.

te Gestalt eines Bühnenbildes zurückfallen muss. Der in der Aufführung realisierte Text stellt in seiner plurimedialen Form eine konkretisierende Interpretation des literarischen Textes dar und ist daher immer „eindeutiger bzw. in stärker bestimmter Weise mehrdeutig als dieser.“[23]

Die Notwendigkeit der Bühnenrealisierung des literarischen Textsubstrats setzt meist ein institutionalisiertes Theaterwesen als organisatorische Basis voraus und bedingt die Zusammenarbeit eines Produzentenkollektivs, das sich aus der

> „arbeitsteiligen Organisation des Theaterwesens mit ihrer Differenzierung der Produktionsfunktionen (Autor, Dramaturgie, Theaterverwaltung, Regie, Schauspieler, Kostüm- und Maskenbildner, Bühnenbildner und Beleuchter)“[24]

ergibt. Die Frage nach dem empirischen Autor des dramatischen Textes gewinnt dadurch an Komplexität,

> „dass wir es hier mit einer Vielzahl an Produktionsfunktionen zu tun haben, dass der Autor des literarischen, schriftlich fixierten Textsubstrats nur einer der Autoren des plurimedial inszenierten Textes ist. Es stellt sich dabei also jeweils die Frage nach der institutionalisierten Relation zwischen dem literarischen Autor und den verschiedenen theaterbezogenen Produktionsfunktionen (Regie, Schauspieler, Bühnenbildner usw.) [...] Die institutionelle Unverbundenheit von literarischen und theatralischen Produktionsfunktionen birgt in sich die Gefahr der Theaterferne der literarischen Texte, da der literarische Autor in dieser Situation nur wenig Möglichkeit hat, die plurimediale Wirksamkeit seiner Texte zu prüfen und zu verbessern, und sie führt leicht auch zu einem Übergewicht der Regie über den literarischen Text, der damit oft zum unverbindlichen Material degradiert wird. Diese negativen Tendenzen sind auch der Grund ... literarische und theatralische Produktionsfunktionen institutionell wieder zu verbinden (‚Hausdramatiker‘, ‚playwright in residence‘).“[25]

Empirisch ausgelegte Einzelstudien zur Thematik des Autors und der Produktion fehlen in der Forschung. Festzuhalten ist, dass wir es im institutionalisierten Theaterwesen mit differenten Produktionsfunktionen mit jeweils unterschiedlicher systemischer Zugehörigkeit zu tun haben.

In der Forschung wird die Frage nach der Rolle des Autors bei der Medienproduktion weniger im Zusammenhang mit dem Theater gestellt, sondern eher in Bezug auf das Film- und Fernsehsystem. Siegfried J. Schmidt hat das an der Systemtheorie orientierte Konzept der Handlungsbereiche und Handlungsrollen zur Analyse des Fernsehsystems konzipiert. Tragfähig wäre dieser Ansatz auch für die Erforschung des Theatersystems, derartig methodisch ausgerichtete Untersuchungen fehlen jedoch bislang noch. Analog zum Fernsehsystem lässt sich auch das des Theaters in die Handlungsbereiche Produktion und Vermittlung einerseits, Rezeption andererseits unterteilen und, ebenfalls wie beim Fernsehen, wirken auch im Theatersystem

---

23 M. Pfister (Anm.21), S. 29.
24 M. Pfister (Anm.21) S. 29.
25 M. Pfister (Anm.21), S. 53.

> „unterschiedliche Spezialisten in verschiedenen Rollen zusammen, um ein Medienangebot bis zur Distributionsreife zu entwickeln […] Entsprechend kann man bestenfalls noch von einer Produktionsinstanz, nicht aber von Autoren als Einzelurhebern eines Medienangebots sprechen. […] Wie die Produktionsinstanz jeweils instantiiert ist, lässt sich – je nach Medienangebot – nur empirisch rekonstruieren und historisch beschreiben."[26]

Für das Theatersystem gilt dabei, dass der Autor außerhalb der Institution Theater ein Produkt erstellt, das durch Vermittlungsinstanzen (z. B. Bühnenverlag) der Institution Theater zugeführt und von den an der Produktion beteiligten Handlungsrollen des theatralen Systems in eine andere mediale Materialität umgesetzt wird. Die Einbeziehung des Autors in den Produktionsprozess und die damit verbundene Frage nach seinen Kontrollmöglichkeiten bei der Umsetzung behandelt die Forschungsliteratur nur im Kontext des Fernsehsystems, weniger im Zusammenhang mit dem Theater. Die folgenden Ergebnisse einer Untersuchung zur Rolle des Autors im Film- und Fernsehsystem werden einbezogen, da davon ausgegangen werden kann, dass diese auch für das theatrale System relevant sind.

> „Für einen Drehbuchautor ist das wichtigste Stichwort Kontrolle. Kontrolle haben Sie in der Regel über das, was Sie machen nur bis zu dem Moment, in dem Sie die Drehbuchfassung abgeben. Dann geben Sie die Kontrolle aus der Hand."[27]

Mit dem Marktwert des Autors steigen allerdings auch seine Kontrollmöglichkeiten, weil Umsetzungsrichtlinien dann oft in Vertragsklauseln festgelegt werden, die z. B. besagen, dass ohne die Mitsprache des Autors keine Veränderungen der Dialoge vorgenommen werden dürfen oder dass dieser ein Mitspracherecht bei der Wahl des Regisseurs oder bei der Besetzung der Rollen besitzt. Entscheidend für die Möglichkeiten, auf die Umsetzung des Drehbuchs Einfluss zu nehmen, sind nicht zuletzt „auch die persönlichen Kontakte zum Produzenten, Regisseur oder auch zu den jeweiligen Redakteuren".[28]

Wie im Film- und Fernsehsystem hat der Autor auch im Theatersystem die Funktion des Dialogproduzenten. Der dramatische Dialog setzt sich aus Haupt- und Nebentext zusammen. Der Haupttext konstituiert die Reden der Figuren. Der Nebentext notiert die Namen der Sprecher, vermerkt den Wechsel in der Sprecherrolle und vermittelt Informationen zu Sprechweise, Mimik, Gestik, Haltung, Position und Bewegung der Figuren im Bühnenraum. Zeitgenössische Theatertexte wie die von Elfriede Jelinek heben diese von der traditionellen Gattungspoetik vorgegebene dramatische Strukturform auf, das Druckbild des dramatischen Textes verzeichnet hier keine

---

26 S. J. Schmidt: Handlungsrollen im Fernsehsystem. In: W. Faulstich (Hg.): Geschichte des Fernsehens in der Bundesrepublik Deutschland. Bd. 5. München 1994, S. 13-26, hier S. 19.

27 C. Mast: Programmpolitik zwischen Markt und Moral: Entscheidungsprozesse über Gewalt im deutschen Fernsehen. Opladen 1999, S. 230.

28 C. Mast (Anm. 27), S. 231.

Sprecherinstanzen mehr. Stattdessen löst die Autorin das personale Sprechen in zunehmenden Maße auf, denn die dramatische Rede wird nicht mehr direkt an die Figuren gebunden. „Jelinek erkundet mit ihren Theatertexten die Grenzen des dramatischen Genres: ihre Schreibweise unterläuft das Genrereglement und macht es zum Gegenstand der Theatertexte" selbst.[29] Hier wird mit der Repräsentationsstruktur des traditionellen Theaters geradezu gespielt.

> „Die Bewegung der Repräsentation spielt sich immer zwischen zwei Polen ab: auf der Textebene stehen die Zeichen für eine Bedeutung, der Text verweist auf die Person des Autors, die Inszenierung repräsentiert den zugrundeliegenden Dramentext, die Schauspieler/innen stellen die Figuren des Textes dar, […]"[30].

Jelineks Theaterstücke arbeiten demgemäß nach folgendem Muster:

> „Die Bedingungen theatralischer Repräsentation werden in den theatralischen Prozess hineingenommen und auch selbst in Szene gesetzt. Jelineks Stücke sind bereits Inszenierung bevor sie auf die Bühne gelangen. Die Texte sind Szene einer Dramatisierung des Dramas."[31]

Im Gegensatz

> „zum literarischen dramatischen Dialog bedeutet der theatrale nicht nur eine Situation direkter Kommunikation, sondern stellt sie zugleich auch dar. Er wird also unter Verwendung aller jener Zeichensysteme realisiert, die für eine Situation direkter Kommunikation typisch und charakteristisch sind: linguistischer, paralinguistischer, mimischer, gestischer und proxemischer Zeichen."[32]

Als aufgeführte face-to-face-Interaktion gehört der theatrale dramatische Dialog also zum Bereich der Mündlichkeit.

II.1. Theater als Medialsystem im Fokus der allgemeinen Rhetorik

Was nun ist die Fragestellung der allgemeinen Rhetorik und welche Antworten kann ihr Ansatz bei der Erforschung des Medialsystems Theater geben? Im Unterschied zu den vorgenannten Wissenschaftsgebieten fokussiert die allgemeine Rhetorik den Autor in seiner Funktion als Orator.[33]

---

29 M. S. Pflüger: Vom Dialog zur Dialogizität: die Theaterstücke von Elfriede Jelinek. Tübingen 1996, S. 21.

30 M. S. Pflüger (Anm. 29), S. 21.

31 M. S. Pflüger (Anm. 29), S. 22.

32 E. Fischer-Lichte (Anm. 4), S. 203.

33 Die Frage nach der theoretischen Kategorie des Orators formuliert und beantwortet die grundlegende rhetoriktheoretische Studie von Joachim Knape ‚Was ist Rhetorik?': J. Knape: Was ist Rhetorik? Stuttgart 2000, S. 33.

II.2. Orator

Die Kategorie des Autors als Urheber von werkmäßigen Äußerungen ist neben den mit Sprache, Literatur, Kommunikation und Medien befassten Disziplinen auch für die Rhetorik eine der zentralen Fragen. Die arbeitsteiligen Produktionsbedingungen der modernen Medienwirtschaft und ihrer institutionalisierten Reproduktionsmedien drängen die Rolle des einzelnen „Autors"[34] zunehmend in den Hintergrund. Diesem technisch-strukturellen Autorverlust steht hingegen die Aufwertung der Rolle des Autors bzw. geistigen Urhebers im modernen Urheberrecht gegenüber, das den Autor in § 15 „mit persönlichen Besitzrechten an seinen werkmäßigen Äußerungen" ausstattet.[35]

In den folgenden Überlegungen ist auf die Instanz des Autors in seiner speziellen Handlungsrolle als Bühnenschriftsteller einzugehen, wobei insbesondere seine Funktion als Orator in den Blick genommen und die Frage nach der möglichen Operationalisierung dieser Kategorie für das Medialsystem Theater gestellt werden soll. Dabei sind auch die anderen, in der Institution Theater tätigen, die Aufführung vorbereitenden und durchführenden Handlungsrollen wie Dramaturg, Regisseur, Schauspieler, Musiker, Bühnen-, Masken-, Kostümbildner, Licht- und Tontechniker auf ihre oratorische Funktion hin zu überprüfen.

Das Medialsystem Theater in seiner institutionellen Form ist durch administrative, technische und künstlerische Handlungsbereiche zur Organisation, Produktion und Distribution von Bühnenaufführungen in einem Theaterbau konstituiert. An diese bei uns meist öffentlich-rechtlich finanzierte Institution schließen sich die externen privatwirtschaftlich organisierten Zulieferbetriebe an. Dazu gehören die Bühnenverlage für den redaktionellen und die Materiallieferanten für den technisch-künstlerischen Bereich. Das System der Autoren sichert die Produktion und Distribution seiner Produkte durch Verträge ab, die dem Urheber- und Verlagsrecht unterliegen und weist einen geringen Organisations- und Institutionalisierungsgrad auf. Die Autoren haben die Funktion eine schriftlich fixierte Textform für das performative Medium Bühnentheater zu erstellen. Diese Schrifttexte werden von Bühnenverlagen an die redaktionellen Handlungsbereiche der Theater weitergege-

---

34 Der Terminus Autor bezeichnet nicht nur den geistigen Urheber und Erzeuger von literarischen Texten, sondern auch von Werken aus der Musik, der Bildenden Kunst, dem Film (Autorenfilm), Hörfunk und Fernsehen. Siehe dazu W. Köster: Autor. In: Metzler Lexikon Kultur der Gegenwart. Themen und Theorien, Formen und Institution seit 1945, S. 51-53 und E. Kleinschmidt: Autor. In: Reallexikon der deutschen Literaturwissenschaft 1 (1997), S. 176-180.

35 Siehe dazu: U. Loewenheim: Handbuch des Urheberrechts. München 2003 und J. Knape (Anm. 33), S. 35. In der ab 1. Juli 2002 gültigen Fassung bezieht sich das Urheberrecht auf die körperlichen Verwertungsformen des Vervielfältigungs-, Verbreitungs- u. Ausstellungsrecht sowie auf die unkörperlichen Wiedergabeformen des Vortrags-, Aufführungs-, Vorführungs- sowie Senderechts.

ben oder schon direkt als Auftragsarbeiten für ein bestimmtes Theater produziert. Der Autor in seiner kommunikativen Handlungsrolle als Orator ist also zu bestimmen als texthervorbringender, -verantwortender „oder auch nur redigierender Urheber“[36].

Die allgemeine Rhetorik orientiert sich grundsätzlich an der Senderinstanz des aus der allgemeinen Kommunikationstheorie bekannten Kommunikationsmodells „Sender-Kanal-Empfänger“, geht also „von einer linksseitig perspektivierten Betrachtungsweise aus, das heißt sie untersucht produktionstheoretisch motiviert in erster Linie den ‚Autor-Text‘-Komplex“[37] und beschäftigt sich dabei „mit dem Menschen als Texte konstruierendem Kommunikator.“[38]

Die Rhetoriktheorie versteht

> „unter dem Orator einen Menschen, der in seinem Bewusstsein Intentionalität (kommunikative Zielvorstellungen, gerichtete Dynamik) ausprägt, sie im sozialen Handlungsraum per kommunikativer Intervention über Texte ausagiert, um sie letztendlich im Bewusstsein seiner Kommunikationspartner zu implementieren.“[39]

Um strategisch zu kommunizieren, muss der Orator die Schrifttexte „durch kontextuelle Determinationsverfahren“ so strukturieren, dass sie zur Aufführung gebracht werden und Menschen mit ihnen interagieren können, damit er seine kommunikativen Zielsetzungen erreichen kann. Wenn, wie Pfister feststellt, „die Kollektivität sowohl der Produktion als auch der Rezeption“ die „Struktur dramatischer Texte“[40] beeinflusst, dann heißt das für den Orator, dass er dies vor der Verfertigung der Textvorlage in sein rhetorisches Kalkül einbeziehen muss. Bei der Umsetzung seiner Absichten in performativ motivierten Schrifttexten, man spricht in diesem Zusammenhang von Intention, muss der Orator davon ausgehen, dass er poietischem und rhetorischem Kontrollverlust ausgesetzt ist, denn ein intendierter Bedeutungsaufbau im Schrifttext kann bei der performativen Umsetzung in Frage gestellt werden.[41] Zudem muss der Orator bedenken, dass die Kommunikation sich im Medialsystem Theater als situationsüberschreitende Distanzkommunikation gestaltet, da das kommunikative Setting (Inszenierung, Aufführung) durch die korporale Abwesenheit des Orators gekennzeichnet ist. Die rhetorische Kompetenz des Orators liegt somit in der

> „Fähigkeit zu situationsgerechter Handlungsabstimmung und Wahl der Kommunikationsmittel, kurz: in der Fähigkeit zu projektiven (einfühlenden) und antizipatorischen (vorwegnehmenden) Adressaten- und Instrumentariumskalkülen. […]

---

[36] J. Knape (Anm. 33), S. 109.

[37] J. Knape: New Rhetoric und Rhetorik der Dekonstruktion. Von Kenneth Burke zu Paul de Man. In: S. Doering, H.-J. Kreutzer (Hg.): Resonanzen. Festschrift für H. J. Kreutzer. Würzburg 2000, S. 483-497, hier S. 483.

[38] J. Knape (Anm. 33), S. 111.

[39] J. Knape (Anm. 33), S. 46 f.

[40] M. Pfister (Anm. 21), S. 29.

[41] J. Knape, (Anm. 37), S. 487.

> Diese Selektion beruht zunächst auf einer reflektierten [...] situativen Widerstandsanalyse auf allen Ebenen [...] Dieses komplexe Bedingungskalkül ist aber natürlich immer nur ein Wahrscheinlichkeitskalkül."[42]

Im Medialsystem Theater steht der Orator in seiner Funktion als texthervorbringender und verantwortender Urheber am Beginn einer Reihe aufeinander folgender Produktionsstadien, die die Herstellung des „plurimedial" für das theatrale Medium „inszenierten Textes"[43] durchläuft. Er kann deshalb Erstorator genannt werden. Das Untersuchungsinteresse gilt dabei vorrangig dem Erstorator in seiner Rolle als strategisch handelnder Kommunikator, der seinen Text so konstruiert, dass er als rhetorisches Instrument funktionieren kann. Das Material für persuasive Operationen des Orators bilden Zeichen und Texte, wobei allerdings zu berücksichtigen ist, dass rhetorische Kommunikation im Theater letztlich immer mündliche Kommunikation ist. Die Untersuchung der Oratorfunktion hat die einflussnehmende, die persuasive Seite der Kommunikation in den Blick zu nehmen.[44]

II.3. Text

Die theoretische Kategorie „Text" ist „eine äußerst vielschichtige, hochkomplexe und nur mittels Differenzierung zahlreicher analytischer und systematischer Ebenen erfassbare Einheit" und „ein begrenzter Zeichenkomplex, der vor allem in kommunikativer Absicht modelliert ist."[45] Der Erstorator stellt ein literales Produkt her, dessen Beschaffenheit an den medialen Bedingungen seiner Verwendung orientiert ist, er legt es also in Schriftform vor. Man verwendet für diese Form auch den aus der Musikwissenschaft entlehnten und produktionstheoretisch perspektivierten Terminus der „Partitur"[46], der insbesondere solche literarischen Texte bezeichnet, die als mehrstimmig angelegte Zeichensysteme, also „Gefüge unterschiedlichster Operationen (Deixis, Körpersprache, Kommunikation sozialer Gruppen)"[47] gelten sollen. Die Literaturwissenschaft nennt derart strukturierte Texte mit poietischen Funktionselementen „Dramen", das heißt literarische Werke in dialogischer Form, die zur Bühnenaufführung bestimmt sind. Der Dramentext hat insofern „Par-

---

42 J. Knape, Joachim: Persuasion. In: Historisches Wörterbuch der Rhetorik 6 (2003), Sp. 874-907, hier Sp. 888.

43 M. Pfister (Anm.21), S. 53.

44 J. Knape (Anm. 33), S. 114.

45 J. Knape (Anm. 33), S. 107.

46 Max Reinhardt verwendet den Begriff „Partitur" im Zusammenhang der Beschreibung seiner Arbeit am Regiebuch: „Und dann schreibt man es nieder, die vollkommenen optischen und akustischen Visionen wie eine Partitur. [...] Schwer aufzuschreiben. Keine Noten für Sprechen. Erfindet seine eigenen Zeichen. Der gute Schauspieler, den man kennt, steht vor einem. Man komponiert ihn hinein." Reinhardt, Max: Regiebuch zu Macbeth. Hrsg. von Manfred Grossmann. Basel, Hamburg, Wien 1966, S. XV.

47 M. Huber: Partitur. In: Reallexikon der deutschen Literaturwissenschaft 3 (2003), S. 29-31, hier S. 30.

titur-Charakter"[48] als er Realisierungsanleitung für unterschiedlich strukturierte und determinierte Zeichensysteme und „dramatischer Anlass"[49] ist, der erst auf der Bühne „die ihm zugedachte Gestalt"[50] gewinnt. Zwischen Literatur- und Theaterwissenschaft besteht Konsens darüber, dass für die Gattung „Drama" der Doppelcharakter „als sprachlich-literarischer Text und als szenisches Geschehen"[51] konstitutiv ist. Dramatische Texte sind als ein vielschichtig dimensioniertes Konstrukt zu sehen, das für ein inszenatorisches Medialisierungsverfahren und einen performativ perspektivierten Realisierungsakt in einem speziell dafür vorgesehenen kommunikativen Setting angelegt ist.

Die kommunikative Absicht des Erstorators ist darauf ausgerichtet, einen Zeichenkomplex mit performativer Funktion zu konstruieren. „Wie jeder Kommunikator bringt der Orator seine kognitiven Konstruktionen nach außen, indem er sie semiotisch kodiert und medialisiert, um sie im Bewusstsein seiner Kommunikationspartner zu verankern."[52] Mit folgenden potentiellen Widerständen ist dabei zu rechnen. Die Produktion eines schriftlich fixierten Zeichenkomplexes setzt zunächst den Gebrauch der Sprache voraus, das heißt der Orator ist vom System der Langue mit ihren gewachsenen und konventionalisierten grammatischen und semantischen Regeln abhängig. Rhetorisch gesehen ist er außerdem gezwungen seine Version von Sprache mit der Sprache der anderen und ihrer Gebrauchsgeschichte zu vermitteln.[53] Weitere Widerstände begegnen dem Orator schließlich auf der textuellen Ebene, denn die „Eigengesetzlichkeiten jeder benutzten Sprache, jeder an Gattungsmodelle gekoppelten Textkonstruktion und aller wirkungsermöglichenden literalen Kodes stellen ebenfalls eine Schwierigkeit dar."[54] Trotz aller Versuche „der Ausschaltung von Mehrdeutigkeiten mittels textueller Über- oder Unterdetermination"[55] bleibt für den Orator die Adressatenreaktion unberechenbar. Der Orator, der auf strategische Kommunikation eingestellt ist, wird den Aufbau seines Zeichenkomplexes an den Adressaten ausrichten und so gestalten, dass er als rhetorisches Instrument funktioniert.

Dem dramatischen Dialog muss der Orator dabei besondere Aufmerksamkeit zukommen lassen, denn der Dialog als wesentliche konstitutive Komponente des Dramas repräsentiert immer eine „face-to-face-Interaktion", die

[48] C. Epping-Jäger: Die Inszenierung der Schrift. Der Literalisierungsprozess und die Entstehungsgeschichte des Dramas. Stuttgart 1996, S. 27.

[49] C. Epping-Jäger (Anm. 48), S. 29.

[50] C. Epping-Jäger (Anm. 48), S. 27.

[51] H. Schmid, J. Striedter (Hg.): Dramatische und theatralische Kommunikation. Beiträge zur Geschichte und Theorie des Dramas und Theaters im 20. Jahrhundert. Tübingen 1992, S. 7.

[52] J. Knape (Anm. 33), S. 58.

[53] J. Knape (Anm. 33), S. 60.

[54] J. Knape (Anm. 33), S. 61.

[55] J. Knape (Anm. 33), S. 61.

> „entweder von Schriftlichkeit (im literarischen Text des Dramas) oder von Mündlichkeit (in der Aufführung) realisiert wird [...] Diese ästhetisch überformte Mündlichkeit ist generell von der Spannung zwischen Schriftlichkeit und Mündlichkeit geprägt. Denn die allgemeinen und die speziellen Kommunikationsbedingungen (literarischer Text vs. Aufführung) und die Versprachlichungsstrategien sind in der Regel nicht analog strukturiert. Die jeweils realisierte Interferenz von 1. Redetext und Nebentext (literarischer Text des Dramas) und 2. von verbalen und nonverbalen Zeichen (in der Aufführung) markiert unter Ausnutzung der unterschiedlichen Varianten entweder Schriftlichkeit oder Mündlichkeit"[56],

die von Handelnden mit sekundärer Oratorfunktion für das jeweilige Träger- und Zeichensystem erstellt und funktionalisiert wird und dadurch eine vom Erstorator distinkte ästhetische Kodierung erhält.

II.4. Textredaktion/Dramaturgie

Die Selektion, Distribution, Bearbeitung und Anpassung des literarischen Materials an das Medium Theater erfolgt zunächst im redaktionellen Handlungsbereich Intendanz bzw. Dramaturgie und ist eingebettet in weitreichende kulturelle Zusammenhänge bzw. soziale Abläufe. Eine Schnittstelle zwischen dem System des Erstorators und dem Medium bzw. Medialsystem Theater ist der Dramaturg. Er überprüft die Anschlussfähigkeit der Textvorlage des Orators an die Bedingungen des Mediums Theater. Gegebenenfalls nimmt er eine Bearbeitung des Schrifttextes vor oder entwickelt aus dem vorliegenden Material neue Szenen. Kommunikatives Ziel des Dramaturgen ist die Herstellung einer Textform, die den an der Schriftlichkeit ausgerichteten literarischen Text für die Umsetzung in den Bewegungs-, Hör- und Sehräumen des theatralen Mediums vorbereitet, wobei von einem rhetorischen Kontrollverlust des Erstorators auszugehen ist.[57]

II.5. Inszenierung, Regie

Die von der Dramaturgie gegebenenfalls bearbeitete Textfassung des Erstorators wird von den künstlerisch-technischen Handlungsrollen des Medialsystems Theater in einem sich komplex gestaltetenden kommunikativen Setting mehreren Transformationsphasen unterzogen. Nach dem Dramaturgen ist der Regisseur erster Rezipient und Vermittler des vom Erstorator erstellten Textes. Unter seiner Leitung entsteht im Produktionsvorgang der Inszenierung das für die Aufführung auf der Bühne bestimmte mediale Endprodukt. Die Grundlage bildet eine schriftlich fixierte Partiturvorlage. Dazu kann der Regisseur ein Regiebuch verfassen (siehe z. B. Max Reinhardt: Regiebuch zu

---

56 E. Fischer-Lichte (Anm. 13), S. 216f.

57 Siehe dazu M. Sandhack: Dramaturg. In: Theaterlexikon 1. Begriffe und Epochen, Bühnen und Ensembles (^{4}2001), S. 301-303, hier S. 301f.

Macbeth, Faust), das die von ihm vorgenommene Anpassung des Textes an die medialen Erfordernisse und spezifischen visuellen Bedingungen des Theaters verzeichnet. Der Regisseur erarbeitet also das ästhetische Gesamtkonzept, das für die an der Inszenierung beteiligten Handlungsrollen maßgeblich ist, er leitet das künstlerische Produktionsverfahren und koordiniert bzw. kontrolliert die Fertigung der einzelnen Produktkomponenten. Der Regisseur und die technisch-künstlerischen Handlungsrollen stellen im Inszenierungsverfahren die verschiedenen medialen Tragflächenkomponenten für die Aufführung zusammen und bereiten den auditiv-visuellen Text der Bühnenaufführung vor. Dieser Vorgang bringt durch eine spezifische Selektion, Organisation und Strukturierung von Materialien und Personen (Schauspieler) etwas zur Erscheinung, „das seiner Natur nach nicht gegenständlich zu werden vermag."[58]

Die Inszenierung kann als Medialisierungs- und Visualisierungsverfahren[59] bezeichnet werden, in dem der von der Dramaturgie bearbeitete Schrifttext des Erstorators dem ästhetischen Konzept des Regisseurs folgend von Zweit- und Drittoratoren in einen den Bedingungen des Mediums Theater entsprechenden Supertext umgeformt wird. Der Regisseur passt die verbalen und nonverbalen Vorgaben der literarischen Vorlage dabei dem ästhetischen Gesamtkonzept an und gestaltet dieses unter Berücksichtigung der Möglichkeiten der Tragflächenkomponenten Licht, Ton, Bühnenbild und Schauspieler zu einer kohärenten Einheit. Dabei selektiert er aus einem historischen Veränderungen unterliegenden Bedeutungs- und Wahrnehmungsrepertoire diejenigen kommunikativen und ästhetischen Strategien, die sein oratorisches Telos im Hinblick auf die Schauspielerführung und die Bühnenraumgestaltung unterstützen.[60]

Aus der Perspektive des Bühnenschriftstellers als Erstorator hat der Regisseur Empfänger- und Senderfunktion bei der Vermittlung des Schrifttextes an die als mediale Tragfläche fungierende personale Produktkomponente Schauspieler. Bedeutung wird im Produktionsvorgang der Inszenierung und in der Aufführung durch die „Interaktion zwischen kognitiven Systemen (Menschen) und semiotischen Systemen (Texten) hergestellt."[61] Insoweit ist von einer ästhetischen Kommunikations- und Vermittlungsfunktion der Regie auszugehen. Ihre oratorische Funktion resultiert aus der maßgeblichen Beteiligung am Text- und Bedeutungsaufbau des synästhetischen Zeichenkomplexes Aufführung.

---

58 E. Fischer-Lichte (Anm. 4), S. 176.

59 Siehe dazu: C. Rieder (Anm. 2).

60 Siehe dazu: S. Nuy (Hg.): Schauspielen und Regie bei Theater, Film und Fernsehen. Mit einer kommentierten Bibliographie. Siegen 1996. (= Arbeitshefte Bildschirmmedien 60)

61 J. Knape (Anm. 33), S. 132.

II.6. Aufführung

Die Aufführung lässt sich als theatraler Text bestimmen, „der in der Sprache des Theaters abgefasst ist.“[62] Er setzt sich aus optischen, akustischen, räumlichen, personalen und audiovisuellen Komponenten zusammen, an deren Produktion unterschiedliche Handlungsbereiche des Medialsystems Theater beteiligt sind. „Aufführungen sind immer performativ, insofern mit dem Begriff des Performativen der Vollzug von Handlungen, die Selbstreferentialität der Handlungen und ihr wirklichkeitskonstituierender Charakter gemeint sind. Aufführungen sind immer Ereignisse, insofern sie einmalig und unwiederholbar sind.“[63] Theater- bzw. Bühnenaufführungen sind im Unterschied zu Texten und anderen kulturellen Artefakten „weder fixier- noch tradierbar. Sie sind flüchtig und transitorisch.“ Damit eine Aufführung durchgeführt werden kann, „müssen sich Akteure und Zuschauer für eine bestimmte Zeitspanne“ im Theatergebäude versammeln. Die „gleichzeitige leibliche Anwesenheit von Akteuren und Zuschauern“[64] ist eine wesentliche Grundbedingung für die Aufführung.

> „Zwischen Vollzug der Aufführung als Realisation der theatralen Zeichen und Rezeption der Aufführung als Wahrnehmung der theatralen Zeichen kann sich kein zeitlicher Abstand schieben: die Aufführung ist nur im Verlauf ihres Aufgeführt-Werdens wahrzunehmen.“[65]

Die Aufführung ist das Produkt und Resultat der Inszenierung. Im Umgang mit den Tragflächenkomponenten des Mediums Theater baut sich für die an ihrer Herstellung beteiligten Oratoren ein komplexes mediales und situatives Widerstandspotential auf. Rhetoriktheoretisch ist die Kategorie des theatralen Mediums von der des Textes verschieden: Schauspieler, Bühne und alle weiteren Komponenten (z. B. Musik, Ton, Licht) der Gesamtinszenierung „sind sozial-distributive Tragflächen von verbalen und nonverbalen Texten.“[66] Widerstand entsteht für alle Oratoren, die Medien kalkuliert als kommunikative Instrumente einsetzen, durch „die materiell und systemisch bedingten strukturellen Eigengesetzlichkeiten, nach Regeln der Selbstorganisation und auf der Grundlage von Selbstbezüglichkeit und Eigendynamik.“[67] Bei der Arbeit mit den bei der Erstellung des Endprodukts der Aufführung verwendeten Medien und Materialien müssen die Oratoren „immer von einem Entfremdungsfaktor ausgehen, der Widerstand erzeugt.“[68]

Der vom Erstorator hervorgebrachte Schrifttext hat die Funktion eines Bauplanes nach dem das materiell sichtbare Produkt Aufführung realisiert

---

[62] E. Fischer-Lichte (Anm. 13), S. 245.
[63] Fischer-Lichte (Anm. 13), S. 326.
[64] Fischer-Lichte (Anm. 13), S. 327.
[65] Fischer-Lichte (Anm. 13), S. 249f.
[66] J. Knape (Anm. 33), S. 62.
[67] J. Knape (Anm. 33), S. 63.
[68] J. Knape (Anm. 33), S. 63.

werden soll. Rhetoriktheoretisch betrachtet konzipiert der Orator einen Schrifttext, der in einem mündlichen Akt, vergleichbar einer face-to-face-Situation dem Empfänger vermittelt wird. Der Erstorator des dialogisch strukturierten Schrifttextes webt bzw. schreibt seine persuasiven Strategien also in den Text ein. Der Schrifttext besteht dabei aus zwei Komponenten mit unterschiedlicher Funktion: Einem textuellen System, das die Reden der Figuren konstituiert und dem System, das den Sprecherwechsel durch Namensnennung markiert und darüber hinaus Informationen über das Verhalten der Figuren in der Dialogsituation liefert (Betonung, Mimik, Gestik, Haltung, Bewegung im Raum, Kostümierung) sowie über die Positionierung und Bewegung im und aus dem Bühnenraum. Des Weiteren transportiert dieses System Informationen zur Konzeption und Gestaltung des Bühnenraums. Diese textuellen Systeme benötigen zu ihrer Umsetzung und Verwendung bei der Aufführung der Tragflächenkomponenten Bühnenraum und Schauspieler. Die Komponente Schauspieler dient als Tragfläche für verbale und nonverbale Zeichen.

Der Schrifttext besteht aus einem homogenen Zeichensystem[69], das ein Erstorator gestaltet hat. Im Vorgang der Inszenierung verkörpern demgegenüber mehrere in mehr oder weniger hierarchischen Beziehungen stehende Zweit- und Drittoratoren die Produktkomponente Schauspieler, die sich als ein heterogener Zeichenkomplex repräsentiert. Die Produktkomponenten Schauspieler und Bühnenraum fungieren als mediale Tragflächen, bei denen im Vorgang der Aufführung besonders die Widerstandsfaktoren der Materialität und Eigengesetzlichkeit des Mediums zum Tragen kommen.

> „Der Schauspieler kann daher nicht als ein bedeutungsindifferentes Medium auftreten, sondern als Subjekt eines Prozesses, in dem auf dem Wege über die Ausarbeitung und Realisierung von paralinguistischen, mimischen, gestischen, proxemischen Zeichen sowie der Zeichen von Maske, Frisur, Kostüm die Rollenfigur als ein komplexes Zeichen konstituiert wird.“[70]

Bei der Realisierung dieses komplexen theatralen Zeichens ist besonders von einem rhetorischen Kontrollverlust des Erstorators aber auch der anderen an diesem Umsetzungsprozess beteiligten Oratoren auszugehen. Widerstandsfaktoren sind die an der Realisierung beteiligten und mit ihr konkurrierenden Zweitoratoren wie Regisseur, Bühnen-, Masken- und Kostümbildner, Ton- und Lichttechniker sowie die hier als Drittoratoren bezeichneten Schauspieler.

---

69 Siehe dazu: E.W.B. Lüttich-Hess, R. Posner (Hg.): Code-Wechsel: Texte im Medienvergleich. Opladen 1990.

70 E. Fischer-Lichte (Anm. 4), S. 173.

II.7. Rhetorische Operationen

Der Erstorator hat die Funktion einen Texts für den Zweck der inszenierten Mündlichkeit herzustellen, der nach einem schriftlich fixierten Handlungs- und Strategiemodell von Zweit- und Drittoratoren vermittelt wird. Die Schriftlichkeit des Erstoratorentextes hat auxiliäre Funktion im Hinblick auf die ästhetische und technische Umsetzung durch Zweit- und Drittoratoren. Das Aufführungssetting stellt eine permanente persuasive Operation dar, die auf Bindung des Zuschauers ausgerichtet sein muss. Das setzt für alle Oratoren realistische Adressatenkalküle voraus. Im Fall des Medialsystems Theater liegt ein komplexes Kommunikationsgeflecht mit einer schwer zu kontrollierenden Variablenvielfalt vor, weshalb die Oratoren mit rhetorischem Kontrollverlust im Persuasionsvorgang rechnen müssen. Die Oratoren können nicht von einer vollkommenen beiderseitigen Adjustierung von Sender und Empfänger ausgehen, da mit symbolkomplexen Vorgängen menschlicher Kommunikation gearbeitet wird, die sich nur bis zu einem bestimmten Grad vorab konstruktiv festlegen lassen und die Oratoren somit keine völlige Kontrolle ihrer distinkten Texte erwarten dürfen. Resümierend lässt sich feststellen, dass es zum Orator-Text-Komplex im Medialsystem Theater dringend weiterer interdisziplinär ausgerichteter empirischer Untersuchungen bedarf.

Klaus Zehelein

Musiktheater – Text und Institution

Sehr verehrte Damen, sehr geehrte Herren!
Ich spreche hier vor Ihnen in meiner doppelten Funktion als Leiter eines Opernhauses und als Dramaturg, wissend, dass Letzteres ein Beruf ist. Das Verhältnis zwischen diesen beiden mag den Diskurs Text – Institution an einer zugegebenermaßen schwachen Anekdote eröffnen: Der Direktor sieht in „seinem" Theater nach dem Rechten, öffnet die Tür der Dramaturgie, sieht „seinen" Dramaturgen vor einer offenen Partitur sitzen und meint: „Lesen! Und das noch in der Arbeitszeit!" Neben dieser spezifischen Anteilnahme der Institution am Text wäre noch hinzuweisen auf die primär inquisitorische Befragung des Textes durch die Institution, die, salopp gesagt, auf den ökonomischen Nährwert und die möglichst leichte Verdaulichkeit zielt; dazu käme die platt-deutsche Pointe (in Übersetzung): Was der Bauer nicht kennt, frisst er nicht!

Das Verhältnis von künstlerischem Text der Partitur und der Kunstinstitution ist erst einmal als kontrovers zu beschreiben. Zielt die Institution auf Durchorganisation mit Begriffen wie Ordnung, Rationalität, Funktionalität, Logik, Machbares, so konterkariert der künstlerische Text seine eigene Intentionalität durch das Assoziative, Rätselhafte, Alogische, Unbewusste, Mögliche. Die Auseinandersetzung zwischen Manifestem und Latentem scheint angesagt; in unserem Falle der Oper werden wir allerdings sehr vorsichtig sein, zur Kontroverse zu erklären, was sich als ambivalent erweisen könnte, indem beide – Text und Institution – in der Intentionalität der Vermittlung und Wirkung zueinander zu finden scheinen. Wenden wir uns – wenn auch nur kurz – der historischen Dimension dieses Themas zu, so zeigt sich, dass im Verhältnis von Text und Institution ab Mitte des 19. Jahrhunderts eine Veränderung sich entwickelt, die nicht zum ersten Mal in der Geschichte, jetzt aber markant die abstrakte Frage nach Text und Institution neu stellt: Gemeint ist jener Vorgang der Repertoirebildung, in dem immer weniger neue Texte zur Aufführung gelangen und immer mehr Wiederholungen der alten zur Regel werden. Natürlich hat sich schon in der früheren Operngeschichte ein gegenseitiges Reagieren von Werk einerseits und Apparat (Organisation, Architektur) andererseits gezeigt. Aber eine Neubewertung von Text und Institution scheint da angebracht, wo Geschichte, Tradition als Besitz der Gegenwart reklamiert wird. Friedrich Nietzsche setzt sich in seinem Essay ‚Vom Nutzen und Nachteil der Historie für das Leben' mit der Entfaltung des Historismus und dessen Tendenz, Geschichtliches anstelle gegenwärtiger Produktion zu setzen, mit Schärfe auseinander. Das Entstehen des Opernführers, jenes Kompendiums der gesicherten Schätze als Repertoire, ist nur zu denken mit einem Erstarken der „Institution Oper", welche die Geschichte zum Fundus, zum Eigentum erklären kann. 1911, am Ende der Periode der Inbesitznahme, schreibt der Hamburger Stadttheater-Direktor Hans Löwenfeld:

> „Opernrepertoire nennen wir im allgemeinen die gangbaren Bühnenwerke, die sich im Laufe der Zeit als beständig insoweit erwiesen haben, dass unsere Opernbühnen sie dauernd von neuem dem Publikum vorführen dürfen. Sie haben sich sozusagen aus der Masse der gebotenen Kunstwerke herauskristallisiert als eine Schar guter Bekannter, denen man im Laufe eines Winters gerne wiederbegegnet. Unser Opernrepertoire ist ein seltsames Gebäude, das allmählich zu einem Palast heranwuchs. Kein einziger Baumeister hat es erdacht. Es ist wie ein altes Schloss, an dem verschiedene Generationen gearbeitet haben."

Zwei Momente an dem Text des Stadttheater-Direktors sind bemerkenswert: Einmal, dass die Geschichte des Repertoires für ihn abgeschlossen ist – der Palast, das Schloss, ist jetzt da –, zum anderen – es gibt keinen Baumeister, der es erdacht hat – jene blinde Zwangsläufigkeit der Etablierung des Repertoires. (Anzumerken bliebe die Mischung aus Saloppheit und Emphase, mit der die nachgründerzeitliche Besitznahme der Geschichte als Fundus reklamiert wird.)

Die Frage nach dem „Neuwerden des Alten" ist zu dieser Zeit vorläufig dahingehend beantwortet, dass in der Wiederbegegnung mit dem Überkommenen der Text selbst wohl zum ersten Mal so radikal auf die Frage des „Wie" anstelle des „Was" reduziert wurde. Ab jetzt beginnen die Mühlen der Interpretation erst richtig zu mahlen! Erst ab jetzt wird die Institution Oper richtig offensiv: Regie, Bühnenbild, Kostüm (in der Folge die unterschiedlichsten Werkstätten), die Spezialisierung der Sänger, der Verwaltung, der Besucherorganisationen etc. – alles, um die immerwährende Wiederholung, die immer schönere, repräsentativere Inbesitznahme zu garantieren. Die Wiederholung des Gleichen arbeitet der „Barbarei der Vollendung" (Eduard Steuermann) zu. Auf dieses Zitat des Pianisten und Komponisten Eduard Steuermann zurückgehend, hat Theodor W. Adorno vor mehr als 25 Jahren in seinem Vortrag *Konzeptionen eines Wiener Operntheaters* jenes Funktionieren der Opernhäuser, die auf „vollen Touren leer laufen", bezeichnet:

> „Vorkünstlerische, kulinarische, sinnliche Aspekte schieben sich vor alles andere. Ein fataler, mit Wahrheitsgehalt von Kunst unvereinbarer Begriff von Höchstleistung setzt sich durch, jene musikalische Praxis, die sich damit brüstet, wie praktisch sie ist."

Adorno klagt ein, dass „die herrschende Darstellung von Oper [...] völlig zurückgeblieben [ist] hinter dem gegenwärtigen Stand von Kunst und Bewusstsein."

Neben jenen ungehörten Vorschlägen, die zu einem anderen Denken und Handeln in der Institution nicht nur der Wiener Oper hätten führen können, kommt Adorno auch auf den zeitgenössischen Stand der Opernregie zu sprechen:

> „Regie und Showmenship werden disproportional überbewertet. Alles wird dem Warencharakter untergeordnet, der Kunde soll nicht davonlaufen, anstatt dass die Regieprobleme funktional, zum Zwecke der Verdeutlichung musikalischer Vorgänge behandelt würden."

Man stolpert gleichsam über diese Bemerkung, deren Bedeutung allzu klar aufscheint – ohne jenen unvermittelbaren Rest, den es für Adorno doch immer einzuklagen galt. Nicht der behauptete Primat des Musikalischen reizt zum Widerspruch, sondern jener eigenartig fahl hervortretende Rationalismus („funktional", „Zweck", „Verdeutlichung"), mit dem hier Regieprobleme angegangen, besser: „behandelt" werden. Dieses Zitat in seiner Konsequenz zu Ende gedacht, wäre nicht nur für das Theatralische, die Szene bitter, sondern auch – auf sie zurückschlagend – für die Musik, insofern sie jenem avisierten funktionalen Zusammenhang einer anderen Art der Verdeutlichung bedürfte, als sie selbst preiszugeben imstande ist. Mit dem Begriff der Funktion ist nicht zu beschreiben, was die Musik, das Wort, die Szene in Beziehung setzt. Darunter nämlich formuliert sich Ordnung als Abhängigkeit, als Herrschaftsverhältnis, indem der Text – wie das Mozart bekanntlich ausdrückte – der Musik gehorsame Tochter zu sein und die Szene „unter den Primat der Musik" zu „treten" habe. Das Erstaunliche dieser Forderung an die Szene in Adornos Grazer Vortrag ist die Voraussetzung, die dies erst ermöglicht: ein auf Funktion und Zweck bestimmter Begriff von Sprachähnlichkeit von Musik, der sich gleichsam durch die Szene verdeutlichen könne. Erstaunlich umso mehr, als dieser Autor in seinem *Fragment über Musik und Sprache* (1956) gerade über den Begriff der Sprachähnlichkeit den Diskurs über die Intentionalität differenziert entwickelt:

> „Intentionen sind Ihr [der Musik] wesentlich, aber nur als intermittierende. Sie verweist auf die wahre Sprache, als eine, in der der Gehalt selber offenbar wird, aber um den Preis der Eindeutigkeit [...]."

Adornos Bemerkung zur Stellung der Regie im Operntheater hat noch ihre aufreizende Aktualität, indem sie – bei allem Wissen über das Problematische einer musikalischen Semantik – geradezu dem diffusen Begriff der Werktreue das Wort spricht. Hinter der Vorstellung, die Szene könne sich gegenüber der musikalischen Sprache direkter, unvermittelter, das könnte heißen: materialer verhalten, steht eigenartige Unmittelbarkeit, steht letztlich die Geringschätzung theatralischer Prozesse – nicht wert des Diskurses von Zeichen und Bedeutung.

Aus der Perspektive des emphatischen Begriffs der Dignität des Werks wird diese Unterordnung verständlich – die Realisierung auf der Bühne ist mit dem Begriff der Repräsentation verstrickt, das pure Werk wird gleichsam immer wieder schmerzlich beschmutzt; so verständlich, dass viele Regisseure als Dienen am Werk ihre Aufgabe artikulieren, als gelte es empfangene Anweisungen auszuführen. Aber jenseits der wirklichen Tugend der Demut (auch jenseits der Frage, ob die Szene zur „Verdeutlichung musikalischer Vorgänge" beitragen könne) wird schon in vermeintlich deutlichen Anweisungen, wie sie als Regie- und Szenenanmerkungen im Werk selbst niedergelegt sind, diese Aufgabe der Regie problematisch.

Richard Wagner, dessen radikaler Versuch, dem eigenen Œuvre auch die ihm gemäße Institution zu schaffen, um Wiederholung für alle Zeiten zu sichern, war sich dieses Problems bewusst, wenn man der Anekdote, wie sie Cosima Wagner überliefert, Glauben schenken will: Nach der Uraufführung des *Parsival* äußerte er, dass nach seiner Erfindung des unsichtbaren Orchesters ihm jetzt nur noch die Erfindung des unsichtbaren Theaters bliebe. Was als Anekdote gelesen werden kann, wird unmittelbar als konkreter Konflikt, als Text-/Institutionsproblem deutlich. Erinnert sei an Richard Wagners fast obsessiven Versuch, die Bildwelt seiner Werke – ich denke hier besonders an den *Ring* – so eingehend auszuformulieren, dass sein Enkel Wieland – im Essay ‚Denkmalschutz für Wagner?' – diese Bühnenbild- und Regieanweisungen seines Großvaters als zu einengend, ja, als kontraproduktiv zum Werk wertete und empfahl, sie zum Fundus des 19. Jahrhunderts zu schlagen. Vielleicht übersah dieser Aufruf zum Aufbruch, dass diese spezifischen Texte Wagners – auch im *Ring* beinhaltet, wie bis heute das Kleingedruckte die Regularien von Verträgen – aus unterschiedlichen Perspektiven gelesen werden können: einmal aus der Institution, die darin Anweisungen liest, um diese in Werkstätten durch Eisen, Holz, Leinwand, Kaschur und Farbe für die Bühne zu realisieren, zum anderen aus der Perspektive dessen, der die kleingedruckten Texte in jenen offenen Diskurs einbringt, der alle Texte betrifft. Wagners anekdotische Verzweiflung an seinem *Parsival*-Theater scheint diktiert durch die Perspektive der repräsentativen Institution Bayreuth, als dessen Meister er es beherrschte – und offenkundig scheiterte.

Am Beispiel des Beginns der Bühnenanweisung zu *Siegfried*, 1. Aufzug, „Wald", möchte ich verdeutlichen, warum man hier vielleicht Wagner gegen Wieland Wagner verteidigen sollte.

> „Den Vordergrund bildet ein Teil einer Felsenhöhle [...]. Zwei natürlich gebildete Eingänge stehen dem Walde zu offen [...]. An der Hinterwand, nach links zu, steht ein großer Schmiedeherd aus Felsstücken natürlich geformt, künstlich ist nur der große Blasebalg: Die rohe Esse geht – ebenfalls natürlich – durch das Felsdach hinauf [...]."

Dieser Bildanweisungstext etabliert eine höchst eigenartige Dichotomie von „natürlich" und „künstlich": Dem dreimaligen „natürlich" (Eingang, Schmiedeherd, Esse) steht das mit einem „nur" ausgezeichnete „künstlich" entgegen – „künstlich ist nur der große Blasebalg". Jenseits der von der Malerei des 19. Jahrhunderts beeinflussten Bildvorstellungen Wagners sprechen seine Bühnenanweisungen von etwas anderem, das sie überdauern lässt, weil sie uns auf Spuren hinzuweisen vermögen, die ins Zentrum seines Œuvres führen können. Wagners ausdrücklicher Verweis auf die Künstlichkeit des Balgs lässt ahnen, dass dem Schmieden, an dem der Handwerksmeister Mime ja scheitert, etwas Wesentliches vorangeht, was mit dem von Siegfried zerraspelten Schwert des Vaters korrespondiert: Dieses „Pneuma", jene

Kraft, die das Leben in den Dingen ausmacht, ist künstlich; dieses künstliche Pneuma vermag aus der Struktur des Vergangenen „Brei" zu machen, ist die Kraft zur Verflüssigung überkommener Vorstellungen, schweißt neu zusammen: „zum Leben weckt' ich dich wieder".

Das künstliche Pneuma, das zum neuen Leben erweckt, verändert nicht nur die Sprache im *Ring* (aus dem organischen „Blühen" der *Walküre* wird das anorganische „Glühen" des *Siegfried*): Dieses neue Leben, der zum neuen Leben erweckte Stahl Nothung zerschlägt später den Weltesche-Speer Wotans, an dem das alte Schwert Nothung einst zersprang: das Ende des Emblems quasi „natürlicher" Herrschaft. Mit dieser ersten Bühnenanweisung des *Siegfried* – also bevor der Vorhang sich hebt – eröffnet Wagner das Spiel der Ambivalenz, vergleichbar der Eröffnung der *Walküre*, die gegenüber *Rheingold* einen Perspektivwechsel vornimmt, an dem dann in *Siegfried* Mime in der Rätselszene mit Wotan scheitern wird. Ich zitiere in Ausschnitten die Bühnenbildanweisung zum ersten Aufzug der *Walküre*:

> „Das Innere eines Wohnraums. In der Mitte steht der Stamm einer mächtigen Esche, dessen stark erhabene Wurzeln sich weithin im Erdboden verlieren [...]. Von seinem Wipfel ist der Baum durch ein gezimmertes Dach geschieden, welches so durchschnitten ist, dass der Stamm und die nach allen Seiten hin sich ausstreckenden Äste durch genau entsprechende Öffnungen hindurchgehen; von dem belaubten Wipfel wird angenommen, dass er sich über dieses Dach ausbreite."

„Wurzeln, die sich im Erdboden verlieren" und „belaubter Wipfel", von dem „angenommen" wird, „dass er sich über dieses Dach ausbreite": Mit dieser Beschreibung der Theater-Esche unternimmt Wagner den Versuch einer Etablierung der Vertikalen, jener Vertikalen, welche die Bewegung des Vorabends, des *Rheingold* aufzunehmen scheint. Gegenüber der Theaterillusion der Wurzel im Bühnenboden und dem Wipfel im Bühnenturm herrscht insistent – als gelte es, den Bau eines Baumhauses zu rekonstruieren – die Anmerkung, wie Äste durch die Decke gehen: „[...] durch genau entsprechende Öffnungen". Erst nachdem dies geklärt ist, beschreibt Wagner den Raum, das Innere von Hundings Behausung. Diese „genau" durchlöcherte Decke durchkreuzt die Vertikale der Erinnerung an die Weltesche, deckt ab, was über ihr sichtbar ist, wie der Bühnenboden dieser Hunding-Hütte die Wurzeln enden lässt. Die „genau entsprechenden Öffnungen", durch die die Äste gehen, schneiden sichtbar ab, geben der Esche – besser: der Esche und dem darin steckenden Schwert – eine Behausung, deren wesentliche Qualität die Horizontale, die Abschirmung nach oben durch das Dach ist: „Um den Eschenstamm, als Mittelpunkt, ist ein Saal gezimmert." Diese Durchkreuzung der Vertikalen hat Mime dann im *Siegfried* nicht mitbekommen. So beantwortet Wotan mit Leichtigkeit seine Rätselfragen: Unten sind die Nibelungen, auf der Erde sind die Riesen, und oben sind die Götter. Wotans Rätsel hingegen ist für ihn nicht lösbar, als es in keinem Moment die Vertikale von Hierarchie und Herrschaft berührt, sondern auf die veränderte Perspektive der Erzählung (bis zum gegenwärtigen Punkt) zielt: „Wer schweißt nun das Schwert?"

Dieser für ihn nicht nachvollziehbare Perspektivwechsel lässt Mime sein Haupt verwetten.

An diesen Beispielen (sie ließen sich vermehren) der Bildanweisungen Wagners wird deutlich, dass der Umgang mit dem Alten in jedem Fall Auseinandersetzung sucht. Nun belehrt uns der heutige Opernalltag eines anderen. Neben wenigen insistenten Versuchen, die Texte neu zu lesen, bestimmt eine gefährliche Nachlässigkeit gegenüber dem Text die Wirklichkeit, korrespondierend dem „Verbrauch", dem die Repertoirewerke unterworfen sind. Da die institutionelle Verwahrung des Repertoires etwas Glanzloses hat, jeglichen Ereignischarakters bar, braucht sie, sucht sie jenseits langweiliger Wiederholung das Neue im Alten, indem sie den Text ausbeutet, ohne dasselbe für sich zuzulassen. Ich denke, es ist eines der größten Probleme heutiger Opernarbeit, wie apparative Strukturen die Auseinandersetzung mit den auf uns überkommenen als auch mit den neuen Werken bestimmen. Ich will hier nicht einstimmen in den Jammer über bestimmte Tarifsituationen, über die meines Erachtens zu starke Betonung der Abgesichertheit von künstlerischen Kollektiven etc., sondern ich ziele mit meiner Anmerkung auf das notwendig Anachronistische, auf das vielleicht im besten Sinne Unzeitgemäße, das künstlerische Arbeit bestimmen sollte: Die Umkehrung der Abhängigkeit von Institution und Text.

Natürlich ist dieser Gedanke in seiner Simplizität verräterisch, indem er das historisch Gewordene einfach außer Kraft zu setzen scheint, so, als könne man die Gegenwart durch Ideen verändern. Das Wissen um die einzige, unbestrittene Autorität der Texte hatte ja eine Entwicklung nicht verhindern können, die in Produktionen, welche weitgehend nur noch die Ideologie des funktionierenden Apparates transzendieren, kulminiert. Korrespondierend zur hierarchischen, überschaubaren Organisation der Apparate wurde lange Zeit der Begriff der Werktreue eingeklagt, indem man sich auf die vermeintlich abgesicherten Bedeutungen von Wort und Musik berief, sich der Autorität des Schöpfers versicherte, um das Werk in den Griff zu bekommen. Dass es keine Sicherheit in Bezug zur Intentionalität des Autors geben kann, scheint heute zur Kategorie der Binsenweisheiten insoweit zu gehören, dass an Stelle des vermeintlichen Wissens, wie es der Komponist gemeint habe, eine Unverbindlichkeit, eine Beliebigkeit getreten ist, die mit den Institutionen korrespondiert, welche eine überlebensnotwendige Marktstrategie verfolgen, um nicht einer tödlichen Langeweile zu verfallen. Dass diese Entwicklung fast objektive Züge trägt, kann man am Stand der Musikproduktion, an der Literatur, an der Architektur ablesen.

Wenn ich vorhin anmerkte, wie der Anreiz zur immer neuen Darstellung der Werke des Opern-Repertoires einer Ausbeutung gleichkommt, ohne dass dies Folgen für die Produktionsweise hat, so muss ich präzisieren: Soll die Institution wieder Instrument des Textes werden, so wird sie sich dem gleichen Prozess unterwerfen müssen, der dem Text widerfährt, d.h. die gleiche Lektüre, die den Text in Bewegung bringt, wird ihre Neuorientierung bestimmen, wird ihre Strukturen verflüssigen. Angesichts des bestehenden gesellschaftlichen Pragmatismus kommt dies einer Utopie gleich, ist doch das Festgefügte, die komplexe aber überschaubare Hierarchie einer Staatsoper zum Beispiel politischer Garant gegenüber der Gefährdung von Bedeutung auf der Bühne. Aber es geht um Verantwortlichkeit, die den Rückzug hinter vermeintliche Abgesichertheiten auch des Apparates nicht zulassen kann. Wenn eingeklagt werden muss, dass die auf uns überkommenen Texte nicht einfach zur Ausschmückung unserer gegenwärtigen Existenz missbraucht und verbraucht werden dürfen – weder als Anlass für ein Fest der Stimmen vor tragischem Hintergrund, noch zur erinnerungslosen Aktualitäten-Schau –, dann wird man fragen müssen, wie solche Verantwortung wahrzunehmen ist, wo ihr Ort ist.

Leicht wird man keine Antwort finden, weshalb sich empfiehlt, alltägliche Erfahrungen zu befragen: Jeden Abend hören wir, dass die Stimme sowohl Instrument des Textes als auch Saboteur am Text sein kann. Ich spreche hier nicht nur von technischem Vermögen, sondern meine mit Stimme das Einzelne, Unverzichtbare eines Klang-Theaterkörpers, dessen Qualität eine Summe der Subjekte und deren Arbeit am Text ist. Verantwortung wird da schwer erfahrbar, wo der Wechsel, die Austauschbarkeit des Subjekts an der Tagesordnung ist, wo der Text nur als Anlass von Kunstfertigkeiten dient, die ebenso austauschbar sind. Die Würde des Textes erfährt sich im Wissen von dessen Komplexität – dem Subjekt ähnlich. Verantwortung gegenüber dem Text ist in unserer Arbeit nicht nur solistisch zu bestimmen, sie weiß vom kommunikativen Geflecht. Der Ensemblegedanke, den es neu zu fassen gilt, wird nicht – wie in der Vergangenheit oft genug beschrieben – von der Affinität zur Institution getragen sein, sondern wird sich durch die Arbeit am Text etablieren. Reisende Gesangstars, so selbstverantwortlich sie auch sein mögen, werden nur schwer an kommunikativer Ästhetik partizipieren. Dieser Ensemblegedanke – schwer zu fassen in einer Arbeitspraxis, die von der technischen Leistung geprägt und von Flugplänen diktiert ist – zielt nicht nur auf die Gesangsolisten, er bezieht gleichermaßen Chor und Orchester, ja Technik ein. Auch in den Kollektiven gilt: Ist Verantwortung von der Affinität zum Kollektiv selbst getragen, so spielt sie der Massen-Ideologie zu. Sich als Teil eines großen Gebildes zu begreifen, kann nur dann sinnvoll sein, wenn das Subjekt die umgeleitete Verantwortung für den Text akzeptiert; auch hier ist die Erfahrung der Austauschbarkeit kontraproduktiv.

Einzuwenden wäre, dass dies alles an der Wirklichkeit vorbeigehe. Hegel hatte darauf die Antwort: Um so schlimmer für die Wirklichkeit. Wenn Opernarbeit die einzige Verbindlichkeit – und dies ist die Partitur – aus dem Auge verliert, so hat sie bereits ihr Metier verraten. Verrat ist auch, wie mit neuen Texten umgegangen wird: Entweder dienen sie dem sinnlosen Ausweis, dass Neues eben neu und daher notwendig sei, oder sie werden spekulativ-strategisch eingesetzt, um das Leben der übrigen Leichen zu behaupten. Die Auseinandersetzung mit neuer Musik, die die Komplexität unseres Lebenszusammenhangs nicht verschweigt, muss Anlass sein, bestehende Grenzen der Institution neu zu durchdenken, damit wieder und wieder erfahrbar wird, wie die Institution Dienerin und nicht Beherrscherin des Textes werden kann. In der Arbeit am Neuen ist die Chance groß, gibt es doch keine gemeine Ansicht, kein vermeintliches Wissen, das diese Arbeit verstellen könnte. Die Chance wäre, im Probieren des neuen Hörens, Sehens, Spielens, Singens die Tradition vom Traditionellen zu befreien. Voraussetzung dazu ist die Schaffung eines zentralen Raumes innerhalb der bestehenden besseren oder schlechteren institutionellen Situation, den der Text beherrscht und von dem aus er sich entfalten kann: Durch vorsichtige, abwartende Lektüre den voreiligen Griff zu verhindern; den Text als mein Gegenüber kennen zu lernen, den Text als die wichtigste Person zu etablieren, ihm jene Würde zuzugestehen, die jede ernstzunehmende Begegnung auf der Opernbühne auszeichnet.

Lassen Sie mich jetzt das Spannungsfeld Werk – Institution notwendigerweise um jenes Feld erweitern, auf dem sich Kunstproduzent und Kunstrezipient begegnen, um – vor dem Ausblick auf die Notwendigkeiten des 21. Jahrhunderts – die ökonomischen Probleme zu streifen.

Als Dramaturg einer Produktion bin ich im Halbdunkel der Probebühne oder im Zuschauerraum der erste Zuschauer. Aber ist es für den Dramaturgen von Bedeutung, dass er nicht Stellvertreter eines „idealen" Publikums ist? Er ist der erste Zuschauer – und zwar der Produktion. Es wäre verhängnisvoll, sich in dieser Situation instrumentalisieren zu lassen von dem, was Publikumsgeschmack oder -bedürfnis genannt wird, denn es ist absurd zu glauben, dass irgend jemand, der Theater macht, der Stellvertreter des Publikums sein könnte. Erst einmal weiß ich nicht, was das Publikum ist: Es gibt nicht das Publikum, sondern viele Individuen, aus denen sich das Publikum zusammensetzt. Ich empfände dies als unerträgliche, gesellschaftlich und ästhetisch gesehen unverantwortliche Anmaßung, wenn ich mich als Stellvertreter dieser vielen sähe. Mein Blick, nicht mit einem stellvertretenden Auftrag, sondern als Mitarbeiter, gilt einem Prozess, der auch noch in der zwanzigsten Aufführung gegenwärtig ist. Wenn ich mich in dieser Weise als Zuschauer beschreibe, bin ich die Bürde der vierten Wand los, da ich weiß, dass mein Lebenszusammenhang, mein gesellschaftliches Dasein sich mit hineinmischt, dass ich in der Lage bin zu hören, zu sehen, zu beurteilen, was dann viele wahrnehmen werden, ohne dass ich versuche, diese vielen imitierend zu antizipieren. Ich möchte hier aus den ‚Erinnerungen und Erfahrungen' des Königlich-Württembergischen Generalintendanten von Werther zitieren:

> „Ein Dramaturg, der nicht das Räderwerk der Zeit auf das Allerschärfste beobachtet und sein Urteil an allen wichtigeren politischen und sozialen Fragen fortwährend übt, wird auch in Literaturfragen einseitig-zünftig und vermag ein Theater gänzlich rückständig zu machen."

Die Kalkulation mit der „Mehrheitsfähigkeit" einer Opernproduktion – auch „soziale Akzeptanz" genannt – gehört ins Reich des Marktes und der Macht, das sich auf der Basis des kleinsten gemeinsamen Nenners gründet.

Es ist bemerkenswert, dass es ein besonderes Verhältnis vom Intendanten zu dieser Macht im Theater gibt, das sich aus der vermeintlich gesellschaftlichen Verantwortung gegenüber der Öffentlichkeit, sprich Markt, ableitet. Nicht von Verausgabung für das Metier ist die Rede, sondern von Arbeit für eine Öffentlichkeit. Die Rede geht fließend in jene verlogene Demut über, die im „Dienst am Kunden" jegliche inhaltlich-ästhetische Auseinandersetzung hinter sich gelassen hat. Diese Demut kaschiert so nur mühsam den machtpolitischen Willen, die Mehrheit zu repräsentieren, um sie zu manipulieren – ein Gesetz des Marktes. Wenn Intendanten glauben, Agenten eines Publikumswillens sein zu müssen, sollten sie die Kunst an den Nagel hängen und ihre Karriere als Marketing-Strategen fortsetzen. Dass wir alle Gefahr laufen – die finanziellen Probleme rufen nach einfachen Lösungen –, die Schere im Kopf bereits anzusetzen, kann nicht verschwiegen werden. Schon Hegel wusste, dass seine List der Vernunft nahtlos in Opportunismus übergehen kann.

Wenn wir denn Verantwortung gegenüber der Öffentlichkeit haben, dann jene, jeden Abend jede Repertoireaufführung daraufhin anzuhören und anzusehen, zu prüfen, ob sie den Sinn unserer Arbeit bewahrt oder ihn unter dem pragmatischen Schlendrian längst verraten hat.

Wenn Vorhaben durch ökonomische Zwänge beeinflusst werden, beginnt für den Intendanten ein Interessenskonflikt. Schwierig wird es, wenn schon im Vorfeld die Überlegung bestimmend ist, dass bei einem avantgardistischen, wenig populären Programm die Besucherzahlen weit unter 90% liegen werden. Der Status des Landeseigenbetriebs wird ins Feld geführt, das heißt, dass die Einnahmen zum Etat geschlagen werden, wie im Falle Stuttgarts: Als Landeseigenbetrieb werden unsere Einnahmen nicht rückgeführt in den Landeshaushalt, sondern wir wirtschaften mit ihnen. Das ist der Gegensatz zum so genannten Regiebetrieb, der in der Vergangenheit üblichen Betriebsform. Einnahmen spielten hier nur insoweit eine Rolle, als sie als Mindesteinnahmen im Etat verankert sind und eventuelle Mehreinnahmen wieder in die öffentliche Kasse zurückfließen.

Dieser Interessenskonflikt kann nicht im Zentrum der Planung stehen. Habe ich als Problem des Spielplans zentral dessen Finanzierung im Kopf, so werde ich, durch diese ökonomische Schere bestimmt, nur abgesicherte Projekte zulassen. Unabgesichertes, Unbekanntes und vielleicht auch Unbequemes filtern sich gleichsam von selbst aus, so, als sei das Risiko nicht eine der wenigen und wesentlichen Konstanten der Theaterarbeit.

Die Angst vor der Publikumsabstinenz und deren Konsequenz von Mindereinnahmen wird die Gesamtsituation des Hauses bestimmen: Indem sich Verzagtheit breit macht, wird die Neugier und Lust an neuen Erfahrungen zerrieben. Woher kommt eigentlich jene fatale Gewissheit, die sagt, dass ein Publikum nicht ebenso neugierig ist wie wir? Eben diese Angst und die daraus resultierende Verzagtheit ist es auch, welche die Oper als Betrieb formuliert, der im Raster des Repertoires die Werke nur noch verwaltet und ihnen damit die Chance nimmt, zu uns zu sprechen. Natürlich ist die ökonomische

Situation der Opernhäuser durch den Rotstift der öffentlichen Hand prekär, und es ist richtig, gegen die jährlichen Streichungen zu protestieren. Mir scheint jedoch, die notwendige Offensive in den politischen Raum hinein korrespondiert auf eigenartige Weise mit der sich in den Häusern lähmend ausbreitenden Defensive. Ja, man könnte geradezu in manchen Fällen von vorauseilendem Gehorsam sprechen: Die Unabgesichertheit der finanziellen Zukunft scheint die gegenwärtige Produktion des absolut Abgesicherten zu gebieten! Das Schielen auf den vermeintlichen Publikumsgeschmack verkennt die Dialektik eines Prozesses zwischen der Arbeit eines Opernhauses und der Reaktion seiner Besucher.

Wesentlich z.B. ist das immense Engagement und große Können des Stuttgarter Staatsopernchores, der das Publikum der *Intolleranza 1960* überzeugt; die 29 Aufführungen von Luigi Nonos ‚aszione scenica' seit der Spielzeit 1991/92 hatten eine Platzausnutzung von 86% (d.h. ca. 1200 Besucher pro Vorstellung). Das widerlegt die Behauptung, das Publikum lehne avancierte Opern grundsätzlich ab. Selbstverständlich müssen in diesem Zusammenhang jene zahlreichen Veranstaltungen gewertet werden, die das Publikum - jenseits des Musiktheaterereignisses selbst - mit dem Werk Nonos und dem ihm eigenen, spezifischen Ausdruck des Musiktheaters konfrontiert (zahlreiche Konzerte, Vorträge und Einführungsveranstaltungen).

Ich denke, dass der Begriff der Antizipation weniger mit dem so genannten Publikumsgeschmack assoziiert sein sollte als mit der künstlerischen Arbeit selbst. Der Spielplan sagt wenig über ein Opernhaus; er ist „Papier". Erst durch die unabgesicherte Ahnung, die Antizipation einer musikalisch-szenischen Realisation werden die Premieren-Ankündigungen für uns konkreter, fassbarer in ihrer ästhetischen, historischen und aktuellen Dimension. Wenn also im Vorfeld eines zu etablierenden Spielplans finanzielle Fragen, dispositionelle Probleme, technische Realisierung, ganz zu schweigen von der Publikumsakzeptanz, den Diskurs bestimmen, dann wird der Status quo unweigerlich die Bedingungen setzen, und diese Bedingungen können die Zukunft der Realisierung eines Werkes, seines Lebens für und mit uns, begraben.

Die Dimension der Machbarkeit - und damit auch die künstlerischen Fragen der Besetzung bis hin zur Entscheidung für die musikalische Leitung, Regie, Bühnenbild und Kostüme - ist selbstverständlich im Diskurs latent präsent, darf ihn aber nicht a priori beherrschen!

Im 21. Jahrhundert angekommen, muss das Musiktheater die Frage stellen, wie es gedenkt, sich mit seiner Zukunft auseinander zu setzen. Gegenwärtig sind Theorie und Praxis durch die Zersplitterung der Bereiche Forschung, Produktion und Ausbildung gekennzeichnet. Erfahrungen mit unterschiedlichen Uraufführungsarbeiten an der Staatsoper Stuttgart bestätigen dieses Bild. Dazu gehören Violeta Dinescus *Erendira*, Hans Zenders *Don Quijote*, Rolf Riehms *Das Schweigen der Sirenen*, Wolfgang Rihms *Séraphin*, die Uraufführung von Adriana Hölszkys *Guiseppe e Sylvia* sowie die Vorbereitung der Aufführung von Helmut Lachenmanns *Das Mädchen mit den Schwe-*

felhölzern. Zwar haben wir immer wieder versucht, kurzfristig die genannten Bereiche in der Praxis produktiv zu vernetzen, doch wurde sehr bald deutlich, dass es einer grundsätzlichen, kontinuierlichen und interdisziplinären Auseinandersetzung bedarf, um mittel- und langfristig neue Erfahrungen zu gewinnen.

Selbstverständlich ist es die Pflicht einer Institution wie der Staatsoper Stuttgart, an Fragen, die das Neue Musiktheater betreffen, problembewusst, offensiv und innovativ heranzugehen. In der Praxis wurden und werden jedoch auch Grenzen und Begrenzungen sichtbar, da die oben genannten Arbeiten jeweils notwendigerweise in die Gesamtdisposition des Hauses eingebunden sind. Dementsprechend werden sie stärker produkt- denn prozessorientiert erfahren. So ist oft ein Vakuum an kreativer Auseinandersetzung, an innovativen Verarbeitungsprozessen zu beklagen, in dem sich alle Beteiligten ausschließlich als Ausführende erfahren. Gerade dieses Vakuum verhindert, kontinuierliche und auf Zukunft ausgerichtete Zusammenführung von praktischer und theoretischer Arbeit zu ermöglichen.

Aus diesen Erfahrungen heraus entstanden Idee und Plan, ein an die Staatsoper Stuttgart angebundenes projekt- und prozessorientiertes Labor zu schaffen, das als Forschungs-, Produktions- und Ausbildungsstätte ein „Forum Neues Musiktheater Stuttgart" sein soll. Ein Laboratorium oder Forschungs- und Entwicklungszentrum für das Musiktheater des 21. Jahrhunderts, in dem Forschung, Produktion und Ausbildung als tragende Pfeiler zukünftiger Arbeit verankert sind, ist erforderlich, um nicht im Bestehenden verhaftet zu bleiben, sondern um gemeinsam mit Sängern, Instrumentalisten, Komponisten und Regisseuren neue Wege zu erproben.

In Gesprächen mit leitenden Mitarbeitern der Staatsoper Stuttgart, Komponisten, Regisseuren und Lehrenden unterschiedlicher Hochschulen entstand der zunehmend zwingende Gedanke, das „Forum Neues Musiktheater Stuttgart" als zentralen Ort des Austauschs, der Diskussion und Erprobung neuer interdisziplinärer Wege in der Fortschreibung einer Entwicklung des Musiktheaters einzurichten. Es wäre die erste Institution dieser Art in Europa. Bedingt durch den auf Kooperation, Kommunikation und Austausch gelegten Schwerpunkt würde das „Forum Neues Musiktheater Stuttgart" zu einer internationalen Arbeits- und Forschungsstätte, die gleichzeitig von Stuttgart nach Europa ausstrahlte.

Inhaltlich würden zum einen die kompositorische und theatralische Praxis untersucht, zum anderen wäre das „Forum" ein Ort der Vermittlung und Erarbeitung adäquater Techniken für Sänger, Instrumentalisten, Komponisten und Regisseure. Die Arbeitsweise konzentriert sich dabei auf einen Produktionsschwerpunkt pro Semester, der sich in Form eines thematischen Kernbereichs und/oder einer Auftragskomposition definiert. Es wäre beispielsweise zu untersuchen, wie neue Medien und Technologien in die Arbeit des Musiktheaters eingebunden werden können und was es heißt, dabei spezifisch historische und ästhetische Bedingungen und Erscheinungsformen des Musiktheaters einzubeziehen.

Es geht um die Auseinandersetzung mit den Erzählstrukturen des Musiktheaters und darum, neue Vokaltechniken zu erproben und neue Interaktionsformen zwischen Instrumentaltechniken und szenischen Ausdrucksformen aus praktischer Sicht zu untersuchen. Parallel dazu sind Konzeptionen neuer Aufführungsformen zu entwickeln und in technisch-praktischer Hinsicht zu probieren. Jeder dieser Kernbereiche wird in kleineren Projekten, die ebenfalls in öffentlichen Veranstaltungen zur Diskussion gestellt werden, erfahrbar und überprüfbar. Selbstverständlich gehört dazu auch die umfassende theoretische Auseinandersetzung und Prozessbegleitung.

Unabdingbar und angestrebtes Ziel ist in den genannten Bereichen die Kooperation mit unterschiedlichen Institutionen wie zum Beispiel dem Zentrum für Kunst und Medientechnologie (ZKM) in Karlsruhe, dem IRCAM in Paris, dem STEIM in Amsterdam, dem TEMPO REALE in Florenz und weiteren Partnern in Kunst, Wissenschaft und Medien. Dazu gehören auch die deutschen und europäischen Akademien und Hochschulen in den Bereichen Musik, darstellende Kunst, Bühnenbild/Architektur und Medientechnologien.

Der interdisziplinäre Ansatz des „Forums" garantiert den kreativen Austausch zwischen den Beteiligten und ermöglicht so, dass weitere Projekte aus dieser Arbeit entstehen können. Grundlegend ist das Ziel, die Ergebnisse jeweils in Form öffentlicher Aufführung und einer Reihe von begleitenden Veranstaltungen darzustellen.

Dieses knappe Konzept soll verdeutlichen, dass auf die unterschiedlichen künstlerischen Erfahrungen und Möglichkeiten der Teilnehmenden jeweils flexibel eingegangen werden kann. So stellt sich die Frage neu, wie wir die Produktionsweisen, die wir aus dem 19. Jahrhundert übernommen haben und die immer noch Grundlagen unserer Arbeit sind, verändern können.

Franz-Josef Deiters

Bilder ohne Rahmen – Zur Rhetorik des Plakats

Das Medium, um das es in meinem Beitrag gehen soll, das Plakat, unterscheidet sich von jenen Medien, die in den anderen Beiträgen dieses Bandes verhandelt werden, in einem wesentlichen Punkt. Ob es sich nämlich um das Buch, die Zeitung, das Internet, die Oper, den Film, das Fernsehen oder das Radio handelt, so betreten wir die Räume, in denen diese Medien ihre Rhetorik entfalten, mehr oder weniger willentlich. Das Buch haben wir in der Buchhandlung erstanden oder einer Bibliothek entliehen; die Zeitung haben wir abonniert; die Fernsehbilder beginnen erst zu rauschen, nachdem wir das Gerät per Fernbedienung eingeschaltet haben; ins Kino oder ins Theater begeben wir uns nach Durchsicht des Spielplans. Ins Internet müssen wir uns einloggen und um Karten für die letzte Ausstellung in der Tübinger Kunsthalle haben wir unter Umständen lange angestanden. – Den Raum jedoch, in dem das Plakat seine rhetorische Wirkung entfaltet, betreten wir in der Regel auf sehr viel unvermitteltere Art und Weise, jedes Mal nämlich, wenn wir auf die Straße hinaustreten. Denn Plakate gehören mit einer solchen Selbstverständlichkeit zum urbanen Lebensraum der Moderne, dass uns ihr bloßes Vorkommen in einem gewissen Sinne kaum mehr auffällt. Um den Wahrheitswert dieser Aussage zu prüfen, genügt es schon, sich nur einmal zu vergegenwärtigen, an wie vielen Exemplaren dieser Gattung man allein im Verlauf eines einzigen Tages vorbeikommt. Mit ziemlicher Sicherheit werden wir bereits Schwierigkeiten haben, allein die Anzahl zu bestimmen, geschweige denn zu sagen, welchen Gegenständen sie gegolten haben. Aber das heißt keineswegs, dass diese Begegnungen spur- und wirkungslos an uns vorübergegangen wären. Denn auf eben diese Situation, auf den Umstand nämlich, dass ihm oft nur Sekunden bleiben, um seine rhetorische Macht zu entfalten, ist das Plakat sehr gut abgestellt. Fast ist man versucht, in Analogie zur Darwinschen Evolutionstheorie der biologischen Arten von einer optimalen Anpassung dieser Gattung an ihre Umwelt zu sprechen. Ja, diese Anpassung ist so hervorragend, dass von einem Veralten des Plakats selbst im Zeitalter der digitalen Medien nicht die Rede sein kann. Im Gegenteil verzeichnet die Plakatbranche für die gerade zu Ende gegangenen neunziger Jahre enorme Wachstumsraten.[1] Eine Erfolgsgeschichte also durchaus.

Dabei könnte der Konkurrenzdruck größer kaum sein in einer Umwelt, in der jede Hausfassade und jede Grünanlage, ganze Heerscharen von Verkehrszeichen und nicht zuletzt die kollektive Performance der Kleidermode um die Blicke der Vorbeieilenden werben. Nichts anderes nämlich als ein

1 Vgl. J. Kamps: Plakat. Tübingen 1999, S. 2.

großes multimediales Ereignis ist die moderne Stadt. Ihrer polyphonen Rhetorik in toto einmal nachzugehen, wäre zweifellos reizvoll und lohnend, doch kaum in einem einzigen Aufsatz zu leisten. Deshalb will ich mich hier der Rhetorik lediglich eines einzigen Segments dieses Multimediaraumes Stadt zuwenden, derjenigen des Plakats.

I.

Stellt das Plakat also im ausgeführten Sinne ein zentrales Element des Multimediaraumes Stadt dar, so ist auch seine Ausprägung als eigenständige rhetorische Form an die Genese des urbanen Lebensraums moderner Gesellschaften gebunden. Zwar lassen sich Vorläufer des Plakats bereits für die Antike nachweisen. So ist etwa der Aushang von Gesetzestexten und behördlichen Bekanntmachungen schon im alten Rom üblich. In Pompeji haben sich sogar Wahlwerbungen an den Wänden erhalten.[2] Die gesellschaftlichen, kulturellen und nicht zuletzt die technischen Voraussetzungen, welche die Entstehung des Plakats im modernen Sinne ermöglichen, entwickeln sich jedoch erst im Verlauf der Neuzeit. Zu nennen ist hier ganz allgemein die bürgerliche Transformation der gesellschaftlichen Verkehrs- und Organisationsformen, die Entstehung der kapitalistischen Warenwirtschaft, die Ausbildung einer permanenten Staatstätigkeit samt Konstitution eines gegen die Privatsphäre abgegrenzten öffentlichen Raumes[3] sowie die zunehmende Bedeutung der Schriftlichkeit für die Prozesse gesellschaftlicher Selbstverständigung. Technisch sind die Erfindung des Buchdrucks - auch das Plakat gehört zur Gutenberg-Galaxis - und der Lithographie (1796/98) als unabdingbare Prämissen eines auf serielle Herstellung und massenweise Verbreitung angelegten Mediums zu nennen. Um die Mitte des neunzehnten Jahrhunderts bildet sich zudem das logistische Umfeld des Plakatanschlags heraus. Erfolgt er in den Anfängen wild (Abb. 1), so finden sich seit den 1840er Jahren, zunächst in London, fest installierte Plakatwände und -säulen. 1855 stellt Ernst Litfaß, der erste deutsche Plakatanschlagsunternehmer, eine Säule in Berlin auf.

Mit der industriellen Massenfabrikation und einer damit „zunehmende[n] Bedeutung des öffentlichen Raumes als Bühne der massiven Warenpräsentation"[4] beginnt im neunzehnten Jahrhundert eine Periode, in der das Plakat den wichtigsten kommerziellen Werbeträger überhaupt darstellt. Für die politische Sphäre gewinnt es etwa zeitgleich in dem Maße an Bedeutung, in dem sich die Gesellschaften demokratisieren, also größere Volksmassen in

---

[2] Vgl. U. Zeller: Die Frühzeit des politischen Bildplakats in Deutschland (1848–1918). Stuttgart 1988, S. 1.

[3] Vgl. die klassisch gewordene Studie von J. Habermas: Strukturwandel der Öffentlichkeit. Untersuchungen zu einer Kategorie der bürgerlichen Gesellschaft. Darmstadt, Neuwied 1962.

[4] Kamps (Anm. 1), S. 8.

den Prozess der politischen Entscheidungsfindung einbezogen werden und sich politische Parteien ausbilden, die den Straßenraum als Arena ihres Kampfes um die Überzeugungen der Menschen entdecken.[5] Von daher ist es nicht verwunderlich, wenn Frank Kämpfer für die Ausformung des politischen Plakats die Französische Revolution von 1789 nennt, in deren Verlauf mit Louis David erstmals ein Künstler mit der „Herstellung von Plakaten und anderen Propagandabildern" beauftragt worden sei, um die öffentliche Meinung zu beeinflussen.[6]

II.

Insofern das Plakat also einen wichtigen medialen Exponenten jener gesellschaftlichen Modernisierungsprozesse darstellt, sedimentiert sich in diesem Medium aber zugleich jener grundlegende kulturelle Wandel, der am Übergang zur Moderne steht und der, wie der Kulturphilosoph Georg Simmel gezeigt hat, auch die subjektiven Wahrnehmungsstrukturen einbegreift. Die Modernisierungsprozesse beschleunigen sich nämlich ab der zweiten Hälfte des neunzehnten Jahrhunderts nicht nur rasant, vielmehr ist Beschleunigung darüber hinaus gerade das Prinzip der zunehmend urbanisierten Lebenswelt. In seinem berühmten Essay ‚Die Großstädte und das Geistesleben' aus dem Jahre 1908 führt Simmel dazu aus:

> „Die psychologische Grundlage, auf der der Typus großstädtischer Individualitäten sich erhebt, ist die *Steigerung des Nervenlebens*, die aus dem raschen und ununterbrochenen Wechsel äußerer und innerer Eindrücke hervorgeht. Der Mensch ist ein Unterschiedswesen, d.h. sein Bewußtsein wird durch den Unterschied des augenblicklichen Eindrucks gegen den vorhergehenden angeregt; beharrende Eindrücke, Geringfügigkeit ihrer Differenzen, gewohnte Regelmäßigkeit ihres Ablaufs und ihrer Gegensätze verbrauchen sozusagen weniger Bewußtsein, als die rasche Zusammendrängung wechselnder Bilder, der schroffe Abstand innerhalb dessen, was man mit einem Blick umfaßt, die Unerwartetheit sich aufdrängender Impressionen. Indem die Großstadt gerade diese psychologischen Bedingungen schafft – mit jedem Gang über die Straße, mit dem Tempo und den Mannigfaltigkeiten des wirtschaftlichen, beruflichen, gesellschaftlichen Lebens – stiftet sie schon in den sinnlichen Fundamenten des Seelenlebens, in dem Bewußtseinsquantum, das sie uns wegen unserer Organisation als Unterschiedswesen abfordert, einen tiefen Gegensatz gegen die Kleinstadt und das Landleben, mit dem langsameren, gewohnteren, gleichmäßiger fließenden Rhythmus ihres sinnlich-geistigen Lebensbildes."[7]

---

[5] Siehe in diesem Zusammenhang die Arbeit von Zeller (Anm. 2), die die Rolle des Plakats in der Revolution von 1848 untersucht.

[6] F. Kämpfer: „Der rote Keil". Das politische Plakat. Theorie und Geschichte. Berlin 1985, S. 17.

[7] G. Simmel: Die Großstädte und das Geistesleben. In: Ders.: Gesamtausgabe. Hg. v. O. Rammstedt. Bd. 7. Frankfurt/M. 1995, S. 116f.

Ausgehend von Simmels Ausführungen wird es möglich nachzuvollziehen, wo in diesem Zusammenhang einer dem Prinzip der Beschleunigung gehorchenden Lebenswelt die Systemstelle des Mediums Plakat zu verorten ist. Es geht um die Bedingungen der flüchtigen Rezeptionssituation Straßenraum, auf die ich eingangs schon angespielt habe.

Ihr gemäß handelt es sich im Falle des Plakats – um zunächst die Selbstverständlichkeiten zu nennen – um „ein auf stärkste optische Wirksamkeit ausgerichtetes grafisches Medium", das eine Botschaft übermittelt, die weniger der detaillierten Information als der „knappen unmittelbaren Ansprache, der Überredung durch wiederholte, ständige Konfrontation" dient.[8] Jeder kennt das massenweise Auftreten zum Beispiel des immer gleichen Konterfeis von Politikern in Wahlkampfzeiten, Straßenzug um Straßenzug und Laternenpfahl um Laternenpfahl, zur Genüge und versteht daher, was mit der wiederholten und ständigen und manchmal mächtig nervenden Konfrontation gemeint ist.

III.

Dabei lassen sich nach einem von Elias St. E. Lewis bereits 1898 unter werbetheoretischem Aspekt entworfenen Konzept, das unter dem Stichwort AIDA-Formel bekannt geworden ist und bis heute zur Beschreibung der Plakatpragmatik benutzt wird, vier psychologische Wirkungsstufen der Plakatkommunikation unterscheiden: 1. Erwecken von Aufmerksamkeit, 2. Erregen von Interesse, 3. Hervorrufen eines Bedürfnisses, 4. Anreizen zu einer angestrebten Handlung („*a*ttention", „*i*nterest", „*d*esire", „*a*ction").[9] Dieses werbepsychologische Modell macht deutlich, auf welche Weise das Warenplakat zu wirken versucht. Seine Rhetorik ist auf die Aktualisierung und Produktion von Konsumbedürfnissen gerichtet.[10]

Aus ideologiekritischem Blickwinkel ist von Wolfgang Fritz Haug in den siebziger und frühen achtziger Jahren der Funktionszusammenhang der Warenästhetik und damit auch die Funktion des Warenplakats analysiert worden: Nicht der „reale Gebrauchswert" einer Ware sei es, den das Plakat repräsentiere; zum Kauf animiere den Betrachter vielmehr das „ästhetische Gebrauchswertversprechen", auf dessen Suggestion die Rhetorik des Warenplakats ziele.[11] Umberto Eco, der nicht nur große Romane geschrieben hat, sondern zudem ein ausgewiesener Semiotiker ist, spricht in diesem Sinne davon, dass das Warenplakat „keinen informativen Wert" hinsichtlich der

---

8 Kamps (Anm. 1), S. 3.

9 Vgl. R. Riedl: AIDA-Formel. In: Historisches Wörterbuch der Rhetorik 1 (1992), Sp. 285-295.

10 Vgl. H. J. Prakke: Der Schnelldialog des Plakates. Über das Plakat als Kommunikationsmedium. In: Ders.: Bild und Plakat. Zwei Studien. Assen 1963, S. 23-26.

11 W. F. Haug: Kritik der Warenästhetik. Mit einer Nachbemerkung zur achten Auflage. Frankfurt/M. 1983, S. 17.

beworbenen Ware besitze,[12] sondern die Steuerung des Konsumentenverhaltens auf einer durch Ästhetisierung bewirkten Illusionsbildung beruhe.

IV.

Welche rhetorischen Mittel sind es nun aber, die dieses Medium einsetzt, um seinen mitunter von uns unbemerkten Sieg über uns davonzutragen? Hierfür ist zunächst entscheidend, dass sich das Plakat der Verbindung der beiden Zeichensysteme Schrift und Bild bedient, aus deren enger Interaktion sich, wie Johannes Kamps in einem Einführungsbändchen zum Plakat formuliert, „visuell/verbale rhetorische Figuren" ergeben, „mit deren Hilfe der persuasive Prozeß vonstatten geht".[13] In diesem Zusammenhang tritt Sprache in extrem verknappter und verdichteter Form auf – als Schlagwort, Formel, Appell, Slogan, Imperativ oder Parole. Satzmelodie, Rhythmus und andere klangliche Faktoren (Alliteration, Reim, Wiederholung etc.) sollen die Eingängigkeit und den Erinnerungswert der Botschaft unterstützen und sichern – sie haben also mnemotechnische Funktion. Gleiches gilt für die Wahl der graphischen Elemente wie Farbe, Form, Schriftart u.a. Aus dem Zusammenspiel dieser beiden Zeichensysteme konstituiert das Plakat seine Rhetorik. Reine Bild- oder reine Textplakate bilden eher die Ausnahme.

Ein dominantes Modell der Plakatrhetorik, das sich aus dem Zusammenspiel der Zeichensysteme Schrift und Bild ergibt, hat unter semiotischem Gesichtspunkt in den sechziger Jahren der französische Strukturalist Roland Barthes – damals noch ganz in der Nachfolge de Saussures – analysiert. Das Plakat transportiert Barthes zufolge in der Regel „drei Botschaften: eine sprachliche, eine kodierte bildliche und eine nicht-kodierte bildliche Botschaft".[14] Auf der Ebene der bildlichen Darstellung wird der zu bewerbende Gegenstand (das *‚objet reel'*) zum Zeichen (*‚signe'*), das aus den Elementen *‚signifiant'* (Zeichengestalt) und *‚signifié'* (Zeichenbedeutung) besteht. Der abgebildete Gegenstand, der als Zeichengestalt die zu bewerbende Sache denotiert, erschließt sich der Wahrnehmung unmittelbar und bildet, so Barthes' Terminologie, die nicht-kodierte bildliche Botschaft. Doch erst von der kodierten bildlichen Botschaft her, die als die Summe der Konnotatoren zu verstehen ist, entfalte sich die Rhetorik des Bildes. Das Feld der Konnotationen, die von der bildlichen Darstellung aufgerufen werden – oder aus der Perspektive des Rezipienten: das Feld der Assoziationen, die beim Anblick des Bildes zu schwingen beginnen –, speist sich dabei, so Barthes, aus dem lebensweltlichen Hintergrund des Rezipienten mit all seinen soziokulturell

---

12 U. Eco: Einführung in die Semiotik. Autorisierte deutsche Ausgabe v. J. Trabant. München 1972, S. 292.

13 Kamps (Anm. 1), S. 53.

14 R. Barthes: Rhetorik des Bildes. In: Ders.: Der entgegenkommende und der stumpfe Sinn. Kritische Essays III. Aus dem Französischen v. D. Hornig. Frankfurt/M. 1990, S. 28-46, hier S. 32.

bestimmten Kontexten. Von Seiten des Plakatproduzenten ist darum die Einbeziehung soziologischer, tiefenpsychologischer, ja sogar neurologischer Erkenntnisse von enormer Bedeutung, um Kriterien für eine erfolgreiche Steuerung der Rezeptionshandlung festlegen zu können. So kommt beispielsweise der Farbwahl eine zentrale Signalwirkung zu. Der Kunsthistoriker Ernst Gombrich bezeichnet in diesem Sinne bestimmte Farben als visuelle Wertmetaphern.[15] Die Farbe ‚Rot' etwa, die einen bestimmten Spektralbereich des Lichtes denotiert, besitzt in verschiedenen Kulturen, gesellschaftlichen Gruppen und zu verschiedenen Zeiten eine durchaus unterschiedliche Bedeutung (so symbolisiert die Farbe ‚Rot' im Kontext der sozialistischen Farbenlehre den Anbruch einer besseren Zukunft; im Horizont der katholischen Farbenlehre hingegen ist ‚Rot' die Farbe des Märtyrertums). Aufgrund dieser soziokulturell verfassten Polysemie bedarf es einer auf den jeweiligen Adressatenkreis bezogenen Steuerung. Diese Funktion erfüllt nun nach Barthes die Ebene der sprachlichen Botschaft. Die Verwendung von Schrift im Plakat ist seiner Auffassung nach eine Technik, der Polysemie des symbolischen Bildes entgegenzuwirken und den Sinn der kodierten bildlichen Botschaft zu fixieren. Der „Text", so Barthes, „*führt* den Leser durch die Signifikate des Bildes hindurch, leitet ihn an manchen vorbei und läßt ihn andere rezipieren"; er „hat einen *repressiven* Wert hinsichtlich der Freiheit der Signifikate des Bildes".[16] Statt vom repressiven könnte man auch vom bedeutungslimitierenden Wert der sprachlichen Botschaft gegenüber dem Bild sprechen. Was damit gemeint ist, wird unmittelbar fassbar, wenn man den Schriftzug eines Plakats probeweise einmal wegretuschiert und es mit der kompletten, also um den Schriftzug erweiterten Version vergleicht.

Mit dieser Funktionsbestimmung der sprachlichen Botschaft ist nun aber die rhetorische Strategie noch nicht hinreichend erklärt, mittels deren das Medium Plakat seine suggestive Macht über den Betrachter gewinnt und ihn zur Ausführung der gewünschten Handlung, zum Kauf einer beworbenen Ware zumeist, bewegt. Jene ästhetische Illusionsbildung, welche Eco dem Warenplakat zuschreibt, kommt erst dadurch zustande, dass die kodierte und die nicht-kodierte bildliche Botschaft, um Barthes' Terminologie wieder aufzugreifen, miteinander legiert werden. Es kommt zu einer Naturalisierung des Symbolischen, oder anders formuliert, zu einer Produktion von Realitätseffekten: „Die diskontinuierliche Welt der Symbole taucht in die Geschichte der denotierten Szene ein wie in ein Unschuld spendendes, reinigendes Bad."[17] Was heißt das? Nun, worum es Barthes hier geht, ist der Umstand, dass das Plakat dem denotierten Gegenstand, also dem Werbeobjekt, mittels Einbindung in ein Geflecht von Symbolen, eine Wertigkeit verleiht,

---

15 Vgl. E. H. Gombrich: Wertmetaphern in der bildenden Kunst. In:Ders.: Meditationen über ein Steckenpferd. Von den Wurzeln und Grenzen der Kunst. Übers. v. L. Gombrich. Frankfurt/M. 1978, S. 34-64.

16 Barthes (Anm. 14), S. 35f.

17 Barthes (Anm. 14), S. 45.

welche es für den Rezipienten attraktiv macht. Es werden Konnotationen aufgerufen und dem denotierten Gegenstand, also der beworbenen Ware, sozusagen als Natureigenschaften zugeschrieben. ‚Bilder ohne Rahmen' sind Plakate – um den Titel meines Beitrags ein erstes Mal aufzunehmen – also zunächst in dem Sinne, dass sie die Differenz zwischen der Ebene des symbolischen Bildes und jener der lebensweltlichen Realität verwischen, zu der ja auch die beworbene Ware gehört.

V.

Diese rhetorische Verfasstheit des Mediums Plakat ist nun, genau wie seine Umwelt, der urbane Lebensraum, aber nicht das Produkt eines einzigen Schöpfungstages. Vielmehr bildet sie sich als solche erst allmählich in einem Vorgang der Co-Evolution mit dem allgemeinen Urbanisierungsprozess und der Entwicklung der technischen Verfahren heraus.

Insofern sich das als Werbemittel immer größere Bedeutung erlangende Medium eminent künstlerischer Gestaltungsmittel bedient, kann es kaum verwundern, dass auch seine Genese als rhetorische Form und die sie begleitenden Debatten in die allgemeine Diskussion um Fragen der Kunst verwoben sind. Das sicherlich nicht zuletzt deshalb, weil sich auch die zunehmend ausdifferenzierte Metropolenkultur dieses Werbemittels in Form von Ausstellungs-, Film-[18], Theater-[19] und Konzertplakaten bedient. Ja, das Plakat wird zeitweilig sogar zum wichtigsten Exponenten eines sich gegenüber traditionellen Auffassungen weitreichend verschiebenden Kunstbegriffs und zum Modellfall eines nachauratischen, (unter anderem) auf den Rezeptionsmodus der Zerstreuung angelegten Kunstwerks, wie Walter Benjamin es in seinem berühmten Kunstwerk-Aufsatz aus den dreißiger Jahren kategorial zu bestimmen versucht.[20] Bereits in den letzten beiden Jahrzehnten des neunzehnten Jahrhunderts rückt das Plakat in den Horizont der zeitgenössischen Auseinandersetzungen um einen adäquaten Begriff von Kunst ein. Dabei ist die theoretische Reflexion von der praktischen Entwicklung nicht zu trennen, die das Medium in dieser Zeit durchläuft. Viele theoretische Äußerungen tragen programmatischen Charakter. Von Seiten einer traditionellen Autonomieästhetik wird der rhetorischen Zweckform jeder künstlerische Anspruch bestritten. „Die bloße Tatsache laut schreien zu müssen", urteilt 1892 Walter Crane, widerspreche dem Kunstcharakter eklatant.[21] Von einer anderen, ebenfalls traditionellen, am idealistischen Konzept ästheti-

---

[18] Vgl. Das Ufa-Plakat. Filmpremieren 1918-1943. Hg. v. P. Mänz u.a. Heidelberg 1998.

[19] Vgl. H. Rademacher: Theaterplakate. Ein internationaler historischer Überblick. Braunschweig 1989.

[20] Vgl. W. Benjamin: Das Kunstwerk im Zeitalter seiner technischen Reproduzierbarkeit. In: Ders.: Schriften. Hg. v. R. Tiedemann u. H. Schweppenhäuser. Bd. I. Frankfurt/M. 1974, S. 431-508.

[21] Zit. n. Kamps (Anm. 1), S. 40.

scher Erziehung orientierten Warte her weist Jean Louis Sponsel, der erste Historiograph des Plakats in Deutschland, dem neuen Medium die Funktion eines kunstpädagogischen Propädeutikums zu. Er begreift das Plakat als den „vielleicht mächtigste[n] Agent[en] in der Erziehung des Volkes zum Kunstempfinden und zum Kunstbedürfnis".[22] Auch der Jugendstil[23] bleibt noch im Horizont idealistischer Vorstellungen befangen, insofern das Konzept einer ‚Galerie der Straße', dem es um die Vermittlung von Kunst und Leben im Sinne einer ornamentalen Ästhetisierung des Alltags geht, die Gebrauchsform Plakat rein ästhetischen Maßstäben unterwirft. Das Plakat gerät nach Martin Henatsch „in einen Sog, der es zu einem ästhetischen Objekt mit l'art pour l'art-Anspruch stilisiert, und damit seine ursprüngliche Bedeutung untergräbt".[24] In Deutschland bilden sich neben Dresden vor allem Berlin und München als Zentren der Plakatkunst heraus. Findet bereits 1884 in Paris die erste Plakatausstellung statt, so folgen Ausstellungen 1895 in Berlin und 1896 in Dresden. Damit zeichnet sich zugleich schon früh die Tendenz ab, die Gebrauchsform Plakat nachträglich in den Rahmen einer institutionell ausdifferenzierten Sphäre der entpragmatisierten Kunst zurückzuholen. Heute gibt es in Essen sogar ein Deutsches Plakatmuseum. Um ‚Bilder ohne Rahmen' handelt es sich bei Plakaten aber auch in diesem - zweiten - Sinne, dass ihr Ort gerade nicht derjenige einer institutionell ausdifferenzierten Kunstsphäre ist, dass sie ihren rhetorischen Auftrag genau wie die Hausfassaden und die Kleidermode vielmehr in jenen lebensweltlichen Zusammenhängen erfüllen, in denen sich zahlreiche, einer jeweils spezifischen Logik gehorchende systemische Imperative (des Ökonomischen, des Politischen etc.) vermischen und überlagern.

Trotzdem markiert gerade unter dem Aspekt der Ausprägung einer zweckorientierten und den Rezeptionsbedingungen der Flüchtigkeit im urbanen Straßenraum angepassten Plakatsprache der Jugendstil eine wichtige Etappe. An die Stelle einer bis dato vorherrschenden historisch-allegorischen Gestaltung tritt eine Orientierung auf die Flächigkeit der Darstellung und eine Konzentration auf die Ausdruckskraft von Farbe und Linie, und damit eine Weise ästhetischer Gestaltung, die der flüchtigen Rezeptionssituation des Straßenraums sehr viel gemäßer ist als jene auf eingehende Betrachtung angelegte historisch-allegorische, noch am klassischen Gemälde orientierte Form, die zuvor dominiert.[25] (Abb. 2–4)

---

22 J. L. Sponsel: Das moderne Plakat. Dresden 1897, S. 14.

23 Zur Rhetorik des Jugendstils siehe C. Blasberg: Jugendstil. In: Historisches Wörterbuch der Rhetorik 4 (1998), Sp. 762-772.

24 M. Henatsch: Die Entstehung des Plakates. Eine rezeptionsästhetische Untersuchung. Hildesheim, Zürich, New York 1994, S. 23.

25 Henatsch nennt zwei französische Künstlergruppen als in diesem Punkt wegweisend: die Gruppe um Paul Gauguin (1848–1903) und Emile Bernard (1845-1941) sowie die ‚Nabis'-Gruppe um Paul Sérusier (1864-1927); für England ist der Graphiker Aubrey Beardsley (1872-1898) zu nennen. Als ‚Vater' des modernen Plakats wird zumeist Jules Cherét (1863–1932) genannt. Siehe hierzu Henatsch (Anm. 24), S. 35f. u. 41.

Für die Entwicklung der pragmatischen Plakatsprache nach der Jahrhundertwende sind insbesondere Kunstzeitschriften wie ‚Pan', ‚Jugend' und ‚Simplicissimus' ausschlaggebend. Die von ihnen vertretene Tendenz führt dem Kunsthistoriker Henatsch zufolge

> „von der ornamentalen Auffassung des Jugendstils weg. Sie stellte das Werbeobjekt ganz ohne vermittelnde Instanzen oder schmückendes erzählerisches Beiwerk in das Zentrum der Darstellung. Das Plakat begann sich auf die pure Übermittlung des Typischen, Schlagenden und Einmaligen des Werbeobjekts zu beschränken".[26]

Plakate werden nun primär nach ihrem Reklamewert beurteilt; wirtschaftliche und technische Prozesse werden für kunstwürdig erklärt.[27]

Die Wende zur Sachlichkeit markiert nun aber den Punkt, an dem sich das moderne Plakat in jener rhetorischen Verfasstheit konstituiert, die Roland Barthes beschreibt. Mit dem Wegfall der für das Jugendstilplakat charakteristischen offenkundigen Stilisierung und der ornamentalen Rahmenerzählung wird nämlich der Zeichencharakter der bildlichen Darstellung nivelliert und ist die Schwelle zur Illusionsbildung, zur Naturalisierung des Symbolischen, wie ich sie mit Barthes zu fassen versucht habe, überschritten. Stellt die stilisierte, durch Linie und Farbe bestimmte Darstellung des Jugendstils die Medialität des Plakats offen aus, markiert die Stilisierung der Darstellung also gerade die ontologische Differenz von Bild und ‚Wirklichkeit', so wird die Markierung der eigenen Medialität im Plakat durch die Orientierung an Konzepten sachlich-realistischer Darstellung zurückgenommen. Damit ist nun aber der Status des Plakats als eines ‚Bildes ohne Rahmen' im von mir erstgenannten Sinne voll und ganz erreicht. Die vorgebliche Illusionslosigkeit sachlicher Präsentation bewirkt beim Betrachter einen weitaus höheren Illusionsgrad als die offen stilisierte Darstellung, die ihm die Möglichkeit eröffnet, zwischen der Bildsimulation und der ‚Realität' zu unterscheiden. (Abb. 5–8)

VI.

Zur kritischen Reflexion dieser naturalisierenden Legierung von nichtkodierter und kodierter Botschaft des Bildes kommt es aber nicht erst im Rahmen ideologiekritischer und semiotischer Theorieansätze der sechziger und siebziger Jahre. Wird das Plakat als operative Form der Darstellung für viele künstlerische Avantgardekonzepte des frühen zwanzigsten Jahrhunderts wie Futurismus und Konstruktivismus zu einem wichtigen Medium ihrer Rebellion gegen die traditionelle auf Kontemplation und institutionelle Abgrenzung gegenüber der Lebenswirklichkeit gerichtete Kunstauffassung, so reflektiert der Dadaismus darüber hinaus auch die mit Realitätseffekten

---

26 Henatsch (Anm. 24), S. 67.

27 Vgl. Henatsch (Anm. 24), S. 67f.

arbeitende Rhetorik dieses modernen Massenkommunikationsmittels. Im dadaistischen Plakat wird mit Hilfe von Techniken wie Montage und Collage die Rhetorik dieses Mediums auf kritische Weise selbstreflexiv. So eignet den dadaistischen Plakaten nach Alfons Backes-Haase der Charakter von Metaplakaten (also von Plakaten, die selbst Aussagen über die rhetorische Verfahrensweise der Gattung Plakat machen), denn die Dadaisten gebrauchen

> „Material, aus dem üblicherweise Zeichen geschaffen werden, zu dem Zweck, den Glauben an die Authentizität, die im Zeichenglauben diesem Material anhaftet, zu zerstören. Das Material, aus dem normalerweise Zeichen geformt werden, wird seiner selbst entfremdet, um damit in einem metasemiotischen Anspruch den ‚realen Wert' dieses Materials deutlich werden zu lassen, nämlich den, daß ihm nicht *per se* ein Bezeichnungswert anhängt".[28]

In diesem Sinne parodiert etwa Kurt Schwitters mit seiner ‚Merz-Kunst' die Kommerz-Kunst des Warenplakats: „Im Spiel mit dieser Form rückt er an die Stelle der beworbenen Ware das Merzwerk. Diesem werden die Eigenschaften der Ware in einer parodistisch gebrochenen Weise zugeschrieben."[29] (Abb. 9–13) Metasemiotisch verfasst sind auch die typogrammatischen Plakattexte Franz Mons und anderer Schriftsteller, die im Kontext der Konkreten Poesie der fünfziger bis siebziger Jahre entstehen.[30] (Abb. 14–15) In ihnen wird durch Visualisierung der Schrift die repressive oder bedeutungslimitierende Funktion der sprachlichen Botschaft außer Kraft gesetzt. Die Schrift als eines der die Rhetorik dieses Mediums konstituierenden Zeichensysteme wird in den Bereich des anderen, des Bildes, verschoben, wobei das Schriftzeichen aus seiner bezeichnenden Funktion herausgelöst wird und durch Verfremdungen verschiedener Art in seiner Materialität in den Blick rückt. Dadurch eröffnet sich dem Betrachter zugleich die Differenz von nichtkodierter und kodierter Bildebene, und die Rhetorik des Plakats wird insgesamt transparent. Ein weiterer Aspekt der Gebrauchsform Plakat wird von den Vertretern der Pop Art thematisiert. In den Bildreihen eines Andy Warhol z.B. wird das massenmediale Prinzip der Serialität selbstreflexiv, wie es die Posterkultur der 1960er und 70er Jahre bestimmt. (Abb. 16)

---

[28] A. Backes-Haase: Kunst und Wirklichkeit. Zur Typologie des DADA-Manifests. Frankfurt/M. 1992, S. 22.

[29] Backes-Haase (Anm. 28), S. 56.

[30] Vgl. konkrete poesie. deutschsprachige autoren. anthologie von eugen gomringer. Stuttgart 1972.

VII.

Im rhetorischen Spannungsfeld von naturalisierender Plakatsprache und ihrer parodistisch-metasemiotischen Entlarvung steht auch das politische Plakat des zwanzigsten Jahrhunderts. Neben Parteiplakaten[31], die zu einem großen Teil dem von Barthes formulierten Modell der Plakatrhetorik gehorchen, sind als Vertreter bedeutender politischer Plakatkunst in Deutschland vor allem George Grosz und John Heartfield, der Schöpfer des Fotomontageplakats, zu nennen, deren künstlerische Anfänge im Dadaismus liegen und die sich in ihren Plakaten auf zumeist parodistische Weise um eine kritische Reflexion und Entlarvung der gesellschaftlichen Verhältnisse sowie der Propagandarhetorik der politischen Rechten bemühen. Insbesondere das Fotomontageverfahren Heartfields ist dabei von außerordentlicher Bedeutung. (Abb. 17–18) Kommt der politischen Propagandafotografie in dem Sinne eine Authentisierungsfunktion zu, dass sie die Wirklichkeit völlig unverfälscht wiederzugeben vorgibt und die eigene Stilisierungsgeste zu verschleiern sucht, so ist das Verfahren der Fotomontage geeignet, jene Illusion unverfälschter Wiedergabe von Wirklichkeit zu entlarven und den Konstruktionscharakter dieser medialen Repräsentationen ins Bewusstsein zu rücken. Parodistisch entlarvt wird durch Heartfields politische Fotomontageplakate mithin nicht allein die nationalsozialistische, auf dem Führerkult aufbauende Propaganda, sondern zugleich die Rhetorik eines ihrer wichtigsten propagandistischen Instrumente, der Führerfotografie. Dieser metasemiotische Aspekt zeichnet Heartfields Plakate vor anderen politischen Plakaten der Zeit aus.

Dass dem Verfahren der Fotomontage an sich allerdings nicht zwingend ein parodistisch-entlarvender Charakter der Illusionsbrechung zukommt, zeigt ein anderes Plakat Heartfields. Es stammt aus dem Jahre 1934, dem Jahr der endgültigen Stalinisierung der Sowjetunion. (Abb. 19) Sehr schön wird hier deutlich, wie mit den Mitteln der Fotomontage eine Führerikone nicht nur gestürzt, sondern ebenso installiert und beglaubigt werden kann. Die Rhetorik dieses Plakats entspricht im wesentlichen dem von Barthes formulierten Modell. Die nicht-kodierte Botschaft des Bildes – um wiederum Barthes' Terminologie aufzunehmen – besteht darin, dass es einen Traktor und eine Menschenmenge im unteren Bildteil sowie im oberen das Konterfei des verstorbenen russischen Politikers Lenin zeigt. Die kodierte Botschaft des Bildes ergibt sich aus der Ikonographie der bolschewistischen Bewegung. Die abgebildete Menschenmenge symbolisiert die in der kapitalistischen Gesellschaft entrechteten und ausgebeuteten Volksmassen. Der Traktor steht für den technischen Fortschritt als wichtigem Indikator gesellschaftlicher Eman-

---

[31] Vgl. S. Wenisch: Plakate als Spiegel der politischen Parteien in der Weimarer Republik. München 1996.

zipation. Die Szene behauptet also: Die ehemals entrechteten Massen des Volkes nehmen im Zuge der Revolution die Errungenschaften des technischen Fortschritts in ihren Besitz und schwingen sich damit zum Subjekt einer immer helleren Zukunft auf. Wie diese Szene des unteren Bildteils zum im oberen Teil abgebildeten Konterfei Lenins steht, ergibt sich bereits weitgehend aus der vertikalen Ausrichtung, der Oben-Unten-Struktur der Montage und deren Proportionen: Der Kopf Lenins erscheint groß genug, um die gesamte Szene der unteren Bildhälfte zu fassen. Allein diese Proportionierung ist von hoher Symbolkraft. Vollends fixiert wird der Sinn dieser Fotomontage jedoch allererst durch den Schriftzug unterhalb des Bildes, einer Art *subscriptio* („Lenins Vision ward Wirklichkeit"). Ihm kommt bedeutungslimitierende Funktion zu. Die Botschaft, die das Plakat mittels der Interaktion von Schrift und Bild kommuniziert, ist - grob gesagt - folgende: Die Sowjetunion des Jahres 1934 ist auf dem besten Wege, das erklärte Ziel, die Errichtung einer klassenlosen Gesellschaft, zu erreichen, und dies dank der intellektuellen Überlegenheit und visionären Kraft Lenins und seiner Erben, der Führer der leninistischen Partei. Dieses Fotomontageplakat verschleiert also seinen Konstruktionscharakter und produziert einen medialen Effekt, der herrschaftslegitimierend wirkt.

VIII.

Vor allem das Beispiel von Heartfields Lenin-Plakat zeigt, dass hinsichtlich der rhetorischen Verfahren zwischen kommerziellem Warenplakat und politischem Propagandaplakat kein grundsätzlicher Unterschied besteht, dass die Rhetorik dieses Mediums vielmehr kontextübergreifend funktioniert.

Dieser Sachverhalt der medial bedingten Interferenzen von kommerzieller und politischer Plakatsprache lässt sich dabei seitens der Plakatproduzenten für die Rhetorik des Plakats wiederum gezielt nutzen. Das verdeutlicht ein Beispiel aus dem Kontext der Studentenrevolte von 1967/68, für welche die Verbindung von Ästhetik und Politik programmatischen Charakter besitzt.[32] Das von mir gewählte Exempel ist allgemein bekannt. Es dürfte sich um das wohl bekannteste Plakat der Achtundsechzigerbewegung handeln. (Abb. 20) Der Entwurf stammt von Jürgen Holtfreder und Wolfgang Heckmann. Sie beanspruchen die Autorschaft (im Sinne von Urheberschaft) für dieses Plakat. Doch ist es den Köpfen der beiden Graphiker nur sehr bedingt entsprungen, denn es gibt eine Vorlage, auf die das SDS-Plakat Bezug nimmt.

---

32 Siehe hierzu S. Komfort-Hein: Flaschenposten und kein Ende des Endes. 1968: Kritische Korrespondenzen um den Nullpunkt von Geschichte und Literatur. Freiburg i. Br. 2001, insbes. Kap. IV: Im Zeichen des diskontinuierlichen Augenblicks: Utopien im Raum der Indifferenz von Kunst und Leben. - Außerdem (mit reichem Bildmaterial) R. Bentz u.a.: Protest! Literatur um 1968. Eine Ausstellung des Deutschen Literaturarchivs in Verbindung mit dem Germanistischen Seminar Heidelberg und dem Deutschen Rundfunkarchiv im Schiller-Nationalmuseum Marbach/N. 1998.

(Abb. 21) 1967 hatte die Deutsche Bundesbahn, wie sie damals noch hieß, eine Werbeagentur mit einer Imagekampagne beauftragt, um die Dienstleistungen dieses Unternehmens im Zeitalter der allgemeinen Automobilität besser vermarkten zu können. 1968 wird das der kommerziellen Werbekampagne entstammende Plakat zur Vorlage eines Plakats der wichtigsten politischen Organisation der Studentenbewegung. Das SDS-Plakat „basiert", schreibt Uta C. Schmidt,

> „auf einem nahezu klassisch zu nennenden Verfahren der Dekontextualisierung, der semantischen Verschiebung und Übertragung, das in Kunst und visueller Kommunikation von den Dadaisten entwickelt worden war."[33]

Erkenntnisfördernd ist dieses Beispiel insofern, als es ein weiteres Charakteristikum der Plakatrhetorik offenlegt. Die rhetorische Kraft des SDS-Plakats beruht nämlich nicht zuletzt darauf, dass das DB-Plakat als allgemein bekannt vorausgesetzt werden konnte und also beide Plakate miteinander kommunizieren. Kein Plakat bildet eine in sich geschlossene Totalität, vielmehr ist dieses Medium grundsätzlich intertextuell verfasst. Im Falle meines Beispiels bildet den Prätext ein anderes Plakat. In einem intertextuellen Zusammenhang können Plakate aber auch mit anderen lebensweltlich vorkommenden Textformen stehen. Ein Beispiel aus der jüngsten Zeit bildet ein Plakat der Deutschen Telekom, von dem herab Marcel Reich-Ranicki den Betrachter in der bekannten Weise anlächelt. (Abb. 22) Der Prätext dieser Werbung entstammt einem anderen Massenmedium, dem Fernsehen. Es ist die mit Ende des Jahres 2001 ausgelaufene Sendung ‚Literarisches Quartett'. Einen nicht zu unterschätzenden Teil seiner rhetorischen Kraft verdankt das Telekom-Plakat also der Kommunikation mit diesem, ihm voraus liegenden Text, der als bekannt vorausgesetzt werden darf. Wer die Sendung nicht kennt, versteht das Plakat nicht. Auch dieses Konstituens der Plakatrhetorik, ihre intertextuelle Verfasstheit, variiert mithin den von mir gewählten Titel ‚Bilder ohne Rahmen' ein weiteres Mal. Das Plakat hat teil an der die einzelnen Medien übergreifenden und weitgehend entgrenzten Textur der modernen Welt als eines großen Multimediaraumes, und es macht sich dieses Verwobensein für die Ausbildung seiner rhetorischen Strategien zunutze.

[33] U. C. Schmidt: „Alle reden vom Wetter. - Wir nicht." Das Plakat als Medium. In: W. Ruppert (Hg.): Um 1968. Die Repräsentation der Dinge. Marburg 1998, S. 47-63, hier S. 58.

IX.

Mit einer letzten Variation dieses Merkmals Rahmenlosigkeit möchte ich meine Ausführungen beschließen. Sie verbindet sich vor allem mit den Warenplakaten des Bekleidungsunternehmens Benetton, denn mit ihnen deutet sich in den achtziger und neunziger Jahren hinsichtlich der Interaktion von Text und Bild ein paradigmatischer Umbruch oder doch zumindest eine Pluralisierung des rhetorischen Konzepts Plakat an. Jedenfalls lassen sich die Benetton-Plakate nicht mehr nach dem von Barthes formulierten Modell analysieren. In ihnen ist die bildliche Darstellung nämlich nicht produktbezogen. Statt einer Abbildung des Produkts, die als Zeichengestalt (‚*signifiant*') die zu bewerbende Ware (‚*objet réel*') denotiert, zeigen diese Plakate schockierende Bilder von Aidskranken, politischem Unrecht oder Umweltkatastrophen, um die Aufmerksamkeit der Passanten auf sich zu ziehen. (Abb. 23–25) Auf der Ebene der Schrift ist lediglich das Label der Firma, ‚United Colors of Benetton' realisiert. Damit treten die beiden Zeichensysteme Text und Bild auseinander, und der sprachlichen Botschaft fällt eine grundlegend veränderte Funktion zu. Statt von einer repressiven oder bedeutungslimitierenden ist hier wohl besser von einer invertiven Funktion der sprachlichen Botschaft zu sprechen. Die Entdeckung des auf der Ebene der Schrift realisierten Benetton-Labels, so ließe sich die rhetorische Strategie deuten, soll den Betrachter, der die Bilder als Bedrohung der eigenen individuellen Existenz liest - das apokalyptische Bewusstsein war in den Achtzigern ja nahezu allgegenwärtig –, in einer Art Umschlag zu einem carpe diem, zu schnellem Kauf und Genuss der beworbenen Produkte bewegen. Oder eine andere, etwas komplexere Deutungsmöglichkeit: Mit seiner Zurschaustellung von durch menschliches Handeln bewirktem Leid und Unrecht begeht Oliviero Toscani, der Schöpfer der umstrittenen Benetton-Plakate, einen Akt der Transgression, also des bewussten Verstoßes gegen die systemischen Imperative der kommerziellen Werbung. Statt, wie in der Werbebranche üblich, den Schein einer schönen glatten Konsumwelt zu erzeugen, gibt Toscani vor, gesellschafts- und kulturkritisch aus einer vornehmlich am Konsum orientierten Welt auszubrechen. Zu dieser transgressiven Strategie gehört auch, dass er ein seine Plakatkampagne flankierendes Buch verfasst hat. Es trägt den Titel ‚Die Werbung ist ein lächelndes Aas'.[34] Wenn es ihm gelingt, das Label ‚United Colors of Benetton' - allein diese Namengebung hat ja schon Appellcharakter - mit der kritischen Geste gegenüber der Konsumgesellschaft im Bewusstsein der Passanten zu verknüpfen, dann erscheinen die Produkte dieser Marke als die etwas andere Ware, was dem Unternehmen ein Marktsegment eröffnet,

---

[34] O. Toscani: Die Werbung ist ein lächelndes Aas. Deutsch v. Barbara Neeb. Mannheim 1996.

das andere Plakate in werbekritischen Zeiten wie den achtziger Jahren (vermeintlich) nicht erreichen.

Diese Instrumentalisierung menschlichen Leidens oder auch nur politischer Gesten für Zwecke der kommerziellen Werbung ist seinerzeit heftig kritisiert, und die Frage nach dem moralischen und rechtlichen Rahmen, den Plakatwerbung, so die Forderung, einzuhalten habe, ist kontrovers diskutiert worden. Die Benetton-Plakate sind sogar zum Gegenstand einer juristischen Dissertation avanciert.[35] Aber selbst die Debatten um das im Rahmen von Recht und Moral oder auch nur des guten Geschmacks Erlaubte darf man der rhetorischen Strategie dieses Plakatkonzepts wohl als intendierten medialen Effekt zurechnen. Denn durch die Provokation dieser Debatten wird der Augenblick, für den Plakate gewöhnlich die Aufmerksamkeit der Passanten gewinnen, verlängert und geradezu verstetigt. So gelingt es diesen Plakaten, selbst noch den Rahmen der Rezeptionsbedingungen, denen sie gewöhnlich unterworfen sind, mit den Mitteln der eigenen Rhetorik zu sprengen. Damit erweist sich nun aber endgültig: Bei Plakaten handelt es sich um ‚Bilder ohne Rahmen'.

---

[35] T. Sevecke: Wettbewerbsrecht und Kommunikationsrechte. Zur rechtlichen Bewertung gesellschaftskritischer Aufmerksamkeitswerbung in der Presse und auf Plakaten am Beispiel der Benetton-Kampagnen. Baden-Baden 1997.

ON FRIDAY
VAUXHALL
VOTE FOR
ENGLISH OPERA HOUSE
NOURJAHAD!
HERMANN!
EXTRAORDINARY HIT
LAST DAYS OF
POMPEII!
JERUSALEM
COMET!
LIVERPOOL
OPEN
PARIS
VESTRIS
FAVORITE
HARLEY
JOHN PARRY
THE SLAVE
Grand Concert
ADELPHI
ROBERT MACAIRE
THE CHRISTENING!!
TWO LECTURES
CHESTER
SHAVING
IF YOU

Abb. 1

1885
Weihnachts-Ausstellung
im
Museum f. Kunst u. Gewerbe
verbunden
mit einer vom hohen Senat genehmigten
Verloosung
Veranstaltet von der Kunstgewerbe-Abtheilung
des Gewerbe-Vereins.
Eintritt frei.

Abb. 2

Abb. 3

L'AFFICHE
FRANÇAISE
CHERET
WILLETTE
FORAIN
STEINLEN
IBELS
LAUTREC
ROEDEL
MAURY
Direction: 14, Rue des Prêtres St Séverin.

Abb. 4

VICTOR
BICYCLES
OVERMAN WHEEL CO
BOSTON NEW YORK DETROIT DENVER
SAN FRANCISCO LOS ANGELES PORTLAND

Abb. 5

Abb. 6

Abb. 7

Abb. 8

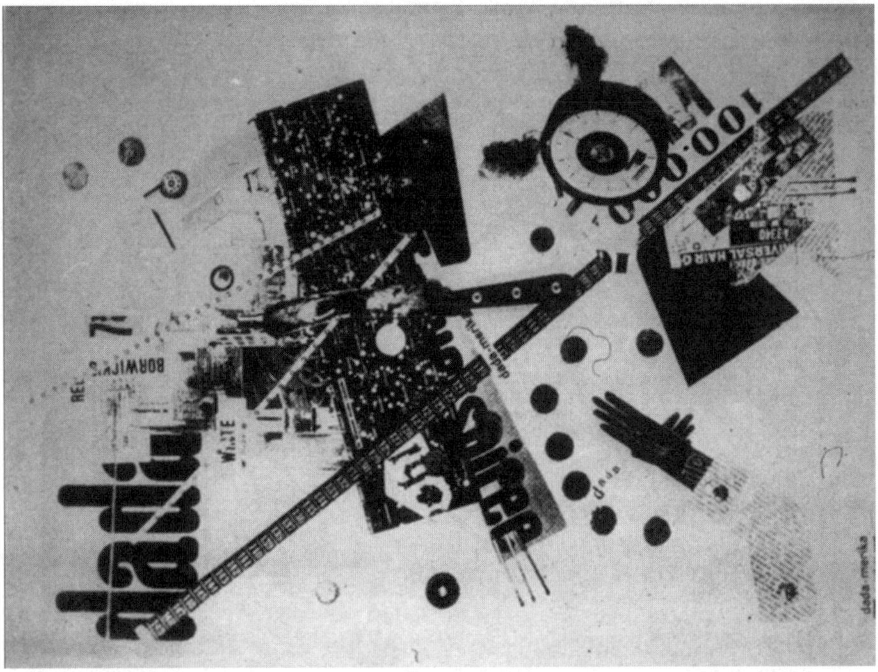

Abb. 9

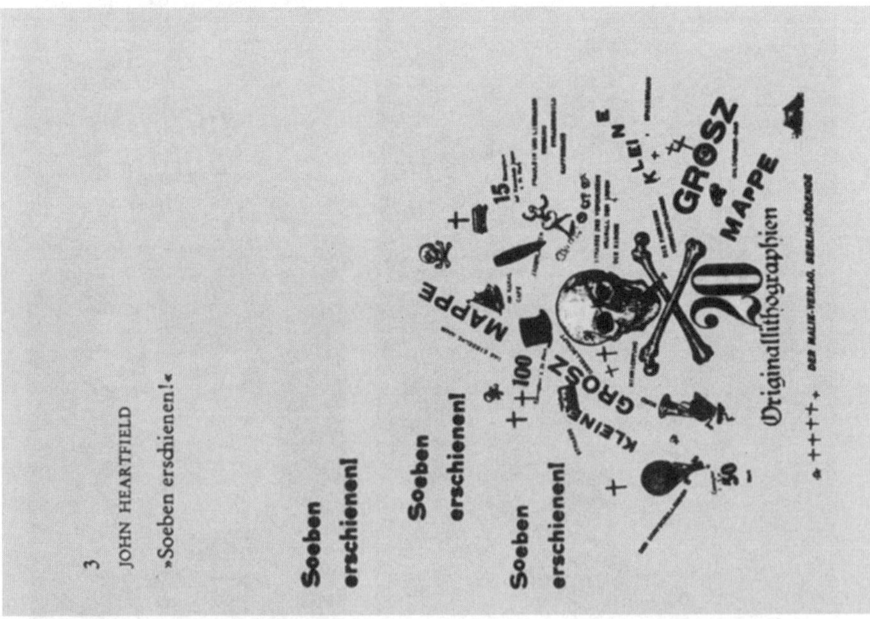
3
JOHN HEARTFIELD
»Soeben erschienen!«
Soeben erschienen!
Soeben erschienen!
Soeben erschienen!
MAPPE
KLEINE GROSZ
GROSZ MAPPE
20 Originallithographien
DER MALIK-VERLAG, BERLIN-SÜDENDE

Abb. 10

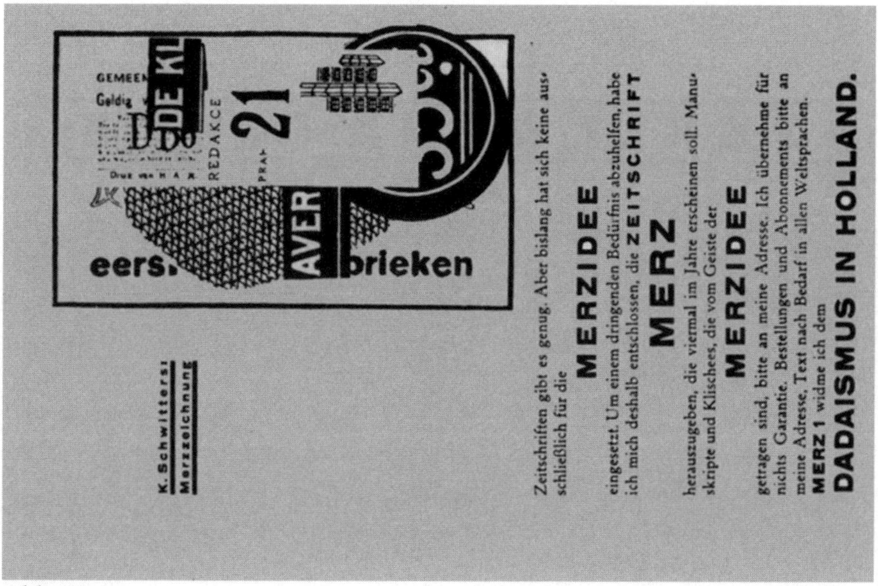

K. Schwitters: Merzzeichnung

Zeitschriften gibt es genug. Aber bislang hat sich keine ausschließlich für die

MERZIDEE

eingesetzt. Um einem dringenden Bedürfnis abzuhelfen, habe ich mich deshalb entschlossen, die **ZEITSCHRIFT**

MERZ

herauszugeben, die viermal im Jahre erscheinen soll. Manuskripte und Klischees, die vom Geiste der

MERZIDEE

getragen sind, bitte an meine Adresse. Ich übernehme für nichts Garantie. Bestellungen und Abonnements bitte an meine Adresse, Text nach Bedarf in allen Weltsprachen. **MERZ 1** widme ich dem

DADAISMUS IN HOLLAND.

Abb. 11

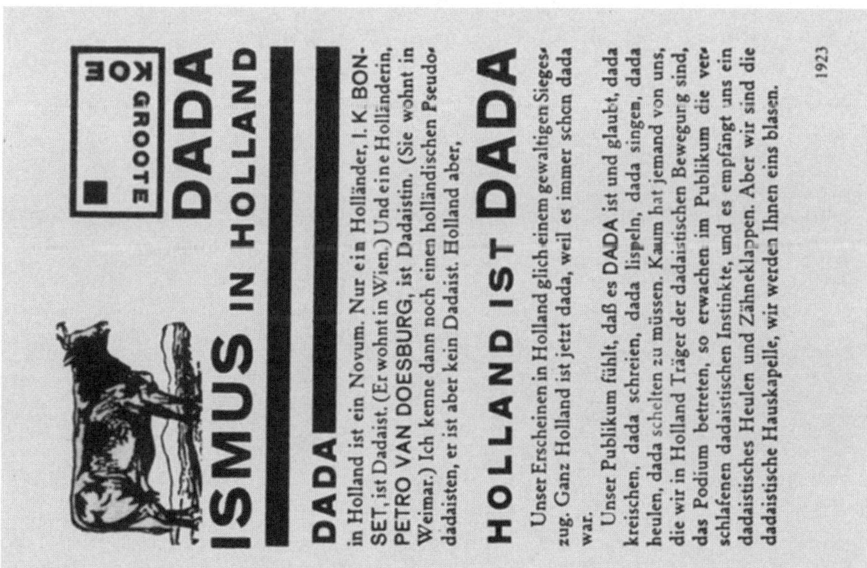

GROOTE KOE

DADA ISMUS IN HOLLAND

DADA

in Holland ist ein Novum. Nur ein Holländer, I. K. BONSET, ist Dadaist. (Er wohnt in Wien.) Und eine Holländerin, PETRO VAN DOESBURG, ist Dadaistin. (Sie wohnt in Weimar.) Ich kenne dann noch einen holländischen Pseudodadaisten, er ist aber kein Dadaist. Holland aber,

HOLLAND IST DADA

Unser Erscheinen in Holland glich einem gewaltigen Siegeszug. Ganz Holland ist jetzt dada, weil es immer schon dada war.

Unser Publikum fühlt, daß es DADA ist und glaubt, dada kreischen, dada schreien, dada lispeln, dada singen, dada heulen, dada schelten zu müssen. Kaum hat jemand von uns, die wir in Holland Träger der dadaistischen Bewegung sind, das Podium betreten, so erwachen im Publikum die verschlafenen dadaistischen Instinkte, und es empfängt uns ein dadaistisches Heulen und Zähneklappen. Aber wir sind die dadaistische Hauskapelle, wir werden Ihnen eins blasen.

1923

Abb. 12

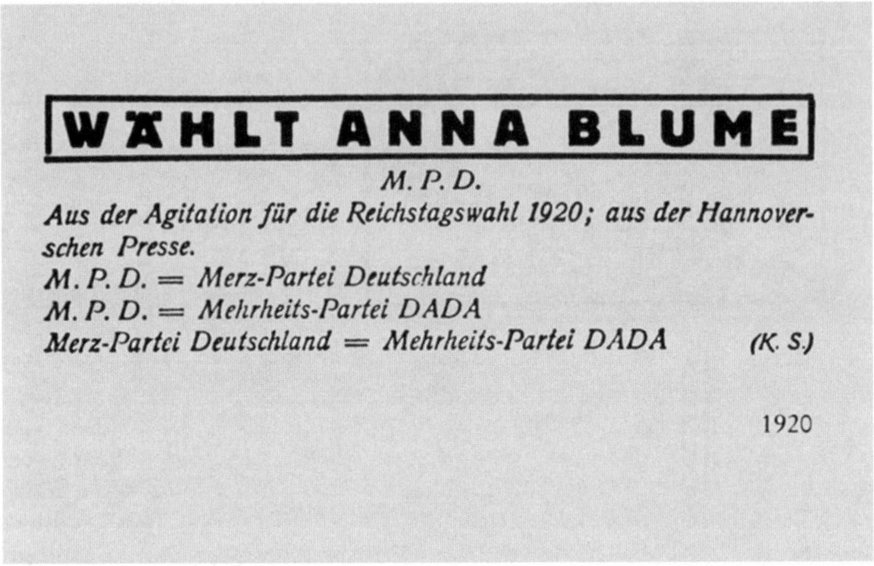

WÄHLT ANNA BLUME

M. P. D.

Aus der Agitation für die Reichstagswahl 1920; aus der Hannoverschen Presse.
M. P. D. = Merz-Partei Deutschland
M. P. D. = Mehrheits-Partei DADA
Merz-Partei Deutschland = Mehrheits-Partei DADA *(K. S.)*

1920

Abb. 13

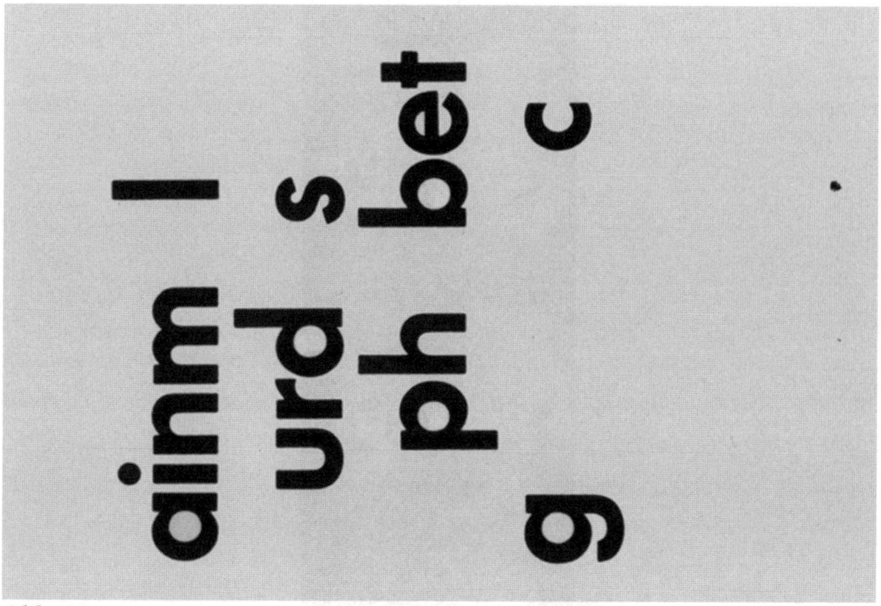

Abb. 14

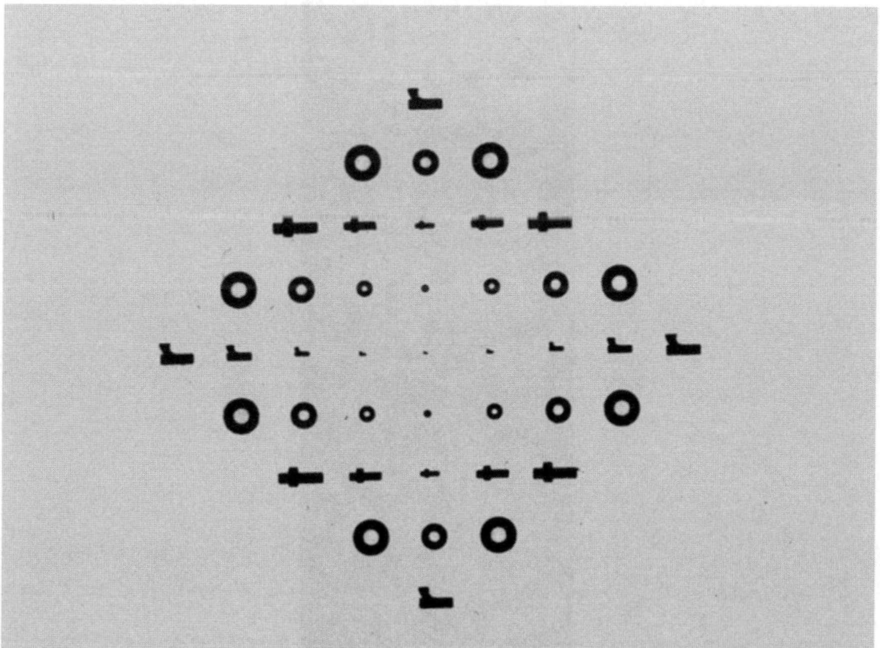

Abb. 15

Abb. 16

MILLIONEN
stehen hinter mir
DER SINN DES HITLERGRUSSES

Abb. 17

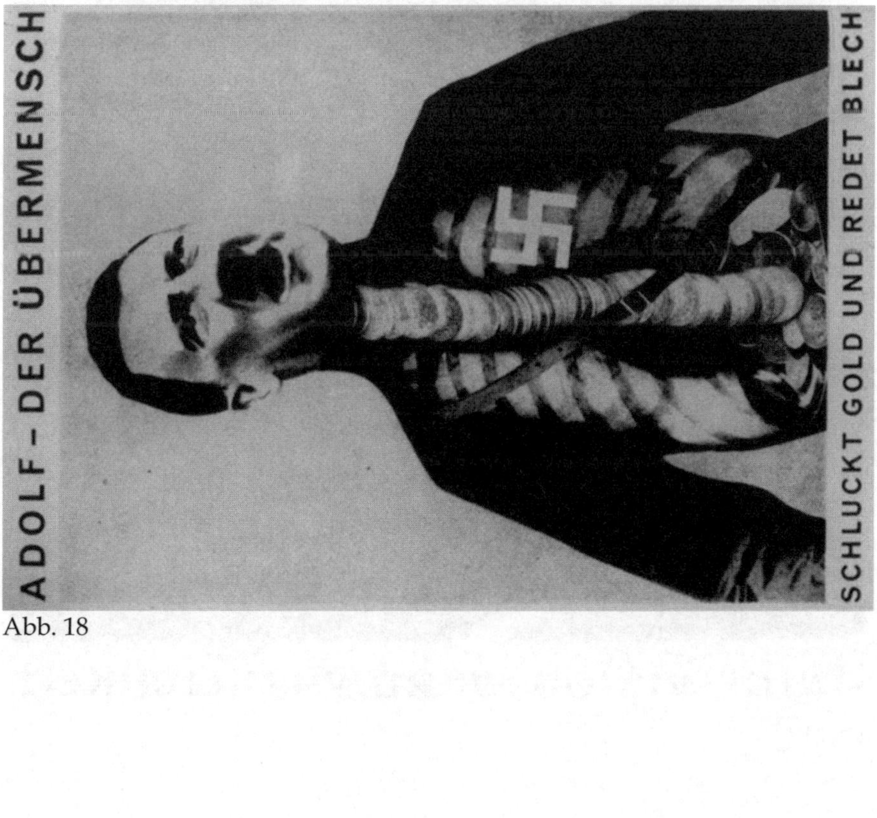
ADOLF – DER ÜBERMENSCH
SCHLUCKT GOLD UND REDET BLECH

Abb. 18

Abb. 19

Alle
reden vom
Wetter.
Wir nicht.
SDS SOZIALISTISCHER DEUTSCHER STUDENTENBUND

Abb. 20

Alle
reden vom
Wetter.
Wir nicht.
Fahr lieber mit der Bundesbahn

Abb. 21

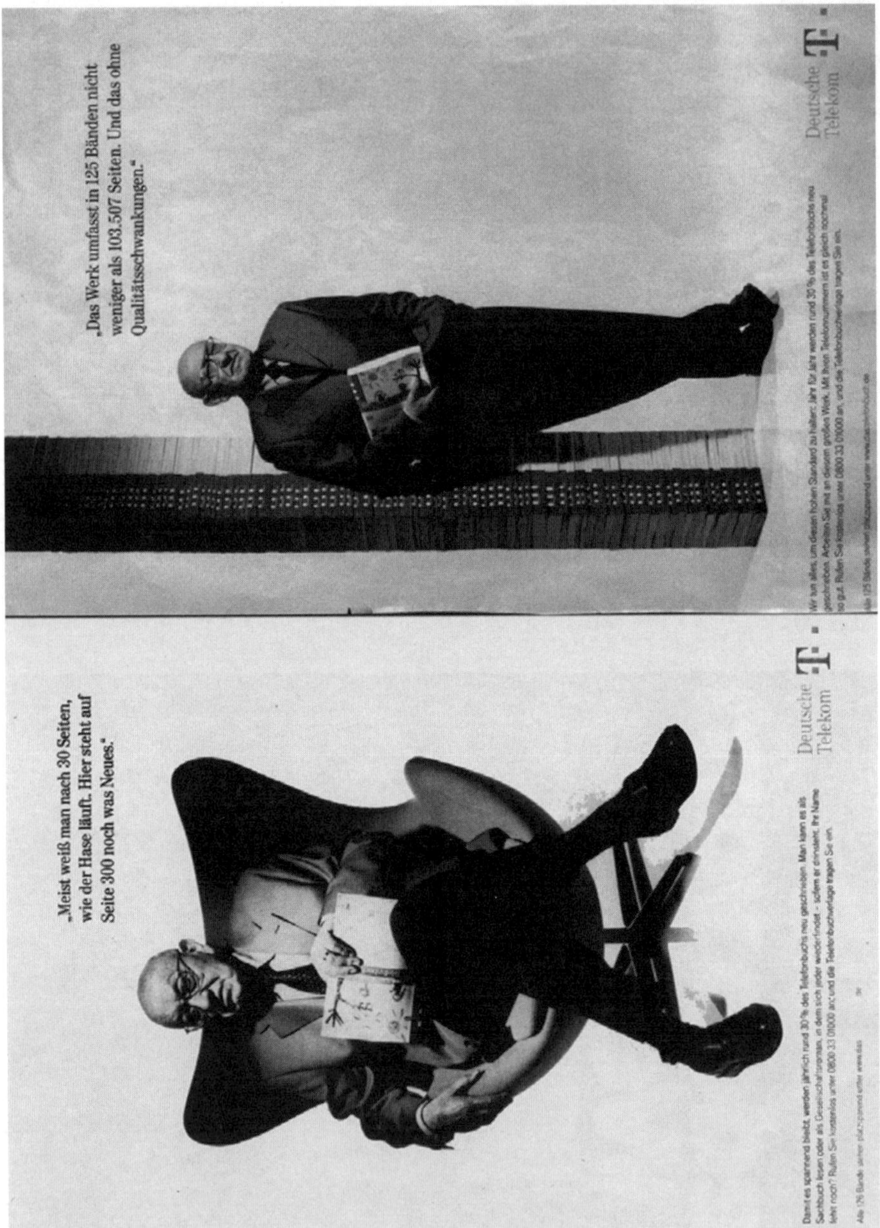
„Meist weiß man nach 30 Seiten, wie der Hase läuft. Hier steht auf Seite 300 noch was Neues."
Deutsche Telekom
„Das Werk umfasst in 125 Bänden nicht weniger als 103.507 Seiten. Und das ohne Qualitätsschwankungen."
Deutsche Telekom

Abb. 22

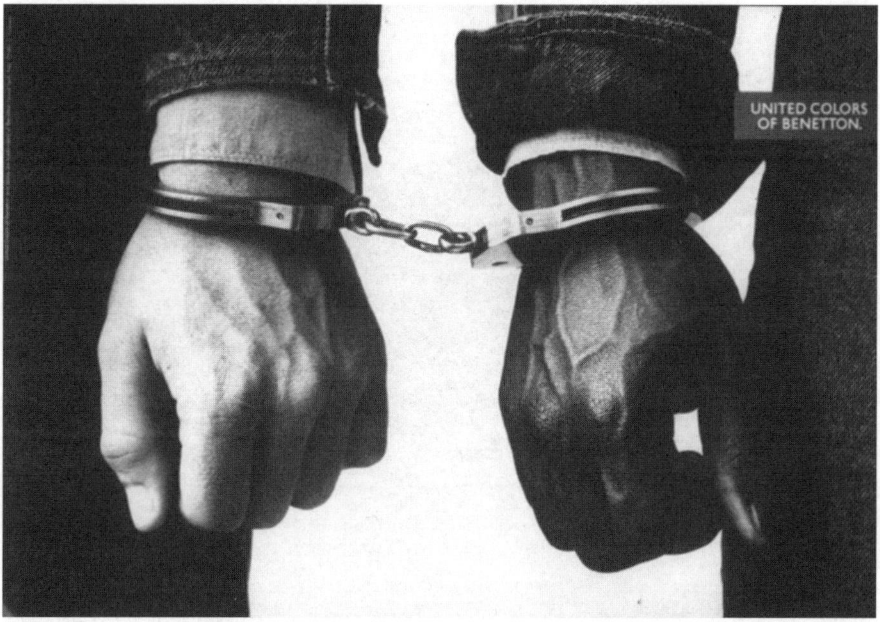

Abb. 23

Abb. 24

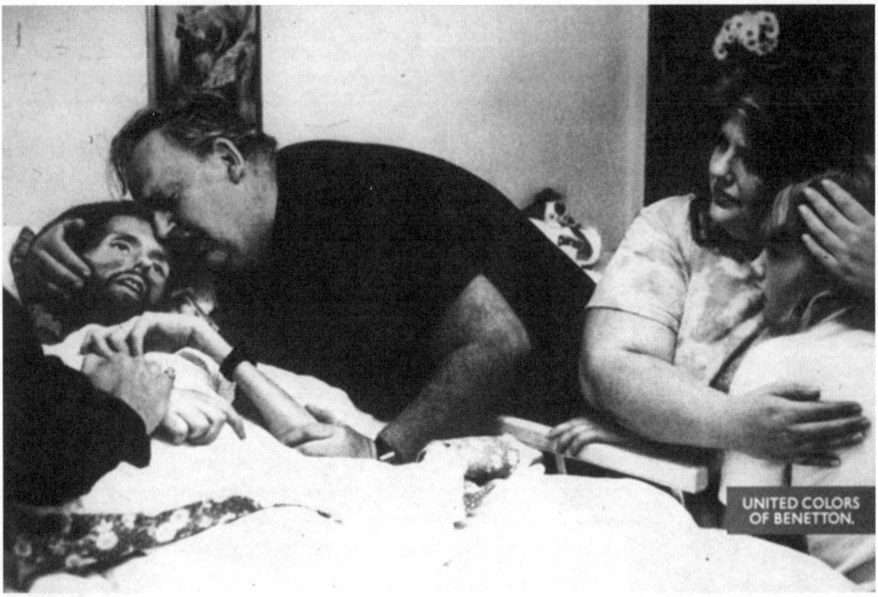

Abb. 25

Almut Todorow

Die „kollektive Macht der Presse": Zwischen den Galaxien Marshall McLuhans

1.

Zu den wichtigsten Kommunikationsmedien der Gegenwart gehört nach wie vor die Zeitung. Auch wenn sie seit längerer Zeit im Bereich Spannung, Unterhaltung und Spaß gegenüber elektronischen Medien oder Tele-Medien an Nutzung verliert und auch insgesamt einen Rückgang zu verzeichnen hat, behält sie gegenüber anderen Medien einen immensen Image-Vorsprung.[1] Das macht sie für die Frage nach dem medien- und techniktheoretischen Konzept Marshall McLuhans zu einem besonders interessanten Gegenstand, müsste sie doch als Print-Medium der überholten Zeit der Gutenberg-Galaxis angehören und an Geltung weit abgeschlagen zurückliegen. Marshall McLuhan selbst allerdings beschließt sein Kapitel über die Presse in ‚Understanding Media' (1964)[2] mit einer Beschwörung der „großen, kollektiven Macht der Presse"[3] und weist ihr, verstreut über sein Werk, in vielen Bemerkungen eine entscheidende Rolle bei der Überschreitung der Schwelle in das elektrische oder elektronische Zeitalter zu. Damit stellt sich die Frage nach McLuhans Konzept auch als Frage nach der ganz spezifischen, unter dem Signum von McLuhan zu bestimmenden medientechnischen Qualität und kommunikativen Praxis der Zeitung in der Gegenwart.

Mit der Phrase von der „Macht der Presse" scheint McLuhan seine Leser zunächst bei einer verbreiteten Einstellung abzuholen: die „Macht der Medien" als geläufige Formel für das Unbehagen vieler Menschen an der massenmedial vernetzten, in ihren Zirkulationen kaum zu verfolgenden Diskurswelt der Gegenwartskultur. Gespeist von einem generellen und diffusen Manipulationsverdacht richtet sich diese Rede missbilligend sowohl gegen diejenigen, die über Medien verfügen, als auch gegen das Zustandekommen von Nachrichten und ebenso gegen eine einlullende Rhetorik der Texte, Töne und Bilder. Ein steter Vorbehalt hat als Generalverdacht gegen die entstehende Medienkultur der Moderne die Entwicklung der Massenkommunikation und die Zeitung als das älteste der neuzeitlichen Massenmedien seit

---

1 Vgl. M. Gerhards, W. Klingler: Mediennutzung in der Zukunft. Eine Prognose auf der Basis aktueller Daten. In: Media Perspektiven 3 (2003), S. 115-130.

2 M. McLuhan: Die magischen Kanäle. Understanding Media. Dresden, Basel 1994 (engl. Understanding Media. The Extensions of Man. New York 1964).

3 M. McLuhan (Anm. 2), S. 331.

ihrer Entstehung an der Schwelle vom 16. zum 17. Jahrhundert mit immer neuen Wellen von tiefsitzender Skepsis begleitet.

Das moderne Publikum reagiert mit seinem Misstrauen zwiespältig auf die Diskursfülle: Die Informationen werden für manipuliert, häufig sogar für Lüge gehalten und dennoch weithin als faktisch und glaubhaft verarbeitet. Gestützt auf eine immer schon vorgängige Erwartung, nach der insbesondere visuelle Medien, aber auch Sprache und Text, die Welt und ihre Ereignisse ‚wie sie sind' für die subjektive Wahrnehmung abbilden, versuchen Rezipienten Fakten und Manipulationen zu unterscheiden, wo doch die massenmediale Vergesellschaftung das dafür notwendige Wissen immer schon medial vermittelt und zur eigenen Stabilisierung vereinnahmt hat.

Auf diese Weise üben Medien eine Macht aus, die nicht nur den Eindruck hinterlässt, den Manipulationen hilf- und wehrlos ausgesetzt zu sein, sondern der auch die Abhängigkeit des Publikums in der einseitig und indirekt bestimmten Kommunikationssituation entspricht. Daraus werden häufig weitreichende Folgerungen zu Lasten der Medien abgeleitet, auch von Wissenschaftlern. Heute, so meint eine der jüngsten Studien,[4] nehme die Überlegenheit der Medien immer größere, sogar totalisierende Ausmaße an und übe zunehmend bestimmenden Einfluss vor allem auf die Politik, aber auch „auf alle übrigen gesellschaftlichen Strukturen und Abläufe"[5] aus. Die demokratisch gewollte gesellschaftliche Kontrollfunktion der Medien verkehre sich bereits in eine „Kolonisierung der Politik durch die Medien".[6] Unter Schlagworten wie „Unterhaltungsinszenierung", „Mediokrität und Infantilisierung", „Parasitäre Publizität", „Anästhetisierung der Öffentlichkeit" entsteht eine düstere Szene der „Degradierung der repräsentativen Demokratie" zur „Mediokratie".[7]

Das sind Verfallsdiagnosen, die in den medialen Kommunikationsmustern keine produktiven Prozesse mehr zu erkennen vermögen. Sie reagieren zum einen auf den modernen „Entkoppelungsprozess der Medien von den gesellschaftlichen Organisationen des intermediären Systems",[8] d.h. auf die zunehmende, technisch, ökonomisch und sozialstrukturell bedingte Autonomie der Medien gegenüber Bindungen und Kontrollen durch Milieus, Parteien oder Institutionen. Dabei reagieren sie auf diese Autonomie, vernachlässigen aber das Potential der gewachsenen qualitativen Ausdifferenzierung der Medien und ihrer professionellen Leitvorstellungen, ihrer Selektions- und Entscheidungsstrukturen und medieninternen Organisations-

---

4 Th. Meyer: Mediokratie. Die Kolonisierung der Politik durch die Medien. Frankfurt/M. 2001.

5 Meyer (Anm. 4), S. 9.

6 Meyer (Anm. 4), Titel.

7 Meyer (Anm. 4), s. Titel und Kapitelüberschriften.

8 G. Mellischek, J. Seethaler: Zerfall der Öffentlichkeit versus Re-Integration: Zu möglichen Folgen des Ausdifferenzierungsprozesses des Mediensystems der Weimarer Republik. In: O. Jarren, K. Imhof, R. Blum (Hg.): Zerfall der Öffentlichkeit? Wiesbaden 2000, S. 12; s. dort auch die einschlägige Literatur, S. 131ff.

formen.[9] Bereits in der Weimarer Republik lässt sich zusammen mit der allmählichen Ablösung der Medien von der sozialen und politischen Identität der fundierenden sozialmoralischen Milieus die Herausbildung sowohl medienspezifischer als auch klientelorientierter Informationssicherungen und Glaubwürdigkeitsstrategien beobachten, die einer pauschalen Diagnose entgegenstehen.[10]

Zum anderen stützen sich Thesen wie die von der manipulativen und medieninszenierten „Degradierung der repräsentativen Demokratie"[11] immer häufiger auch auf den Vorwurf einer Ästhetisierung. Sie wird verstanden als „Entertainisierung" oder „Fiktionalisierung der politischen Kommunikation" und mit der unzulässigen Abkehr von Faktizitätsnormen verknüpft – kurz: aufgefasst als Bewegung der Politikvermittlung „von den Fakten zu den Storys und zum Klamauk".[12] Die Verfallslinie soll eine charakteristische Verbindung von politischem Journalismus und assoziativer Ästhetik illustrieren, interpretiert sie allerdings wiederum ohne auf die qualitative Differenzierung der Medien, ihrer Programmatik und ihrer inneren Organisation Bezug zu nehmen. Zugestanden wird solchen ‚Boulevardisierungs'-Tendenzen allenfalls, Mittel zum Zweck, d.h. Mittel zur Aufmerksamkeitserregung und Eigenwerbung zu sein. Jeder Bezug aber fehlt – obwohl das Stichwort ‚Fiktionalisierung' den Zusammenhang nahe legen würde – auf die Reflexivität und Selbstreflexivität der Moderne, das heißt auf die wahrnehmungsgeschichtlichen Paradigmenwechsel, die mit der gesteigerten Komplexität, der Diskursivierung und Selbstreferentialität der modernen Kommunikationsprozesse einhergehen und jene modernespezifische „Bias of Communication"[13] perspektivieren und reflektieren, die als selbstreflexive Doppelfigur – sowohl Wirklichkeit herzustellen als auch selbst Realität zu sein – neue Darstellungsformen generiert und längst ins Blickfeld interdisziplinärer und intermedialer Forschung gerückt ist.[14]
Kaspar Stielers „Zeitungs Lust und Nutz" von 1695 und der pressekritische Diskurs des 17. Jahrhunderts setzen den früh beobachteten Manipulations-

---

9 Vgl. Mellischek, Seethaler (Anm. 8), S. 112f.

10 Vgl. A. Todorow: Das Feuilleton der ‚Frankfurter Zeitung' in der Weimarer Republik. Zur Grundlegung einer rhetorischen Medienforschung. Tübingen 1996, S. 146ff.; S. Weischenberg: Journalismus als soziales System. In: K. Merten, S. J. Schmidt, S. Weischenberg (Hg.): Die Wirklichkeit der Medien. Eine Einführung in die Kommunikationswissenschaft. Opladen 1994, S. 427-454.

11 Meyer (Anm. 4), S. 165.

12 J.-U. Nieland: Fiktionalisierung der politischen Kommunikation. Zwischen strategischem Kalkül und Entleerung der Politik. In: A. Baum, S. J. Schmidt (Hg.): Fakten und Fiktionen. Über den Umgang mit Medienwirklichkeiten. Konstanz 2002, S. 500.

13 H. Innis: The Bias of Communication. Dt. in: K. Barck (Hg.): Harold A. Innis – Kreuzwege der Kommunikation. Ausgewählte Texte. Berlin, New York 1997, S. 95-119.

14 Vgl. M. Mertens: Forschungsüberblick Intermedialität: Kommentierungen und Bibliografie. Hannover 2000; S. J. Schmidt: Kognitive Autonomie und soziale Orientierung: konstruktivistische Bemerkungen zum Zusammenhang von Kognition, Kommunikation, Medien und Kultur. Frankfurt/M. 1994.

möglichkeiten der öffentlichen Kommunikation ein aufklärerisches Programm von Sachlichkeit und Unparteilichkeit sowie Standards für Quellenangaben und Darstellungsformen entgegen. Auf der Basis einer ‚realistischen' Wirklichkeitsauffassung haben sich diese Standards als Normen für Faktizität bis in die Gegenwart fortgeschrieben. Im 20. Jahrhundert aber setzt sich demgegenüber zunehmend eine Diskussion über den Konstruktionscharakter der Realität und über die Beobachtungsmodi der kommunizierten Medienwirklichkeiten und ihrer medienvermittelten Deutungen durch. Sie bilden ein unauftrennbares komplexes Gefüge, das die Vorstellung einer davon unabhängig zu denkenden objektiven Erfahrungswelt obsolet macht. Dieser Wechsel der epistemologischen Grundpositionen hat seine Theoretisierung vor allem in den Konzepten des Konstruktivismus und der Systemtheorie gefunden. Danach überschreiten die Massenmedien des 20. Jahrhunderts mit ihren mittelbaren Ereignis- und Erlebniswelten die subjektive Erfahrung und unterwerfen sie den Effekten der medialen Wirklichkeitskonstruktionen. Indem Medien Ereignisse und Erfahrungen aufzeichnen, spezifizieren und formen sie das, was als Information und Wissen die individuelle Erfahrung überschreitet, sie aber als Erfahrung von Wirklichkeit auch überhaupt erst kommunikations- und reflexionsfähig macht. Tendenziell sind eigene und mediatisierte Erfahrung ununterscheidbar miteinander verschmolzen. Mit den Worten von Niklas Luhmann: „Das den Medien entnommene Wissen [schließt] sich wie von selbst zu einem selbstverstärkenden Gefüge zusammen" und verhindert auf diese Weise auch, dass „nennenswerte Konsequenzen" aus dem allgegenwärtigen Manipulationsverdacht gezogen werden.[15] Vielmehr kommt es zu dem von Luhmann auch in anderen Zusammenhängen geltend gemachten kompensatorischen Systemvertrauen.[16]

Marshall McLuhan war kein Konstruktivist oder Systemtheoretiker, wenn auch dezidierter Zeitgenosse der Moderne und einflussreicher Stichwortgeber für die Wahrnehmung ihrer Paradigmenwechsel. Zunächst teilt auch er, vor allem in den frühen Texten der vierziger und fünfziger Jahre, durchaus die misstrauische Grundhaltung gegenüber den Medien und ihren sozialen und politischen Machtpotentialen. In jüngster Zeit ist zu Recht darauf aufmerksam gemacht worden, dass er mit seinen Arbeiten „eine Anleitung zum emanzipativen Mediengebrauch geben und [...], in der Tradition der Aufklärung stehend, [...] seinen Zeitgenossen zum ‚richtigen' Bewusstsein und so zu mehr Freiheit verhelfen [wollte ...]. Dieser missionarische Impetus wird [allerdings] vom Großteil seiner aktuellen Interpreten unterschlagen".[17] McLuhan ist hier ganz Intellektueller der 60er Jahre des 20. Jahrhunderts, in denen

[15] N. Luhmann: Die Realität der Massenmedien. 2., überarb. Aufl. Opladen 1996, S. 9.

[16] Vgl. N. Luhmann: Vertrauen. Ein Mechanismus der Reduktion sozialer Komplexität. 4. Aufl. Stuttgart 2000.

[17] A. Spahr: Magische Kanäle. Marshall McLuhan. In: D. Kloock, A. Spahr: Medientheorien. Eine Einführung. München 1997, S. 39-76, hier S. 71.

die erkenntniskritische Absage an eine abbildrealistische und objektivistische Realitätssicht durch die ästhetischen und wissenschaftlichen „Denkfiguren der Moderne"[18] bis in ein kritisches Alltagsbewusstsein hinein vordringen.

McLuhan setzt der Macht der Medien weder kompensierendes Systemvertrauen noch real-ontologische Faktizitätsvorstellungen entgegen. McLuhan entdeckt mit dem Wissen und aus dem Blickwinkel der modernen Künste in den technischen Prämissen und der artifiziellen Ausdrucksfähigkeit von Werbung, abstrakter Kunst oder Pop-Art nicht nur die selbstreferentielle Präsentationskraft des Medialen, sondern auch die Eigenständigkeit der spezifischen technologischen Formen von Kommunikation mit ihren einschneidenden Auswirkungen auf die Psyche und die Kultur der Menschen. Daraus entwickelt er seine kulturanthropologisch und technologiegeschichtlich fundierte Kommunikationstheorie. Sie ist darauf gerichtet zu verstehen, was Medien als Medien mit Menschen tun: ‚Understanding media' heißt denn auch der Titel eines Hauptwerkes von 1964.[19]

Zwar sind Zeitungen für McLuhan Machtmittel derjenigen, „die [sie] besitzen oder sie gründlich für kommerzielle Zwecke nutzen"[20] - aber sie sind dies für ihn nur in einem vordergründigen Sinne deshalb, weil die Eigentümer über die Inhalte und die Programmatik des Mediums verfügen und diese manipulieren können. Für McLuhan reicht ihre Macht viel weiter. Vor allem ist es eine andere Art von Macht: Die Eigner nehmen über die technische Medialität als solche Einfluss auf die Tiefenstrukturen der geistigen Prozesse und die Formen der Kultur. „Die Besitzer von Medien sind immer bemüht, dem Publikum das zu geben, was es will", darauf kommt es ihnen nach McLuhan sozusagen an: Denn die Medien-Unternehmer „spüren", dass sie über eine noch weit wirksamere Macht verfügen, sie spüren, „dass ihre Macht im *Medium* liegt und nicht in der *Botschaft* oder dem Programm."[21] Sie verfügen über die nachhaltigste Manipulationsmöglichkeit, das heißt über die nicht bewusste, gleichwohl formende Kraft des Mediums auf die menschlichen Sinne. Das zeige sich insbesondere beim Aufkommen eines neuen Mediums. Denn ein neues Medium vermag nach McLuhan das „Wechselspiel der Sinne"[22] auf einen Sinn zu zentrieren und so zu verschieben, dass das Bewusstsein sich schwächt und sich der Technik dieses einen Mediums

---

18 G. v. Graevenitz: Einleitung. In: G. v. G. (Hg.): Konzepte der Moderne. Stuttgart, Weimar 1999, S. 4ff.

19 Zur Stellung der Schriften M. McLuhans im Umkreis der bahnbrechenden Arbeiten aus der *Toronto School of Communication* in den sechziger Jahren des letzten Jahrhunderts: K. Barck: Harold Adams Innis – Archäologie der Medienwissenschaft. In: K. Barck (Hg.): Harold A. Innis – Kreuzwege der Kommunikation. Ausgewählte Texte. Wien, New York 1997, S. 3-13.

20 McLuhan (Anm. 2), S. 331.

21 McLuhan (Anm. 2), S. 331.

22 M. McLuhan: Die Gutenberg-Galaxis. Das Ende des Buchzeitalters. Bonn u.a. 1995 (engl. The Gutenberg Galaxy: The Making of Typografic Man. Toronto 1962), S. 336f.

angleicht.[23] Medien sind danach als „extensions of man",[24] als technische „Ausweitungen" des menschlichen Körpers und seiner Sinne zu verstehen. Sie greifen in das – in McLuhans Sicht ursprüngliche – komplexe Zusammenspiel der Sinne, das orale Kulturen prägt, ein, heizen einen Sinn an – etwa den Augensinn durch Schrift und Bild – und schließen andere Sinne aus, wie die rein visuellen Medien den Gehörsinn. Um diese spezifische, spürbare, aber im 20. Jahrhundert erst noch gänzlich neu zu begreifende Macht der Medien geht es McLuhan. Sein Interesse gilt dem Entwurf eines historischen Modells der Wahrnehmung und Welterfassung. Es gilt den Auswirkungen der historisch unterschiedlichen materiellen oder technischen Medienbeschaffenheit im Hinblick auf die durch sie hervorgerufenen Spezifizierungen und Verschiebungen der menschlichen Sinneswahrnehmungen und die durch sie hervorgebrachten unterschiedlichen Welt- und Menschenbilder.

McLuhan liebt die Figur des Paradox, sie ist Kern seiner argumentativen und methodologischen Syntax. Ihre Rhetorik „des offenen ‚Feldes' und des schwebenden Urteils"[25] erlaubt in einer Art „Figur des Dritten", des *tertium datur*, die andere ‚Wahrheit', das Dazwischen in der reflexiven Verknüpfung des Widersprüchlichen zu denken, die Subversion logischer Beziehungen und Interdependenzen. So irritiert er mit der *recte dicendi* nicht möglichen Kausalbeziehung ‚Dem Publikum geben, was es will, *denn* – oder *weil* – die Eigner von Zeitungen spüren, dass die Macht im Medium und nicht in der Botschaft liegt' und wirft damit Licht auf die gängige Vorstellung von der Macht der Zeitungsbesitzer. Zugleich aber beleuchtet seine elliptische Formulierung den Positionswechsel von dieser Vorstellung weg, hin zu der in ihr ausgeblendeten medialen Konstruktionsmacht der Zeitung und damit hin zu den medientechnischen Prämissen der Aufzeichnungsweise. Der Blick fällt auf die Beziehung von Medium und Formen, nicht auf den Inhalt. Ihr Zusammenspiel begründet aus McLuhans Sicht in anderer Weise als der Inhalt eine „unterschwellige oder latente Wirkungsweise",[26] eine Botschaft, die von den technischen Potentialen, der Semiotik der Zeichen und der Selbstbezogenheit des Mediums bestimmt ist, nicht von der Semantik seiner Diskurse. Mit Form meint McLuhan die strukturellen Komponenten von Zeichenprozessen und die Merkmale der Anordnung der Zeichen. Mit dieser Sichtweise drängt er die neuzeitliche Vorherrschaft der Episteme des Inhalts als einseitige und insofern naive Wahrnehmungsgewohnheit in den Hintergrund, um stattdessen die bisher unentdeckte Formkraft des Medialen ins Zentrum zu rücken.

Erst dieser Blick auf die Wesensart des Medialen selbst erlaubt es McLuhan, die menschliche Wahrnehmung als durch Medien organisierte und his-

---

23 Vgl. McLuhan (Anm. 22).

24 McLuhan (Anm. 2), amerikanischer Untertitel.

25 McLuhan (Anm. 22), S. 342.

26 McLuhan (Anm. 2), S. 318.

torisch durch Medien veränderbare Wahrnehmung gegenüber anthropologisch universalistischen Annahmen neu zu definieren. Für die Neuzeit und die Massenkommunikation der Moderne verlangt er, die menschliche Wahrnehmung zeitgemäß und den Bedingungen der industriellen, vor allem der elektrischen und chemischen Technologien entsprechend zu begreifen. Anders als häufig angenommen, zieht McLuhan die medienhistorische Zäsur zur Moderne nicht einfach entlang einer Schrift-Grenze, sondern innerhalb, sozusagen mitten im Herrschaftsbereich der Druckschrift entlang der Grenze zwischen dem Buchmedium und der Massenpresse und den ihr nachfolgenden neuen Medien. Buchdruck und Buch haben danach mit ihrer starken Tendenz zur Stereotypisierung der Schrift und der Schrifterzeugnisse sowie mit ihrer einseitig auf exakte Anordnungen angelegten Standardisierung und Systematisierung von Aufzeichnungen[27] zu einer kulturellen Dominanz gleichförmigen Sehens beim Leseprozess und damit zu „statischen Gesichts- oder Standpunkten" des Denkens geführt.[28] Sie haben bewirkt, dass „das Latein zu Tode purifiziert wurde",[29] Flexion und Wortspiel im 17. Jahrhundert durch ein „Programm angewandten Wissens" eingeebnet,[30] der politische Zentralismus gefördert[31] und das „Zeitalter des Unbewussten" als Folge der Sinnenverdrängung eingeläutet wurden.[32] Der „typografische Mensch"[33] und seine Wissensordnungen modellierten eine ganze Epoche und ihre Kultur zur „Gutenberg-Galaxis".

Diesem Befund hält McLuhan die komplexe medienbestimmte Wahrnehmungswelt der Moderne entgegen. Sie unterliegt einer Fülle unterschiedlichster Koordinationen, Überlagerungen und Wechselbeziehungen der sinnlichen auditiven, visuellen und taktilen Eindrücke, die Spielraum verschaffen für die verdrängten Sinne. Sie über ihre semantischen Inhalte zu interpretieren, kann aus McLuhans Sicht nur ein hilfloses Unterfangen sein: „Der Mangel an Verständnis [für die Formbildungen von Medien, A. T.] geht eben darauf zurück, dass wir dem Programm-‚Inhalt' unserer Medien Beachtung schenken, während wir die Form übersehen, und das gilt für das Radio, den Buchdruck oder die englische Sprache selber in gleicher Weise."[34] Nicht Mei-

---

27 Diese Thesen McLuhans sind vor allem von E. Eisenstein aufgenommen und präzisiert worden. Eisenstein verweist allerdings auch auf die gegenläufige Bewegung zur „Entdeckung der Verschiedenheit" hin: „Konzepte der Uniformität und der Diversität [...] greifen ineinander" und fördern das Aufkommen des besonderen – auch von McLuhan übrigens beobachteten – Sinnes für das Individuelle. E. Eisenstein: Die Druckerpresse. Kulturrevolutionen im frühen modernen Europa. Wien, New York 1997, bes. S. 39-83, hier S. 52ff.

28 McLuhan (Anm. 22), S. 269.

29 McLuhan (Anm. 22), S. 283.

30 McLuhan (Anm. 22), S. 290.

31 McLuhan (Anm. 22), S. 296.

32 McLuhan (Anm. 22), S. 303.

33 McLuhan (Anm. 22), S. 268.

34 McLuhan (Anm. 2), S. 319.

"All the News That's Fit to Print"

The New York Times.

CITY EDITION

NEW YORK, THURSDAY, APRIL 20, 1950. FIVE CENTS

HOUSE GROUP BARS OVERALL 50% SLASH IN WARTIME EXCISES

Ways and Means Committee Decides to Act Separately on Each Item of List

LEVY ON CAMERAS HALVED

Sentiment Is Strong for Aiding Theatre-Going Public—Total Cuts May Hit Billion

LICENSE REVOKED

Dr. Hermann N. Sander

SANDER IS STRIPPED OF MEDICAL LICENSE

New Hampshire Board Terms His Action 'Reprehensible'—May Restore Him in June

TRUMAN PREPARES TO LIST ELIGIBLES FOR MAJOR OFFICES

He Assigns 'Little Cabinet' Group to Plan Compilation of a National Register

THIS WILL BE NONPARTISAN

Trouble in Finding Qualified Persons for Top Posts Led President to Take Step

Postal Cuts Startle Officials; Business Sees Political Move

City's 7 Postmasters Uncertain How Soon Changes Can Be Made—Deadline Is July 1 —4,300 to 6,450 Face Loss of Jobs Here

O'Dwyer Backs Rises in Pay For Teachers of $150-$250

RAIL FIREMEN CALL STRIKE ON 4 ROADS

Men Ordered to Leave Jobs Next Wednesday—Leaders See National Tie-Up Soon

World News Summarized

President Signs Bill to Aid Indians; Hails 10-Year Rehabilitation Plan

SENATE PROPOSES AWARDS FOR FLIERS DOWNED IN BALTIC

Votes 66 to 0 to Request Navy to Decorate Privateer Crew —House Approval Urged

AIRMEN HAILED AS 'HEROIC'

Influential Russian Weekly Asks U. S. to 'Punish' Those Guilty of 'Provocation'

RECALL DEMANDED

Joseph C. Kolarek

HARRIMAN DEPICTS 'COLD WAR' VICTORY

History, Morality, Resources Are on Our Side, He Tells 2,500 State Democrats

Surgeon Massages Heart to Save Man, 65, Twice 'Dead' in 4 Hours

PRAGUE ORDERS U.S. TO SHUT LIBRARIES, RECALL AN ATTACHE

Asserts Information Services Were Used to Circulate Untruths, Insult People

COUNTER MOVES WEIGHED

6 Czechs Go on Trial on Charge of Treason—Are Accused of Aiding Washington

Abb. 1

nungen und Vorstellungen bestimmen die Interaktionen des Menschen mit dieser Welt, sondern in einer tieferen Schicht die mediale Prägung „unserer Sinnesorganisation oder die Gesetzmäßigkeit unserer Wahrnehmung".[35] Dabei entsteht das „Mosaik" von Sinneseindrücken der modernen Welt, dem das „Mosaik" der Zeitung in besonderer Weise entspricht. Denn sie vermittelt anders als das Buch nicht eine Tonlage und einen Standpunkt, sondern „viele verschiedene Buchseiten oder viele verschiedene Zeitungsmeldungen mosaikartig auf einem Blatt zusammengestellt"[36] - nach McLuhan ein qualitativer Sprung von epochaler Bedeutung, setzt er doch eine neue Kollektivität und gemeinschaftliche Leitbilder frei. Sie erst schaffen den modernen Menschen mit seiner, aus dem abgedrängten und unbewussten Potential der Sinne gespeisten neuen Art gemeinschaftlichen Lebens. Es entsteht, mit einem Begriff von David Riesman, die „außengelenkte Lebensweise".[37] Ihr entspricht die Zeitung mit ihrer heterogenen Oberflächen-Physiognomie, mit der die Welt als Warenhaus „zum Mitmachen"[38] angeboten wird. Diese, der modernen Kommunikationstechnik zu verdankende „kollektive Macht der Presse"[39] gilt es zu erkennen.

Interessanterweise sind es nach McLuhan also die Zeitung und die Massenpresse, die seit der Erfindung der Telegrafie, der Daguerreotypie und Fotografie die Dominanz von Typografie und mechanischem Ordnungsdenken beendet haben. Die modernen Techniken des Zeitungswesens lösen dieses Medium von der Einseitigkeit, der Linearität und der starren „Verfächerung" des rein Typografischen.[40] Sie weiten die herkömmliche, druckschriftzentrierte Zeitung des 19. Jahrhunderts für die Simultaneität und Diskontinuität der komplexeren Wahrnehmungswirklichkeit des 20. Jahrhunderts: „Können Sie sich etwas Effektiveres vorstellen als diesen Kubismus der Titelseite, um eine Berichterstattung von China bis Peru bei gleichzeitiger Bildschärfe zu erreichen? Dachten Sie nie, dass eine Zeitungsseite eine symbolistische Landschaft ist?"[41] McLuhan eröffnet die erste Zusammenstellung seiner medien- und kulturwissenschaftlichen Arbeiten 1951 mit der Titelseite der *New York Times* vom 20. April 1950 (Abb. 1).[42] Als typografisch beherrschte Zeitungsseite steht sie am Anfang der „Mechanischen Braut" wie eine Hommage an das verabschiedete Gutenberg-Zeitalter, als synkretistisch aufgebrochene Schrift-Landschaft zugleich wie ein Gruß an die neue Epoche.

---

35 McLuhan (Anm. 2), S. 38f.

36 McLuhan (Anm. 2), S. 311.

37 D. Riesman: Die einsame Masse. Eine Untersuchung der Wandlungen des amerikanischen Charakters. Hamburg 1958, S. 137ff. (engl. The Lonely Crowd. A Study of the Changing American Character. New Haven 1950).

38 McLuhan (Anm. 2), S. 321.

39 McLuhan (Anm. 2), S. 331.

40 McLuhan (Anm. 22), S. 314 u. passim.

41 M. McLuhan: Die mechanische Braut. Volkskultur des industriellen Menschen. Amsterdam 1996 (engl. The Mechanical Bride. Folklore of Industrial Man. New York 1951), S. 13.

42 *New York Times*, 20. April 1950, Titelseite. In: McLuhan (Anm. 41), S. 12.

Für den Blick McLuhans zeigt sie trotz ihrer starken Schriftprägung bereits die deutlichen Züge eines „kollektive[n] Kunstwerk[s]" der Moderne: „Über ihre technischen und mechanischen Eigenheiten ist die Titelseite [der *New York Times*] an die Techniken der modernen Wissenschaft und Kunst angeschlossen", an die „Diskontinuität", die nach McLuhan „in mehrfacher Hinsicht ein grundlegender Begriff der Physik, sowohl der Quanten- als auch in der Relativitätstheorie [sei und ...] neues Wissen über die Welt, neues Verständnis und neue Einsichten in den Aufbau des Universums gebracht" habe. „Vereinfacht gesagt, bedeutet sie, dass dieser Planet nunmehr eine einzige Stadt ist."[43]

Die Technik der Zeitungsseite macht uns zu Nachbarn und Zeitgenossen aller Zivilisationen und Kulturen. Diskontinuität, sprunghafter Wechsel, heterogenes Mosaik kleinteiliger Disparatheit, Synkretismus statt Synthese und Zusammenhang sind die Prinzipien dieser Technik und zugleich die Signifikanten des gegenwärtigen elektrischen, hochtechnifizierten Zeitalters. Die Zeitung, das „tägliche ‚Buch' des industriellen Menschen",[44] vermittelt sie nicht verbal und semantisch, sondern medial und visuell. Augensinn und Visualität realisieren sich für McLuhan nicht notwendig als Herrschaft der Typografie der Gutenberg-Kultur: Die gedruckte Anzeigenwerbung lehrt, dass auch in der Welt der Drucktechniken nicht nur eine Ordnung des Sehens möglich ist. Die Werbung repräsentiert auf gedrängtem Raum die Impulse „mosaikförmige(r) Nachrichten" und „bildsymbolhafte(r) Images" in der Sinneserfahrung des elektronischen Zeitalters, auch wenn die Zeitungsartikel selbst dem alten typografischen Schriftbild angehören mögen.[45]

---

43 McLuhan (Anm. 41), S. 13.
44 McLuhan (Anm. 41), S. 13.
45 McLuhan (Anm. 2), S. 346.

2.

Marshall McLuhans sensualistischer und wahrnehmungsanalytischer Ansatz hat nicht nur auf die Theoriebildungen der modernen Medien- und Kommunikationswissenschaften, insbesondere auf die konstruktivistischen und systemtheoretischen Konzepte, bei allen Differenzen, nachhaltigen und immer noch aktuellen Einfluss ausgeübt. Seine medienzentrierten Thesen über die Wirklichkeit der Massenmedien erschließen darüber hinaus auch einen Zugang zu den professionellen Medienpraktiken unter Bedingungen der Modernität moderner Gesellschaften und im Kontext der äußerst dynamischen medientechnischen Entwicklungen seit der Mitte des 20. Jahrhunderts. Dies soll in den folgenden Abschnitten im Mittelpunkt stehen. Denn die Zeitung ist zu einem Ort der Überlagerungen und Transformationen ganz unterschiedlicher medialer Techniken und Praktiken geworden. Hier wird in erheblichem Maße jener „neue Zug zum bildsymbolhaften Image"[46] reproduziert, der die reduktionistischen Vorwürfe von Ästhetisierung oder Boulevardisierung als Verfallserscheinungen des Journalismus nach sich zieht. Heute haben die Tageszeitungen solche „bildsymbolhaften Images" in großem Maße in ihre Nachrichtenwelt aufgenommen: Die moderne Zeitung ist zu einem „Multimedium"[47] geworden. Sie nimmt „den Trend der Online-Zeitungen zum Hypertext und Hypermedium vorweg"[48] und organisiert Informationen in einem selbstreflexiven Ensemble von Relationen und Zuweisungen unterschiedlicher Faktizitäts- und Sinndeutungsqualitäten.

Das optische Gesicht der heutigen Zeitung zeigt starke Veränderungen gegenüber der schwarz-weißen Schriftseite, wie sie noch in der Mitte des letzten Jahrhunderts in der Qualitätspresse üblich war. Die Titelseite der *New York Times* von 1950 stellt zweifellos noch die Linearität und klare Flächigkeit aus, welche die Zeitung in der Ägide des Buchdrucks beherrscht haben. Eine Erweiterung der visuellen Qualität beginnt sich aber bereits im frühen 20. Jahrhundert durch typografische Akzentuierungen abzuzeichnen, auch wenn die heutigen intermedialen Konzepte von Schrift- und Bild-Kombinationen damals noch weitgehend zurücktreten hinter einem Schriftpurismus, der mancherorts auch heute noch mit Seriosität und Glaubwürdigkeit verbunden wird. Die *New York Times*-Seite bietet sich – mit McLuhan gesprochen – zwar mosaikhaft zusammen gewürfelt an, bleibt aber trotz der beiden Porträtfotos streng schriftgestützt. Erst nach und nach gerät dieses Layout in Bewegung, setzt eine ‚Medialisierung' der Präsentation ein, welche die Performanz und damit die Medialität der Zeitungsseite selbstreferentiell herauszukehren

---

46 McLuhan (Anm. 2), S. 346.

47 J. Blum, H.-J. Bucher: Die Zeitung: Ein Multimedium. Textdesign – ein Gestaltungskonzept für Text, Bild und Grafik. Konstanz 1998.

48 Blum, Bucher (Anm. 47), S. 9.

▸Preise stürzen! ▸Billig-Schnäppchen! ▸Und jeder rubbelt…

Endlich!

Alles in Euroooooo!

…auch der Kanzler!

COCA-COLA SENKT DAS PFAND ab 13.2002

50% weniger Pfand*

Mittwoch, 2. Januar 2002, 0,40 €

Bild

www.bild.de

Wussows Neue Aussöhnung mit seiner Ex Yvonne?

Hannawald 2. Super-Sieg

Unsere Grand-Prix-Hoffnung

Jetzt tröstet Ralph Siegel die todkranke Katy

Ministerpräsident Biedenkopf kündigt seinen Rücktritt an

Machen 3000 Tankstellen dicht?

Holland erlaubt die Sterbehilfe

NACHRICHTEN

Queen ehrt Bee Gees

Neue Krebsstudie

Bush isst weniger Hamburger

Todesfahrt zum Friedhof

„Herr der Ringe" Nr. 1

73 Rebellen getötet

20 Kumpel getötet

2002

Sodbrennen: Soforthilfe Kompensan!

KOMPENSAN

Neutralisiert Magensäure und schützt so Magen und Speiseröhre.

Spenden-Skandal bei der CSU?

Es geht um 3 Millionen Euro

Krankenhaus mit 4 Tagewoche.

St. Angela

Das Erste

Abb. 2

versteht und zugleich das geschlossene Textbild zu einem vielgestaltigen Formen-Synkretismus aufbricht.

Vorbilder liefert neben Werbung, Kubismus oder Pop-Art die von früh an effektorientierte Straßenverkaufszeitung. Sie wird unter den deutschen Zeitungen heute am perfektesten von *Bild* repräsentiert (Abb. 2).[49] Im Original knallig farbig modelliert die Signatur der Titelseite Heterogenität anders als die *New York Times*-Seite nicht mehr nur in den typografischen Differenzen des Schriftbildes, sondern in einer Fülle von Figurationen, mit denen die Linearität der Schrift und die Flächigkeit der Seite zerstückelt und zerteilt werden. Schrift, Fotografie und grafische Elemente sind ineinander montiert zu einem neuen, hybriden „Bastard" - ein Ausdruck McLuhans für die intermediale Mischform[50] - zu einem Bastard untereinander beziehungsloser typografischer und ikonischer Bruchstücke und Ausschnitte, die gleichzeitig von der Geometrie der Kadrierung und vom Bildfeld der Zeitungsseite zu einem Ganzen re-inszeniert und zusammengehalten werden. Die puritanische Bildvergessenheit der Zeitungsseite des 19. und frühen 20. Jahrhunderts, die dem Buch ähnlich die Visualität auch der Schrift aufs äußerste vereinheitlicht und reduziert hat, um sie zur fälligen Geradlinigkeit anzuhalten, wird hier sozusagen mit dem Hohn und Spott des Boulevard über die Hochkultur verabschiedet. Das neue multimediale Moment der Heterogenisierung aber wird nach McLuhan, da es selbstreferentiell agiert, zugleich mit neuer Erkenntnisfähigkeit aufgeladen: „Der Bastard oder die Verbindung zweier Medien ist ein Moment der Wahrheit und Erkenntnis, aus dem neue Form entsteht. Denn die Parallele zwischen zwei Medien lässt uns an der Grenze zwischen Formen verweilen"[51] und die Beschaffenheit der Medien selbst wahrnehmen. Die Bild-Zeitung hat die heute technisch mögliche visuelle Intermedialität von Schrift und Bild auf der Zeitungsseite lediglich am radikalsten umgesetzt, die Entwicklung selbst ist in allen Zeitungen zu beobachten. Im Spektrum der Qualitätszeitungen ist sie am weitesten fortgeschritten bei der *tageszeitung*, gefolgt von der *Welt*, nicht etwa der *Süddeutschen Zeitung*, die ihrerseits aber dafür bekannt ist, modernespezifische Heterogenisierungen ihrer Texte wie die Verwendung von Ironien, Glossierungen oder essayistischen Mischformen besonders weit vorangetrieben zu haben.[52] Die folgenden Beispiele von Zeitungsseiten sind dennoch häufiger der *Süddeutschen Zeitung* als anderen Blättern entnommen. Sie scheint auch für die hier in Frage stehenden Gestaltungsprinzipien beziehungsweise für die bild- und schrifttechnische Ästhetik der Zeitungsseite einen besonderen Qualitätssinn zu entwickeln.

---

49 Bild, 02. 01. 2002, Titelseite.

50 McLuhan (Anm. 2), S. 95.

51 McLuhan (Anm. 2), S. 95.

52 Vgl. A. Todorow: Ironie in der Tagespresse. In: Publizistik 43 (1998), S. 55-75; M.-A. Kahre: „Ein in die Zeit gehängtes Netz". Der Essay als glaubwürdige Form der Moderne. http://www.ub.uni-konstanz.de/kops/volltexte/2002/858, S. 254-311.

seite L 60 / Dienstag, 9. Oktober 2001, Nr. 234
Neue Sachbücher
Frankfurter Allgemeine Zeitung
Erkenntnis ist auf Verluste kalkuliert
Keine Ahnung haben, aber entscheiden müssen: Hans Blumenbergs frühe Aufsätze arbeiten am Verständnis der rhetorischen Situation / Von Friedmar Apel

Abb. 3

Die Fotografie bildet in der heutigen Tageszeitung einen eigenständigen, mit dem Schrifttext auf vielfältige Weise kombinierten und intermedial agierenden Teil der Nachrichtengebung und des politischen und kulturellen Diskurses der Zeitung. Nach ihrer Entdeckung im 19. Jahrhundert ist sie anders als in die illustrierten Zeitschriften oder in Zeitungsbeilagen vergleichsweise spät in die Tageszeitungs-Seite vorgedrungen - aus Gründen der Papierbeschaffenheit und der Kosten erst in der zweiten Hälfte der Weimarer Republik. Auch ihre Eigenständigkeit als Medium ist - mit Ausnahme von Bildbeilagen oder Sondernummern - lange Zeit nicht für die Zeitung genutzt worden. Fotografie und Schrifttext sind überwiegend als einseitig textbestimmte Beziehungseinheit behandelt worden. Die Fotografie nahm darin eine attributive Funktion wahr und hatte die Aufgabe, Inhalte im dominanten Nachrichtenkontext zu illustrieren und zu authentisieren. Erst gegen Ende des 20. Jahrhunderts emanzipiert sich die Fotografie in der Tageszeitung aus dieser dienenden Rolle, ein Wandel, der mit der gewachsenen Konkurrenz mit den bewegten Bildmedien zu tun hat, der aber auch symptomatisch für die wachsende Selbstwahrnehmung von Medialität ist.

Für diese Entwicklung stehen viele kunstvoll angelegte Bild-Text-Kombinationen im Feuilleton, zunehmend aber auch in den Nachrichtenteilen der Zeitung: Lesen und Sehen werden hier auf neue Weise und über große Sinndistanzen hin verschränkt. Die Fotografie von Marcus Kaufhold (Abb. 3).[53] macht die Lineaturen einer Abraumhalde oder Großbaustelle, wie sie nur aus großer Höhe in der Aufsicht sichtbar werden können, zum Gegenstand einer ‚metaphorologischen' Repräsentation des „Vorfeldes der Begrifflichkeit", auf das Friedmar Apels Rezension der Neuausgabe der frühen Aufsätzen von Hans Blumenberg ihrerseits den philosophischen Fokus einstellt.[54] Das Ensemble aus dem Bild, der Bildlegende, der Überschrift „Erkenntnis ist auf Verluste kalkuliert" und der Unterzeile „Keine Ahnung haben, aber entscheiden müssen: Hans Blumenbergs frühe Aufsätze arbeiten am Verständnis der rhetorischen Situation" entwirft die komplexe Mischung von sprachlich und bildlich beschworenen Verweisen und Beziehungen, die zwischen den Imaginationen von Visualität und Verbalität hin- und herwechselnd die „Signatur des schaffenden Menschen" (Blumenberg) oder die „Unendlichkeit des Möglichen" als schöpferisches Prinzip des modernen Menschen (Blumenberg) reflektiert. Die Herrschaft der Mimesis, wie die Nachrichtenumgebung der Zeitung sie beansprucht, wird nicht nur im Text der Rezension in Frage gestellt, sondern verliert sich in der Oberflächengravur einer dekonkretisierten, erst in der räumlichen Tiefe der Fotografie als

---

53 M. Kaufhold: o. Titel. In: Frankfurter Allgemeine Zeitung, Nr. 234, 09. 10. 2001, S. L 60, Neue Sachbücher.

54 F. Apel: Erkenntnis ist auf Verluste kalkuliert. Keine Ahnung haben, aber entscheiden müssen: Hans Blumenbergs frühe Aufsätze arbeiten am Verständnis der rhetorischen Situation. In: Frankfurter Allgemeine Zeitung (Anm. 53).

WIRTSCHAFT

F-K-B-I-2 Süddeutsche Zeitung Nr. 298 / Seite 23

ısregierung sucht verzweifelt nach Auswegen

Der Argentino stößt auf tiefe Skepsis

r rapider Abwertung des Pesos / Einzelne Analysten räumen Argentiniens zusätzlicher Währung dennoch Chancen ein

ıfurt – Argentiniens überra-
ıeidung, die Krise des Lan-
zusätzliche, neue Währung
ßt international auf massi-
ch einzelne Fachleute hal-
ch, dass das südamerikani-
diesem Wege die übliche
mgehen kann.

lga Einecke und
Zitzelsberger

ionalen Banken und Fi-
ıen überwiegt derzeit die
über dem argentinischen
ket zur Milderung der
se. „Ein Währungsschnitt
r gewesen. Die Einfüh-
allelwährung geht in die
ng, die Regierung reitet
ner tiefer in die Probleme
t der Commerzbank-Ana-
imer. „Das schlechte Geld
verdrängen. Es kann jetzt
ı Unternehmen in hellen
gehen", sagte etwa Ste-
on der Londoner Invest-
onument Derivatives.
ne Fachleute beurteilen
ichen Weg vorsichtig posi-
veise kommt es in solchen
Währungsabwertung, die
inausgeht, was fundamen-
igt ist. Argentinien kann
hlich Einführung der neu-
elleicht dieses Überschie-
ı", sagte Arnab. Das, der
r die Schwellenländer bei
Kleinwort Wasserstein, der
k des Allianz-Konzerns.
aftskrise hat in der Bevöl-
lten geführt, in deren Ver-
Menschen ums Leben ge-
Die neue Übergangsregie-
aufhin über Weihnachten
paket beschlossen, das ih-
ie Gehälter auszuzahlen,
Wirtschaftskrise des süd-
n Landes mildern soll (SZ
ı Mittelpunkt steht dabei,
ires vorläufig keine Zins-
zahlungen auf Auslands-
leistet sowie allmählich
einführt, eine zusätzliche
parallel zum Peso gesetzli-
mittel sein wird.

ohne Geld

ım Verhältnis 1 : 1 an den
lt, was einerseits dazu ge-
ı in Argentinien – früher
rinflation berüchtigt – zu-
iveau mit einer Jahresra-

Argentinien **Krise ohne Ende**

Argentiniens Wirtschaft schlittert immer weiter in die Krise. Die Bindung des Peso an den Dollar hat zwar den Geldwert stabil gehalten, dem Wachstum aber nützte sie wenig. Öffentliche und private Schulden wuchsen rapide. Nun könnte eine Parallel-Währung eine vorsichtige Peso-Abwertung einläuten: der Argentino.

Öffentliche Verschuldung
Angaben in Prozent des Bruttoinlandsprodukts

Wirtschaftswachstum
Angaben in Prozent

Inflationsrate
Angaben in Prozent

und die Steuereinnahmen der Regierung schrumpften um 23 Prozent.

Nicht zuletzt weil der Regierung dadurch das Geld ausgeht, wird sie jetzt die Notenpresse anwerfen und künftig Gehälter und Renten im Verhältnis von nominell 1 : 1 mit Argentinos bezahlen. In begrenztem Umfang, so der WestLB-

lungsmittel akzeptiert wird, steht noch in den Sternen. Wenn sie dazu gesetzlich gezwungen sind, werden die Firmen möglicherweise ihre Preise deutlich erhöhen, heißt es bei den Analysten, und solche Reaktionen gab es laut Reuters schon am Donnerstag. Denn das Austauschverhältnis des Argentino zum Dollar, so ist sich

Selbst gesunde Banken und andere Unternehmen geraten aber in die Klemme, weil ihre Schulden überwiegend auf Dollar lauten, denen durch die neue Währung nun niedrigere Einnahmen gegenüberstehen. Bei der Dresdner Kleinwort Wasserstein erwartet man deshalb, dass die argentinische Regierung zusätzliche

Dax

Euro

Aktienmarkt	27. Dez.	Änd. in %
Dax (18 Uhr)	5094,24	+ 1,50
MDax (18 Uhr)	4247,45	+ 0,78
Nemax 50 (18 Uhr)	1144,17	+ 0,41
Euro Stoxx 50 (18 Uhr)	3773,71	+ 2,08
Dow Jones Index (18 Uhr)	10128,40	+ 0,40
Rentenmarkt	**27. Dez.**	**21. Dez.**
Umlaufrendite	4,73	4,59
Bund-Future März (18 Uhr)	107,18	107,70 *
Dollar je Euro	**27. Dez.**	**21. Dez.**
Interbanken (18 Uhr) ***	0,8843/45	0,8798/03 **
Referenzpreis öff. Banken	0,8812	0,8782
entspricht DM je Dollar	2,2195	2,2246

* Schlusskurs ** 22 Uhr *** 27. u. 26.12.

HEUTE

WIRTSCHAFT
Die Party ist vorüber
Verlässlichkeit statt Selbstdarstellung: Die Auf- und Absteiger 2001 Seite 24

UNTERNEHMEN
Kaufring ist insolvent
Sanierung der Düsseldorfer Handelsgruppe gescheitert. Seite 26

Kursteil Seite 31 – 36

Der **Euro** kommt

SZ-Serie, Teil 50: Mehr grenzübergreifender Verbraucherschutz. Seite 30

Abb. 4

Abbild einer realen, zerstörten und vom Menschen neu geschaffenen Landschaft erkennbaren mythischen Projektion. In ihr werden vorindustrielle Natur und industrielle Lebenswelt zeichenhaft aus den Spuren der Zerstörung zurückgewonnen und sichtbar gemacht: „Wege, Zeichen, Bilder" (Bildlegende) lösen die Fotografie aus dem Abhängigkeitsverhältnis von einem abbildrealistischen Informationsanspruch, ohne die Schicht der „rückwärtigen Verbindungen zur Lebenswelt" (Blumenberg) zu löschen, die nach Blumenberg auch im freien Spiel mit der Unendlichkeit des Möglichen wirksam sind.[55] Fotografie und Text verschränken sich zu einer eigenständigen, die Rezension erweiternden Interpretation des philosophischen Metaphorologie-Konzeptes von Hans Blumenberg und konfrontieren seine Theorie des Unbegrifflichen mit der medial bedingten Unbegrifflichkeit der Fotografie. Sinngemäß von Text und Schrift ausgehend, im Lektürevorgang aber primär von den Zeichen und Spuren des Bildes ausgelöst, ist die transformative Bewegung über die Mediengrenzen hinweg zu beobachten, mit der die Wahrnehmungsperspektiven vom Bildraum in die Schrift-Oberfläche, vom linearen Schriftzug zurück in den Bildraum wechseln.

Mit völlig neuen medientechnischen Möglichkeiten, nicht zuletzt mit den Möglichkeiten der Digitalisierung nimmt die heutige Zeitung die alten visuellen Traditionen des typografischen und ikonografischen Handwerks der frühneuzeitlichen Presse wieder auf, um sie mit ebenso neuen intermedialen Gestaltungen zu nutzen. Das geschieht zwar, ohne sich auf die intermedialen Traditionen der kunstvollen Buchstaben der ältesten Zeitungen und ihrer Holzschnittkunst zu beziehen. Aber Zierbuchstaben und Abbildungen, Gitter von Linien und Spalten und Netze von grafischen und numerischen Zeichen im Wechsel von Druckstärken und Schriftgrößen sind heute wieder ein Spielfeld von formalen Figurationen, Lineaturen, Ordnungen und Perspektivierungen geworden. Zusammen mit dem Fotografischen Material und vor allem angetrieben von den neuen digitalen Techniken der Diagrammatik – der grafischen Veranschaulichung von logischen Zusammenhängen, Größen-, Raum- oder Zeitbeziehungen[56] – konstruieren und montieren Zeitungen heute eine strukturelle Metaebene und die neue Medienbotschaft der Inter- und Multimedialität (Abb. 4).[57] Dieses Beispiel einer computeranimierten

[55] Die Zitate von H. Blumenberg sind den beiden Aufsätzen entnommen: „Nachahmung der Natur". Zur Vorgeschichte der Idee des schöpferischen Menschen; sowie: Ausblick auf eine Theorie der Unbegrifflichkeit.

[56] Vgl. hierzu: Th. Knieper: Infografiken: das visuelle Informationspotential der Tageszeitung. München 1995. Zur komplexen Eigenständigkeit des Diagramms als medialer Ausdrucksform s. neuerdings: S. Bogen, F. Thürlemann: Jenseits der Opposition von Text und Bild. Überlegungen zu einer Theorie des Diagramms und des Diagrammatischen. In: A. Patschovky (Hg.): Die Bildwelt der Diagramme Joachims von Fiore. Zur Medialität religiös-politischer Programme im Mittelalter. Ostfildern 2003, S. 1-22.

[57] SZ-Grafik: Zeltwanger. Quelle: Dresdner Bank Lateinamerika; Foto: Reuters. In: Süddeutsche Zeitung, Nr. 298, 28. 12. 2001, S. 23, Wirtschaft.

Seite 22 / Süddeutsche Zeitung Nr. 1 — WIRTSCHAFT

Neues Geld über Nacht: Die Einführung des Euro ist einzigartig für einige Generationen, nicht al

Von einem Tag auf den anderen fühlte man sich reich

Ein Zeitzeuge erinnert sich an die ersten Tage mit der Deutschen Mark – und daran, wie plötzlich die Wirtschaft ansprang

München – Eine neue Währung über Nacht: In der jüngeren deutschen Geschichte ist das kein Einzelfall. In den Jahren 1873, 1923 und 1948 mussten sich die Deutschen an neue Scheine, Münzen und Werte gewöhnen. Die letzte dieser Umstellungen erlebte das Land – abgesehen von der Einführung der europäischen Einheitswährung – unmittelbar nach dem Zweiten Weltkrieg: 1948.

Von Otto Schlecht

Die Währungsreform vom 20. Juni 1948 erlebte ich als Student der Wirtschaftswissenschaften im zweiten Semester in Freiburg. Die „Freiburger Schule" plädierte lange vor der Währungsreform für eine ordnungspolitische Wende von der Mangelbewirtschaftung und der preisgestoppten Inflation zu Marktwirtschaft und stabilem Geld. Deshalb stimmte es uns froh, dass es eine Währungsreform gab, mit der wertloses Geld durch eine drastische Abwertung des Geldvermögens im Verhältnis 10:1 in gutes Geld umgewandelt wurde, und dass Ludwig Erhard als Direktor der Bizonen-Wirtschaftsverwaltung mit einem extrem mutigen und verantwortungsfreudigen Schritt die Währungsreform mit einer marktwirtschaftlichen Wirtschaftsreform verband. Dies hat schon damals auch meine spätere Berufswahl beeinflusst. Ich sattelte von der Betriebswirtschaft – damals noch mit dem Ziel, später in die Energieversorgung Schwaben einzutreten – auf Volkswirtschaft und Wirtschaftspolitik um. Ohnehin geriet ich in den Bann von Walter Eucken, dem Haupt der „Freiburger Schule" und geistigen Mitgestalter der Sozialen Marktwirtschaft.

Schinken statt trocken Brot

Aber die wirtschaftspolitische Wende von Ludwig Erhard spielte eine ebenso große Rolle. Wir bewunderten, wie er mit einem einfachen „Leitsätzegesetz" Hunderte von Bewirtschaftungs- und Preisvorschriften in den Papierkorb beförderte und Konsumenten, Arbeitnehmern und Unternehmern wieder ihre Rechte und Freiheiten zurückgab. Ludwig Erhard war klar – und in Seminaren spielten wir die Szenarien nach – dass die Währungsreform nur ein nachhaltiger Erfolg sein würde, wenn sie mit einer Abkehr von der Zwangswirtschaft und der schnellen Einführung der Marktwirtschaft verbunden wird. Dass ich meine berufliche Laufbahn 1953 im Bundeswirtschaftsministerium begann und 1991 als Staatssekretär beendete, konnte ich damals nicht voraussehen.

Die unmittelbaren Auswirkungen dieser verbundenen Reformen belegten sehr schnell die erwarteten Erfolge. Noch am Tag vorher herrschte Hoffnungslosigkeit und die oft vergebliche Suche nach dem Nötigsten. Doch schon am Tag der Währungsreform, als es pro Kopf 40 neue DM gab, waren wir Studenten nicht mehr auf die „Quäkerspeise" in der Mensa – Erbsen- oder Maissuppe mit „Käfereinlage" – angewiesen. Wir konnten beim Metzger ohne Zuteilungsmarken ein halbes Pfund Schinkenwurst kaufen und auf einmal verputzen – ein herrliches Gefühl. Zigarettenwährung, Tausch- oder Schwarzmärkte gehörten einer unseligen Vergangenheit an. Die Schaufenster und Regale waren voll von gehorteten Waren, die Fabrikschornsteine rauchten wieder und an emsig arbeitenden Baustellen wurden aus Ruinen wieder neue Gebäude.

Das Aussehen der neuen Banknoten und Münzen mutete zunächst etwas fremd an. Aber anders als bei der reinen Währungsumstellung von der stabilen DM zum stabilen Euro ging es damals um eine Reform mit einem harten Währungsschnitt. Den meisten Bürgern war schnell klar, dass es gerade deswegen wieder werthaltiges Geld gab, für das man in freier Wahl gute Waren kaufen konnte. Die arbeitenden Menschen merkten dann bei der nächsten Lohnzahlung in Deutscher Mark, dass es mit dem Lebensstandard wieder aufwärts ging. Freilich von einer aus heutiger Sicht sehr niedrigen Basis aus. Das Durchschnittseinkommen betrug monatlich 300 bis 400 DM. Als Student kam man mit 150 DM gut aus – die Miete der Studentenbude betrug aber auch nur 30 DM! BAföG gab es natürlich nicht. Was der Vater nicht spendierte, musste durch Arbeit am Bau aufgestockt werden.

Wirtschafts- und Währungsreform sorgten für schnelle und hohe Produktivitätsfortschritte mit den entsprechenden Verbesserungen der Unternehmenserträge und Arbeitseinkommen. Deshalb fasste die große Mehrheit sehr schnell Ve[r]trauen in das neue Geld – auch wenn [es] zunächst ungewöhnlich aussah und ba[ld] schon im Design verändert wurde. D[ie] Menschen waren froh, dass die Zwang[s]wirtschaft mit Lähmung der Wirtschaf[t,] Hunger und Warenmangel nun ein En[de] hatte.

Professor Otto Schlecht ist Vorsitzend[er] der Ludwig-Erhard-Stiftung in Bonn.

Die Wirtschafts- un[d] Währungsreform in Westdeutschland sorgte nach dem Zweiten Weltkrieg für schnelle Produk[ti]vitätsfortschritte. Die Mehrheit der Bevölkerung fasste sehr schnell Vertrau[en] in das neue Geld. Die silbern glänzen[de] Mark symbolisierte das Ende ein[er] jahrelangen Zwang[s]wirtschaft, in der d[ie] Deutschen für wich[ti]ge Nahrungsmitte[l] Schlange stehen und oft sogar hungern mussten. Fotos: A. A. Haase, S. Simon, B. Bostelmann, alle SZ-Archi[v], SZ-Collage: G. Ott

Abb. 5

Montage von Foto, Schrift und Diagrammen entwirft die argentinische Wirtschaftskrise einerseits als chaotischen Straßenraum: Die rennende Gestalt, der fliegende Stuhl, die zertrümmerten Möbel in der Bildmitte werden förmlich herausgestoßen aus einem in die Tiefe hinein und über die Ränder hinaus unbegrenzten dunklen Weltausschnitt. Andererseits aber sind dies Teile einer auf die rennende Gestalt zentrierten Szene, die eingesperrt und vergittert wird durch ein hohes Säulen-Diagramm, die Sperrlinien mehrerer kleiner Diagramm-Stäbe, durch Möbelbeine und Bretter, die den simulierten Raum zustellen. Bilder, Wörter, Zahlen und grafische Strukturen bilden mit einem Ausdruck Helmut Markworts von *Focus* die Elemente der „neuen visuellen Erzählform" des modernen Textdesigns und mit imaginativen Potentialen durchdrungenen Informationsstils. Sie bauen eine starke Spannung zwischen ihren unterschiedlichen Zeichen- und Deutungssystemen auf, sind zugleich aber im semiotischen Zusammenspiel dadurch miteinander verwoben, dass das Fotografische Narrativ mit seinen diffusen Anspielungen und die strenge Ordnung der Diagramme übereinandergeschichtet eine neue Ganzheit bilden. Der Betrachterblick muss das enigmatisch anmutende Zeichenarsenal von schwebendem Stuhl, im Leeren aufgestelltem Lattenzaun, Affichen und Maueranschriften, ausgestreuten Ziffern, geometrischen Figuren und menschlichen Gestalten aus seiner komplexen Rhetorik herauszulösen suchen und sowohl die ikonisch-symbolische Aussage von Krise, Chaos und Gewalt als auch die buchstäbliche Nachricht der wirtschaftlichen Daten, Zahlen und Begriffe entziffern. Ganz im Sinne von Marshall McLuhans Mosaik-Begriff stellt Roland Barthes in seiner bekannten Analyse einer *Panzani-Reklame* die Unerschöpfbarkeit der Vorstellungsbilder einer ikonisch-linguistischen Nachricht gegenüber der Konstruktion von gegenstandsbezogenen Informationsgehalten heraus: „Das Wichtigste [...] ist nicht, die Konnotatoren zu inventarisieren, sondern zu verstehen, dass sie im Bildganzen diskontinuierliche oder noch besser: unregelmäßig auftretende [erratische] Züge darstellen", die vom Rezipienten zusammen mit den buchstäblichen Denotationen in eine vielschichtige kombinatorische und zugleich kontrollierte Lektüre entfaltet werden können.[58]

Ganz ähnlich stellen sich die Konstruktions- und Lektüreverhältnisse in der Foto-Montage zur Euro-Einführung dar (Abb. 5),[59] wobei hier weniger ein Weltausschnitt als der historische und kulturelle Gedächtnisraum ‚Bundesrepublik' den Bild-Text-Aufbau bestimmt. Zerlegt in getrennte Bildräume und einzelne Merkzeichen staffeln sich Münzen und D-Mark-Scheine hintereinander im Wechsel mit Foto-Ausschnitten aus der Zeit der Nachkriegswirtschaft, des Wirtschaftswunder-Ministers und schließlich des zerbrochenen imperialen Reichsadlers auf den Trümmern von Kreuzen, Geröll und Müll

---

[58] R. Barthes: Rhetorik des Bildes. In: alternative 54, 1967, S. 107-114.

[59] SZ-Collage: G. Ott. Fotos: A. A. Haase, S. Simon, B. Bostelmann. In: *Süddeutsche Zeitung*, Nr. 1, 02. 01. 2002, S. 22, Wirtschaft.

München, Mittwoch, 23. Dezember 1998 52. Jahrgang / 52.

chef über Alleingang in Atompolitik empört

:hröder warnt Trittin vor Koalitionskrise

kanzler kritisiert Auflösung der beiden Nuklear-Kommissionen des Bundes durch den Grünen
Jmweltminister will die umstrittenen Aufsichtsgremien auch mit Kernkraftgegnern besetzen

ıer Bericht) – **Bundeskanzler Gerhard Schröder hat Umwelt- 'rittin vor Alleingängen in der Atompolitik gewarnt. Damit n Vorstoß des Grünen, die Kommissionen für Reaktorsicher- schutz aufzulösen. Der Umweltminister will im Januar auch eiden Gremien berufen. Schröder sagte, diese Entscheidung sei nicht mit dem Kanzleramt abgestimmt. Sie dürfe nicht dazu führen, daß die Konsensgespräche mit den Stromkonzernen über einen Atomausstieg gefährdet würden. Trittin bringe mit seinem „wichtigtuerischen Gehabe" die Koalition in Gefahr. Wirtschaftsminister Werner Müller will die Neubesetzung der beiden Gremien in die Konsensgespräche einbeziehen, die am 26. Januar starten sollen.**

einer Erklärung deut- ttins Vorgehen. „Alle rt, nicht auf wichtig- und parteipolitische on sachgerechter Po- r Sache diene nur ein ziekonsens, den er auf ıabe.

e Neubesetzung der ngelegenheit und be- bstimmung mit dem ıgegner hatten den er Vergangenheit vor- ten der Kernkraft zu ls atomkritische neue ter anderem Michael Hahn vom Darmstäd- owie der Münchner gfelder im Gespräch. ı verkleinert und bis erufen werden.

deraufarbeitung

: die Wiederaufarbei- ll in Frankreich und ı sofort beenden will. r Müller schlägt vor, strittigen Punkte zu erden müßten Scha- e aus Frankreich und n Ländern wird der aufgearbeitet. Frank- minister Dominique gte in einem Brief auf Viederaufarbeitungs- is zum Jahr 2010 lau- en von 15 Milliarden

Warnungen aus Paris ch um „bestellte Brie- sagte der Umweltmi- er an Müller gerichte- siert: „Für die Atom- ankreich ist der Um- ıdig".

isterium hat bei Ge- zösischen und briti- Ausweichlösung vor- ch soll der deutsche

Solidaritätsbekundung mit dem Streichholz

DURCH DAS VERBRENNEN *amerikanischer und britischer Flaggen protestieren muslimische Frauen in Kaschmir gegen die Luftangriffe auf den Irak. Unterstützung für die irakische Bevölkerung demonstrierten auf diplomatischem Wege auch Rußland, China und viele arabische Staaten, die eine Ablösung des UN-Chefinspektors Richard Butler verlangten. Humanitäre Organisationen kehrten unterdessen nach Bagdad zurück. (Seiten 2 und 7)* Photo: Reuters

zerne einbezogen werden. „Die sollten auch gefragt werden, wofür sie bezahlen müssen", sagte Müller.

Bundeskanzler Gerhard Schröder hatte vergangene Woche Trittins neues

sich die Koalitionsrunde unter öffentlicher Beachtung zusammensetzt.

Trittin ließ am Dienstag keine Bereitschaft zu einem Gespräch mit Müller erkennen. Kanzler Schröder habe zur Lö-

Der Umweltminister wandte sich zugleich gegen den von Müller vorgeschlagenen „Zukunftspfennig" als Aufschlag auf den Strompreis. Er halte nichts davon, „immer neue Steuerdiskussionen

HEUTE I

Horch, wa schönster für Elterr **Stille Na** Schäuble das Fest s **O Tanne** siebziger Mick Jag Christkin

Berufung

Staat Ausl

Rom (dpa Rom hat schen Sep lan an di sechs Str Öcalan se hen, sagte vanni M Antrag üb fungsgeri in Italien werden, meldeten Dienstag mutlich rung des beiterpar

Politi formie

Jerusalem die polit

Abb. 6

zweier Weltkriege und Inflationen. Zusammen mit der Überschrift, der Dach- und Unterzeile, dem Vorspann, dem Text des Artikels sowie der Bildlegende repräsentiert die Montage eine emblematische Mischform wechselseitiger Anschauungen und Deutungen eines Jahrhunderts deutscher Geschichte. Konnotationen und Denotationen deklinieren in dieser Montage Ängste, Warnungen und Hoffnungen in der kollektiven Symbolsprache der Erinnerung. Vergleicht man diese Zeitungsseite mit der *Bild*-Titelseite am gleichen Tag der Euro-Einführung, so sieht man in den beiden Beispielen die strukturelle Ähnlichkeit der ‚manipulativen' Mittel wie der Montage oder der wechselseitigen intertextuellen und intermedialen Referenzen innerhalb des jeweiligen Ensembles. Zugleich aber erkennt man überdeutlich auch die Unterschiede in ihren semantischen und performativen Funktionen für den jeweils angestrebten Sinnzusammenhang in der Boulevard-Zeitung einerseits, der Qualitätszeitung andererseits. Die eingangs zitierten Vorwürfe, Mittel wie die Fiktionalisierung oder Ästhetisierung bewirkten eine Infantilisierung und Entertainisierung, verkennen das journalistische Darstellungs- und Ausdruckspotential, letztlich das Informationspotential dieser Mittel, indem sie die imaginativen Muster, die grundsätzlich in jeder sprachlichen oder visuellen ‚Übersetzung' von ‚Ereignissen' und ‚Tatsachen' angelegt sind, als Verstoß gegen den Objektivitätsanspruch werten und ohne Beachtung ihrer journalistischen Kontexte auf triviale, lediglich unterhaltsame oder sexistische Gestaltungsmöglichkeiten und Informationsabsichten reduzieren.

Auch das nächste Beispiel soll noch einmal die besondere Leistungsfähigkeit der Medienmoderne mit ihren vielfältigen kombinatorischen, figurativen, visuellen und sprachlichen Verfahrensweisen herausstellen. „Solidaritätsbekundung mit dem Streichholz" verknüpft, durch eine Rahmung scharf ausgegrenzt, Fotografie und Text, Bild und Schrift im Blickpunkt einer Titelseite der *Süddeutschen Zeitung* von 1998, zur Zeit der alliierten Bombardements des Irak (Abb. 6).[60] Während der Rezipient vergeblich nach dem Kontext in der Nachrichtenumgebung der Zeitungsseite sucht – es gibt keinen Artikel zum Bild – wird die Unterschrift mit ihrem Hinweis, dass hier muslimische Frauen in Kaschmir aus Solidarität mit dem Irak amerikanische und britische Fahnen verbrennen, zu einem notwendigen Teil des Schritt-um-Schritt-Lesens, zu dem der aus der Seite förmlich herausspringende Bild-Text herausfordert. Notwendig: Denn bevor diese semantisch hermeneutische Lektüre zwischen Bild, Dachzeile und Bild-Unterschrift einsetzen kann, wird die Ikonizität des Bildes ihrer dekontextualisierten Platzierung auf der Zeitungsseite wegen bereits für sich wahrgenommen. In schwarze Tücher dicht verhüllte Gestalten, gebückt um die hell ausgeschnittenen Fahnenflächen geschart, bilden die düstere Szenerie eines tödlichen Rituals. Seine doppelte Lesbarkeit – als rituelle Handlung der symbolischen Vernichtung des Feind-

[60] Text: O. V., Foto: Reuters: Solidaritätsbekundung mit dem Streichholz. In: Süddeutsche Zeitung, Nr. 296, 23. 12. 1998, S. 1.

Schröder und die Grenzen der Macht

Das Sommertheater der SPD offenbart auch den mangelnden Einfluß des Parteivorsitzenden

Von Christoph Schwennicke

Bonn, 13. August – Gerhard Schröder, Kanzler und SPD-Chef, hatte leise gedroht, sanft ermahnt, verständnisheischend gebeten. Es hat alles nichts geholfen. Für die große Regierungspartei geht ein schlimmer Sommer seinem Ende zu. Die zersetzende Kraft dieser Wochen hat voll und ausschließlich an ihr angesetzt. Und das, obwohl es zunächst so ausgesehen hatte, als habe sich gerade noch das Blatt gewendet. Es war in Bonn ein sichtlich erleichterter Gerhard Schröder zu erleben, als der Parteirat, für ihn ein gefährlicher Hort der Orthodoxie, der Konsolidierungspolitik Schröder/Eichel zustimmte. Wie konnte das Sommertheater dennoch seinen Lauf nehmen? Wieso quatscht hier jeder, wie er will?

Dazu ein Blick auf die reale Macht des als Machtmensch apostrophierten Kanzlers. Seine Anhänger rieten ihm nach dem Wahlsieg: Jetzt musst du beides haben – Kanzlerschaft und Parteivorsitz. Wie Adenauer, Brandt, Kohl. Nicht wie Helmut Schmidt. Nur mit dieser absoluten Macht lässt sich „durchregieren". Und so kam es auch, unabhängig davon, ob Schröder den Rat befolgte oder ihm der Parteivorsitz vielmehr zufiel. Mit dem Sonderparteitag in Bonn am 12. April hat Gerhard Schröder aber ein Amt übertragen bekommen, mit dem nicht unweigerlich Rückhalt verbunden ist.

Den historischen Analogien von früheren Kanzlervorsitzenden liegt nämlich ein Denkfehler zugrunde. Adenauer, Brandt und Kohl waren erst Parteivorsitzende und wurden dann Bundeskanzler. Sie stützten ihr Macht erst innerparteilich (mit unterschiedlichem Erfolg) ab, bevor sie dann nach der Regierungsmacht griffen. Schröders Parteivorsitz dagegen gleicht einer eher freundlichen Übernahme in der Wirtschaft: Kanzleramt schluckt Parteizentrale. Was ihm aus weiten Teilen der Partei bestenfalls entgegenschlägt, ist stille Duldung, schlimmstenfalls latente Gegnerschaft. Die Disziplinierungsmöglichkeiten des Vorstandsvorsitzenden der Schröder-SPD AG sind vergleichsweise gering, nicht zu vergleichen mit denen seines Vorgängers Oskar Lafontaine. Seine Macht basiert ausschließlich auf der Aussicht auf erfolgreiche Regierungspolitik. Vertrauensvorschuss bekommt er kaum. Was zählt, ist der Shareholder Value. Momentan fällt der Kurs.

Auch die Kommanditgesellschaften, die SPD-geführten Länder, fühlen sich nur bedingt der Loyalität gegenüber dem Mutterkonzern verpflichtet. Beispiele dafür sind Heide Simonis mit ihrer Forderung nach der Vermögensteuer, Kurt Beck und Wolfgang Clement mit ihren Nullrunden-Ideen, sowie vor allem Reinhard Klimmt mit seinem grundsätzlichen Kontra-Kurs. Schließlich irrlichtert auch noch ein Fraktionsvorsitzender auf der Suche nach sich selbst durch den Sommer. In Klimmts Saarland-Wahl am 5. September liegt für Gerhard Schröder die größte Gefahr, dass sich aus einem furchtbaren Sommer ein katastrophaler Herbst entwickelt. Er kann sich insgeheim nur wünschen, dass Klimmt verliert. Vorsorglich hat er dem Saarländer in einem Interview schon die Verantwortung dafür zugeschoben.

Zwar hat Schröder Klimmt in aller Deutlichkeit wissen lassen, dass ein Gegenkurs zur eigenen Bundesregierung noch nie zum Erfolg geführt habe. Das ist aber in dieser Absolutheit nicht richtig. Jedenfalls nicht, wenn man über Parteigrenzen hinwegblickt. Lothar Späth hat Baden-Württemberg in Distanz zu Helmut Kohl gewonnen. Die CSU in Bayern hat das Opponieren gegen die eigenen Leute in Bonn zum regelrechten Stilprinzip in Wahlkämpfen erhoben. Und Reinhard Höppner hat mit seiner unbeirrten SPD-PDS-Kooperation in Sachsen-Anhalt auch schon exerziert, dass man sich in der SPD relativ folgenlos gegen ein Schröder-Verdikt auflehnen kann.

Manche in der SPD, die Schröders Kurs tragen, wünschen sich nun, dass der Kanzler als Parteichef mehr sozialdemokratische Leidenschaft und Präsenz zeigt. Erhebungen zufolge geht das dem Gros der enttäuschten SPD-Klientel auch so, die Schröder und seinen Kurs zunehmend als Belastung für die kommenden Landtagswahlen vom Saarland über Brandenburg, Thüringen, Sachsen, Berlin und Schleswig-Holstein bis Nordrhein-Westfalen empfindet. Bei der Kommunalwahl im SPD-Kernland Nordrhein-Westfalen am 12. September droht fast schon eine Katastrophe.

Von NRW im September bis NRW im Mai: In dieser Zeit muss Schröder eine herkulische Leistung vollbringen. Er muss eine Programmdebatte, ausgelöst durch das Schröder-Blair-Papier, bis zum Parteitag im Dezember in einigermaßen geordnete Bahnen zwingen – immer wieder aufgewühlt durch die Eruptionen der Wahlniederlagen sowie ein Lafontaine-Buch, das zur Buchmesse erscheint und als Abrechnung angelegt ist. Gleichzeitig muss Schröder als Regierungschef den einmaligen Nachweis führen, dass mit einer unbeirrten und richtigen Sparpolitik die Gunst der Wähler auf mittlere Sicht zurückzugewinnen ist.

Wie dies für Schröder ausgeht? Vorstellbar ist im Verlauf des nächsten Dreivierteljahres jedes Extrem. Die Konjunktur könnte ihm zur Seite stehen. Und in der Partei? Die Kraftfelder in der SPD haben sich noch nicht endgültig ausgerichtet. Der entscheidende Mann für Schröder heißt hier Franz Müntefering.

Mit stiller Duldung und latenter Gegnerschaft begegnet die Partei ihrem Vorsitzenden Gerhard Schröder. Foto: Regina Schmeken

Falsche Freunde

Der Tagesspiegel (Berlin) kommentiert die Annäherung zwischen der CDU und den Gewerkschaften:

„Ein Bündnis, wie es im vergangenen Jahr zwischen Gewerkschaften und der SPD geschlossen wurde, wäre zwische diesen Partnern irre … Die gemeinsamen Traditionen und Stimmungen bei Gewerkschaften und SPD sind zu stark für eine Scheidung. Und die CDU hat in den letzten Jahren zu hart um ihren eigenen Modernisierungskurs gerungen, um ihn nun für falsche Freunde dauerhaft zu opfern. Am Ende werden die Gewerkschaften alleine bleiben. Denn Rentenreform und Sparpaket wären heute auch das Programm der CDU, wenn sie mitregieren dürfte. Die Gewerkschaften aber stehen vor der wirklichen Zerreißprobe: Ob sie gegen die Politik, den Willen der eigenen Betriebsräte oder gegen die Zeit kämpfen. Oder ob die Modernisierer auch bei den Arbeitnehmervertretern die Oberhand gewinnen."

Süddeutsche Zeitung

Abb. 7

es aus Sicht der muslimischen Frauen, aus Sicht des westlichen Mediums wie des westlichen Betrachters als kulturelles Zeichen für einen archaischen Islam, unzivilisierte Fremdheit, Unterdrückung, Fanatismus und aufflammende Gewalt – diese Doppelung setzt beim Betrachter dichte Deutungs- und Reflexionsprozesse in Gang. Die Konfrontation mit dem feindlichen Ritual einer fremden Kultur und ihrer Politik stellt die Frage nach den selektiven Kriterien der Zeitung und legt damit einen selbstreferentiellen Rückverweis auf ihre Irak-Berichterstattung frei, steigert in erster Linie aber die Selbstreflexivität und Selbstaffizierung des Lesers in zwiespältige Möglichkeiten, das Ritual zu akzeptieren oder es zu verwerfen, die selektive und präsentative Praxis der Zeitung auf dieser Titelseite zu problematisieren, die eigene Einstellung dazu wahrzunehmen, sie zu bestätigen, zu begründen oder zu verändern. Erst die Vernetzung mit den sachlichen Anhaltspunkten der Unterschrift „Luftangriffe auf den Irak" und die enggeführte Verbindung zwischen der symbolischen Handlung der Frauen und den politischen und humanitären Demarchen verschiedener Regierungen und Organisationen setzen den stärker sachorientierten Leseprozess in Gang, der die ikonische Information der Fotografie und die sprachliche Information des Schrifttextes zur politischen Information verknüpft. Der ganze Bild-Text folgt in seinem durch einen Rahmen abgeschlossenen Aufbau der intermedialen Grundstruktur der Emblematik, setzt intern aber auf eine Kollisionstechnik, deren kontrastives Verfahren das rituell aufgeladene Narrativ der Fotografie, der *pictura*, die Überschriftenzeile und den sachlich kargen Untertext der *subscriptio* krass gegeneinander führt.

Die beiden letzten Beispiele kehren zu McLuhans Fokalisierung der ganzen Zeitungsseite zurück und zu seiner Aufforderung, die Zeitungslektüre von der ausschließlich inhaltlichen und linearen Schriftrezeption abzulösen durch die Lektüre der sichtbaren Makrostrukturen des Mediums. Die Zeitungsseite bildet, wie das Beispiel der *Bild*-Seite bereits zeigt, mit ihrer streng kadrierten Fläche eigene architektonische Möglichkeiten für die professionelle Informationspraxis.

Die Makrotypografie von Satzspiegel und Spaltenschema erweitert die semiotischen und semantischen Dimensionen des Parteitagsberichtes „Schröder und die Grenzen der Macht" in der *Süddeutschen Zeitung* (Abb. 7).[61] Wie ein Gerüst von Horizontalen und Vertikalen staffeln sich die Trennlinien der Schriftspalten immer enger um die Begrenzung des Bildfeldes, brechen sich an der scharfkantig schwarz ausgeschnittenen Fläche der Fotografie, die ihrerseits umspringt in eine fiktive Raumtiefe, die freischwebend in ihrem Innern den Kopf Gerhard Schröders präsentiert – allenfalls aufruhend dem Rednerpult und der absperrenden Schriftzeile „Verantwortung. SPD". Auf groteske Weise bietet das Bild den Kopf Schröders in einer

[61] C. Schwennicke, R. Schmeken: Schröder und die Grenzen der Macht. In: Süddeutsche Zeitung, Nr. 186, 14./15. 08. 1999, S. 4, Meinungsseite.

die tageszeitung

Nr. 5802 13. Woche 21. Jahrgang Ostern 1999 OS 28

Nato verstärkt Luftangriffe

■ 200.000 Menschen im Kosovo auf der Flucht

Belgrad/Washington (dpa/AFP) – Die Nato setzt nach der Gefangennahme von drei US-Soldaten durch die jugoslawische Armee ihre Luftangriffe mit noch größerer Intensität fort. US-Präsident Bill Clinton warnte Belgrad in der Nacht zum Freitag vor dem angekündigten Kriegsgerichtsprozeß gegen die Soldaten. Die Nato startete gestern von ihrem norditalienischen Stützpunkt Aviano aus eine neue Angriffswelle gegen Jugoslawien. Vor allem sollen die Luftangriffe gegen kämpfende Einheiten Jugoslawiens im Kosovo bei der verbesserten Wetterlage verstärkt werden. Seit Kriegsbeginn wurden von dem größten Nato-Stützpunkt in Italien rund 1.000 Einsätze geflogen.

Unterdessen leiteten die serbischen Behörden ein förmliches Ermittlungsverfahren gegen die drei US-Soldaten ein. Die drei US-Soldaten waren am Mittwoch im serbisch-makedonischen Grenzgebiet festgenommen worden.

Die Vertreibung der Menschen aus dem Kosovo hat katastrophale Dimensionen erreicht. Ganze Züge voller Flüchtlinge trafen an den Grenzen ein. Nach Angaben des UN-Flüchtlingshilfswerks wurden seit Beginn der Nato-Angriffe bereits mehr als 200.000 Menschen in die Flucht getrieben, etwa ein Zehntel der albanischstämmigen Bevölkerung. Allein am Donnerstag trafen 40.000 weitere Flüchtlinge in Makedonien ein, in Albanien 20.000. Jugoslawiens Präsident Slobodan Milošević sei offenbar dabei, die gesamte albanischstämmige Bevölkerung aus Priština vertreiben zu lassen. Nach Angaben von Flüchtlingen warteten dort mehrere zehntausend Menschen auf weitere Züge zur Grenze.

Grüne gehen in Deckung: Kriegsparteitag Himmelfahrt

■ Parteispitze reagiert auf Debatte zu Nato-Einsatz. Linke begrüßt Initiative. Nato-Angriffe werden über Ostern fortgesetzt. Kirchen über Konflikt gespalten

Christi Himmelfahrt nach der Apostelgeschichte. Oder vielleicht doch Joschka Fischers unaufhaltsame Entfernung von der klagenden bündnisgrünen Basis? *Bild (Kupferstich von 1625/27 von Matthaeus Merian dem Älteren): AKG*

Berlin (taz) – Kurz vor Ostern hat die bündnisgrüne Parteispitze auf den wachsenden innerparteilichen Druck reagiert. Für Christi Himmelfahrt am 13. Mai beschloß der Bundesvorstand gestern in Bonn die Einberufung eines Sonderparteitages. Gegenüber der taz erklärte Parteisprecherin Antje Radcke, man wolle mit diesem Schritt auf die zahlreichen öffentlichen und nichtöffentlichen Debatten zum Nato-Einsatz reagieren.

Begrüßt wurde die Entscheidung des Vorstandes vom Berliner Bundestagsabgeordneten Christian Ströbele, der als einer der ersten innerhalb der Grünen für einen Sonderparteitag plädiert hatte. Unabhängig davon, ob zu diesem Zeitpunkt noch bombardiert werde, müsse sich die Partei „Klarheit darüber verschaffen, für was die Grünen eigentlich stehen". Gerade im Hinblick auf die Europawahlen in diesem Jahr müßten die Wähler wissen, ob die Partei künftig „wieder Krieg führen will". Der Parteilinke erinnerte an die Programmlage, nach der Kampfeinsätze ausgeschlossen werden. Zugleich seien aber deutsche Tornados an Angriffen beteiligt. „Gilt die alte Programmlage weiterhin, oder wie gehen wir künftig mit diesem Widerspruch um?" fragte Ströbele.

Daß der Parteitag erst am 13. Mai stattfinden soll, begründeten Radcke und Ströbele mit Satzungsbestimmungen. Zwar könne in dringenden Fällen die sechswöchige Einladungsfrist verkürzt werden. Er halte den jetzt beschrittenen Weg aber für ausreichend, so Ströbele zur taz.

In einem Papier, das Radcke und die verteidigungspolitische Sprecherin der Fraktion, Angelika Beer, gestern vorstellten, wird die Bundesregierung aufgefordert, in der Nato eine diplomatische Initiative für einen politischen Ausweg zu ergreifen. Truppen zur Überwachung der Umsetzung eines etwaigen Friedensabkommens sollen nur mit UN-Mandat in das Kosovo einziehen.

Trotz aller Appelle werden die Nato-Angriffe auch über Ostern fortgesetzt. Die Forderung des Papstes nach einem Waffenstillstand über das christliche Hochfest bis zum orthodoxen Osterfest am 11. April wurde von US-Präsident Bill Clinton zurückgewiesen. Man könne nicht Ostern feiern „und der Auferstehung Christi gedenken, indem wir Milošević mehr Zeit geben, unschuldige Zivilisten zu töten", sagte Clinton.

Die deutschen Kirchen reagieren tief gespalten. Der Vorsitzende der Evangelischen Kirche in Deutschland, Manfred Kock, hat ebenso wie der Vorsitzende der katholischen Deutschen Bischofskonferenz, Karl Lehmann, die Angriffe als „einzig wirksames, letztes Mittel" verteidigt. Andere Kirchenvertreter haben den Einsatz dagegen scharf verurteilt. In Deutschland predigten am gestrigen Karfreitag protestantische Geistliche gegen den Krieg. Pax Christi und Aktion Sühnezeichen forderten von der Nato, ihre Angriffe einzustellen. **sey/hpo**

■ Der Krieg

Kommentar

Die bündnisgrüne Parteispitze prescht vor ■ Sonderparteitag zum Kosovo-Krieg einberufen

Der Bundesvorstand der Bündnisgrünen hätte besser nicht handeln können: Mit der geräuschlos und schnell vollzogenen Entscheidung, einen Sonderparteitag einzuberufen, hat er der wachsenden Kritik am angeblichen grünen Stillhalteabkommen den Wind aus den Segeln genommen. Das Duo Radcke vom linken Flügel und Röstel von den Realos hat damit gutes Gespür für die Gemütslage der Partei bewiesen.

Schließlich waren es nicht nur linke Einsatzgegner, die in den letzten Tagen die Notwendigkeit eines Sonderparteitages befürworteten. Daß der Zeitpunkt wegen der Satzung relativ spät liegt, kann der Partei in dieser Lage nur zugute kommen. Denn ein übereilt einberufenes Treffen könnte im Sinne der Gesamtpartei leicht in einem Fiasko enden. Eine durch einen Anti-Nato-Beschluß düpierte Ministerriege – hier ist in allererster Linie Außenminister Joschka Fischer zu nennen – würde nicht nur unweigerlich das Ende der Regierungsbeteiligung bedeuten, sondern auch das Ende der grünen Partei als pluralistisches Gebilde. Ein Triumph jenes Flügels, der mit der vagen Hoffnung auf die Vernunft von Milošević verhandeln will, würde unweigerlich den Austrag der Realpolitiker zur Folge haben. Ohne Joschka Fischer und Co. aber würden die Grünen zur Sekte mit pazifistischen Einsprengseln regredieren. Sie hätten dann zwar, Arm in Arm mit der PDS, auf den Straßen die Meinungsführerschaft. In der politischen Verantwortung auf Bundesebene aber wären sie fehl am Platz. So weit wird es nun nicht kommen: Die Grünen stecken schon zu tief mit in der Regierungsverantwortung, als daß sie ihre eigene Verstrickung durch einen Parteitagsbeschluß im nachhinein geißeln dürften.

Es wird nicht ausreichen, noch einmal das Festhalten an UN-Mandatierungen und die Kritik am Bruch des Völkerrechts zu erneuern. Mit dem Angriff der Nato sind neue Fakten geschaffen worden. Die Regularien der alten Weltordnung, allen voran die der Vereinten Nationen, sind mächtig ins Kippen geraten. Welche Rolle künftig die Nato in dieser neuen Gemengelage spielen soll, darauf wird eine grüne Partei Antworten finden müssen. Sich an alten stereotypen Feindbildern vom Aggressor Nato/USA zu erwärmen wird allenfalls noch als theatralische Umrahmung dienen. Antworten dagegen wird die Realpolitik zu formulieren haben – insbesondere bei den Bündnisgrünen.

Severin Weiland

■ Pause in N

Die Regierung Großbritannie nigen sich auf mißpapier. Zu eine Denkpau gefahrenen Verhandlungen in Nordirland geben.

Bericht Seite 11

taz thema

Beruf und Qualifikation

Heute in der taz 6 Sonderseiten

■ Ende der Langeweile

„Das durch die Nato-Aktionen ausgelöste allgemeine Wohlgefühl wird schlagartig nachlassen, wenn der Krieg näher herankommt, und zwar nicht nur mental, sondern wenn er tatsächlich in die Existenz eingreift." Schreibt Sybille Tönnies. **Debatte Seite 12**

■ Ist Gott ein DJ?

Der christliche Wille zum Hit: Zu Ostern erscheint die erste Papst-CD. Sie zeigt den Heiligen Vater als Mann des Wortes, Popkünstler und Sampling-Artisten. **Kultur Seite 13**

■ Ist Gott Matthäus?

Nach einer Woche mit zwei Siegen in der EM-Qualifikation avanciert Fußballprofi Lothar Matthäus (38) nicht nur zum Alpha und Omega des DFB, viele Deutsche revidieren ihr Bild von ihm als unsympathischem Volltrottel. Wie konnte es soweit kommen? **Sport Seite 17**

■ **Goethes Wahlverwandtschaft** – Helmut Kindler über den dichtenden Minister und seine große Liebe ■ **50 Jahre neues Deutschland** – Kurt Scheel über das gehemmte Nachkriegskino ■ **Die Globalisierungslüge** – Irrtümer der Wirtschaftswissenschaft ■ **Mutmaßungen über Frau B. – Das Erfolgsgeheimnis der Barbiepuppe** ■ **Immer dieses Harmoniegetue** – Die angebliche Politikverdrossenheit ■ **Agent Klavieteur** – Ein Klavierstimmer, der auszog, die Kubablockade zu brechen

taz.mag I bis VIII

Abb. 8

Umsetzung des topischen Bildschemas vom Kopf des Holofernes auf der Schüssel der Judith. Zugleich vollzieht die Anordnung eine Umkehrung des Prominenz-Prinzips der zahlreichen Porträt-Fotografien in der Presse. Porträts haben lange den Bildjournalismus der Zeitungen dominiert, vor allem mit der häufigsten Variante, dem Personenbild, zentriert auf das Gesicht in Frontalansicht, ohne Hintergrund und Umgebung, raum- und zeitlos, oft auf Briefmarkengröße reduziert und in die Schriftspalten der Zeitungsseite eingepasst, wie es exemplarisch auch die Titelseite der *New York Times* zeigt. Die Schröder-Porträtierung dagegen schafft, gesteigert durch die intermedial erzwungenen Wechsel des Lektüreblicks aus der Fläche in die Tiefe und zurück, eine strukturelle Konstellation, in der die Platzierung des Porträtierten im Bild und die des Bildes in der Zeitungsseite sich entsprechen und dabei der Inszenierung auf der politischen Bühne entsprechen und zugleich widersprechen: Indem aus der Inszenierung der medialen Formen die Ohnmacht des Porträtierten in der abgebildeten Inszenierung der Macht hervortritt, wird Widersprüchlichkeit selbst inszeniert. Die Verknüpfung von Lesen und Sehen auf der Zeitungsseite mündet so in eine komplexe Kommunikationskonstruktion.

„Ist Gott ein DJ?"[62] (Abb. 8) Gott vielleicht nicht, aber die *taz* ihrerseits mixt kräftig und mit Lust am ironischen Entertainment alle Möglichkeiten moderner Zeitungsgestaltung. Das Thema der Zeitungsseite – der Nato-Einsatz auf dem Balkan im April 1999 und die politische Auseinandersetzung darüber in der bündnisgrünen Partei wie in den christlichen Kirchen – entwickelt sich aus einem Prozess „mosaikartigen" Zusammensetzens zahlreicher Facettierungen. Im Zeichen von Krieg, kulturellem Konflikt, gesellschaftlicher Spannung und Gärung erfasst das Ensemble aus heterogenen Einzelteilen, dissonanten Schreibweisen, sprunghaft wechselnden Blickführungen und krassen Stilbrüchen visueller und semantischer Art die widersprüchlichen Aspekte einer hochkomplexen Diskussion und kommentiert sie zugleich durch die ironische Zentrierung der Seite auf das zwischen Ratlosigkeit und Staunen vor den Wundern der Metaphysik changierende Tableau. Der Tabubruch, der darin liegt, den Anlass der Osterausgabe zu koppeln mit dem altmeisterlichen Kupferstich einer „Himmelfahrt" einerseits, mit der Terminierung des „Kriegsparteitag Himmelfahrt" andererseits und schließlich mit den Semantiken zwischen ‚Himmelfahrtskommando', Luftangriff und Deckung-Suchen, zwischen Gott und DJ-Pop, Fußball, Papst und Bibel, stellt kulturelle Oster-Heuchelei und politische Unfähigkeiten gleichzeitig bloß. Er zeigt noch einmal ganz deutlich die Entgrenzung des Objektivitätsanspruchs der Zeitung in eine transitorische Bewegung zwischen den kontrastiv collagierten Elementen des Gesamt-Ensembles. Vor allem das Moment der Verfremdung spielt die verschiedenen Aspekte in den Horizont der Selbstreflexion der Zeitung ein, mit der sie die medialen wie

---

[62] O. Verf.: Grüne gehen in Deckung: Kriegsparteitag Himmelfahrt. In: die tageszeitung, Nr. 5802, Ostern 1999, S. 1.

normativen Selektions- und Konstruktionskriterien ausstellt. Das ganze Ensemble fügt sich in eine starke präsentative Ordnung, die durch die Performanz der Rahmungen, Schriftgrößen, Schwarz-weiß-Effekte und durch die typografische und ikonografische Architektur der Text-Bild-Verteilung geschaffen wird. Mit einer Verbindung von semantischen und strukturellen Beziehungseffekten wird diese Ordnung und mit ihr zusammen jede vordergründig dokumentarische Homogenität aufgebrochen und der ganze Berichtzusammenhang in das Licht einer skeptischen Berichthaltung gerückt, die auch die eigene Glaubwürdigkeit einschließt.

Niklas Luhmanns klärender Blick von außen auf Manipulation als „systeminterne Problematik" der Medienmoderne und nicht als „einen Effekt, den die Massenmedien in der Umwelt ihres Systems erzeugen"[63] schließt nicht aus, dass die Medien sich innerhalb dieses medialen Gefüges legitimieren und dass die Medienkultur neue Erfahrungs- und Wissensformen und neue produktive Verfahrensweisen hervorbringt, die gewandelten Erkenntnisprozessen adäquat sind. Dazu gehören komplexe Netzstrukturen, intermediale Konfigurationen, kombinatorische Strukturprinzipien und eben Mischformen aller Art, Ineinanderblendungen von Stilen medientechnischer, ästhetischer wie journalistischer und wissenschaftlicher Provenienz bei der Herausbildung neuer selbst- und medienreflexiver Darstellungsformen. So zieht die Wahrnehmung der ‚Macht der Medien' zwar nach sich, dass der generelle Manipulationsverdacht gepflegt und vielfach lediglich durch ein „fundamentales Systemvertrauen" kompensiert wird,[64] dass aber die gleichzeitige Wahrnehmung der medialen Doppelgestalt von Repräsentation und Konstruktion auch zu neuen Bewertungen dieses modernespezifischen Zugleich von ‚Realität' und ‚Konstruktion', von Referenz und Performanz in den medialen Informations- und Bildgebungsverfahren führt. Die Kommunikationsprozesse der Moderne haben die alte rhetorische Organisation der Kommunikation hinter sich gelassen. Die rhetorische Perspektivierung ‚alteuropäischer' Provenienz geht vom Redner und seinen kommunikativen Zielen aus. Die Massenmedien des 20. Jahrhunderts aber kennen die Perspektive des persönlich agierenden Redners, den verantwortlichen Autor nur noch als Teil eines ausdifferenzierten Kommunikationsdispositivs. Sie erzeugen seine „leibhaftige Präsenz" vorrangig als „flüchtige Illusion"[65] in einer komplexen Kommunikationssituation, in der die Texte und Bilder ihrerseits als kollektive Produkte agieren. Dennoch geht es bei der Beobachtung der Medienmacht um das kommunikative Wirkungsinteresse und um die Rhetorik der Plausibilisierung von Information, Argument und Sinngebung im Kontext des gesellschaftlich konstruierten Wissens, der Normen und kultu-

---

[63] Luhmann (Anm. 15), S. 80f.

[64] K. Merten, J. Westerbarkey: Public Opinion und Public Relation. In: Merten, Schmidt, Weischenberg (Anm. 10), S. 194; vgl. auch N. Luhmann: Vertrauen. Ein Mechanismus der Reduktion sozialer Komplexität. Stuttgart ^{3}1989 (^{1}1969).

[65] J. Knape: Was ist Rhetorik? Stuttgart 2000, S. 100.

rellen Konventionen. Die Rhetorik moderner Medienkommunikation agiert unpersönlich, reflexiv und intermedial und gleicht den Mangel an Wirklichkeitsgewissheit alter Konvenienz aus durch die Positivierung von Fiktionalität, ästhetischer Imagination und Dezentralisierung der Perspektiven in den medialen Zeichenprozessen.

Das „fundamentale Systemvertrauen", von dem die Rede ist,[66] wird durch die Entwicklung der Zeitung zur Intermedialität und zur Digitalisierung auf immer neue Proben gestellt. Die Manipulationsmöglichkeiten sind unvorstellbar gewachsen, der Bedarf an vertrauenssichernden Kompetenzen und Habitualisierungen in gleichem Maße. So ist es nicht verwunderlich, dass im Schatten der Manipulationsdebatte ein alter rhetorischer Leitbegriff zu neuer Geltung herangewachsen ist: der Glaubwürdigkeitsbegriff. Er hat in den letzten zehn Jahren eine eigene journalistische Karriere durchlaufen.[67] Dem liegt die Erfahrung der „Macht" nicht einfach der Medien, sondern die Erfahrung der Macht der Medienwirklichkeiten zugrunde. Glaubwürdigkeit ist nach Aristoteles als das Plausible jenseits der Wissenschaften herauszufinden und als „Glaubenerweckendes an jedem vorgefundenen Gegenstand" zu untersuchen. Glaubwürdigkeit gehört als Topos der Welt der Meinungen und des als wahrscheinlich Anzusehenden an. Das Glaubwürdige bietet sich nicht einfach an, es muss herausgefunden werden und verlangt einen aktiven Prozess der Suche und Prüfung. Die abtastenden Blickbewegungen der heutigen intermedialen Zeitungsproduktion und Zeitungslektüre verweisen auf diese Glaubwürdigkeitssuche, d. h. auf die Suche nach dem als wahrscheinlich Anzusehenden in den selektiven Konstruktionen des Medienwissens. Medientechnische Moderne und Realität, Artistik und politische Information lassen sich nicht mehr in der bekannten Weise nach einer Faktizitätsnorm in wahr und manipuliert trennen, sondern gehen neue Wege der Vermittlung und Darstellung komplexer Signaturen der Epoche, mehr noch, sie bilden zugleich selbst eine repräsentative Signatur der Epoche. Die Zeitung als Chronistin der politischen, wirtschaftlichen, gesellschaftlichen und kulturellen Modernität des zwanzigsten und beginnenden einundzwanzigsten Jahrhunderts ist zugleich im Sinne McLuhans eine spezifische Protagonistin der unabgeschlossenen technischen, medialen und strukturellen Modernisierungsprozesse in der Massenkommunikation. Der ingeniöse Blickwechsel Marshall McLuhans von der Botschaft auf das Medium hat vielleicht nicht ein „neues Wissen über die Welt [...] und neue Einsichten in den Aufbau des

---

66 Luhmann (Anm. 64), S. 15ff.

67 Vgl. A. Todorow: Inszenierungen der Glaubwürdigkeit. Massenmediale Rhetorik zwischen Faktizitätsanspruch und Kontingenz. In: S. Metzger, W. Rapp (Hg.): homo inveniens. Anthropologie und Heuristik am Modell der Rhetorik. Tübingen 2003, S. 239-251; A. Todorow, S. Grampp, B. Schmid-Ruhe: Medien unter Verdacht: Selbstreflexivität als Glaubwürdigkeitsstrategie. In: A. Assmann, U. Gaier, G. Trommsdorff (Hg.): Literatur und Anthropologie. – In beiden Beiträgen auch Forschungsliteratur zur rhetorik- beziehungsweise medienwissenschaftlichen Glaubwürdigkeitsdiskussion.

Universums" gebracht[68], aber er hat einem neuen Wissen auf den Weg geholfen über die medientechnischen Prämissen von Kommunikation, über ihre enormen technologischen Wandlungsprozesse und über ihre unterschwelligen, weil nicht bewussten Wirkungsweisen auf das Denken und Wissen.

68 McLuhan (Anm. 41).

Jörg Metelmann

Die Kirche der Postmoderne. Das Dispositiv Kino/Film in der Microsoft-Galaxis

Er kennt sich schon lange
und kann sich nicht mehr sehen
Dabei gibt es wirklich
tausend schöne Filme über ihn
als den Universal Tellerwäscher
Die Sterne
– Für R'n'R-Heinz
(Pop-Daddy)

Im 29. Kapitel des II. Teils seines legendär gewordenen Buches ‚Understanding Media' (dt. ‚Die magischen Kanäle') von 1964 kommt Marshall McLuhan ausführlich auf Charlie Chaplin zu sprechen. In dessen Film ‚Modern Times' sieht der kanadische Medientheoretiker ein präzises Abbild der Aporien der Mechanisierung. Chaplin zeige uns in der Figur des Clowns auf, wie unbeholfen wir spezialisierte Menschen uns anstellen, wenn wir Dinge des Räderwerks mit ganzheitlichem Impetus verrichten wollen. Das Ich-Imago des fragmentierten Bewohners des Fordismus sei, so McLuhan, eben in der Welt der Typographie geformt, und das Typewriting brauche den kontinuierlichen Raum, in dem mittels distinkter Einheiten Unterscheidungen getroffen werden. Diese Ära der Mechanisierung, die sich im engeren Sinne von ‚Medien' als „Gutenberg-Galaxis" beschreiben lässt, ging aber für McLuhan mit dem aufkommenden elektromagnetischen Zeitalter zu Ende. Die Gleichzeitigkeit, die die Medien Radio, Fernsehen und Computer ermöglichten, ließe sich nicht mehr seriell, sondern einzig als Vernetzung behandeln und verstehen. Diese Vernetzung bedeute aber eine Verganzung des fragmentierten mechanischen Menschen, und diese notwendige Anfüllung des Subjekts habe Chaplin perfekt in der feenhaften Romantik seiner Ballettadaptionen, in der „Eleganz in Lumpen" zum Ausdruck gebracht. Denn das Medium Film als solches sei ebenso einerseits ein „ruckartiges, mechanisches Filmballett" aus Einzelaufnahmen, andererseits eine die Realität in Bewegung korrekt wiedergebende und manchmal traumhaft übersteigende Illusion.[1]

Dieses Zugleich von Fragmentierung und Ganzheit, das in den Termini des „Spiegelstadiums" die in den 70er Jahren wirkmächtige *Kino-Apparatus-*

---

1 M. McLuhan: Die magischen Kanäle. 2., erw. Aufl. Dresden, Basel 1995 (engl. Understanding Media. The Extensions of Man. New York 1964), S. 440.

Theorie strukturieren wird,[2] ist für McLuhan der Schlüssel zum Verständnis des Pathos' der mechanischen Zivilisation.

> „Eine mechanisierte Welt ist immer dabei, sich auf das Leben vorzubereiten und fährt zu diesem Zweck mit einem schrecklichen Pomp von Fähigkeiten, Methoden und Einfällen auf. Der Film führte diesen Mechanismus bis zu einem letzten mechanischen Höhepunkt und darüber hinaus in einen Surrealismus aus Träumen, die man für Geld kaufen kann."[3]

In diesem Statement sind auch die meiner Lektüre nach wesentlichen Meinungen McLuhans zum Film enthalten. Erstens: Film ist medientechnisch gesehen das Bindeglied zwischen Mechanik und Elektrik, weil er das Fragmentierte und das Organische verschmilzt.[4] Zweitens: Medienästhetisch ist der Film auf die antrainierten Rezeptionsgewohnheiten der Gutenberg-Galaxis angewiesen, da Buch und Film in sehr ähnlicher Weise die Fantasie des Rezipienten zur Vermittlung von Sinn benötigen.[5] Drittens: Medienkritisch muss der Film als ideologische Maschine gesehen werden, die mit Vorliebe amerikanische Beglückungsphantasmen unters Weltvolk bringt.

Im Hinblick auf die übergeordnete Fragestellung wird man als erstes Zwischenergebnis zum Dispositiv Kino/Film festhalten müssen: McLuhan hatte nicht Recht oder Unrecht, er hatte einfach seine Zeit. Im Gegensatz zum medienanthropologischen Basis-Theorem der Medien als Sinneserweiterungen, das anscheinend immer aktueller wird,[6] sind die Film-Thesen wohl nicht

---

2 Grundlegend waren dabei die beiden Aufsätze von J.-L. Baudry: Ideologische Effekte erzeugt vom Basisapparat (1970). In: Eikon 5 (1993), S. 34-43 (frz. Cinéthek Nr. 6/7 (1970)) und J.-L. B.: Das Dispositiv: Metapsychologische Betrachtungen des Realitätseindrucks. In: Psyche 48 (1994), H. 11, S. 1047-1074 (frz. Communications 23 (1975)). Auf Englisch und im Debattenzusammenhang vgl. Ph. Rosen (ed.): Narrative, Apparatus, Ideology. A Film Theory Reader. New York, Oxford 1986. Zu einer aktuellen Bewertung vgl. J. Hans: Das Medien-Dispositiv. In: Tiefenschärfe – Zeitschrift des Zentrums für Medien und Medienkultur/Universität Hamburg, Schwerpunktthema WS 01/02: Medientheorie. Hamburg 2001, S. 22-28.

3 McLuhan (Anm. 1), S. 441.

4 „Der Film, mit dem wir die wahre Welt als Filmmeterware aufspulen, um sie dann als Zauberteppich der Phantasie abrollen zu lassen, ist eine sensationelle Verbindung der alten mechanischen Technik mit der elektrischen Welt." (McLuhan (Anm. 1), S. 430)

5 „Wenn der Film das Mechanische und das Organische zu einer wellenförmigen Welt verschmilzt, wird auch seine Verbindung zur Technik des Buchdrucks hergestellt. Der Leser muß beim Projizieren von Wörtern sozusagen den weißen und schwarzen Sequenzen von Momentaufnahmen – der Buchdruck ist nichts anderes – folgen und dabei die Tonspur selbst beistellen. Er versucht, dem geistigen Profil des Verfassers mit verschieden großer Geschwindigkeit und Illusion zu folgen und ihn zu verstehen. Man kann den Zusammenhang zwischen Film und Buchdruck, in Bezug auf ihr Vermögen, im Zuschauer und Leser Vorstellungen anzuregen, kaum überschätzen." (McLuhan (Anm. 1), S. 432.)

6 So Oliver Fahle in der Einführung zum Kapitel ‚Begründungen' in: C. Pias u.a. (Hg.): Kursbuch Medien. Die maßgeblichen Theorien von Brecht bis Baudrillard. Stuttgart 1999, S. 14. Einen anderen Aspekt, den unklaren Medienbegriff, machen Daniela Kloock und Angela Spahr in ihrer Einführung ‚Medientheorien' (München 1997, S. 57) stark. Dieser schwäche auch das Basistheorem der Körperausweitung: „Die Ausweitung des

zu retten. Zu stark ist die Bindung des Humanisten McLuhan, der sich zu Beginn seiner Karriere mit Formen der Lehre an mittelalterlichen Universitäten und der Dichtung von Joyce und Ezra Pound beschäftigte,[7] an die Gutenberg-Galaxis. Wenn er anmerkt, dass die Filmindustrie mit gutem Grund ihre großen Erfolge für Abkömmlinge von Romanen hält, dann ist das eben nur das erste Moment einer Entwicklung, die Norbert Bolz in McLuhan-Paraphrase mit ein bisschen Luhmann so charakterisiert:

> „Die Effekte eines Mediums sind völlig unabhängig vom Programm. Mit dieser Einsicht hat Marshall McLuhan den Gegenpol zur qualitativen Inhaltsanalyse markiert. Bei der Evolution neuer Medien ist immer zu beobachten, daß sie sich zunächst an älteren Medien orientieren, bevor sie sich am Maßstab der eigenen technologischen Möglichkeiten messen. Schließlich nehmen die Medien dieses ursprüngliche Abhängigkeitsverhältnis in eigene Regie und funktionieren als Medien von Medien. Der Inhalt des Mediums ist immer ein anderes Medium. Und es ist einer der wichtigsten Effekte des Inhalts, vom Medium abzulenken."[8]

In aller Pauschalität lässt sich sicherlich festhalten, dass sich der Film der frühen Jahre am Medium Theater orientierte und dessen Guckkasten-Matrix in zahllosen abgefilmten Inszenierungen doppelte. Und für viele Produktionen bis hinein in die Tonfilmära mag auch stimmen, dass sich das neue Medium am alten Medium Buch bzw. spezieller am Roman orientierte. Eine These, die übrigens nicht nur in Kanada, sondern auch im Tübinger Forschungsprojekt ‚Historismus und literarische Moderne' vertreten wurde, das als ein Teilergebnis erbrachte, dass der aufkommende Film die Stiftung narrativer Kohärenz vom lexemautonomisierten Medium Literatur übernahm.[9]

Doch gab es eben Anfang der 60er Jahre, als ‚Understanding Media' entstand, schon seit mehreren Jahren den Neo-Realismus, die Nouvelle Vague war vor allem mit Alain Resnais und Jean-Luc Godard stark selbstreflexiv geworden (‚Letztes Jahr in Marienbad' 1960; ‚Pierrot le fou' 1963), Michelangelo Antonioni experimentierte nicht mehr nur mit Plotstrukturen wie in der Trilogie der „Krankheit der Gefühle", sondern auch mit Ton und Farbe wie in ‚Deserto Rosso'. Will sagen: Der Film, der im fernen Kanada noch in der Klamottenkiste Charlie Chaplins verortet wird, ist längst in die Phase eingetreten, die Bolz die Ausrichtung an den eigenen technischen Möglichkeiten

---

Körpers umfasst vom Rad bis zum Computer Technik ganz allgemein, eine Unterscheidung zwischen Medien und Technik ist in diesem Rahmen kaum zu treffen. McLuhan verwendet ‚Medium' und ‚Technik' häufig synonym. Der Umfang des Begriffs geht noch darüber hinaus, in *Understanding Media* werden Straßen, Häuser, die Mode und Geld als Medien behandelt."

7 Ausführlicher zum intellektuellen Werdegang McLuhans vgl. C.-P. Leonhardt: Medienanthropologie. In: M. McLuhan, B. R. Powers: The Global Village. Der Weg der Mediengesellschaft in das 21. Jahrhundert. Paderborn 1995 (engl. The Global Village. Transformations in World Life and Media in the 21st Century. Oxford 1989), S. 225-254.

8 N. Bolz: Am Ende der Gutenberg-Galaxis. Die neuen Kommunikationsverhältnisse. München 1993, S. 111.

9 Vgl. dazu G. Wunberg: Unverständlichkeit – Historismus und literarische Moderne. In: Hofmannsthal-Jahrbuch 1 (1993), S. 309-350.

nennt. Möglichkeiten, die Andrej Tarkowskij in seinem Buch ‚Die versiegelte Zeit' von 1984 vollkommen zutreffend so beschreibt:

> „D[as neue ästhetische] Prinzip besteht darin, dass der Mensch zum ersten Mal in der Geschichte der Kunst und Kultur eine Möglichkeit gefunden hatte, *die Zeit* unmittelbar *festzuhalten* und sich diese zugleich so oft wieder reproduzieren zu können, also zu ihr zurückzukehren, wie ihm das in den Sinn kommt. Der Mensch erhielt damit eine Matrix der *realen Zeit*. Die gesichtete und fixierte Zeit konnte nunmehr für lange Zeit […] in Metallbüchsen aufgehoben werden."[10]

Das für mich bei der Re-Lektüre McLuhans wirklich Erstaunliche war, wie wenig Beachtung er diesem Aspekt der Zeitlichkeit widmet. Und das ist umso erstaunlicher in Anbetracht des genialen Titels des Film-Kapitels Nr. 29: „The Reel World". McLuhans Spiel mit der Homonymie von ‚real' im Sinne von ‚wirklich' und ‚reel' in der Bedeutung ‚Rolle'/‚Spule' wurde in der bisherigen Übersetzung mit „die filmmeter ‚wahre' Welt" oder, etwas schöner, die „‚meterwahre' Welt" wiedergegeben – ‚wahre' dabei immer mit ‚h' geschrieben, heute würde man dieses ‚h' vielleicht zumindest einklammern. Ich würde als weitere Übersetzungsvariante „Die Rollen-Welt" vorschlagen, mit der über die Abbildung des Wortspiels hinaus für mich entscheidende Aspekte des Mediums Film angedeutet würden:

Erstens bildet Film Welt mittels fotochemischer Prozesse ab, die auf dem Zelluloid in Interaktion mit einer pro-filmischen Wirklichkeit ablaufen und hinterher im Labor sichtbar gemacht werden; das Bild der Zelluloid-Rolle ist, denke ich, im kollektiven Bewusstsein verankert. Zweitens verweist die Vorstellung der in vorgegebenem Tempo abgespulten Rollen auf das Wahrnehmungsdispositiv Kino-Raum, in welchem die fiktionale Welt entsteht. Und, drittens, deutet die Übersetzung „Rollen-Welt" auf die Inszenierung von Wirklichkeit hin, die im Medium Film zu großer Perfektion gebracht worden ist: Es werden eben Rollen gespielt, und im Film ist paradigmatisch eine *condition humaine* sichtbar, wenn man Erving Goffman folgt,[11] was zuletzt in der ersten Sequenz des David-Lynch-Films ‚Mulholland Drive' (USA 2001) eine kongeniale, die gesamte Hollywood-Handlung verdichtende Umsetzung gefunden hat. Die sich kurz in wechselndem Stil und Outfit in den Vordergrund tanzenden Paare zeigen anschaulich das „step in the arena", in der man ein (soziales) Schrittmuster kennen und zugleich mit einer eigenen Interpretation versehen muss.

Trotz dieser großartig-treffsicheren Formulierung „The Reel World" findet eine Analyse der Zeit im Hinblick auf Film bei McLuhan nicht statt. Sie wird nur indirekt geleistet, wenn er hervorhebt, dass eine Filmszene eine Fülle von Details präsentieren könne, für die man in einer literarischen Schilderung mehrere Dutzend Seiten bräuchte. Das ist ja auch der Hintergrund für die berühmte Unterscheidung in „heiße" Medien wie Radio und Film

---

10 A. Tarkowskij: Die versiegelte Zeit. Gedanken zur Kunst, zur Ästhetik und Poetik des Films. Neuaufl. München 2000 ([1]1984), S. 65.

11 Vgl. E. Goffman: Wir alle spielen Theater. München 1983.

sowie „kalte" Medien, dazu zählt McLuhan die Sprache, Telefon und Fernsehen. Im Medium Sprache sei aufgrund ihrer Leerstellen eine hohe eigene Beteiligung erforderlich, damit sich ein Inhalt transportieren könne. Heiße Medien hingegen erfordern durch ihren Detailreichtum, das ist ihre hohe Informationsdichte, nur wenig Eigenarbeit und sprechen daher meist nur einen Sinn, z.B. den Sehsinn im Film an.

Für McLuhan bleibt der erwähnte Übergang von der Welt der Folge (z.B. der Romandetails) zur Welt der schöpferischen Gestalt und Struktur das letztlich Entscheidende, wenn er für die Botschaft des Mediums Film den „Übergang von linearer Verbindung zur Gestalt" hält.[12] Ein Übergang, den Jochen Hörisch im letzten Band „Ende der Vorstellung" seiner dreiteiligen Ontosemiologie das Umschalten vom „Sinn" auf die „Sinne", auf das „Sein" genannt hat. Die audiovisuellen Medien seien „buchstäblich geist-, ideen- und transzendenzlos"[13], da sie aufgrund ihrer Technik ein analoges, auf das Sein zielendes Verhältnis zum Abzubildenden hätten, wohingegen die arbiträren Medien Sprache/Schrift den Sinn verhandelten. Hörisch sieht die grundsätzliche Eigenschaft aller AV-Medien darin, dass sie sich eben nicht wie die Schrift/Lautsprache durch digitale, sondern durch Codierung qua Ähnlichkeitsbeziehung auszeichnen. In diesem Unterschied zwischen der Abstraktion der Worte (Vorstellungen) und der Konkretion der Bilder liegt die Bruchstelle zwischen „Transzendenz" und „Transparenz". Hörisch kommt also zum Gegenteil von McLuhans Einschätzung zum Verhältnis Buch-Film: Für den Kanadier war wie ausgeführt die Aktivität des Rezipienten in beiden Medien annähernd gleich. Die ontosemiologische Basis des Wechsels von den alten Leitmedien „Abendmahl" und „Geld" zum aktuellen „Neue/Neueste Medien" macht ein Schema[14] deutlicher, in dem Hörisch die zentralen Charakteristika stichpunktartig markiert:

- Korrelation von Sein und Sinn: realistisch (vgl. Geld: funktional)
- Deckung: tautologisch (‚ent-deckt')
(vgl. Abendmahl: auratisch-realpräsentisch)
- Hermeneutik: Überfluss (aber mit der Ahnung, dass der Sinn verschwunden sein könnte)
real (vgl. Abendmahl: analog – Wein/Blut)
- Haupt-Zeitmodus: Echtzeit (vgl. Geld: Gegenwart/Zukunft: Investition)
- Wirklichkeitsprägung: Realismus (vgl. Abendmahl: Metaphysik)

---

[12] McLuhan (Anm. 1), S. 29.

[13] J. Hörisch: Ende der Vorstellung. Die Poesie der Medien. Frankfurt/M. 1999, S. 159.

[14] Hörisch (Anm. 13), S. 242f.; die Klammern mit kurzen Erläuterungen stammen teilweise von mir, J. M.

- Pathologien: De-Realisierung (vgl. Geld: Neurose, Geld mit Geld verknüpfen zu müssen)
- Verbindlichkeit: schwindend (Medien brauchen in der Fülle keine Zustimmung; im Gegensatz zu Geld: kann man nicht nicht gebrauchen)

Im Folgenden möchte ich etwas näher untersuchen, wo der Film in dieser doch sehr weit gefassten „Neue Medien"-Leitmedium-Bestimmung nun genau steht. Schon Hörisch macht in der Gegenüberstellung von Paul Virilio und Siegfried Kracauer eine Polarität von Medienskepsis und Filmenthusiasmus auf. Diese lässt sich in punkto „Haupt-Zeitmodus" als Widerstreit zwischen „Medien führen zum rasenden Stillstand vs. Filme retten die Echtzeit und haben ein zärtliches Verhältnis zur Zeitlichkeit von Sein und Dasein"[15] buchstabieren. Im Hinblick auf die „Echtzeit" des oben zitierten Schemas müsste hier eine begriffliche Unterscheidung getroffen werden. Die Echtzeit des neuen Leitmediums meint wohl die nicht medial zeitversetzte/retardierte Kommunikation: Die zur Verfügung stehende Antwortzeit bei ‚Wer wird Millionär?' ist im Studio wie vor dem Bildschirm die gleiche. Es ist im Fernsehen eben nicht wie beim Lesen so, dass es je nach Geschwindigkeit der Buchstabenerkennung und Verarbeitung sehr verschiedene Rezeptionstempi geben kann. Die von uns zu prozessierende Information ist bei den AV-Medien im Moment zur Gänze da, jeder Augenblick wird von uns als ‚gegenwärtig' im Alltagssinne anerkannt. Im Falle der Kracauer-Paraphrase scheint es zweitens aber um etwas anderes zu gehen, und zwar das, was man mit Andrej Tarkowskij die „faktische Form" nennen könnte. Nochmals aus ‚Die versiegelte Zeit':

> „Die Kraft des Kinematographen besteht gerade darin, dass er die Zeit in ihrer realen und unauflöslichen Verknüpfung mit der Materie der uns täglich, ja stündlich umgebenden Wirklichkeit belässt. Die Grundidee von Film als Kunst ist *die in ihren faktischen Formen und Phänomenen festgehaltene Zeit.*"[16]

Hier wird über die nicht zeitversetzte Rezeption hinaus vor allem die Verbindung der Zeit mit dem Raum bzw. ihre Erfahrbarkeit an und in den Phänomen angesprochen. ‚Zu retten' ist in diesem Sinne nicht die Quiz-Show, sondern eine Welt, die zunehmend von ‚falschen', weil mit Profit-Interesse geschnittenen, manipulierten oder gar künstlich generierten Bildern verstellt wird. Tarkowskijs Beharren auf der einzig akzeptablen Bemessungsgröße „richtiger Zeitdruck der Einstellung" ist zudem ein am indexikalischen Status des Filmbildes[17] orientiertes Bekenntnis zur pro-filmischen Wirklichkeit,

---

15 Hörisch (Anm. 13), S. 189.

16 Tarkowskij (Anm. 10), S. 66.

17 Die Kategorie „Index" ist ein Teil der Zeichen-Triade „Ikon-Index-Symbol", die von Charles Sanders Peirce entwickelt wurde. Index ist die Seite des Zeichens, die auf seine faktische Verbindung mit dem Zu-Repräsentierenden verweist: im Falle des Films das

das die Schöpfung in ihrem So-Sein lobt und die Apokatastasis als Utopie ersehnt.[18] Seine Einschränkung „Film als Kunst" macht allerdings deutlich, wie unwahrscheinlich der beschriebene Gebrauch des Mediums ist, der auf ein emphatisches Erleben der Dauer und nicht auf die Wegzappen-Mentalität des Mainstream-Publikums ausgerichtet ist. Zur umfassenderen Ergründung des Verhältnisses von Echtzeit, De-Realisierung und kollektiver Wahrnehmung möchte ich daher der genaueren Bestimmung der ‚Zeit' und ihrer Kino-Erscheinungsformen einige rahmende Bemerkungen zu Gesellschaftsentwicklungen voranstellen.

Mit Hilfe der Arbeiten des italienischen Philosophen und Soziologen Maurizio Lazzarato lässt sich Hörischs ontosemiologischer Annahme eine sozioökonomische Basis geben. Lazzaratos Thesengang, den ich aus einem Aufsatz zur „Immateriellen Arbeit" und aus der Studie ‚Videofilosofia. La Percezione del Tempo nel Postfordismo' von 1996 entwickeln möchte,[19] basiert auf einer politökonomischen Analyse des Globalisierungskapitalismus. In dem Text „Verwertung und Kommunikation" schreibt der in Paris lebende Denker:

> „Ich möchte zeigen, wie der Verwertungsprozess tendenziell mit dem Prozess zusammenfällt, in dem gesellschaftliche Kommunikation produziert wird, und dass beide, Verwertung und Kommunikation, unmittelbar durch eine gesellschaftliche und eine territoriale Dimension gekennzeichnet sind. Eine Voraussetzung und zugleich ein Resultat, wenn wir von immaterieller Arbeit sprechen, ist die Ausdehnung der produktiven Kooperation, so dass sie eben auch die Produktion und Reproduktion der Kommunikation einschließt und somit auch deren Kern: die Subjektivität. Zeichnete sich der Fordismus durch die Integration der Konsumtion in den Zyklus der Kapitalreproduktion aus, so integriert der Postfordismus die Kommunikation."[20]

Wird also Subjektivität als Kern gesellschaftlicher Kommunikation in den Verwertungsprozess einbezogen, läuft diese Kommunikation ferner maßgeblich in Realtime ab, werden also andere Zeitdimensionen verdrängt, dann bleibt letztlich nur die dauernde Selbstmaximierung übrig. Die Unterscheidung von Arbeits- und Freizeit verschwindet im Grau einer „Wie-auch-

---

Licht. Vgl. dazu meine Magisterarbeit aus dem Jahr 1997. J. Metelmann: Bild-Figuren. Zum uneigentlichen Gebrauch eigentlich rhetorischer Begrifflichkeit in der Theorie des Kinos – oder: Von der Rhetorik zur Poetik der Film-Metapher (und wieder zurück), S. 51-82. In: metelmann.de, 26.01.2004, http://www.metelmann.de, Link: Bildfiguren.

18 Vgl. H. Böhme: Ruinen – Landschaften. Zum Verhältnis von Naturgeschichte und Allegorie in den späten Filmen von Andrej Tarkowskij. In: H. B.: Natur und Subjekt. Frankfurt/M. 1988, S. 334-379.

19 M. Lazzarato: Videofilosofia. La Percezione del Tempo nel Postfordismo. Roma 1996. Die deutsche Übersetzung ‚Videophilosophie. Zeitwahrnehmung im Postfordismus' ist im Sommer 2002 im Berliner b_books-Verlag erschienen. Ich beziehe mich auf das italienische Original, die Übersetzungen stammen von mir.

20 M. Lazzarato: Verwertung und Kommunikation. Der Zyklus immaterieller Produktion. In: Th. Atzert (Hg.): Toni Negri, Maurizio Lazzarato, Paolo Virno – Umherschweifende Produzenten. Immaterielle Arbeit und Subversion. Berlin 1998, S. 53-65, hier S. 53.

immer-Zeit", eine „tempo qualunque", die den Postfordismus auszeichne, wie Lazzarato in ‚Videofilosofia' anmerkt. Dass diese Trennung nicht nur für Kritik marxistischer Provenienz maßgeblich war, zeigt auch die Reformulierung des Foucault'schen Theorems der „Disziplinargesellschaft" durch Gilles Deleuze. In seinem wichtigen Text „Postskriptum über die Kontrollgesellschaften"[21] führt er aus, dass sich die soziale Formierung der Subjekte nicht mehr in erster Linie auf die Körper richte, sondern vielmehr auf deren Seele. Wo die Menschen früher in den von Foucault analysierten Institutionen durch ihre Präsenz einen bestimmten Habitus annahmen, da werden sie nun in der Kontrollgesellschaft genötigt, sich omnipräsent auszuliefern, indem sie sich selbst dauerhaft vermarkten. Der Mensch geht nicht mehr in ein Unternehmen, sondern wird selbst eines. Das Tier, das die Kritikmöglichkeiten gegen diese neue Gesellschaft am besten allegorisiert, ist für Deleuze die Schlange. Im Gegensatz zum Maulwurf, der für die handgreifliche Subversion der Disziplinarregime stand, bewegt sich die Schlange durch punktuelle Kontraktionen, die sich sofort wieder auflösen können, sie schlängelt sich eben im wahrsten Sinne des Wortes am Kontrollanspruch vorbei. Und dieser Anspruch ist ein genuin zeitlicher, der auf 24-Stunden-Dienstleistungsbereitschaft gerichtet ist. Wie eine solcherart globalisierte Subjektivität aussieht und zunehmend aussehen wird, das hat Richard Sennett in seinem Buch „Der flexible Mensch" skizziert: Komplett deterritorialisierte Existenzen, die keine Identität, keinen Charakter mehr haben,[22] weil die bisher zur Verfügung stehenden Narrationsmuster „lebenslange Arbeitsstelle", „lebenslange Bindung an einen Ort", „lebenslange Freund-/Partnerschaften" vom neuen Kapitalismus ausgehebelt werden. Was zu bleiben scheint, ist ein zunehmend schlafloseres Dauerstress-Single, das sich Rudimente eines Selbst durch aufoktroyierten Konsum verschafft. Konsum, der im einzigen System mit einem einzigen Zeitmaß, dem der Verwertung – Lazzarato spricht von der *tempo-misura* –, letztlich alle zu „Konformisten des Andersseins" (Bolz) macht. „Life is just the copy of the copy of the copy", wie das der namenlose Held im Film ‚Fight Club' von David Fincher (USA 1999) übermüdet in die Kamera flüstert. Ausweg, nicht-militant: keiner.

Dafür ist vielleicht eine Problemdimension deutlich geworden: Wenn es stimmt, dass Subjektivität zunehmend als ganze und zunehmend ortlos-globalisiert verhandelt wird, also im zeitlichen Dauer-Verwertungsanspruch, dann braucht eine kritische Gesellschaftstheorie vor allem eines: eine Theorie der Zeit. Eine Theorie, die die Zeit in den Medien, die ja im Echtzeit-Modus abläuft, anders versteht. Ein Verständnis mithin der Potentiale, die im Hinblick auf Ich-Entwürfe in einzelnen Medien geborgen liegen. Es geht, um das Bild von Deleuze aufzunehmen, darum, der Schlange andere Möglichkeiten

21 G. Deleuze: Postskriptum über die Kontrollgesellschaften. In: G. D.: Unterhandlungen 1972-1990. Frankfurt/M. 1993, S. 254-262.

22 R. Sennett: Der flexible Mensch. Die Kultur des neuen Kapitalismus. Berlin 1998. Im Original heißt Sennetts Studie ‚The Corrosion of Character'.

der Muskelkontraktion aufzuzeigen. Gehen wir dafür einen Moment mit den beiden Film-Büchern ‚Das Bewegungs-Bild‘ und ‚Das Zeit-Bild‘ ins Kino.

Deleuze hat dort unter Bezugnahme auf Henri Bergsons Zeittheorie in ‚Matière et mémoire‘ eine Taxonomie des filmischen Zeichens erarbeitet, die quer zu zeichenphilosophischen oder filmgeschichtlichen Ansätzen steht, da sie das kontingente Auftreten von prinzipiell möglichen Bild-Typen zu denken versucht. Prämisse ist dabei die Annahme, dass man „Materie" definieren könnte als „Gesamtheit der Bilder", die ohne Bindung an ein sie wahrnehmendes Subjekt da sind, für niemanden vorhanden, sich an niemanden richten.

> „Während Wahrnehmungslehren zumeist dualistisch von zwei Polen der Wahrnehmungsbeziehung, Erkenntnissubjekt und Erkenntnisobjekt, ausgehen, legt Bergson [...] ein monistisches System gleichartiger, miteinander wechselwirkender Körper zugrunde, die er alle gleichermaßen als ‚Bilder‘ bezeichnet, wobei weniger Abbildungen als die bildhaften Wahrnehmungen damit gemeint sind. Er unterscheidet also nicht zwischen Gegenständen, Bildern und Subjekten (die das Bild hervorbringen). Alle diese ‚Bilder‘ stehen in nahtloser Wechselwirkung miteinander.
> Wahrnehmungen kommen in diesem System dann zustande, wenn ein ‚Bild‘ eine empfangene Wirkung nicht restlos an ein anderes ‚Bild‘ weitervermittelt, sondern vielmehr zurückhält und transformiert. [...] Solche ‚Bilder‘ sind der Wahrnehmung fähig, die die Kette der Wechselwirkungen verändernd unterbrechen und dabei selektiv vorgehen können. Ihnen gegenüber sinken die übrigen Bilder auf den Status von Wahrnehmungsobjekten herab. Der Urtyp eines der Wahrnehmung fähigen ‚Bildes‘ ist der Organismus (in der Diktion der Zeit: der Leib)."[23]

Vor diesem Hintergrund wird eine von Deleuze' Hauptthesen deutlicher: „Er [Bergson] sieht das Universum als Film an sich, als Meta-Film."[24] Die Geschichte des Kinos, die Deleuze im Folgenden erzählt, handelt davon, wie das Kino analog zum Funktionieren des Leibes verschiedene Wahrnehmungsformen entwickelt, die unterschiedliche Bild-Typen hervorbringen. Die Kulturtechnik Film wird so zum Kino-‚Bild‘, das andere Bilder anhalten, auswählen und speichern kann, wobei sich die Modi in der Zeit verändern. Die Geschichte verläuft dann ganz pauschal so, dass sich ein Wandel von einem bestimmten Bild-Typ, dem *Bewegungs*-Bild, hin zum *Zeit*-Bild vollzieht. Diesen Übergang sieht Deleuze im Kino des Neo-Realismus und der Nouvelle Vague ablaufen. Hier wird die Bindung der Bilder an Handlungen, also die Abbildung der Welt aus der Sicht eines Akteurs, prekär. Stattdessen werden immer mehr Situationen dargestellt, die nicht durch Bewegung, sondern durch die Wahrnehmung der Zeit selbst charakterisiert sind.

Die Pointe bei diesem Übergang ist nun, und das ist auch der Kristallisationspunkt der Zeit-Theorie Bergsons, dass sich im Zeit-Bild das Modell einer achronologischen Zeit manifestiert, die zugleich Gegenwart und Vergangen-

---

23 L. Engell: Einführung zum Kapitel ‚Wahrnehmung‘. In: Pias (Anm. 6), S. 302f.

24 G. Deleuze: Das Bewegungs-Bild/Kino 1. Frankfurt/M. 1997 (frz. Cinéma 1. L'image-mouvement. Paris 1983), S. 88.

heit ist. Hintergrund dieser Theorie ist Bergsons Kritik am westlichen Denken und dessen Unterwerfung der Wahrnehmung unter den Begriff sowie der Zeit unter den Raum, da nur so eine lineare Ordnung „klarer" und „bestimmter" Dinge herzustellen ist. Gegen solche reduktionistischen Diskontinuitäten will Bergson mit dem Modell der Zeit als Dauer letztlich dem Subjekt verloren gegangene Fähigkeiten der Synthese von Mannigfaltigem zurückgewinnen. Diese Synthesen vollziehen sich dann nicht mehr rein begrifflich-chronologisch, sondern als Kristallisationen der Zeit als Dauer, in denen die „Vernunft des Leibes", wie Nietzsche sagt, also z.B. auch somatische Erkenntnisprozesse besser abgebildet werden können. Bei diesem neuen Begriff von Zeit bzw. Subjekt gehören Gegenwart und Vergangenheit untrennbar zueinander, denn bei Bergson ist die Zeit der Ur-sprung als Trennung in die Dimensionen Aktualität und Virtualität.

> „Jeder Augenblick unseres Lebens bietet demnach diese beiden Aspekte: er ist aktuell und virtuell, einerseits Wahrnehmung und andererseits Erinnerung. Er spaltet sich zur selben Zeit, wo er eintritt [...]. Derjenige, der von der unaufhörlichen Verdopplung seiner Gegenwart in Wahrnehmung und Erinnerung Kenntnis nimmt, [...] wird sich einem Schauspieler vergleichen, der automatisch seine Rolle spielt und der dieses Spiel zugleich hört und sieht."[25]

Auf Film bezogen kommt Deleuze zu der These, dass im Neo-Realismus und der Nouvelle Vague Bilder bzw. Bild-Sequenzen erscheinen, in denen die Figuren mit dieser Gleichzeitigkeit von Gegenwart und Erinnerung konfrontiert werden. Sie begegnen Zonen der Unbestimmtheit und Unentscheidbarkeit, die das Handeln verunmöglichen, die Aktion lähmen. Die Personen z.B. in den frühen Filmen Antonionis werden zu „Sehenden", worunter Deleuze mit Nietzsche die Fähigkeit versteht, sich einer Situation aussetzen zu können, ohne etwas davon oder damit zu wollen, also auch ohne ein Urteil fällen zu müssen. Der Faden zwischen Handeln und Erkennen, Bewegung und Zeit ist gerissen. Der Glanz des Bewegungs-Bildes lag darin, dass die Intervalle zwischen den einzelnen Bildern nicht autonom wurden, dass die Figuren nicht zu „Sehenden" wurden, die sich etwas Undenkbarem zu stellen hatten, das ihre Aktionsfähigkeit unterminierte. Im Zeit-Bild hingegen wird das Intervall selbständig, die Zwischenräume sind irreduzibel und wuchern so unbändig, dass die derart entketteten Bilder nur noch mit irrationalen Schnitten zusammengefügt werden können. Indem der Film eine eigene Welt ohne Ähnlichkeitsverhältnis wird, bildet er, so Deleuze weiter, die Öffnung der Welt für den Ab-Grund ab, den die Philosophie des 20. Jahrhunderts zu denken versucht hat. Eine Öffnung, die das Kino, in dessen kinematographischem Bild sich die Künste des 20. Jahrhunderts treffen, zugleich dokumentiert wie selbst vollzieht.[26] Diese Erfahrung der Zeit als Dauer, deren Kristallisationen in den wuchernden Intervallen eben deutlicher wird als im Bewe-

---

25 Zit. n. G. Deleuze: Das Zeit-Bild/Kino 2. Frankfurt/M. 1997 (frz. Cinéma 2. L'image-temps. Paris 1985), S. 109.

26 So F. Balke: Gilles Deleuze. Frankfurt/M., New York 1998, S. 76.

gungs-Bild, bei dem die Zeit der Bewegung unterworfen war, hat dabei eine genuin politische Dimension, wie Deleuze betont. Diese Loslösung von mit dem Bewegungs-Bild verbundenen Verkettungen (und damit Subjekt-Bildungs-Mechanismen bzw. Glaubenssätzen einer verordneten Transzendenz: Gott, Werte etc.) muss als Chance begriffen werden, mit neuen, anderen Bild-Verknüpfungen „gegen Hitler, aber genauso gegen Hollywood, gegen dargestellte Gewalt, gegen die Pornographie, gegen den Kommerz"[27] vorzugehen.

Sah Deleuze im Zeit-Bild der Kino-Avantgarde ein gesellschaftsveränderndes Potential, so ist dieses für Lazzarato durch die Entwicklungen der westlichen Medienlandschaft schon wieder obsolet geworden. Denn das Aufkommen und der Siegeszug des Fernsehens habe eine entscheidende Veränderung im Hinblick auf die Zeitlichkeit der Medien etabliert: Wo das Kino die Zeit im Bild nur repräsentier(t)e, da *ist* das Fernsehen ein direktes Bild der Zeit. Es seien Bilder, die auf genuine Weise Welt konstituieren.[28] Lazzarato argumentiert dabei im Sinne Walter Benjamins medien-/körpergeschichtlich, denn das erste Ziel der elektro-digitalen „Maschinen, die die Zeit kristallisieren", sei nicht das Auge, sondern der Körper: Jedes Sichtbarkeits-Dispositiv schaffe seine spezifischen Formen „passiver Synthesen". Habe Benjamin festgehalten, dass durch die choc-haft erfahrene Bilder-Sukzession des frühen Kino-Films ein gleichsam taktiles Element in die Optik selbst eingeführt wurde, so sei diese haptische Dimension für die TV/Video/Computer-User-Analyse geradezu selbstverständlich geworden. Wir können uns, so Lazzarato, diese neuen Medien gar nicht vorstellen, ohne dass ihr Gebrauchswert sich in einem Körper-Habitus niederschlage.[29] Die gemeinten Bilder lassen sich leicht aufrufen, auch wenn Lazzarato sie nicht nennt: die ‚Couch potato' des Fernseh- und Videodispositivs, die sich jetzt auch in wohnzimmergroße *Cinemaxx*-Sitze translozieren darf. In diesen Filmhäusern der Erlebnisgesellschaft, deren Produkte vor allem auf sinnliche Überwältigung zielen,[30] kommt der Aspekt nicht mehr so deutlich zum Tragen, der vor allem das Kunst-Kino in Zeiten der Videotheken auszeichnete: Man bewegte sich extra aus dem Haus, ging in bestimmte Filme, setzte sich auf hartes Gestühl und nahm die Predigt des Autorenmeisters entgegen. In krassem Gegensatz dazu steht die Somatik der PC-Welt, inkarniert im Com-

---

27 Deleuze (Anm. 25), S. 338.

28 Lazzarato (Anm. 19), S. 204. Lorenz Engell kommt in seinem Aufsatz ‚Fernsehen mit Gilles Deleuze' (in: O. Fahle, L. E.: Der Film bei Deleuze. Weimar 1997, S. 469-481) zu einer ähnlichen Feststellung: Aus Sicht der Theorie von Deleuze sei das TV-Bild eigentlich schon *über das hinaus*, was für das Kino das Neue des Zeit-Bildes war: Das TV-Bild ist schon *temps-image*, es ist schon ‚BilderZeit' (deshalb sei es nicht erstaunlich, dass das Fernsehen zeitgleich mit den Avantgarden aufkommt, die das Zeit-Bild erproben).

29 Lazzarato (Anm. 19), S. 197f.

30 Vgl. dazu K. Hickethier: Kino in der Erlebnisgesellschaft. Zwischen Videomarkt, Multiplex und Imax. In: I. Schenk (Hg.): Erlebnisort Kino, Marburg 2000, S. 150-165 (= Bremer Symposien zum Film IV).

puter-Neird, der in schweißigen Holzfäller-Hemden und Salami-Pizzen gedünstet vor seinem Rechner im wahrsten Sinne des Wortes ‚hängt', mit seinem Medium über Maus, Joystick, Datenhandschuh oder Ganzkörpercontrolling verbunden.

Für Lazzarato ist Benjamins Ansatz auch deshalb so brauchbar, weil er eine konkrete Kritik-Dimension eröffnet. Denn wenn von verschiedenen Seiten diese neuen Medien „dämonisiert" würden, dann glaube man noch immer an eine in erster Linie rational gesteuerte Form der Aneignung, wohingegen sich die neuen Technik-Formen schlicht durch Gewohnheit und Spiel verbreiteten. Wer dies nicht sehe, greife doppelt zu kurz, denn die Gewohnheiten schaffen auch die Akzeptanz für völlig unterkomplexe Umgangsweisen mit den „Maschinen, die die Zeit kristallisieren", denen ihre revolutionär-utopischen Dimensionen gänzlich genommen sind:

> „Die soziale Aufspaltung der Zeit in der zeitgenössischen kapitalistischen Gesellschaft lässt sich wie folgt beschreiben: Die Gegenwart findet in der Kulturindustrie statt (also das Bild, das keine Fülle und Essenz hat, das so ausschließlich als dauerndes Vergehen interpretiert wird, die Gegenwart also als einfache Wiederholung), während die Vergangenheit den Künsten zugeschoben wird (das Bild der Fülle; die bleibende und sich bewahrende Zeit)."[31]

Nirgendwo kann sich die *tempo-potenza* realisieren, das Zeit-Vermögen/Zeit-Macht, das die eigentlich revolutionäre Dimension der elektronischen und digitalen Medien ist. Diese stünde den Subjekten des Postfordismus eigentlich zur Verfügung, Lazzaratos Grundthese folgend, dass die „tecnologie elettroniche e numeriche", also Fernsehen, Video und Computer, die Kapazität haben, die Zeit zu kristallisieren, also genau der Prozess *zu sein* (und diesen nicht mehr nur zu repräsentieren), der oben als Teil der verloren gegangenen Subjekt-Schichten bezeichnet wurde. Die genannten Medien zeigen also nicht die Fähigkeiten des Menschen auf oder sind gar, wie McLuhan wollte, als Erweiterungen seiner Sinne zu verstehen – nein, diese Medien können vielmehr die Bedingungen zur Hervorbringung von so etwas wie ‚Subjektivität' überhaupt erst sichtbar machen.[32]

Diese *tempo-potenza* ist bei Bergson der Kreislauf ‚aktuell/virtuell', der idealerweise in dauernder Verdopplung als Differenz in koexistente Gegenwart und Vergangenheit abläuft. Entscheidend ist dabei, dass sich auch Gegenwart und Vergangenheit selbst wieder differenzierend doppeln, so dass es ‚Gegenwart' und ‚Erinnerung der Gegenwart' ebenso simultan gibt wie ‚konkrete Erinnerung' und ‚reine Erinnerung'. Mit diesem Vorschlag gelingt Bergson in Lazzaratos Lektüre die Lösung der Aporie des Vermögens, denn dieses könne in der Dopplung ohne eine notwendige Ausrichtung auf ein Machen gedacht werden. Das Vermögen dieses Modus' von Zeitlichkeit ist, dass er als „Quelle einer unvorhersehbaren Kreation des Neuen"[33] gesehen

---

31 Lazzarato (Anm. 19), S. 196.
32 Lazzarato (Anm. 19), S. 12.
33 Lazzarato (Anm. 19), S. 207.

werden kann, also Potentiale von Andersheit trägt, die der gesellschaftlich vorherrschenden Zeitform der *tempo-misura*, der Zeit als Maß, fehlen.

Der Postfordismus lässt sich demnach als Prozess der Entdifferenzierung lesen, in dem die klassischen Unterscheidungen wie die zwischen Gebrauchswert und Tauschwert oder zwischen Arbeitszeit und Lebenszeit ebenso wenig Bestand haben wie die zwischen Aktuellem und Virtuellem oder Realem und Imaginärem. Für Lazzarato stellt sich daher das zentrale Problem der politischen Philosophie in Form einer fehlenden Zeit- bzw. Medientheorie, die diese Differenz(en) zu artikulieren versteht. Denn besonders die *digitalen* „Maschinen, die die Zeit kristallisieren", bieten potentiell Fluchtlinien verschütteter bzw. neuer subjektiver und inter-subjektiver (Re)Konfigurierung.

> „Die digitalen Dispositive beschränken sich nicht wie das Fernsehen darauf, die Welt in Bildern zu verdoppeln, sondern sie redefinieren eine neue Materialität und eine neue Spiritualität über die Produktion/Reproduktion von Empfindung und Intellekt. Sie zeigen, dass die Zeit am Ursprung der Subjektivität und der Materie, des Herstellens wie des Erschaffens steht, und dass ihre Unterschiede (graduelle, keine kategorialen Differenzen) nichts anderes sind als Modulationen, Verfestigungen, Gewohnheiten der Zeit. Ein neue Kraft der Verwandlung und Schöpfung wird uns zur Verfügung gestellt. Neue Formen der Subjektivität und der Materialität sind möglich."[34]

War das Zeit-Bild im Kino also zeichentaxonomisch nicht auf der Höhe der Entwicklung (es *repräsentiert*, aber *ist* nicht), so ist das Fernsehen durch seinen hegemonialen Gebrauch im Verwertungskontext des Fordismus auf das bloße Präsens, die ewige Wiederholung des Verschwindens reduziert.[35] Video verbindet das Zeitmedium-Sein zwar noch mit einem aktiven sozialen Gebrauch, es ist *das* Medium in Lazzaratos ‚Videofilosofia', doch ist es durch das dominante Fernseh-Medium wiederum weitestgehend auf die Repräsentationsfunktion eingeschränkt worden: Wir alle wissen, was die VPS-Zeit ist. So muss sich die Hoffnung auf Emanzipation durch Technik im Deleuze'schen Tiervergleich durch die Computer-Netze der Microsoft-Galaxis schlängeln – mit der selbstkritischen Einsicht, dass sich Gebrauchsweisen, und sei ihr Potential noch so revolutionär, eben nicht intellektuell verordnen lassen. Das Kino-Dispositiv scheidet aus Lazzaratos medienphilosophischer Sicht sowieso aus, da es lediglich am Wendepunkt des ‚somatic turn' der Kristallisations-Medien steht. In seinem sozialen Setting reproduzier(t)en sich „Kult" und „Magie", die beide zentral auf Illusionierung zielen. Diese Gefangennahme durch Fiktionen sei heute nicht mehr möglich, da die Bilder nicht mehr von uns Zuschauern getrennt zu betrachten seien (und uns so

---

34 Lazzarato (Anm. 19), S. 207.

35 Eine These, die zuletzt Günter Thomas die „Liturgie des Fernsehprogramms" nannte, in der Inhalte völlig belanglos seien, da es allein um das Rauschen des Formats gehe, vgl. G. Thomas: Medien, Ritual, Religion. Zur religiösen Funktion des Fernsehens. Frankfurt/M. 1998.

‚choc-ieren' könnten), sondern vielmehr im Sinne Bergsons wir selbst als Teil-Bilder im durchgängig bildhaft gedachten Universum zu verstehen sind, das sich im Zeit-Sein der elektro-digitalen Medien anschaulich materialisiert.[36]

Aus anderer medienphilosophischer Sicht erfährt das Kino gerade durch das dominante Tele-Video-Dispositiv eine enorme Fähigkeit zur Illusionierung. In seinem Aufsatz ‚Die Spur und die Aura, angeregt durch *Benny's Video*' unterscheidet der Ex-Chefredakteur der ‚Cahiers du Cinéma' Dominique Païni zunächst zwischen zwei Dispositiven, dem des „Tele-Videos" und dem des „Kinos", und verbindet beide dann mit Bestimmungen der Aura von Walter Benjamin, die den signifikanten Unterschied zwischen beiden zum Ausdruck bringen. Für das Tele-Video-Dispositiv greift Païni auf die berühmte Bestimmung aus der ersten Fassung des Aufsatzes ‚Das Kunstwerk im Zeitalter seiner technischen Reproduzierbarkeit' aus dem Jahr 1935 zurück: Aura ist die „[e]inmalige Erscheinung einer Ferne, so nahe sie sein mag". Für Païni steht das Fernsehen in engem Bezug zum Referenten ‚Welt', es ist strukturiert durch das Fließen der Realität, die es abbildet. Die Realität als Referent ist nun *die Spur* im Tele-Video-Dispositiv, denn sie bleibt die unerreichbare Ferne, so nahe wir ihr in der permanenten und weiter anwachsenden Bebilderung durch das 24-Stunden-TV auch zu kommen scheinen. Im Gegensatz zum Fernsehen, das auf diese Weise von der Wirklichkeit und ihrer Kontinuität abhängt, kann das Kino-Dispositiv die Zeit der Abbildung und der Wahrnehmung *selbst* organisieren: Es schafft eine eigene Raum-Zeit-Dramaturgie. Zwischen das Verhältnis von Nähe des Zuschauers und Ferne des Referenten als Spur setzt das Kino so das Kunstwerk, das eine Wahrnehmung der Wirklichkeit als Ferne schafft, so dass es um die Welt als stets entrückte gar nicht mehr geht. Païni greift zur Bestimmung dieses Phänomens auf eine modifizierte Definition der Aura zurück, die Benjamin angeblich in ‚Paris, Hauptstadt des XIX. Jahrhunderts' gegeben hat: eine „einmalige Erscheinung einer Ferne, so nahe das auch sein mag, was sie hervorruft. In der Spur vergewissern wir uns der Sache, mit der Aura drängt sie sich uns auf."[37] Das Kino-Dispositiv rücke den Referenten in die Ferne des Abstands der Medialität, wodurch der Zuschauer eine illusionär-‚ausstrahlende' Erfahrung der Wirklichkeit mache, ohne dass er sie bzw. ihren Mangel spüre. Gerade die Distanz zum Fernen, dessen Absenz nicht als solche bemerkt wird, ist laut Païni Voraussetzung für die Nähe.

---

36 Lazzarato (Anm. 19), S. 203.

37 Da die entsprechende Belegstelle im deutschen Original nicht aufzufinden war, wäre es möglich, dass sich Païni Benjamin in einer wissenschaftlich fragwürdigen, aber äußerst produktiven Form der ‚Soufflierung' von Zitaten angeeignet hat. Für die Argumentation ist diese philologische Frage nicht entscheidend, da sich Païni deutlich auf Benjamins *Denkwegen* bewegt.

> „Das ist die Hypothese, die Haneke aufstellt: Während die künstlerische Moderne laut Benjamin von einem Verlust der Aura aufgrund der technischen Reproduzierbarkeit gekennzeichnet war, erhält das Kino, vormals die erste Kunstform dieses Umbruchs, nun eine unerwartete auratische Dimension. In *Benny's Video* steht das Kino gegen die Wiederholung der Bilder im Tele-Video-Dispositiv und ihre technologisch bedingte Nähe, weil diese die Macht haben, jedwede Raum-Zeit-Illusion der Handlung auszulöschen. Und Benjamin betonte, dass ‚der Wegfall der Illusionen und der Untergang der Aura identische Phänomene waren'."[38]

Es ist diese Verbindung von Nähe und Ferne in der Illusion des Kino-Kunstwerks, die der Melancholie des Tele-Video-Dispositivs entgegenwirken kann, wie sie sich in Benny inkarniert. Für Benny ist die Welt nichts als die dauernde Reproduktion der Tele-Video-Bilder, ohne dass sich in dieser Abbild- und Manipulierbarkeit der wiederholten Welt noch etwas von der Einmaligkeit der Bilder zeigte, die das Kino hingegen in der Schaffung „einer entfernten Fremdheit" noch aufrechtzuerhalten versteht. Haneke zeige im Medium Film, wie der Zuschauer (in) der Video-Welt gar nichts mehr *sieht*, sondern nur noch eine Art Kommunikationsendstück ist, auf dem die Filme des Tele-Video-Dispositivs *vorgeführt werden*. Damit gehe eine Banalisierung des Blicks einher, dem der gesehene Moment nicht mehr wichtig und kein Anlass zu wirklicher Wahrnehmungsaktivität ist. Die Eltern Bennys, und das bedeutet auch ihr ‚Kranksein am Blick', sehen die Ermordung des Mädchens durch ihren Sohn auf Video und reagieren darauf mit der Zerstückelung der Leiche, mit mehr nicht, so Païni.[39]

Das besondere Verdienst Michael Hanekes sei es, diese medialen Veränderungen und ihre gesellschaftlichen Konsequenzen im Medium Kino zu reflektieren, das seinerseits aufgrund der Wandlungen eben diese auratisierenden Ausdrucksmöglichkeiten erhielt.[40] Die Fähigkeit des Kinos, den Bildern eine „ferne Fremdheit" zu geben, deutet Païni auch als die Antwort des Filmemachers auf die Frage, was aus der modernen Kunst wird, wenn alle ihre Bereiche ent-auratisiert sind, oder anders gefragt: Was passiert mit dem Kino-Dispositiv am Ende des ersten Jahrhunderts seiner Geschichte angesichts der Ubiquität der Tele-Video-Welt?

---

[38] D. Païni: La traccia e l'aura a proposito di „Benny's Video". In: A. Horwarth, G. Spagnoletti (Hg.): Michael Haneke. Torino, Lindau 1998, S. 117-126, hier S. 123; Übersetzung J.M. Original in: D. P.: Le cinéma, un art moderne. Éditions Cahiers du Cinéma. Paris 1997, S. 159-168.

[39] Ich habe diesen Deutungsansatz auch in meiner Studie: ‚Zur Kritik der Kino-Gewalt. Die Filme von Michael Haneke' aufgenommen und dort weiter kontextuiert, vor allem im Hinblick auf die Fremdheit der Gewalt und die Verstörung des Zuschauers im Sinne nachhaltiger Rezeption. Vgl. J. Metelmann: Zur Kritik der Kino-Gewalt. Die Filme von Michael Haneke. München 2003.

[40] Es macht die Argumentation Païnis im Benjaminschen Sinne sehr plausibel, dass dieser die Semantik der Medien aus der technischen Entwicklung ableitet. Das Kino wird auratisch, weil das Tele-Video-Dispositiv die Bilderwelt beherrscht: Benjamin hat im ‚Kunstwerk'-Aufsatz ausdrücklich darauf verwiesen, dass sich der Verfall der Aura im Medium der Wahrnehmung an gesellschaftlichen Umständen festmachen lässt.

Es wird die ‚Kirche der Postmoderne', wie man Überlegungen von Georg Seeßlen und Vilém Flusser im Hinblick auf Païnis These bzw. die Antwort Hanekes begrifflich pointieren könnte. Für Seeßlen zeigt sich die enorme gesellschaftliche Relevanz des Kino-Films/-Dispositivs in der Semantik der Gewalt. So bemerkt er zum Verwertungskreislaufs von Mediengewalt: „[V]ielleicht drehen sich die Verhältnisse schon längst um: Die mythische Gewalt im Kino will hier und dort die ‚große' Fiktion gegen die gewalttätige Normalität des Fernsehens bewahren."[41] Innerhalb dieser sich immer schneller reproduzierenden Verwertungszyklen sei der medienpädagogische oder kulturkritische Kino-Skandal von heute die Fernsehnormalität von morgen – aber eben der *Kino*-Skandal, was immer noch auf eine spezifische Topographie des Diskurses verweist. Diesen besonderen Ort ‚Kino', diese architektonische Basis des Dispositivs hat Vilém Flusser wiederum in eine Traditionslinie mit dem Kirchenraum gestellt. Es sei ein Irrtum, Kinosäle mit dem Theater in Verbindung zu bringen, sie würden vielmehr von der Basilika abstammen.[42] Flusser entwickelte diese These schon Mitte der siebziger Jahre aufgrund von Beobachtungen in US-amerikanischen shopping malls: In diese Einkaufsstädte wurden die Vorführsäle integriert, die vor Hektik und weltlichem Streben ebenso Schutz boten wie die Kultorte des Christentums.

Der entscheidende Aspekt bei der Bestimmung der Besonderheit des Kinos, sei dies nun ein „Kult" im positiven oder negativen Sinne, scheint also die spezifische Verbindung von Zeit- und Raum-Wahrnehmung zu sein. An dieser Stelle lassen sich auch die beiden wesentlichen Punkte aus Hörischs Schema, „Hauptzeitmodus" und „Pathologien", korrelieren: Die Echtzeit im genannten Sinne der ‚gänzlichen Gegenwärtigkeit' ist dominant, weil es die Seinsweise der neuen und neusten Medien Fernsehen, Video und Computer ist. Sie sind, wie Maurizio Lazzarato definiert, „Maschinen, die die Zeit kristallisieren", und zwar, obwohl beide ikonisch/analog abbilden, ohne wie der Film auch eine indexikalische Beziehung herzustellen. Beim Film im herkömmlichen Sinne ist es das Licht, das eine faktische Beziehung zwischen Zeichen und Zu-Repräsentierendem stiftet, indem es das Bildmaterial zur Reaktion bringt. Die Zeit der Belichtung versiegelt die Raum-Zeit in der Filmrolle, und ein bestimmter Ausschnitt einer pro-filmischen Realität wird bewahrt und wiederholbar, als ein So-Seiendes in ein So-gewesen-Seiendes überführt, das stets wieder präsentisch rezipiert werden kann – denn die Echtzeit im zweiten genannten Sinne, also als emphatisch verfochtene Nobilitierung des Seins, ist *auch* Echtzeit im ersten Sinne. Nur scheint aufgrund der spezifischen Kombination aus Indexikalität und Illusionskraft die Pathologie der De-Realisierung vor dem klassischen Bild-Medium des 20. Jahrhunderts Halt gemacht zu haben.

---

41 G. Seeßlen: Gewalt in Medien – Die höllischen Wunschmaschinen. In: HeavenSent 3 (1994), S. 86-95, hier S. 91.

42 V. Flusser: Filmerzeugung und Filmverbrauch. In: V. F.: Medienkultur. Hg. v. Stefan Bollmann. Frankfurt/M. 1997 (Orig. 1979), S. 89-102, hier S. 96.

Diese Eigenart der Zeit-Raum-Korrelation ist m.E. *das* Film-Spezifikum im Medienverbund: Filmische Repräsentationen *können*, so hat die Haneke-Deutung mit Païni ergeben, eine auratische, eine ausstrahlende Wirkung haben, d.h. sie produzieren Nachhaltigkeit des ästhetischen Erlebnisses, die Fiktionalität und Realität in eine nicht-identitäre Beziehung setzt – ‚nicht-identitär' in dem Sinn, dass das Imaginäre die Realität nicht im Psychoanalyse-Fahrwasser aufgesogen hat, die Bilderwelt die symbolische Ordnung nicht außer Kraft setzt; und ‚Beziehung' in dem Sinn, dass auch keine Parallelwelten im Denkstil der Baudrillard'schen *Simulacren* entstanden sind.

Filmische Repräsentationen können das Phänomen ‚Zeit' in verschiedenen Kontraktionen bzw. Kristallisationen zeigen, und zwar im Modus der Echtzeit im ersten Begriffssinn (z.B. Haneke das Tele-Video-Dispositiv). Das Faszinosum des Mediums Film besteht besonders darin, dass es eine zeitlich vorgegebene Rezeption mit den internen Faltungen von Zeit verbindet. Dass, um es mit Deleuze/Bergson zu formulieren, in der linearen Zeit die Zeit als Dauer erfahrbar wird, und zwar erfahrbar als Kristallisationen des Aktuell/Virtuell-Kreislaufs von Zeit, d.h. einer je spezifischen Verbindung von Gegenwart und Vergangenheit. Was den Film so gerade in unserer Zeit wichtig und aktuell macht, ist die Spannung zwischen Kontrolle und Kontrollverlust, die sich temporal lesen ließe als Changieren zwischen *tempo-misura* und *tempo-potenza*, also Zeit als Verwertungsmaßstab und Zeit als Quelle des Neuen, des Ereignisses, der unvorhergesehenen Kontraktion.

Jürg Häusermann

Räume des Radios

Der Satz „The Medium is the Message" ist populär wie eh und je. Er lässt sich als Kommentar praktisch immer einsetzen, wenn Trends der Massenkommunikation etikettiert werden sollen – sei es die Vereinnahmung ganzer Landschaften durch die Zigarettenwerbung, die Ritualisierung von Nachrichtensendungen oder die Tendenz von Unterhaltungsprogrammen, sich selbst zum Thema zu machen. Aber die ständige Wiederholung hat uns auch dafür sensibilisiert, die Medienabhängigkeit von Botschaften zu erkennen. Jedes Medium, so scheint es jedenfalls, prägt den Gehalt seiner Botschaften auf seine eigene Art. Ob die Kunde von einem Ereignis über das Fernsehen oder über das Radio verbreitet wird, ist nicht belanglos. Meinungsbildung aufgrund von Bildern geschieht anders als Meinungsbildung aufgrund rein verbaler Informationen. Ein Beispiel dazu liefert der Anschlag auf die beiden Türme des World Trade Center in New York vom 11. September 2001. Die ersten Nachrichten berichteten darüber in Sätzen wie diesen:

> „Zwei Flugzeuge haben vor kurzem innerhalb weniger Minuten die beiden Türme des World Trade Center gerammt. Die Türme wurden im oberen Bereich schwer beschädigt – aus ihnen quillt dichter schwarzer Rauch."[1]

Obwohl uns die ersten Meldungen über das Radio erreichten, haben wir als Bewohner eines industrialisierten westlichen Landes das Ereignis in erster Linie als Bild in Erinnerung behalten. Wir mussten nicht die verbale Botschaft von einem „Rammen" verarbeiten, sondern die visuelle Darstellung von Jets, die scheinbar ohne Widerstand in die Stahl- und Glaskonstruktion drangen und sie als Feuerbälle wieder verließen. Wir haben Menschen in Verzweiflung aus den obersten Stockwerken springen und Wolkenkratzer in sich zusammensacken sehen.

Wer das Ereignis von Anfang an mit diesen eindringlichen Bildern identifiziert, erfasst es anders, intensiver, bedrohlicher als jemand, der davon nur über einen gesprochenen Nachrichtentext erfährt. Auf viele Menschen außerhalb Europas traf aber genau dies zu. Ihre Informationsquelle war das Radio. In weiten Teilen der Dritten Welt ist Fernsehen noch immer ein Luxus, den sich nur leisten kann, wer eine zuverlässige Stromquelle zur Verfügung hat. Einige Staaten haben sogar bis vor wenigen Jahren auf den Ausbau eines eigenen Fernsehnetzes verzichtet, zugunsten des billigeren und mobileren Mediums Radio. In Afghanistan hatte die politische Führung aus ideologischen Gründen das Fernsehen sogar verboten. Gerade dieses Land aber

---

1 Bayern 5, Nachrichten, 11. 9. 2001, 15.00 Uhr.

wurde mit einem Krieg überzogen, den man seiner Bevölkerung gegenüber als Antwort auf jene Anschläge rechtfertigte. So sehr sich die US-Propaganda auch bemühte, diesen Menschen mit Flugblättern und Radiodurchsagen den angeblichen Segen der Bombardements klarzumachen – sie waren nicht wie die Angreifer durch die ständige Wiederholung der Terror-Bilder aufgewühlt. Die Logik der „War-Against-Terror"-Argumentation, die schon in Europa umstritten war, konnte sie viel schlechter erreichen, weil das Eindrücklichste, nämlich das propagandistische Bild, fehlte.

Aus solchen Beobachtungen heraus muss uns die Frage, zu welchen speziellen Leistungen ein Medium fähig ist, interessieren. Das Radio als ältestes elektronisches Massenmedium bietet dabei mit seiner fast hundertjährigen Geschichte besonders reichhaltiges Studienmaterial.

Der Ausgangspunkt aber – und das lässt die ständige Wiederholung Mc-Luhanscher Slogans leicht vergessen – muss bei dem sein, was die verschiedenen publizistischen Medien eint: ihre gesellschaftliche Funktion als Mittel der öffentlichen Kommunikation.

1. Öffentliche Kommunikation

Die Medien der Massenkommunikation, von der Presse bis zum Internet, haben einen gemeinsamen Hauptzweck: Sie dienen der Verständigung gesellschaftlicher Gruppen in Gemeinschaften, die zu groß sind, um Öffentlichkeit herzustellen mit Formen der direkten Kommunikation, etwa Debatten aller Bürgerinnen und Bürger, wie wir sie aus den Landsgemeindekantonen der Schweiz noch kennen.

In einer idealisierten Form der öffentlichen Kommunikation über direkte Formen, also Ansprachen, Debatten, Palaver, befinden sich die Beteiligten in einem gemeinsamen Raum. Wer da spricht, muss zwar besondere Anstrengungen unternehmen und sich bemühen, mit der Stimme oder über eine Verstärkeranlage den gemeinsamen Raum zu füllen, aber er ist weder zeitlich noch räumlich von seinen Zuhörern getrennt. In Begriffen der Medienwissenschaft ist es eine direkte Begegnung eines *Akteurs* (z.B. einer Politikerin) mit *Rezipienten* (z.B. den Bürgerinnen und Bürgern, die ihr zuhören und dann mit einem eigenen Votum ihre Meinung äußern können).

In keinem modernen Staat genügen aber heute solche Formen direkter öffentlicher Kommunikation. Die Vertreter der unterschiedlichen Interessengruppen können nicht mehr auf einem Platz zusammenkommen. Zwischen Akteuren und Rezipienten sind komplexe Hilfsmittel geschaltet: Radio, Fernsehen, Tageszeitung usw. Da tritt die Politikerin in der Regel nur vor einem kleinen Publikum direkt auf. Dafür, dass auch der Rest der Bürgerinnen und Bürger erreicht wird, die über das ganze Land verteilt sind, sorgen die publizistischen Massenmedien und mit ihnen eine weitere Figur im Spiel der öffentlichen Kommunikation: der *Kommunikator.*

Die Medien der öffentlichen Kommunikation, also Radio, Fernsehen, Zeitung und Internet, sind nicht nur technische Einrichtungen. Zu ihnen gehören komplexe Organisationen, in der oft Tausende von Menschen arbeiten. Und sie transportieren nicht einfach die Rede der Politikerin, sondern stellen aufgrund dessen, was die Politikerin sagt, eigene Texte her. Sie reportieren, berichten, kommentieren. Der Kommunikator (bzw. die Kommunikator-Organisation) schaltet sich aktiv in den Kommunikationsprozess ein - und in Demokratien ist das auch sehr erwünscht.

Für die Medienwissenschaft ist es wichtig, Näheres über die Kommunikatoren und ihre Organisationen zu erfahren - zum Beispiel, wie nah sie den politischen und wirtschaftlichen Akteuren stehen, über die sie berichten. Welche Verflechtungen bestehen zwischen ihnen? Wie gut funktioniert die Kontrolle derjenigen Kommunikator-Organisationen, die im öffentlichen Auftrag funktionieren, und wie groß ist ihre publizistische Unabhängigkeit? In diesem Zusammenhang stellt sich auch die Frage nach den Unterschieden, die sich daraus ergeben, dass sich die Kommunikatoren unterschiedlicher Medien bedienen. Sie darf aber nicht vom Blick auf die gesellschaftlichen Zusammenhänge losgelöst gestellt werden.

Mit dem Schritt von der direkten öffentlichen Kommunikation zur medial vermittelten öffentlichen Kommunikation hat sich die räumliche Situation grundlegend verändert. Bei dieser Art der Kommunikation geht es nicht mehr darum, dass der Akteur einem Raum gerecht wird, den er mit den Rezipienten teilt, sondern darum, dass der darauf spezialisierte Kommunikator Verbindung zwischen zwei Räumen herstellt - zwischen dem Raum der Akteure und dem Raum der Rezipienten, der eher in einer Vielzahl von Räumen besteht, in denen einzelne Menschen vor ihrem Gerät sitzen. Die Frage, die sich daraus ergibt, lautet: Wie wird die öffentliche Kommunikation beeinflusst, wenn die Rolle des Kommunikators nicht von irgendeinem Medium, sondern vom *Radio* übernommen wird - von einem technischen Apparat, dessen Besonderheit darin besteht, dass er seine Botschaften dem Publikum rein akustisch präsentiert?

Eine Reihe von Beispielen aus verschiedenen Phasen der Radiogeschichte soll die Eigenheiten der Radiokommunikation aufzeigen: seine spezifische Art, entfernte Räume zu verbinden, seine Fähigkeit, neue Räume zu schaffen und seine Leistung, diese Räume mit eigenen ästhetischen Mitteln zu gestalten.

2. Das Radio verbindet Räume

Die drahtlose Übermittlung von Nachrichten hat eine lange Vorgeschichte. Ende des 19. Jahrhunderts bestand in der drahtlosen Telegrafie für Wirtschaft, Post, Seefahrt und Militär ein wirkungsvolles Kommunikationsmittel. Als Massenmedium eignete sie sich allerdings nicht; gesendet wurde nur ein einziger, rhythmisch unterteilter Ton. Wer die Botschaften verstehen wollte, musste das Morse-Alphabet beherrschen. Das war allerdings ganz praktisch, da es ohnehin nur darum ging, den Informationsaustausch zwischen zwei oder wenigen Partnern (etwa dem Handelskontor und seinem Schiff zur See oder dem Artillerie-Kommandanten und seinen Einheiten) zu ermöglichen. Nur die jeweiligen Funker oder Telegrafenbeamten sollten einander verstehen; weitere Mithörer waren unerwünscht.

Anfang des 20. Jahrhunderts wurde in der Nachrichtentechnik aber mit Methoden experimentiert, die es erlaubten, per Funk auch gesprochene Worte und Musik über größere Distanzen zu übertragen. Das schränkte die bisherige Exklusivität des Funkverkehrs ein. Wenn die bisherigen telegraphischen Botschaften durch gesprochene ersetzt werden sollten, dann konnte jeder, der sich ein Empfangsgerät gebastelt hatte, auch ohne Morse-Kenntnisse mithören und verstehen, was gesendet wurde.

Die Tatsache, dass Funk in alle Richtungen abstrahlt, wurde deshalb von den meisten Beteiligten zunächst als Nachteil angesehen. ‚Abhören' war für sie gleichbedeutend mit Spionage. Andere hofften dagegen, dass mit diesem Medium ein neuer Ort des Austausches entstehen könnte, an dem Musik und gesprochenes Wort jedermann zugänglich wäre. Viele von ihnen träumten von einem Medium, in dem der Zugang zu den Informationen wie auch zu den Produktionsmitteln allen offen stand. Um das Jahr 1920 herum begannen einzelne Stationen, Musik und Wortinformationen zu verbreiten, die eine ähnliche Informations- und Unterhaltungsfunktion besaßen wie die bisherigen Presse-Erzeugnisse.

Gegen die Vorbehalte bei Militär und Politik setzte sich die Nutzung des Radios als Massenmedium durch (wenn auch in den meisten Ländern mit starker staatlicher Regulierung). Und schon nach wenigen Monaten des Experimentierens war klar, dass ein Medium mit völlig neuen Möglichkeiten entstanden war: Das Radio überbrückte Räume. Ungehindert drangen unterhaltende Programme ebenso gut wie politische Botschaften in alle Wohnstuben. Und das Radio machte weder an den Landesgrenzen noch an sozialen Grenzen Halt. Noch heute ist das Radio ein besonders kostengünstiges Medium, das dazu den besonderen Vorteil hat, dass es ohne Schrift auskommt, also in Ländern mit großer Analphabetenrate besondere Breitenwirkung erzielen kann.

Kostengünstigkeit und Schriftlosigkeit – zusammen mit der Mobilität für Sender und Empfänger – sind noch immer wichtige Merkmale des Radios,

wenn es etwa in Entwicklungsländern darum geht, Bildung und aktuelle Information zu verbreiten. In vielen Ländern Afrikas wird die Landbevölkerung mit Radiosendungen über neue Techniken oder Gesundheitsfragen informiert („radio rural"). Und oft entstehen dabei Sendungen in Zusammenarbeit mit der Bevölkerung: Menschen, die eine Technik erprobt haben oder Erfahrungen mit einer Heilmethode haben, berichten darüber - im Gespräch mit einem Entwicklungshelfer oder in Eigenregie. Möglich ist dies durch den geringen Aufwand, den es bedeutet, ein Kassettengerät in ein Dorf zu bringen und dort Interviews zu führen.
Auch als 2001 die Regierung der USA den Afghaninnen und Afghanen mitteilten wollte, dass ihre Städte und Dörfer zwar bombardiert wurden, dass sie aber selbst nicht gemeint waren, war das Radio ein wichtiges Instrument. Zwar wurden Flugblätter abgeworfen; aber man musste damit rechnen, dass diese angesichts der hohen Analphabetenzahl auf wenig Verständnis stießen. Es wurden deshalb (wie schon bei früheren Kriegen) von einem Flugzeug aus Propagandasendungen ausgestrahlt. Und ein *Radio Free Afghanistan*, gegründet unter der Ägide von *Radio Free Europe* und *Radio Liberty*, sendet seit dem 30. Januar 2002 in den Sprachen Pashto und Dari Meldungen aus US-Quellen.

Auch wenn das Fernsehen in vielen Ländern wichtiger ist, gilt das Radio mit seiner internationalen Geschichte und den weit reichenden Sendern noch immer als das klassische Propaganda-Instrument. Dies zeigt auch eine Legende, die in den ersten Wochen des Krieges in westlichen Zeitungen immer wieder verbreitet wurde. Es hieß, dass bei den parallel durchgeführten Hilfsaktionen in die afghanischen Täler neben Lebensmittelpaketen auch handbetriebene Radiogeräte abgeworfen wurden. Das Gerücht, von US-Seite mehrmals dementiert, hat sich hartnäckig gehalten. Die Meldungen gingen so weit, dass es hieß, die angeblich abgeworfenen Geräte seien auf eine bestimmte Frequenz eingestellt, so dass die armen Afghanen nur die Propaganda der USA mitbekommen würden. Diese Vorstellung ist deutlich von totalitären Vorbildern inspiriert. Radio als zentralistisches Medium mit Einheitsprogrammen - das war zum Beispiel Realität im Deutschland der Nazizeit. Und da wurden die Propaganda-Absichten in der Tat unterstützt, indem ‚Volks-Empfänger' verkauft wurden - Geräte, mit denen man nur die regionalen Sender empfangen konnte und nicht auch die ausländischen, die so genannten Feindsender.

Die grenzüberschreitenden Fähigkeiten des Radios waren schon im ersten Jahrzehnt seiner Existenz oft Thema seiner Sendungen. In Reportagen, Hörspielen und Sendungsansagen feierte das Radio seine technischen Leistungen. Im Jahr 1932 zum Beispiel gelang dem Deutschschweizer Radio eine Direktsendung vom Jungfraujoch, 3454 Meter über Meer. Sie wurde durch eine 28 km lange Kabelleitung von Interlaken bis zur Bergstation der Jungfraubahn ermöglicht. Erstes Thema dieser Sendung: die Tatsache, dass das Radio diese Leistung geschafft hatte - seine Zuhörer an den exklusiven Ausflugsort zu führen.

Das Radio war das erste elektronische Massenmedium. Es hat heute längst andere an seiner Seite - das Fernsehen, das Internet, denen es auf ihre Weise ebenfalls gelingt, Räume ohne erkennbaren Zeitverzug zu überbrücken. Aber es wird mit seiner kostengünstigen Technik, seiner Beschränkung auf schriftlose Information und seiner Mobilität für Sender und Empfänger einige wichtige Vorteile bewahren. (Und nur aus der Perspektive eines sehr reichen Landes wie der Schweiz, das im Jahr 2004 seinen internationalen Kurzwellendienst einstellt, lässt sich argumentieren, dessen Funktion könne durch das Internet wahrgenommen werden.)

3. Die Sprache, die Räume verbindet

Das Radio verbindet nicht nur Räume auf seine Weise, es hat dafür auch seine eigene Sprache, seine eigenen ästhetischen Formen entwickelt. Für die Gestaltung ihrer Texte hatten die Radiomacher der ersten Jahre zunächst nur ein Vorbild: die Bühne. Die Bühnensprechweise eignete sich aber nicht für alle Aufgaben. Es musste ja aus immer wieder neuen Räumen berichtet und kommentiert werden. Um eine Verbindung zu schaffen zwischen diesen Räumen des Geschehens und dem Raum der Zuhörer, mussten neue Sprechweisen erfunden werden. Aus den Aufnahmen früher Radio-Reportagen wird deutlich, dass dies relativ bald gelang. Berühmtheit erlangten die Direktreportagen von Alfred Braun in den 1920er Jahren. Bei der Verleihung des Nobelpreises an Thomas Mann wie auch beim Trauerzug für Gustav Stresemann fand er jeweils die stimmlichen Mittel, die seiner Aufgabe entsprachen. Er sprach so verhalten, wie es die Feierlichkeit des Anlasses verlangte, und dennoch so kräftig, wie es der jeweilige Ort des Geschehens (der Akademie in Stockholm oder der Straße vor dem Auswärtigen Amt) erlaubte. Zudem zeigte er mit Rhythmus und Intonation, dass er nicht mit sich selbst sprach, sondern zum Zuhörer über Radiolautsprecher oder Kopfhörer. Wer heute derartige Tonaufnahmen analysiert, wird zweierlei erkennen: dass das neue Medium sprachlich innovativ war und dass sich dabei dennoch unterschiedliche Stile entwickelten, in denen sich die Nähe oder Distanz der Kommunikatoren zu den Akteuren ausdrückt. Die relativ große Staatsnähe des deutschen Rundfunks zeigt sich in den sprachlichen und sprecherischen Details vieler erhaltener Aufnahmen. Es klingt auch immer ein Bewusstsein für die Wichtigkeit der eigenen Rolle als privilegierter Vermittler offizieller Informationen an. Einen solchen Eindruck weckt die Sprechweise in Nachrichtensendungen zum Teil noch bis in unsere Tage. Die stündlichen aktuellen Meldungen werden aus einem Raum heraus gesprochen, der - anders als bei Live-Reportagen von öffentlichen Plätzen - kaum definiert ist. Es ist ein Studio ohne Hall oder Nebengeräusche. Aus dieser neutralen Akustik wurden (und werden zum Teil noch heute) Verlautbarungen in amtssprachlichem Stil und in einem deklamatorischen Ton gesendet. Dies ergab - zusammen mit der Vorstellung, ein möglichst objektives Bild von der Nachrichtenlage zu vermitteln – eher eine Sprechweise des offiziellen Hinausredens als des Schaffens eines gemeinsamen Raums.

Im idealen Fall schafft der Sprecher oder die Sprecherin heutzutage mit Stimme und Intonation eine unaufdringliche, aber bewusste Nähe zum Zuhörer. Dies gilt inzwischen vielfach auch für die scheinbar neutrale Information der Nachrichtensendungen. Man steht dazu, dass ein Text dadurch, dass er stimmlich vermittelt wird, immer auch etwas von der Persönlichkeit des Sprechers überträgt. Es ist nicht mehr das Ziel, einen Text im Radio zu lesen, ohne dass der Kommunikator (auch wenn er nicht der Autor des Textes ist) Gestalt bekommt. Durch die persönlichere Sprechweise drückt er etwas mehr Unabhängigkeit von den offiziellen Quellen und etwas mehr Nähe zum Rezipienten aus. Dies entspricht oft weniger der größeren politischen Freiheit, die das Radio genießt, als dem stärkeren Selbstverständnis als wirtschaftliches Unternehmen, das sein Produkt leichter konsumierbar machen muss.

4. Das Radio schafft neue Räume

Das Radio verbindet Räume, es macht den Raum des Geschehens den Zuhörern, die sich an anderen Orten (z.B. im Wohnzimmer) befinden, zugänglich. Aber wie jedes Medium hat auch das Radio unzählige Möglichkeiten, dies zu tun. Der vermittelte Raum und das, was sich darin abspielt, erscheint nicht in seiner ‚objektiven' Form. Mit technischen und sprachlichen Mitteln werden einzelne Merkmale ausgewählt und interpretiert und damit der Zugang des Hörers zu diesem Raum beeinflusst. Ein Vergleich zweier historischer Direktreportagen kann dies deutlich machen.

Am 15. März 1938, zwei Tage nach dem ‚Anschluss' Österreichs, ließ sich Adolf Hitler auf dem Wiener Heldenplatz feiern. Davon sind zwei Reportagen uberliefert – die eine von einem deutschen Reporter, der für das gesamte Deutsche Reich berichtete, die andere von einem englischen Reporter, der sich an Hörerinnen und Hörer in Übersee wandte.

In beiden Aufnahmen ist ein ähnlicher akustischer Hintergrund zu hören, der als jubelnde Menschenmenge interpretiert werden kann. Doch das, was die Reporter dazu sagen, klingt völlig unterschiedlich. Dabei enthalten sie sich fast jeder Wertung. Entscheidend ist, was sie mit ihrer Stimme tun. Beide Reportagen hatten zum Ziel, den Heldenplatz und seinen wichtigsten Akteur den Hörern nahe zu bringen. Aber es ist nicht einfach *der* Heldenplatz, der hier für die Hörer entsteht, sondern jeweils *ein* Heldenplatz, eine der vielen möglichen Wahrnehmungen des Geschehens. Wir vernehmen zwar etwas vom Atmosphärischen und können uns die Menschen vorstellen, die applaudieren und jubeln. Aber unsere Vorstellung wird stark von der Stimme geleitet: Der deutsche Sprecher beginnt verhalten – nah am Mikrofon – und steigert sich sehr rasch in ein Crescendo und empathische Betonungen. Der britische Sprecher behält eine unterkühlte, distanzierte Intonation, mit gleichbleibender Tonhöhe und sparsameren Betonungen. Damit stellen die beiden Sprecher ganz unterschiedliche Beziehungen zum Ort des Geschehens her: Der eine passt sich sehr an die anwesenden Menschen an, geht nach wenigen Worten gleichsam in der Menschenmenge auf. Der andere bemüht sich darum, von ihr unterschieden werden zu können. Er sagt sogar explizit: „Listen for yourselves", und macht damit deutlich, dass die Position des vermittelnden Journalisten eine andere ist als diejenige der Akteure oder der Rezipienten.

Die Aufgabe, den Zuhörerinnen und Zuhörern den Raum des Geschehens zu vermitteln, wird also mit verschiedensten journalistischen und radioeigenen Mitteln wahrgenommen. Dazu gehören:

- Satzmelodie
- Stimmkraft
- Betonung (Hervorhebung einzelner Wörter im Satz)
- Tempo
- Rhythmus
- metakommunikative Äußerungen
- räumliche Qualität der Reporterstimme (Nähe zum Mikrofon, Hall und andere Raumsignale)
- Abmischung von Sprache und akustischer Umgebung.

Alle diese Mittel zusammen lassen die Rezipienten die Positionen der Akteure und die eigene Position des Mediums erkennen und machen zusammen mit den verbalen Aussagen deutlich, wie weit auseinander bzw. wie nah sich diese stehen bzw. ob beide Positionen miteinander verschmelzen (wie es für viele Reportagen der Nazi-Zeit gezeigt werden kann). Das Radio verschafft also nicht einfach mit einem technischen Mittel akustischen ‚Einblick' in einen realen Raum. Vielmehr schafft es die Räume des Geschehens neu (unter aktiver Beteiligung der Rezipientinnen und Rezipienten, die sich beim Zuhören die Räume selbst noch weiter ausgestalten).

Wenn wir uns von den informationsjournalistischen Gattungen entfernen, dann finden wir sehr bald auch Beispiele für Räume, die ohne aktuellen Anlass hergestellt werden - ganz neue Räume - sogar solche, die unsere Alltagserfahrung übersteigen. Dies gilt zum Beispiel für eine Produktion, der die Aufnahme eines Stücks von einer Bühnenaufführung zugrunde liegt, die mit weiteren Sprecherstimmen überlagert ist. Das Resultat ist eine Kombination zweier Stereoaufnahmen, zweier Räume mit unterschiedlicher Akustik, in denen Sprecher verteilt sind. Dies macht es unmöglich, die Ausdehnung des so entstandenen neuen Raums zu erfassen.

Die Radiomacher der ersten Jahre haben die Stärken des Mediums erst allmählich erkannt. Sie verstanden es zunächst so, als ob das Radio eine realistische Abbildung der Wirklichkeit ermöglichte, bei der nur das Sehen wegfällt. Die ersten Hörspielautoren zum Beispiel versuchten noch, in ihren Produktionen die Theatersituation möglichst originalgetreu zu imitieren. Die Zuhörer sollten gleichsam Theater ohne Licht erleben. Während man später die Fantasie der Hörer aktivierte, machte man es ihnen zuerst möglichst einfach. Zu den ersten eigens für das Radio geschriebenen Hörspielen gehörten solche, deren Handlung sich im Dunkeln abspielten. Das erste Hörspiel überhaupt, ‚A Comedy of Danger' von Richard Hughes (BBC 1924), hatte ein Grubenunglück zum Thema. Der Hörer schloss die Augen und hörte die Eingeschlossenen, wie sie im Dunkeln miteinander redeten.

Relativ bald aber entdeckten die Radioschaffenden die Möglichkeit, die Fantasie des Hörers so anzuregen, dass die Grenzen der herkömmlichen Theaterszenerie gesprengt wurden. Verschiedene Raum- und Zeitebenen verbanden sich miteinander zu einer neuen Einheit. Besonders überzeugend ist die Collage ‚Weekend', die der Filmer Walter Ruttmann im Jahr 1930 produzierte. Sie besteht aus lauter Aufnahmen von Geräuschen und Klängen aus dem Alltag, die wir wieder erkennen: Sprechstimmen, Maschinen aller Art, Kindergesang, Tierstimmen usw. Sie sind aber entgegen den ursprünglichen zeitlichen und örtlichen Zusammenhängen nach musikalischen Prinzipien hintereinander geschnitten. Im Laufe von elf Minuten hört man rund 160 einzelne Versatzstücke: Sie ergeben eine vielschichtige Wirklichkeit, die für jeden Hörer wieder anders ist. Walter Ruttmann hat diese Klangkomposition übrigens gemacht, lange bevor es Tonbäder gab, die man schneiden und zusammenkleben konnte. Er nutzte den Umstand, dass wenige Jahre zuvor der Tonfilm eingeführt worden war. Er nahm die Töne auf die Film-Tonspur auf und montierte sie so, wie es bei Filmbildern seit den Anfängen üblich war.

Seit den 1960er Jahren ist Stereophonie im Radio allmählich zur Selbstverständlichkeit geworden. Sie hat damit gerade im Hörspiel und Feature noch mehr Möglichkeiten geschaffen, mit der Räumlichkeit zu spielen. Oft wird die Stereophonie zwar eher konventionell dazu genutzt, die Personen und ihre Bewegungen naturalistisch im Raum anzuordnen. Aber es gibt auch experimentelle Produktionen, bei denen es dem Hörer nicht mehr möglich ist, sich in der akustischen Welt wie in einer ‚realen' Umgebung zu orientieren. Die Figuren bewegen sich dabei z.B. nicht in einem klar definierten Raum, sondern überschreiten ständig die Grenzen zwischen mehreren Räumen. Der Hörer versucht, die Sprecher zu orten, kann es aber nur zum Teil. Oft sprechen die Figuren zwar weiter, aber tun dies aus Räumen, die zu den Bühnen-Räumen hinzukommen.

Das Radio arbeitet natürlich heute immer noch mit der Illusion des Hörers, bei aktuellen Geschehnissen dabei zu sein. Und sowohl im Hörspiel (z.B. in konventionellen Dramen wie der bekannten Serien-Bearbeitung von ‚Lord of the Rings') als auch in der Direktübertragung (z.B. Bundestag) kann man Belausch-Erlebnisse haben. Dennoch haben wir es längst gelernt, mit der abstrakten, künstlichen Räumlichkeit umzugehen. Das einfachste Beispiel, mit dem wir ganz selbstverständlich umgehen, ist der Ausblender am Schluss einer Sendung. Rein theoretisch könnte man sagen: Wir hören Musik, die langsam leiser wird. Aber wir können genau erkennen, ob es sich um ein Decrescendo oder um einen Ausblender handelt. Nicht die Musik im Raum, in dem das Mikrofon stand, wird leiser, sondern der ganze Raum mit seiner Musik wird von uns gleichsam entfernt.

Solche Verfahren sind uns mittlerweile so vertraut, dass wir gar kein Aufhebens darüber machen. Es gehört ganz einfach zu den Ergebnissen der Entwicklung eines über 80-jährigen Mediums, dass es seine eigenen ästhetischen Mittel hat, die es zusätzlich zu den gewohnten Mitteln der Sprache, die es benutzt, charakterisieren.

Die Blende ist nur eines von vielen ästhetischen Mitteln, die das Medium Radio entwickelt hat, um Töne zu bearbeiten und damit seinen Botschaften eine eigene ästhetische Gestalt zu geben. Radiofeatures können, wenn diese Mittel geschickt eingesetzt werden, ihren Gegenstand oft intensiver darstellen als Fernsehfilme. Das einzelne, isolierte Geräusch – etwa das Anzünden eines Streichholzes – kann, mit dem richtigen Mikrofon aufgenommen, in der entsprechenden Lautstärke und rhythmisch passend in einen Text eingefügt, einen stärkeren Effekt erzielen, als es ein filmisches Pendant würde. In seinem Feature ‚Hühner' (SFB 1967), einer einstündigen Sendung über die Massentierhaltung und -produktion, weckt Peter Leonhard Braun bei seinen Hörern über regelmäßige, kurze Flutschgeräusche (vom Absaugen der Innereien der frisch geschlachteten Tieren am Fließband) so großen Ekel, wie er in einem Bildmedium nur mit viel mehr Aufwand zu erzielen wäre.

Töne können verändert, gefiltert, geschnitten, zusammengemischt werden, so dass Botschaften entstehen, die sich von denen anderer Medien unterscheiden. Eine Radioreportage ist etwas anderes als eine Fernsehreportage über ein und dasselbe Thema – nicht nur weil das Bild fehlt, sondern weil die Töne auf völlig andere Weise bearbeitet und gemischt werden, als dies beim Filmmaterial der Fall ist.

Weil es für Hörspiel- und Featurekunst außerhalb des Radios nur wenige nennenswerte Produktions- und Rezeptionsanlässe gibt, kann die akustische Kunst, mit den eigenen Mitteln eigene Räume zu schaffen, als Symbol für die Unabhängigkeit des Radios gelten. Im Gegensatz zum Fernsehen gibt es im (öffentlich-rechtlichen und im nichtkommerziellen privaten) Radio noch mehr Sendeplätze, die dem künstlerischen Experiment offen sind. Parallel dazu ist auch die Freiheit zu politischen Kommentaren größer. Die Inhalte des Radios werden weniger intensiv beobachtet. Die Marginalisierung des Mediums verleiht ihm größere Freiheit.

5. Hatte McLuhan Recht?

Das Radio verbindet Räume, es gestaltet Räume mit eigenen Mitteln aus, es schafft neue Räume. Durch die ihm eigenen technischen und ästhetischen Mittel unterscheidet es sich als Ort der öffentlichen Kommunikation von den anderen aktuellen Medien. Dadurch, dass das Radio das erste elektronische Massenmedium war und in vielen Ländern als das billigste aktuelle Medium noch heute eine Sonderstellung einnimmt, bekam es den Ruf eines machtvollen Informationsinstruments. Dieser Ruf ist ihm geblieben, auch wenn es unterdessen in vielen Ländern seine dominierende Stellung an das Fernsehen verloren hat.

Viele Eigenschaften, die einst für das Radio typisch waren (besonders die schnelle, grenzüberschreitende Information) können heute nicht mehr als exklusiv gelten. Andere Medien, insbesondere das Fernsehen und Internetdienste, leisten das Gleiche. Speziell bleibt für das Radio die Art, wie es seine Botschaften kodiert. Es verzichtet auf visuelle Information, nutzt nur den akustischen Kanal. Dies hat nicht nur zu einem besonderen Inventar ästhetischer Mittel geführt, es hat auch die Gewichtung in der Behandlung der Inhalte verschoben. Radio hat heute seinen Schwerpunkt entweder bei unterhaltenden Begleitprogrammen mit aktuellen Serviceleistungen, die nebenbei konsumiert werden, oder bei anspruchsvoller verbaler Information auf Wort- bzw. Kulturschienen, die in dichter Präsentation ein aufmerksames, konzentriertes Publikum ansprechen. Für diese Programme hat das Radio im Laufe der vergangenen achtzig Jahre ästhetische Mittel entwickelt, die es ihm ermöglichen, seine Botschaften, vom kurzen Nachrichtentext bis zum dramatischen Text, auf eigene Weise zu kodieren. Es stellt den Raum, in dem sich die Kommunikationspartner begegnen, auf eine völlig eigene Art her. Mehr als andere Medien spielt das Radio dabei mit der Räumlichkeit und sprengt die Dimensionen dessen, was wir im Alltag an Räumlichkeit erfahren.

Wer sich intensiv mit dem Medium Radio befasst, spürt eine große Faszination, die von diesen Möglichkeiten ausgeht. So ging es ohne Zweifel auch Marshall McLuhan. Das Radio beeindruckte ihn so stark, dass er sogar die Rolle, die es im Staat spielt - zum Beispiel, wie es im Dritten Reich als Propaganda-Instrument eingesetzt wurde - auf die ästhetischen Eigentümlichkeiten dieses Mediums zurückführte. In Wirklichkeit aber ist das Radio wie auch die anderen aktuellen Medien in den Kontext der öffentlichen Kommunikation eingebettet. Es dient wie das Fernsehen und die Presse dem politischen und kulturellen Diskurs innerhalb der Gesellschaft. Es erfüllt dabei gleiche Funktionen (Nachrichtenvermittlung, Meinungsbildung), und ob es in dieser Funktion nutzbringend eingesetzt oder missbraucht wird, entscheidet sich im Rahmen der Gesellschaft - dadurch, wie sie die Rollen Kommunikator, Akteur und Rezipient definiert und voneinander abgrenzt. Politische und wirtschaftliche Prozesse - und nicht etwa medienimmanente Gesetzmäßigkeiten – sind verantwortlich dafür, welchen Stellenwert den Massenmedien und damit auch dem Radio zukommen.

Wenn das Radio zum Beispiel im Dritten Reich in der berüchtigten Art als Propaganda-Instrument genutzt wurde, dann war das dem Umstand zuzuschreiben, dass die Rollen von Kommunikator und Akteur ineinander übergingen. Die Medienorganisationen waren Teile des Staatsapparats und dienten einem autoritären, verbrecherischen Staat. McLuhan meinte, dass sich für die Propagandatätigkeit in diesem Kontext akustische Botschaften besser eigneten. Aber angesichts der wirtschaftlichen und militärischen Macht, die das Naziregime stützte, ist das sekundär. Wenn das Fernsehen bereits so verbreitet gewesen wäre wie das Radio, hätten die Nazis es ebenfalls eingesetzt. In demokratischen Staaten wurde zur gleichen Zeit ja ganz anderes Radio gemacht. In England war es noch während des Zweiten Weltkriegs (wenn auch mit starken Einschränkungen) für unterschiedliche Meinungen offen und brachte Sendungen, die nach aktuellen journalistischen Prinzipien konzipiert waren. Marshall McLuhan dagegen vernachlässigte diese Faktoren. Er betonte so stark, dass akustische Botschaften unter die Haut gehen, dass er den Einfluss des Radios auf die deutsche Öffentlichkeit der 1930er Jahre darauf zurückführte. Für ihn war das Medium im „engen Sinn" (Knape), der „Datenträger", so dominant, dass er die gesellschaftlichen und politischen Rahmenbedingungen zu wenig berücksichtigte.

Es kann zwar inspirierend sein, die Metaphern zu lesen, mit denen McLuhan die Wirkung beschrieb, die Radiosendungen auf den Hörer haben können:

> „Das Radio berührt die meisten Menschen persönlich, von Mensch zu Mensch, und schafft seine Atmosphäre unausgesprochener Kommunikation zwischen Autor, Sprecher und Hörer. Das ist der unmittelbare Aspekt des Radios. Ein persönliches Erlebnis. Die unterschwelligen Tiefen des Radios sind erfüllt vom Widerhall der Stammeshörner und uralten Trommeln. Das ist dem Wesen dieses Mediums eigen, das die Macht hat, die Seele und die Gemeinschaft in eine einzige Echokammer zu verwandeln."[2]

Aber die Schlüsse, die McLuhan aus diesen Eindrücken für die Funktion des Radios in der Gesellschaft zog, sind alles andere als zwingend. McLuhan argumentierte, als ob der Gebrauch des Mediums nur von seinen technischen und ästhetischen Gegebenheiten abhinge und nicht vom politischen System, dem es dient.

Für ihn war das Radio zum Beispiel eine Gefahr für die zurückgebliebenen Deutschen und Italiener der 1930er Jahre, die – im Gegensatz zu den Angelsachsen – noch stärker von einer Hörkultur und weniger von einer visuellen Kultur bestimmt gewesen seien:

---

[2] M. McLuhan: Die magischen Kanäle. Düsseldorf 1968 (engl. Understanding Media. The Extensions of Man. New York 1964), S. 326.

> „England und Amerika waren durch die Beeinflussung des Alphabetentums und der Industrialisierung, die sehr lange dauerte, gegen das Radio ‚immun'. Diese Formen bringen eine stark visuell ausgerichtete Organisation der Erfahrung mit sich. Die erdhafteren und weniger visuellen Völker Europas waren gegen das Radio nicht gefeit. Sein Stammeszauber prallte an ihnen nicht ab, und die alte Sippenbindung erwachte von neuem unter den Klängen des Faschismus."[3]

Für McLuhan hatte Hitler also in Deutschland Erfolg, weil ihm das akustische Medium Radio und nicht ein visuelles Medium wie das Fernsehen zur Verfügung stand. Das akustische Medium Radio brachte seiner Ansicht nach den Teutonen die alten Stammesgefühle zurück. Den alphabetisierten, visuell orientierten Briten und Amerikanern jener Zeit konnte dies angeblich nicht passieren, weil er ihre Kultur für fortgeschrittener, schriftorientierter hält.

Damit ist Bedeutung des Mediums in seiner technischen Dimension überdehnt. Die Nazis nutzten in der Tat das Radio exzessiv. Aber es war einfach das einzige elektronische Massenmedium, das damals zur Verfügung stand, und zudem war in den letzten Jahren der Weimarer Republik üble Vorarbeit geleistet worden: 1933 war der deutsche Rundfunk total verstaatlicht.

In den angelsächsischen Ländern dagegen war das Radio viel stärker von der Staatsmacht gelöst. Dies gilt nicht nur für England, sondern auch für die USA, wo das Radio privatwirtschaftlich nach einigermaßen liberalen Grundsätzen organisiert war. Die Vorstellung, dass in den USA der 1930er Jahre ein faschistischer Führer das Radio für seine Zwecke genutzt hätte, ist sehr weit weg von der Realität. Auch wenn das Radio dort noch so viel von seinem „Stammeszauber" entfaltet hätte und sich das Volk als „erdhaft und weniger visuell" erwiesen hätte – die politischen und wirtschaftlichen Rahmenbedingungen hätten einen ähnlichen Missbrauch wie in Deutschland stark erschwert.

Marshall McLuhan hatte Recht, wenn er uns zur Entdeckung anstieß, dass das Radio seine spezifischen Codes mit spezifischen Wirkungsmöglichkeiten hat – dass seine Ästhetik und seine Rezeption anders sind als z.B. beim Medium Fernsehen oder beim Medium Buch. Aber er hatte nicht Recht, wenn er aus seinen kreativen Spekulationen auf die Funktion des Radios in der politischen Kommunikation schloss – weil da noch ganz andere, wichtigere Faktoren mitspielen als die akustische Natur des Datenträgers.

[3] McLuhan (Anm. 2), S. 324.

Hans-Werner Ludwig

Wahrnehmungsmagnet Fernsehen

0. Einleitung

Der Spiritus Rector dieser Vorlesungsreihe gibt in seiner Ankündigung, anknüpfend an Marshall McLuhans berühmte These – konkret der Titel des ersten Kapitels aus ‚Understanding Media': „The Medium Is the Message" – den Beiträgern die Frage an die Hand: „Hatte McLuhan Recht?" Oder auch: „Wie weit reicht seine These?"

Nun wäre zu McLuhan viel Grundsätzliches zu sagen, das hier nur angedeutet werden kann: Es wäre nachzudenken über die Leistungsfähigkeit der Grundthese, dass Medien Extensionen unserer Sinne sind. Die von ihm dargestellte Abfolge der Medien in ihrer historischen Entwicklung wäre in ihren behaupteten Ursachen und Wirkungen nachzuzeichnen: die Ablösung und Auflösung der Gutenberg-Galaxis durch den Morse-Telegraf in der zweiten Hälfte des 19. Jahrhunderts und die Entwicklung der elektronischen Medien. Dabei wären McLuhans implizite methodische Vorannahmen, vor allem das Verfahren, den Mediengebrauch als Determinanten der technischen Eigenschaften des Mediums zu sehen, aufzudecken.

Medien sind „komplexe Systeme". Wenn der Medienwissenschaftler von Medien redet, dann meint er zumindest – um mit Ulrich Saxer zu sprechen – einerseits „Kommunikationskanäle, die bestimmte Zeichensysteme transportieren", andererseits „Organisationen, also zweckgerichtete und zweckerfüllende Sozialsysteme".[1] Es geht also um den Zusammenhang dieser beiden Ebenen, – mit dem Untertitel von Raymond Williams' Buch – von „technology and cultural form".[2]

Um McLuhans These „The Medium Is the Message" zu bearbeiten, wäre sie von der üblichen Reduktion auf ein Schlagwort, das jeder voraussetzungslos zu verstehen meint, zu befreien. Sie behauptet nicht einfach, dass sich die Inhalte dem jeweiligen Kommunikationsmedium anpassen müssen, um durch diese ‚transportiert' werden zu können, dass also die durch ein Kommunikationsmedium transportierten Inhalte durch dieses Medium geoder gar verformt werden, auch nicht – und dies ist das naheliegende Missverständnis, – dass sich die Form der Botschaft an die Stelle ihres Inhalts setzt, sondern radikaler, dass Medien, gesehen in ihrer historischen Abfolge,

---

1 U. Saxer: Der Forschungsgegenstand der Medienwissenschaft. In: J.-F. Leonhard u.a. (Hg.): Medienwissenschaft. Bd. 1. Berlin 1999, S. 5f.

2 R. Williams: Television: Technology and Cultural Form. London 1974.

vor allen von ihnen transportierten Inhalten die Weise der Wahrnehmung von Wirklichkeit und damit letztlich das Gefüge menschlicher Kommunikation oder, noch weiter ausgreifend, die gesellschaftlichen Strukturen entscheidend verändern.

Deutlicher noch als bei McLuhan wird dieser Zusammenhang in Neil Postmans Buch ‚Amusing Ourselves To Death' (1985). Postman wandelt McLuhans These zu „The Medium is the Metaphor" ab und fasst in dieser Formel, den Metaphernbegriff selbst metaphorisch wendend, den Zusammenhang von Medium und Kultur: „Our media are our metaphors. Our metaphors create the content of our culture." (Unsere Medien sind unsere Metaphern. Unsere Metaphern schaffen den Inhalt unserer Kultur.)[3]

Auch wenn Postman den technologischen Determinismus McLuhans ein wenig abmildert und lediglich von der „Tendenz" - engl. *bias* - eines jeden Mediums spricht, konstatiert er doch einen je signifikanten Diskurswandel im Gefolge des Medienwandels, wobei ein pessimistischer Grundzug unübersehbar ist. Indem er sich auf Ernst Cassirer beruft, sieht er in dem Maße, wie sich ein künstliches Medium zwischen Mensch und Welt schiebt, einen Verlust an Realitätsgehalt.[4] Während Postman den Diskurs „unter der Herrschaft der Druckerpresse" als „kohärent, ernsthaft und rational" charakterisiert, bezeichnet er den Diskurs „unter der Herrschaft des Fernsehens" als „verkümmert und absurd".

Telegraf und Fotografie, deren Prinzipien das Fernsehen perfektioniert hat, bewirkten gemeinsam die ‚Entkontextualisierung' von Information. Und wie schon bei McLuhan: Für Postman hat das Fernsehen den Status eines Meta-Mediums angenommen, indem es nicht nur die Inhalte der Erkenntnis bestimmt, sondern auch unsere Erkenntnis des Erkenntnisvorgangs selbst. Für diesen Autor ist die Frage, ob das Fernsehen unsere Kultur verändert, inzwischen bedeutungslos geworden, da, wie er sagt, das Fernsehen selbst zu unserer Kultur geworden ist.

Fernsehen ist für Postman - und da ist er, wie noch zu zeigen sein wird, nicht allein - prinzipiell Unterhaltung, wie selbst noch an der Programmform *news show* und hier durch die Analyse einer der renommiertesten *news shows* des amerikanischen Fernsehens, der MacNeil-Lehrer-Show des PBS (Public Broadcasting Service) demonstriert wird. Merkmale dafür seien die Häppchen-Struktur, das beliebige Nebeneinander unverbundener, sehr kurzer, durchschnittlich 45 Sekunden langer Beiträge, das geschichtslose Hier und Jetzt der isolierten, kontextlosen Information, die Dominanz der Bilder, die ein Eigenleben gegenüber dem Text annehmen, die die Worte ‚überwältigen'.

Fernsehen, so Postman, sei deshalb aufgrund seiner „Tendenz" für religiöse Sendungen grundsätzlich ungeeignet. Die Präsentationsformen politischer Sendungen folgten denen der Werbung. Bildungsprogramme à la Se-

---

3 N. Postman: Amusing Ourselves To Death. Public Discourse in the Age of Show Business. London 1987 ([1]1985), S. 15.

4 Postman (Anm. 3), S. 11.

samstraße veränderten – trotz bester Absicht der Macher – die Formen von Unterricht, weil sie voraussetzungslos sind, die Schüler niemals ratlos lassen und Geschichten statt Argumenten liefern.

Am Schluss steht die an Aldous Huxley orientierte Horrorvision einer Kulturvernichtung, dadurch dass im Fernsehen alle Inhalte zur Burleske werden.

Die kulturkritische Perspektive beherrschte übrigens schon weit vor McLuhan und Postman Günther Anders' philosophische, an seinen Amerika-Erfahrungen der vierziger und fünfziger Jahre orientierte Medienkritik, die als ‚Die Welt als Phantom und Matrize' Teil des Werkes ‚Die Antiquiertheit des Menschen' geworden ist.[5]

Raymond Williams hatte schon 1974 McLuhans Formalismus kritisiert, der ein abstraktes Modell der technischen Bedingtheiten der Medien unversehens in wiederum abstrakte soziale Projektionen überführt, ohne die konkreten Formen sozialen oder kulturellen Handelns zu betrachten, in einem Wort: die Medien entgesellschaftet. Gerade diese gesellschaftlichen Funktionen stehen im Mittelpunkt von Williams' eigenem Ansatz.[6] Anstatt Aussagen über *das* Fernsehen zu machen, wäre deshalb über Ort und Zeit zu reden, an dem und zu der McLuhan sein Buch ‚Understanding Media' (1964) geschrieben hat, das Amerika der fünfziger und sechziger Jahre des 20. Jahrhunderts.

Es ist deshalb für Williams' Ansatz folgerichtig, die Entwicklung von Hörfunk und Fernsehen in USA und Großbritannien geschichtlich, das heißt in ihrer unterschiedlichen Entwicklung zu betrachten und hier vor allem als Unterschiedskriterium den Kontrast von *public service television* und *commercial television* herauszustellen, ein Kriterium, das bis in die jüngste Zeit auch für die deutsche Entwicklung bedeutsam ist. Die deutsche Rundfunklandschaft ist, wie wir alle wissen, nach dem Zweiten Weltkrieg weitgehend nach dem britischen Modell der BBC, also als *public service broadcasting* eingerichtet worden, und erst die Einführung des dualen Systems von öffentlich-rechtlichen und privatwirtschaftlich-kommerziellen Anbietern hat zu einer tiefgreifenden Systemänderung geführt.

Williams sieht aber auch bereits 1974, dass neue Technologien wie vor allem die Kabel- und Satellitenverbreitung den alten Konflikt zwischen öffentlich-rechtlich und privat-kommerziell letztlich obsolet machen werden. Für ihn sind die neuen Betreiber des Kabelfernsehens angetreten, die alten Monopole und Medienkartelle zu brechen – was er noch nicht sehen konnte, sind die neuen Konzentrationsbewegungen, die heute allenthalben ablaufen, die Bildung neuer Monopole, beispielsweise die Konzentration großer Teile des alten Telekom-Kabelnetzes in der Hand eines Anbieters. In Deutschland hat am 4. September 2001 ‚Liberty Media', die Kabelgesellschaft John Malones, des, wie die *FAZ* titelt, „Cowboy aus Denver", mit der Telekom einen

---

[5] G. Anders: Die Welt als Phantom und Matrize. In: G. A.: Die Antiquiertheit des Menschen. München 1961, S. 97-211.

[6] Vgl. Williams (Anm. 2), S. 126f.

Kaufvertrag über sechs Kabelnetze mit 10,1 Millionen Kabelanschlüssen für 5,5 Milliarden Euro abgeschlossen. Dieser wurde allerdings vom Kartellamt zunächst mit Auflagen versehen, schließlich, nachdem ‚Liberty Media' es abgelehnt hatte, diese Auflagen zu erfüllen, am 26. Februar 2002 aus Wettbewerbsgründen endgültig verboten.[7] Denn Malone trat zugleich mit dem Anspruch auf, auch über die über Kabel verbreiteten Programme zu bestimmen oder sogar selbst als *content provider* – als Anbieter von Programm – aufzutreten.

Raymond Williams hat ebenfalls schon vorausgesehen, dass hier die Politik weitreichende ordnungspolitische Entscheidungen treffen muss, wobei für ihn das oberste Kriterium „a new universal accessibility", also der ungehinderte Zugang für alle sein muss. Wer das Gerangel um die technischen Standards der sogenannten ‚set top box', also des Zugangsgeräts für das Digitalfernsehen der Zukunft, von Kirchs ‚d-box' bis hin zur Entscheidung Brüssels, den mühsam erarbeiteten Standard ‚MHP' (Multimedia Home Platform) zwar zu unterstützen, aber aus wettbewerbsrechtlichen Gründen *nicht* verbindlich zu machen, mitverfolgt hat, weiß um die massiven wirtschaftlichen Interessen, die hier im Spiel sind.

Damit sind wir unversehens in unserer eigenen Gegenwart angekommen. Der Druck, dem die Politik hier ausgesetzt ist, lässt sich konkret für Deutschland heute illustrieren: Um die Jahreswende 2001/2002 waren sowohl Kirch als auch Malone und Murdoch bei Bundeskanzler Schröder – als Lobbyisten mit unterschiedlichen Interessen, versteht sich –, und zur gleichen Zeit warnen ARD und ZDF, dieses Mal in geradezu verdächtiger Interessengleichheit mit dem Verband der Privatsender, vor der Monopolisierung des deutschen Medienmarktes, sei es durch Malone oder durch Murdoch.

Schon diese knappe Besinnung auf McLuhan und einige Kritikerstimmen, die antwortend – zustimmend, modifizierend oder ablehnend – auf McLuhan reagiert haben, erlaubt es, einige Fragen zu klären, die den weiteren Gang unserer Überlegungen bestimmen:

Erstens: Entgegen McLuhans weiträumiger Perspektive, von *den* Medien in ihrer historischen Abfolge zu sprechen, also auch von *dem* Fernsehen schlechthin, ist entschieden dafür zu plädieren, vom Fernsehen ‚hier und jetzt', um den Fokus des heutigen Vortrags genauer anzugeben, vom Fernsehen in Deutschland, wie Sie, meine Zuhörer, und ich es erlebt haben, also etwa vom Zeitraum der letzten fünf bis zehn Jahre zu sprechen, also von spezifischen Verhältnissen, so wie sie uns angehen. Entsprechend vorsichtig ist darum der Geltungsbereich von Verallgemeinerungen einzuschätzen, selbst wenn sie aus konkreten Analysen ‚hier und jetzt' hervorgegangen sind.

Zweitens: Der Akzent liegt nicht auf Technologie, sondern auf kultureller Praxis. Medienforschung, so wie wir sie in Tübingen verstehen, leugnet den

---

[7] Inzwischen hat das Bundeskartellamt auch im Prüfungsverfahren betr. den Kauf großer Teile des Kabelnetzbetreibers ‚Telecolumbus' eine Abmahnung angekündigt (vgl. Frankfurter Allgemeine Zeitung, 09. 02. 2002).

Zusammenhang zwischen technischen Gegebenheiten und kultureller Praxis keineswegs, verschreibt sich jedoch ebenso wenig einem technologischen Determinismus, der - wie man an Postman sehen kann - schnurstracks in den Kulturpessimismus oder das Huxleysche Horrorszenario führt. Kulturelle Praxis kann sich über die technischen Gegebenheiten nicht hinwegsetzen, sie aber auf unterschiedliche Weisen ausfüllen und nutzen.

Als Titel für den heutigen Vortrag hat Herr Knape ‚Wahrnehmungsmagnet Fernsehen' vorgeschlagen - einen Titel, den ich gern übernommen habe, weil er mir in Doppelperspektive zwei Stichwörter liefert: *Wahrnehmung* - das fokussiert die Perspektive der Rezipienten, die Betrachtung von Medienpraxis vom Zuschauer her: Was wird wahrgenommen und auf welche Weise? *Magnet* - das hat mit den Anstrengungen der Macher zu tun, das Fernsehen für den Zuschauer attraktiv zu machen. Beiden Gesichtspunkten versuche ich, anhand ausgewählter Beispiele nachzugehen, wobei die Übereinstimmung mit konkreten Personen und Sendungen durchaus beabsichtigt ist.

1. Reichweite

Es ist ein Gemeinplatz: Das Fernsehen bestimmt unsere Welt. Das Fernsehgerät steht an zentraler Stelle im Wohnraum, nimmt manchmal fast die Stelle eines Hausaltars ein - offenbar ein immer noch steigender Trend, wenn man die immer aufwändigeren Geräte mit Heimkino-Dimensionen sieht, die in Mengen in den Elektro-Märkten angeboten werden. In vielen Familien bestimmt das Fernsehprogramm Teile des Tagesablaufs, etwa die Sportschau oder auch bestimmte Serien. Mahlzeiten werden so gelegt, dass sie nicht mit den wichtigen Fernsehzeiten kollidieren, und inzwischen gilt es vielfach als unfein, zur Zeit der Tagesschau anzurufen. Unter dem Diktat des Fernsehens verändern sich die Kommunikationsstrukturen der Familien, verkümmern Gespräche. Vielfach gibt es in den Haushalten Zweit- und Mehrfachfernsehgeräte, damit ein jedes Familienmitglied isoliert vom anderen sein eigenes Programm ansehen kann. Günther Anders nennt den Fernsehapparat den „negativen Familientisch" und brandmarkt damit den Ersatz des gemeinsamen *Mittel*punkts durch den „gemeinsamen *Flucht*punkt der Familie".

Damit wir das Ausmaß dieser Invasion des Fernsehens in unsere Alltagswelt richtig einschätzen, hier einige wenige Zahlen:

Hörfunk und Fernsehen sind, wie alle Reichweitenstudien ausweisen, inzwischen zu den wichtigsten Medien avanciert. „Gestern", wie die Frage lautet, haben 85% der bundesdeutschen Bevölkerung ferngesehen, ebenso viele haben das Radio eingeschaltet.[8] Demgegenüber hatte die Tageszeitung nur eine Reichweite von 54%. In absoluten Zahlen: ‚Das Erste' erreicht pro Tag 38,2 Millionen Menschen, das ZDF 31,7 Millionen, RTL 26,4 Millionen.

---

8 Zahlen für 2000 nach Media Perspektiven 11 (2001), S. 538-553.

Zum Vergleich: Bild am Sonntag, das reichweitenstärkste deutsche Printerzeugnis, erreicht pro Ausgabe ,nur' 12,6 Millionen Leser.[9] 98% aller Haushalte haben mindestens ein Fernsehgerät, davon haben 49% zwei und mehr Fernsehgeräte.

Die Studie Jugend, Information, (Multi-)Media ,JIM 2000' zur Mediennutzung 12- bis 19-Jähriger in Deutschland[10] nennt als häufigste Mediennutzung in der Freizeit mit 93% das Fernsehen, gefolgt von CD-Hören (84%), Radio (84%) und Computer (60%). Eine eigene HiFi-Anlage haben 90% der Jugendlichen, aber schon 67% ein eigenes Fernsehgerät. Zum Vergleich: 49% haben ein eigenes Handy. Insgesamt ist das Fernsehen das Medium, auf das Jugendliche nach eigenem Bekunden am wenigsten verzichten würden.

Die ARD-Langzeitstudie Massenkommunikation hat für das Jahr 2000 die Nutzungsdauer des Hörfunks mit 206 Minuten pro Tag, die des Fernsehens mit 185 Minuten pro Tag ermittelt. Alle anderen Medien kommen insgesamt nur auf 111 Minuten, darunter die Tageszeitung auf 30 Minuten. Bei einem Gesamtzeitbudget von 502 Minuten entfällt damit auf die Fernsehnutzung ein Anteil von 37%, auf das Radio 41%, auf die Tageszeitung 6%.[11] Die Hauptfernsehnutzung über den Tag hinweg liegt am Abend, grob zwischen 19 Uhr und 23 Uhr, mit dem höchsten Wert zwischen 20 und 22 Uhr. Die Hauptradionutzung liegt tagsüber, mit ziemlich gleichmäßiger Verteilung zwischen 6 Uhr morgens und 18 Uhr abends, wobei die höchsten Werte vormittags zwischen 8 Uhr und Mittag liegen. Etwa 50% aller Radiohörer nutzen den Hörfunk nebenbei. Was das Image angeht, so werden die Stärken öffentlich-rechtlicher Fernsehprogramme bei Information und Orientierung, die der ,Privaten' bei Unterhaltung und Entspannung gesehen. Junge Zuschauer schalten vorzugsweise die privaten Sender ein, während die öffentlich-rechtlichen Sender ein zunehmend älter werdendes Publikum binden.

Der öffentliche Auftrag des Rundfunks – Hörfunk und Fernsehen – ist entsprechend der Festlegungen in den Staatsverträgen in zumeist stereotyper Form in den Begriffen Information, Unterhaltung und Bildung gefasst. Der aktuelle Staatsvertrag über den Südwestrundfunk formuliert beispielsweise in § 3: „Sein Programm soll der Information und Bildung sowie der Beratung und Unterhaltung dienen und hat dem kulturellen Auftrag des öffentlich-rechtlichen Rundfunks besonders zu entsprechen."

---

9 GfK-Daten; Allensbacher Markt- und Werbeträgeranalyse AWA 2001.

10 Medienpädagogischer Forschungsverbund Südwest: JIM 2000. Jugend, Information, (Multi-) Media. Basisuntersuchung zum Medienumgang 12- bis 19jähriger in Deutschland. Baden-Baden 2000.

11 Die von IP Deutschland herausgegebene Untersuchung ,Television 2001', die weltweit 47 Fernsehmärkte untersucht (Quelle: Television Key Facts, Local Institutes), gibt für das Jahr 2000 als durchschnittliche tägliche Sehdauer für Erwachsene in Deutschland 203 Minuten (oder 3 Stunden 23 Minuten) an. Damit liegt Deutschland in Westeuropa auf Platz 7 nach Italien (238), England (234), Griechenland (220), Belgien (Süd) (210) und Frankreich (204). Die Sehdauer in den USA ist mit 262 Minuten (oder 4 Stunden 22 Minuten) immer noch deutlich höher als in Westeuropa.

Lassen Sie mich für den folgenden Teil meiner Darlegungen entsprechend diesen Aufgabenschwerpunkten des Rundfunks in Deutschland meine Überlegungen den drei Stichwörtern Information, Unterhaltung und Bildung zuordnen.

2. Information oder das Fernsehen als Bildmedium

In diesen Wochen flimmert eine Panasonic-Reklame für Fernsehgeräte über unsere Bildschirme, die mit dem Slogan wirbt: „Bilder echter als die Wirklichkeit"[12] - ein Satz, der sehr zu denken gibt. Das Fernsehen ist - so viel steht fest - zuerst und zuvorderst ein vom Bild her bestimmtes Medium, auch wenn es Bild und Ton zusammen überträgt. Wenn die Panasonic-Reklame bei Zuschauern wie dem Otto Normalverbraucher einen Nerv treffen sollte, so deshalb, weil sie - wenn auch in übersteigerter Form - den Wunsch nach möglichst realitätsgetreuer Wiedergabe - in technischer Hinsicht etwa der Bildschärfe oder der Bildgröße oder auch der Farben - bedient und damit gerade Kapital aus den an sich eher bescheidenen technischen Bedingungen des Mediums zu schlagen sucht: Die technischen Fernsehnormen erlauben, was die Zeilenzahl und den Bildwechsel angeht, nur eine relativ geringe Informationsdichte zu übertragen, das Fernsehen überträgt z.B. eine deutlich geringere Anzahl an Bildpunkten als ein Kleinbilddia - was schon McLuhan wusste, der aus dem Faktum der geringen Informationsdichte ein Argument für eine hohe Zuschaueraktivität ableitete und das Fernsehen deshalb in seiner Terminologie als ‚cool' eingestuft hatte.

Für den Literatur- oder Medienwissenschaftler ist in einem solchen Werbetext sozusagen in einem Satz die gesamte verwickelte Theoriegeschichte des Realismus, das *mimesis*-Problem in allen Facetten aufgerufen. Deshalb kann ein Satz wie dieser auch nicht einfach als Unsinn abgetan werden, denn ironisch gegen sich selbst gewendet erfasst der Werbespruch ein Grundproblem des Fernsehens, nämlich einerseits dazu verdammt zu sein, Bilder zu liefern, auch da wo keine sind, andererseits schon durch die Bildauswahl oder den Bildausschnitt oder gar absichtlich im Bild die Wirklichkeit zu manipulieren und damit letztlich für den Zuschauer die Wirklichkeit erst zu schaffen, die er wahrnimmt und für wahr hält.

Das Fernsehen als dominantes Bildmedium zeigt immer dann strukturelle Schwächen, wenn es Nachrichten übermittelt, zu denen es kein Bildmaterial gibt, etwa wenn es eine Nachricht über ein neues Krebsmittel bringt und diese Nachricht dann völlig unspezifisch mit einem Blick auf weißgekleidete Menschen bebildert, die in irgend einem naturwissenschaftlichen Labor mit Pipetten und angefärbten Flüssigkeiten hantieren. Die Beispiele für solche

---

12 RTL, 11. 12. 2001, ca. 20.10 Uhr, wieder am 01. 01. 2002 während der Übertragung des Skispringens von Garmisch-Partenkirchen, ebenfalls am 17. 01. 2002 im Abendprogramm.

oberflächliche bis nichtssagende Bebilderung wortbezogener Nachrichten lassen sich beliebig vermehren.

Zum anderen: Bilder brennen sich ins Gedächtnis ein. Die Bilder des 11. September 2001 wird keiner vergessen. Wir alle waren, mit der Formulierung Wolf Biermanns, „Augenzeugen an der Glotze" – das Medienereignis spiegelte das wirkliche Geschehen praktisch in Echtzeit. Wenige Minuten, nachdem um 8:45 Uhr Ortszeit das erste Flugzeug in das World Trade Center eingeschlagen war, sendete CNN weltweit die Bilder, noch ehe überhaupt klar war, was da passiert war. N-tv übernahm die Bilder von CNN. Kaum mehr als eine Viertelstunde später hatte das ZDF die Bilder in seiner laufenden Nachrichtensendung, die ARD hinkte ein wenig nach. Der Einschlag des zweiten Flugzeugs wurde schon *live* übertragen, aber zunächst nicht richtig gedeutet.

Viele ‚Macher', so auch der Regisseur Wolfgang Petersen, sahen in den Ereignissen des 11. September die Fiktion ihrer Actionfilme von der Realität übertroffen.

An der Berichterstattung über die Ereignisse des 11. September lässt sich auch die Tendenz des Fernsehens beobachten, Bilder wie diese endlos zu wiederholen. Führt dies zum Überdruss beim Zuschauer oder ist es, wie Alexander Kluge und andere meinten, nötig, um die grausigen Bilder zu verarbeiten?

Und weiter: Medienwirkung war möglicherweise bereits Teil des Kalküls der Terroristen. Martin Löffelholz hat in einer Fernsehdiskussion gemeint, dass das Fernsehen mit seinen Bildberichten der Sache der Terroristen gedient hat, ohne es zu wollen.[13] ZDF-Chefredakteur Nikolaus Brender schrieb in der ‚Süddeutschen Zeitung' vom 14. 9. 2001:

> „Das Bild ist in diesen Tagen zur Waffe geworden. Die Terroristen haben die Errungenschaften der Zivilisation benutzt, Flugzeuge und eben auch das Bild, um ihren Krieg zu führen. Das ist eine neue Kriegsform. Wir in den Medien dürfen uns nicht in diese Kriegsführung mit hineinziehen lassen. Wir müssen mit den Bildern so umgehen, dass wir nicht zum verlängerten Arm der Terroristen werden."

Jochen Förster nutzte in der ‚Welt'[14] diese Problematik zu einem Rundumschlag gegenüber den Positionen der von ihm wenig geschätzten französischen Theoretiker; er sieht Paul Virilios „Diktatur des Bildschirms" oder Jean Baudrillards „Vereinheitlichung der Wahrnehmung", beides in seinen Augen Aussagen über die Hegemonie der westlichen Welt mittels der Medien, von den Terroristen gegen diese selbst gewendet.

Eine bedenkenswerte und bedenkliche Parallele: Es ist bekannt, dass bei Demonstrationen die Anwesenheit von Kameras häufig erst gewaltsame Auseinandersetzungen auslöst, weil Demonstranten auf die Öffentlichkeits-

---

[13] NDR, ‚Panorama', 20. 09. 2001.

[14] Die Welt, 12. 10. 2001.

wirksamkeit des Fernsehens setzen. Soll, kann, darf darum das Fernsehen auf Berichterstattung verzichten?

Noch einmal Nikolaus Brender in der ‚Süddeutschen':

> „Wir stehen aber als Bildmedium in der Pflicht, zu dokumentieren, und das geht nicht ohne Bilder. Wir nutzen deswegen das Wort und die Komposition der Bilder, um die Realität sorgsam wiederzugeben. Das ist nicht leicht, wir sind uns dessen sehr bewusst."

Hans Mathias Kepplinger, Kommunikationswissenschaftler an der Universität Mainz, hat die Selbstbindung der US-Fernsehsender, der weltweit alle Anstalten gefolgt sind, keine Bilder von den Toten des 11. September zu zeigen, in dieser Ausnahmesituation als gerechtfertigt angesehen, plädiert aber grundsätzlich für die journalistische Pflicht der Berichterstattung und der „Orientierung an der Bedeutung der Ereignisse und am Interesse des Publikums".[15]

Bilder brennen sich ein: Besonders Kinder waren mit den Katastrophenbildern überfordert, und nicht in jedem Fall waren Erwachsene in der Nähe, die die erlebten Bilder zu verarbeiten helfen konnten. Es war darum wichtig, dass das Fernsehen selbst im Kinderkanal in mustergültiger Weise die Ereignisse aufgearbeitet hat.

Und natürlich sind Journalisten, nicht nur die des Fernsehens, immer in der Versuchung, das Sensationelle in ihrer Berichterstattung zu forcieren – getreu der Definition Walter Lippmans, die Hanns Joachim Friedrichs mehrfach zitiert hat: „News is what protrudes from the ordinary." (Nachricht ist das, was über das Gewöhnliche hinausreicht).[16]

Im Fernsehen herrscht ein weltweiter gnadenloser Wettbewerb um die erste Nachricht und das erste Bild. Notfalls werden Bilder inszeniert; da bleibt manchmal die Wahrheit auf der Strecke. Nach den Terroranschlägen von New York und Washington verkaufte die renommierte Agentur ‚Reuters' Bilder von jubelnden Palästinensern an CNN, die praktisch alle Sender unbesehen übernommen haben. Später haben ‚Stern' und ‚Panorama' aufgedeckt, wie diese Bilder entstanden sind: Das Kamerateam hat die Palästinenserin und die Kinder mit Süßigkeiten zum Jubeln gebracht – die Frau wusste offenbar nicht, warum. Auch erfahrene Journalisten haben in Diskussionen, an denen ich teilgenommen habe, bekannt, dass sie in diesem Fall ebenfalls dem Informations-Management der Nachrichten-Anbieter aufgesessen wären. Können diese Bilder dadurch gerechtfertigt werden, dass, wie Giovanni di Lorenzo vom ‚Tagesspiegel' im WDR (Polis, 24. 9. 2001) meinte, es feststeht, dass anderenorts in Palästina tatsächlich über die Ereignisse des 11. September gejubelt worden ist? Inszenierte Bilder in Fernsehen gibt es schließlich in Massen. Sie haben sicher selbst schon viele Male die Einblendung ‚inszeniert' oder ‚nachgestellt' gesehen.

---

[15] H. M. Kepplinger: Die Medien im Krieg. In: Forschung und Lehre 8 (2001), S. 630f.

[16] H. J. Friedrichs, WDR 3, 29. 12. 1996.

Dem Nato-Pressesprecher Jamie Shea wird der Satz zugeschrieben: „If you don't have a story, make a story." Shea hat spätestens im Kosovo-Krieg ganz auf das Fernsehen und nicht mehr auf die Zeitungen gesetzt, weil das Fernsehen seine Botschaft, wie er sagt, unzensiert, unkommentiert und unkritisch direkt in die „Wohnzimmer der öffentlichen Meinung" liefert:

> „Now, we don't need newspapers. You can use TV because TV carries you without censorship, without commentary, with[out] criticism, directly into the living rooms of public opinion. And I think that's a great advantage."[17]

Jamie Shea hat den Kosovo-Krieg medienmäßig durchgestylt, den Soldaten vorgeschrieben, was sie in Interviews sagen durften. Ähnlich generalstabsmäßig war schon die Medienberichterstattung im Golf-Krieg organisiert. Und jetzt in Afghanistan gab es für das Fernsehen in den ersten Wochen praktisch kein verwertbares Bildmaterial, bis heute extrem wenig – wie Förster von der ‚Welt' meint, die amerikanische Antwort auf den Bilder-Terror vom 11. September, aber auch ein Sachverhalt, der Peter Scholl-Latour bei den Frankfurter Römerberggesprächen am 2. November 2001 den Satz abgenötigt hat: „Wir werden alle belogen." Bei den 35. Mainzer Tagen der Fernsehkritik im Februar 2002 hat eine amerikanische Journalistin bestätigt, dass im Gefolge des 11. Septembers in den USA Zensur herrschte.

All dies setzt bekannte Missstände fort. Berüchtigt ist die Inszenierung der Aussage eines 15-jährigen Mädchens über angebliche Gräuel in Kuweit – Babies, die aus Brutkästen herausgerissen wurden usw. Hinterher stellte sich heraus, dass es sich um eine PR-Kampagne der Werbeagentur ‚Hill and Knowlton' handelte, um die öffentliche Meinung in den USA für den Golf-Krieg zu gewinnen, und dass das Mädchen Nayirah die Tochter des kuweitischen Botschafters gewesen ist. Ebenso sorgte eine amerikanische PR-Agentur im Kosovo-Krieg für Stimmung gegen die Serben: Bei den Bildern von Männern hinter Stacheldraht handelte es sich offensichtlich nicht um Insassen von Konzentrationslagern, wie behauptet wurde, sondern von Flüchtlingslagern.

Bereits am Tag nach der Amoktat von Erfurt hat RTL die Ereignisse in einer Schule im Kölner Raum nachinszeniert. Dass RTL drei Tage danach in einem ‚Extra' ungeniert Spielszenen dieses aufwühlenden Ereignisses sendete, hat weithin Empörung ausgelöst. RTL hat die Kritik zurückgewiesen und hält das dramaturgische Mittel des ‚Re-enactment' nach wie vor für ethisch unbedenklich: „Ja, wir werden dieses Mittel des Re-enactment auch weiterhin einsetzen."[18]

Ich will mit meinem Nein selbst zu den harmlosesten inszenierten Bildern nicht hinter dem Berge halten. Das inszenierte Bild ist für mich der Ur-Sündenfall des Fernsehjournalismus. Die Zuschauer – und, wie wir gehört

---

[17] M. Baker: Yugoslavia: NATO's Shea Draws Lessons From Waging A Media War. Radio Free Europe. URL: www.rferl.org/features/1999/06/F.RU.990628123404.html.

[18] E. Friedler u.a.: Die Medien und der Mörder – 17 Tote als TV-Ereignis. Südwestrundfunk. Report Mainz. ARD ‚Das Erste', 06. 05. 2002, 21.00-21.45 Uhr.

haben, manchmal selbst erfahrene Journalisten - haben keine Möglichkeit, den Wahrheitsgehalt der übermittelten Bilder zu kontrollieren. Sie können nicht sehen, was sich links oder rechts vom gesendeten Bildausschnitt abspielt, können nicht überprüfen, ob ein Bericht den Kern eines Ereignisses trifft oder ob sich die Dinge überhaupt so zugetragen haben. Sie sind vielmehr auf Gedeih und Verderb auf das journalistische *ethos* derer angewiesen, die die Geschichte und die Bilder verbürgen. Ein einziges manipuliertes Bild - und ich bin nicht naiv genug, nicht zu wissen, dass es leider viele davon gibt - macht das gesamte Medium unglaubwürdig. Deswegen trotz aller Pressionen des Medienmarktes entschieden kein Bild als ein falsches Bild! Hier ist Medienethik auf den Plan gerufen.

Denn bei allem bleibt die bohrende Frage, was wir sehen, wenn wir fernsehen. Es ist paradox: Wir werden mit Nachrichten bombardiert, doch sind wir deshalb informiert? In der Medienwelt tritt an die Stelle der Wirklichkeit das Bild. Günther Anders kam aufgrund seiner Erfahrung im Amerika der vierziger und fünfziger Jahre zu dem Schluss, dass in der Welt des Fernsehens ‚Welt' und ‚Ansicht von Welt' nicht mehr zweierlei sind. Das gesendete Bild ist konfektioniert, handlich gemacht, wie Anders sagt, es „verbiedere", und es passe sich widerstandslos in die Welt des durch das Medium selbst konditionierten Zuschauers ein.[19]

Für viele ist im *global village* McLuhans das Fernsehbild das Bild der Welt, ihr *Welt-Bild*, vielfach noch nicht einmal dieses. Mit einem Aufsatz von Karl Schwedhelm aus dem Jahre 1963 gesprochen: Die vielen Bilder, die in unserer optischen Zivilisation auf uns unablässig einstürmen, verdichten sich nicht zum Bild - ‚Viele Bilder und kein Bild.'[20] Oder prosaischer mit Günter Gaus: „Es besteht die Gefahr, dass Augenschein mit Einsicht verwechselt wird."[21]

Hatte McLuhan Recht? Was haben wir dem kulturkritischen Pessimismus entgegenzusetzen? Davon zum Schluss. Zuvor will ich die Dinge dadurch noch komplizieren, dass ich Überlegungen zum Fernsehen als Medium der Unterhaltung anstelle.

---

19 Vgl. Anders (Anm. 5), S. 116-123 und S. 195f.

20 K. Schwedhelm: Viele Bilder und kein Bild. Gefahren und Chancen der optischen Zivilisation. In: G. Böse (Hg.): Unsere Freiheit morgen. Gefahren und Chancen der modernen Gesellschaft. Düsseldorf, Köln 1963, S. 291-309.

21 G. Gaus, WDR 3, 15. 10. 2001, 22.20 Uhr.

3. Unterhaltung

Wie schon der Titel von Neil Postmans Buch ‚Amusing Ourselves To Death' (1985) thesenartig anzeigt, ist Fernsehen für ihn als Unterhaltung in deutlich kultur-apokalyptischer Perspektive negativ besetzt:

> „American television [...] is devoted entirely to supplying its audience with entertainment. [...] To say it still another way: entertainment is the supra-ideology of all discourse on television. No matter what is depicted or from what point of view, the overarching presumption is that it is there for our amusement and pleasure. That is why even on news shows which provide us daily with fragments of tragedy and barbarism, we are urged by the newscasters to ‚join them tomorrow'. What for? One would think that several minutes of murder and mayhem would suffice as material for a month of sleepless nights. We accept the newscasters' invitation because we know that the ‚news' is not to be taken seriously, that it is all in fun, so to say."[22]

„Unterhaltung ist die Über-Ideologie aller Fernsehprogramme." Wie das Zitat erkennen lässt, geht es nicht einfach um Unterhaltungssendungen im Fernsehen, sondern darum, dass das Fernsehen grundsätzlich seiner Struktur nach Unterhaltung ist bzw. produziert. Ohne die kulturkritische Perspektive, ja im Gegenteil ins Positive gewendet, ist dieser Ansatz inzwischen allerdings durchaus diskutabel geworden.

Werner Faulstich hat in seiner Tübinger Habilitationsschrift bereits 1982 die Forschungs- und Problemgeschichte des auf das Fernsehen in Deutschland angewendeten Unterhaltungsbegriffs skizziert,[23] dabei gezeigt, wie der Begriff 1971 mit den dritten Mainzer Tagen der Fernsehkritik ins Gespräch kam und wie ihn Hans-Dieter Kübler, wiederum in einer Tübinger Arbeit aus dem Jahre 1975, zur Zentralkategorie seiner Analyse der Abendschau Baden-Württemberg gemacht hat. Noch immer ist jedoch, wenn ich recht sehe, der Unterhaltungsbegriff nicht hinreichend eindeutig gefasst, obwohl praktisch jedermann damit hantiert.

Hermann Bausinger hat dargestellt, dass Unterhaltung – und hier geht es nicht speziell um das Fernsehen – „einmal ein harmloses, weithin akzeptiertes Vergnügen" war, dass andererseits der um 1800 einsetzende, wie er sagt, „Rufmord an der Unterhaltung" Folge der Trennung von Kunst und Unterhaltung und damit der Eliminierung der Unterhaltung aus der Hochkultur war. Und noch einmal Bausinger: „Die Ausgrenzung der Unterhaltung ermöglichte dieser aber unbeschwerte Fortpflanzungs- und Multiplikationsakte". Das führte einerseits in die Stereotypie „serieller Herstellung und Stan-

---

22 Postman (Anm. 3), S. 89.

23 W. Faulstich: Ästhetik des Fernsehens. Eine Fallstudie zum Dokumentarspiel ‚Die Nacht, als die Marsmenschen Amerika angriffen' (1976) von J. Sargent. Tübingen 1982, S. 9ff.

dardisierung", andererseits jedoch auch zu Innovationen, weil die Unterhaltung sich frei von herrschenden ästhetischen Normen entfalten konnte.[24] Es ist mir wichtig, dass Bausinger hier negative wie positive Folgeerscheinungen unterscheidet.

Fernsehunterhaltung sei minderwertig und gefährlich - diese Pauschalkritik elitärer Kulturkritiker war nicht zu halten, vielmehr hat Unterhaltung und besonders auch Fernsehunterhaltung inzwischen eine deutliche Aufwertung erfahren. Inzwischen gilt: Es gibt ‚gute' und ‚schlechte' Unterhaltung, aber Unterhaltung ist nicht per se schlecht. In deutlicher Abgrenzung zu der früheren negativen Pauschalkritik können deshalb Kritiker wie Knut Hickethier formulieren „Unterhaltung ist Lebensmittel" (1988) oder wie Kepplinger/Tullius „Fernsehunterhaltung als Brücke zur Realität" ansehen.[25] Unterhaltung wird in der einschlägigen Medienforschung zumindest ambivalent eingeschätzt: positiv als Entlastung, negativ als Eskapismus oder als Zeitvernichtung.

Knut Hickethier hat die Stationen der Unterhaltung im westdeutschen Fernsehen nachgezeichnet: von der patriarchalisch-autoritären großen Abendunterhaltung à la Kulenkampff und Rosenthal der fünfziger und sechziger Jahre über „Harmonie und Voyeurismus" mit einem Schuss Tabubruch in den Siebzigern bei Schönherr/Bach zu Kommerzialität und Konfrontation im Fernsehen der achtziger Jahre. In den 90er Jahren erfolgte die Ausdifferenzierung der Unterhaltung wie der Unterhaltungspublika zwischen den Daily Talks für die ‚Medienproletarier' und Peter Steins ‚Faust' für die Unterhaltungselite, letzterer zu sehen noch jüngst in dreizehn Stunden über 3sat. In der unmittelbaren Gegenwart des Trash-Fernsehens sieht Hickethier die Freisetzung von Realitätsbezügen, das weite Spektrum von Parodie, Ironie, aber auch Terror, zugleich aber auch die neue Leistungsanpassung der Spaßgesellschaft.[26] Also auch hier Positives und Negatives nebeneinander.

Das duale System hat, wie wir alle wissen, zu einer schlagartigen quantitativen Vermehrung der Fernsehprogramme geführt, es hat in qualitativer Hinsicht nicht entscheidend größere Vielfalt gebracht, sondern eher „more of the same".[27] Das kommerzielle Fernsehen muss mit seinen Programmen Geld verdienen und der Werbeindustrie gegenüber für seine Programme Quote nachweisen. Doch durch die alle vier Jahre neu aufflammende Gebührendis-

---

24 H. Bausinger: Ist der Ruf erst ruiniert ... Zur Karriere der Unterhaltung. In: Medienlust und Mediennutz. Unterhaltung als öffentliche Kommunikation. Hg. v. L. Bosshart und W. Hoffmann-Riem. München 1994, S. 15-27.

25 K. Hickethier: Unterhaltung ist Lebensmittel. Zu den Dramaturgien der Fernsehunterhaltung und ihrer Kritik. In: Fernsehunterhaltung. TheaterZeit Schrift 1988, H. 4, S. 5-16; H. M. Kepplinger und Ch. Tullius: Fernsehunterhaltung als Brücke zur Realität. In: Rundfunk und Fernsehen 43 (1995), S. 139-157.

26 Vgl. K. Hickethier: Konditionierungen: Von ‚DalliDalli' zu ‚TV Total'. Wege in die Spaßgesellschaft. In: epd medien 50 (2001), S. 31-37.

27 W. Donsbach und D. Dupré: Mehr Vielfalt oder ‚more of the same' durch mehr Kanäle? Möglichkeiten zum Unterhaltungsslalom im deutschen Fernsehen zwischen 1983 und 1991. In: Medienlust und Mediennutz (Anm. 24), S. 229-247.

kussion unterliegen auch die öffentlich-rechtlichen Programme einem verschärften Rechtfertigungsdruck, der sich in immer stärkerer Beachtung der Zuschauerquoten niedergeschlagen hat. Die von den Öffentlich-Rechtlichen aus ihrem Selbstverständnis heraus heftig bestrittene Konvergenzthese, die besagt, dass sich beide Systeme in ihren Programmstrukturen immer weiter annähern, hat nach meinen Beobachtungen zwar nicht auf dem Informationssektor, wohl aber auf dem Unterhaltungssektor viel an Boden gewonnen. In der Welt des Immergleichen beäugen die Sender gegenseitig ihre Tops und Flops, versuchen sie die Erfolge des anderen nachzuahmen. So folgten immer neue Wellen an Reality Shows, Big Brothers und Überlebens-Wettkämpfen - und verschwanden wieder. Talkshows hatten jahrelang Hochkonjunktur, jetzt weichen sie gerade den Gerichts-Shows. Nachdem Günther Jauch mit ‚Wer wird Millionär' auf RTL einen überragenden Erfolg eingefahren hatte - die ARD hatte das Potential des ihr angebotenen Quiz-Formats nicht erkannt und ärgerte sich blau ob des Erfolgs ihres schärfsten Konkurrenten - ‚quizzt' es jetzt auf allen Kanälen, und die aktuelle Medienkritik merkt an, dass Quiz-Shows in Amerika, um sich voneinander zu unterscheiden, immer härter werden - „Quiz-Shows mit Quälfaktor", wie neulich jemand formuliert hat - ein Trend, der in Deutschland noch nicht Fuß gefasst hat, aber in der Konkurrenz des „more of the same" durchaus Chancen hätte.[28] Die beiden aktuellen Shows im US-Fernsehen tragen die bezeichnenden Titel ‚The Chamber' und ‚The Chair' - Assoziationen an eine Folterkammer und eine Folterbank liegen nicht daneben - , und schon streiten die beiden veranstaltenden Sender vor Gericht um die Rechte an den Ideen.

Fernsehen benutzt die traditionellen Stimuli von Unterhaltung überhaupt, ist, wenn man so will, darin durchaus nicht ‚neu': „Human Interest / Voyeurismus, Lebensgenuss / Sexualität, Erfolg, Ordnung, Spannung, Komik, Überraschungsmomente, Standardisierung"[29] - aber auch Gewaltdarstellung. In der Jagd um den Zuschauer müssen immer stärkere Reize eingesetzt werden.

Talkshows und Magazine aller Sender übertreffen sich gegenseitig in der Darstellung des Sensationellen und Monströsen: die Frau mit den längsten Haaren (Pro7: ‚Nicole am Nachmittag', 7. 6. 2001) oder dem größten Busen, Albert Pernitsch, der dickste Mann der Welt mit über 450 Kilo Lebendgewicht (Pro7: ‚taff', 31. 7. 2001), der Stand-up Comedian Johnny Tong aus Los Angeles, der Küchenschaben isst und sich eine 50 Zentimeter lange Baumschlange durch die Nase einführt und sie zum Mund wieder herausholt (Das Erste: ‚Brisant', 5. 6. 2001) . Indes ist die Gier nach dem Sensationellen keinesfalls fernsehspezifisch. Wir kennen sie aus der Boulevardpresse, und wer sich in den frühen Einblattdrucken, z.B. den *broad sheets* in England, auskennt,

---

[28] A. Bartl: Pure Angst. Herz ist Trumpf. Amerikas Quiz-Shows werden härter. In: FAZ, 08. 01. 2002. „Quiz-Shows mit Quälfaktor": RTL Explosiv.

[29] H. F. Foltin: Fernsehen als Unterhaltung. In: Leonhard (Anm. 1) Bd. III, S. 2406-2413, hier S. 2407.

weiß wie dort z. B. Kälber mit zwei Köpfen, Menschen mit Missbildungen oder Verbrecher zur Befriedigung des Sensationsbedürfnisses des Publikums eingesetzt wurden.

In der amerikanischen ‚Jerry Springer Show' gehen die Menschen handgreiflich aufeinander los. Talkmaster wie Jerry Springer oder Jenny Jones heizen dazu kräftig an.

Die Landesmedienanstalten von Nordrhein-Westfalen und Rheinland-Pfalz haben eine Studie in Auftrag gegeben, die aufklären sollte, wie Talkshows und Daily Soaps von Jugendlichen wahrgenommen werden. Zusammengefasst lautet das Ergebnis: „Vor allem jüngere Mädchen mit formal niedrigerem Bildungsstand nehmen Daily Talks und Daily Soaps weitgehend unkritisch als ‚Abbild von Realität' und Orientierungsforen wahr." Jungen sind durch eine distanzierende Rezeption – Wahrnehmung als Unterhaltung – charakterisiert; Mädchen sind stärker involviert: Wahrnehmung als Orientierungssuche. In Soaps nehmen die Mädchen die Schauspieler als Vorbilder und Orientierungshilfe - „Inszenierungsmuster werden nicht hinterfragt, geschweige denn durchschaut."[30]

Wie sehr Fußball als Unterhaltung zum täglichen Brot des Fernsehzuschauers gehört, wurde spätestens auch dem größten Sportmuffel angesichts des Finanzpokers um die Bundesligarechte, die Weltmeisterschaft 2002 in Japan und Korea und die von 2006 in Deutschland klar: ARD und ZDF über der Grenze ihrer finanziellen Leistungskraft gegen den Monopolisten Kirch, von der Öffentlichkeit und dem Bundeskanzler schließlich zur Einigung gezwungen.[31]

Die Beispiele ließen sich beliebig vermehren. Festzuhalten sind die Strategien der Wiederholung, der Personalisierung, der Emotionalisierung und der Reizsteigerung.

Ein beliebtes Spiel bestand und besteht bis heute darin, die auf die jeweiligen Bereiche Information, Unterhaltung, Bildung entfallenden Programmteile quantitativ zu vermessen und dabei etwa von der Warte des öffentlich-rechtlichen Rundfunks auf die bösen Privaten zu zeigen, die ihren Informationsauftrag sträflich vernachlässigen und angeblich ihr Programm in perfider Weise ganz überwiegend auf publikumswirksamer Unterhaltung aufbauen. Dass der Unterhaltungsbereich bei den Privaten dominiert, ist unbestritten. Im einzelnen wird freilich darüber gestritten, was den Bereichen Information bzw. Unterhaltung zuzuordnen ist, Indikator für die Unschärfe beider Begriffe, vor allem natürlich des Unterhaltungsbegriffs.

Der im November 2001 veröffentlichte ‚3. ALM-Programmbericht zur Lage und Entwicklung des Fernsehens in Deutschland 2000/2001', den Hans-

---

30 U. Göttlich, F. Krotz, I. Paul-Haase (Hg.): Daily Soaps und Daily Talks im Alltag von Jugendlichen. Opladen 2001.

31 Kirch zahlte dem Deutschen Fußballbund für die Verwertung der Bundesliga-Erstrechte die unvorstellbare Summe von 380 Mio. Euro pro Jahr.

Jürgen Weiß unter dem Titel ‚Programmalltag in Deutschland' im Auftrag der Landesmedienanstalten erhoben hat, zeichnet ein differenzierteres Bild:

Zum einen stellt er auf der Basis der Daten der ersten Aprilwoche 2001 im Vergleich zu 1999 eine Abnahme der „politischen Informationsleistungen" aller TV-Sender fest, wobei das Niveau bei den Öffentlich-Rechtlichen insgesamt sehr ansehnlich ist, bei den Privaten aber weiter gegen Null strebt. Immerhin widmeten ARD und ZDF 20,8% bzw. 20,4% ihrer Prime-Time-Sendungen Themen aus Politik und Wirtschaft. RTL kam auf 4,4%, SAT1 und RTL2 auf 2,5%.

Wichtiger noch erscheint mir die Tendenz, die der Bericht unter dem Stichwort des „Wandels der Unterhaltungsformate" in der „Analyse der Unterhaltungstendenzen in allen Formaten der Fernsehpublizistik" ausmacht. Die Studie unterscheidet 1) fiktionale Unterhaltung (Serien, Filme usw.), 2) nonfiktionale Unterhaltung (Shows, Spiele) und 3) „Angebote der Unterhaltungspublizistik (auf die Zerstreuung der Zuschauer ausgerichtete Beiträge und Sendungen)". Die Entwicklung in dieser letzten Kategorie ist symptomatisch für die gegenwärtigen Tendenzen des Fernsehens in Deutschland.

> „Der Umbau dieser, in ihrem Ursprung journalistischen Formate in neue Formen der Fernsehunterhaltung ist ein Kennzeichnen moderner Programmpolitik, die mit der Einrichtung von Talkshows, Boulevardmagazinen, Gerichtsshows etc. noch lange nicht am Ende ist."

Dies ist das Ergebnis der Untersuchung – noch einmal im längeren Zitat:

> „Fasst man die aktuellen Daten zu den Unterhaltungsangeboten der deutschen Fernsehvollprogramme zusammen, wird offenkundig, dass es nicht mehr sinnvoll ist, im Sektor der deutschen Fernsehvollprogramme zwischen informationsorientierten auf der einen und unterhaltungsorientierten Programmen auf der anderen Seite zu unterscheiden. *Jedes dieser Programme ist primär unterhaltungsorientiert* :
> – Im obersten Bereich der Unterhaltungsskala findet man im Frühjahr 2001 mit RTL II und Kabel 1 zwei private Fernsehvollprogramme, deren Nettosendezeit (das heißt: die Summe aller Sendungen, nach Abzug von Spotwerbung, Teleshopping-Sendungen, Programmtrailern etc.) zu mehr als 90 Prozent aus Unterhaltung bestehen.
> – Im mittleren Bereich sind die restlichen vier privaten Fernsehvollprogramme – RTL, SAT.1, ProSieben und VOX – platziert. Mindestens 75 Prozent und zum Teil mehr als 80 Prozent ihrer Nettosendezeit bestehen aus unterhaltenden Fernsehangeboten.
> – Am unteren Ende der Unterhaltungsskala rangieren die beiden öffentlich-rechtlichen Programme, ARD und ZDF. In der Ganztagsperspektive bestreiten sie etwa die Hälfte, in der Prime Time etwa 60 Prozent ihrer Nettosendezeit mit Unterhaltungsangeboten."[32]

Neue Begriffsbildungen wie ‚Infotainment' – Information mit Mitteln der Unterhaltung – ‚Edutainment' – Bildung mit Mitteln der Unterhaltung –

---

[32] Stuttgarter Zeitung, 04. 12. 2001; Zusammenfassung der Ergebnisse der Studie auf der Webseite der Arbeitsgemeinschaft der Landesmedienanstalten unter www.alm.de.

‚Confrontainment'[33] oder seit etwa 1999 auch in Deutschland ‚Politainment' – Politik im Unterhaltungsformat – zeigen an, wie die Grenzen der traditionellen Programmsäulen vor allem in Richtung auf Unterhaltung fließend geworden sind.

Bei der Abschiedssendung für Klaus Bednarz, den langjährigen Moderator von ‚Monitor' vom WDR (Dezember 2001), hat Volker Happe festgestellt, dass Politiker sich zunehmend dem kontroversen Monitor-Interview verweigern, wo sie ‚in die Zange genommen' werden könnten – viel lieber gehen sie in die politische Talkshow à la Christiansen oder Erich Böhme, wo nicht hart nachgefragt wird, ein Trend, den ‚Report Mainz' des Südwestrundfunks ebenfalls festgestellt hat. Die Unterhaltungsauftritte der Politiker werden sorgfältig inszeniert: Der Kanzler bei ‚Wetten dass ...?', Möllemann oder Westerwelle bei ‚Big Brother'; Rudolf Scharping am Pool in Mallorca – die Beispiele ließen sich beliebig vermehren. Dass einzelne Auftritte dieser Art daneben gehen, ist eine andere Sache, macht das Prinzip nicht hinfällig. Günther Jauch hat dies beim Journalismus-Forum des Bundespräsidenten in Berlin am 23. Oktober 2001 die „Vermöllemannisierung" der politischen Berichterstattung genannt.[34]

Die Medienwissenschaft ist sich in der Bewertung dieses Trends durchaus uneins. Einige – kontroverse – Positionen in Auswahl:

In seinem Buch ‚Politainment: Politik in der medialen Erlebnisgesellschaft'[35] bewertet Andreas Dörner in Auseinandersetzung mit kulturkritischen Positionen von Marx bis Bourdieu, vor allem aber mit Horkheimers und Adornos in der ‚Dialektik der Aufklärung' formulierten Vorwurf des „Massenbetrugs" durch die Kulturindustrie, die Darstellung des Politischen im Modus von Unterhaltung durchaus positiv. An den „Als-ob-Welten" der Unterhaltung arbeitet er die Qualität der Emotionalisierung – den *„Feel-Good-*Faktor" – heraus und sieht darin unter Berufung auf die Cultural Studies in Großbritannien, in Sonderheit auf Richard Dyer, ein Element des Utopischen:

> „Unterhaltende Als-ob-Welten sind utopisch – und zwar weniger in der Weise, daß sie uns Modelle einer besser organisierten Gesellschaft präsentieren, sondern indem sie eine Emotion des Utopischen, ein Gefühl der besseren (politischen) Wirklichkeit vermitteln."[36]

Mit John Fiske betont Dörner die „politischen und sozialen Widerstandspotentiale der Medienunterhaltung"[37] und betrachtet mit Link/Link-Heer „Un-

---

33 H.-F. Foltin: Die Talkshow. Geschichte eines schillernden Genres. In: H. D. Erlinger, H.-F. F.: Unterhaltung, Werbung und Zielgruppenprogramme. München 1994 (= Geschichte des Fernsehens der Bundesrepublik Deutschland. Bd. 4), S. 69-111.

34 epd medien 90 (2001), S. 27.

35 A. Dörner: Politainment. Politik in der medialen Erlebnisgesellschaft. Frankfurt/M. 2001.

36 Dörner (Anm. 35), S. 63; vgl. R. Dyer: Entertainment and Utopia. In: R. Altman (Hg.): Genre. The Musical. A Reader. London 1981, S. 175-189.

37 Dörner (Anm. 35), S. 82; vgl. J. Fiske: Populäre Texte, Sprache und Alltagskultur. In: A. Hepp, R. Winter (Hg.): Kultur – Medien – Macht. Cultural Studies und Medienanalyse. Opladen 1997, S. 65-84.

terhaltungskultur als Interdiskurs", der der Fragmentierung der modernen Gesellschaft entgegenwirken kann.[38]

Dörner geht mehr als wohlwollend mit der Unterhaltungskultur um, wenn er in Soaps à la ‚Lindenstraße' oder ‚Forsthaus Falkenau' Vermittlungsformen einer „republikanisierten" politischen Kultur erkennt mit einer „Reichweite, die sonst unvorstellbar wäre." – „Die engagierte und solidarische Bürgergesellschaft als Modell einer guten Gesellschaft ist hier, im utopischen Raum der fiktionalen Fernseherzählung, schon Wirklichkeit geworden."[39]

Als positive Funktionen der Politik im Unterhaltungsformat stellt Dörner u.a. heraus: Veranschaulichung und Verlebendigung, Visualisierung, das Angebot von „politischen Modellidentitäten", Integration. Fazit: „[...] die Unterhaltungsöffentlichkeit bietet Bilder des Politischen, die im Sinne einer republikanischen politischen Kultur positiv gewertet werden können."[40]

Hier mag sich jeder sein eigenes Urteil bilden. Ich denke allerdings, dass Dörner hier, wenn er nicht einfach die Rechtfertigungsideologie für die Massenunterhaltung des Fernsehens im Zeichen ihrer Vermarktung liefert, zumindest seine Ansprüche an die Dimension des Utopischen und die gesellschaftlichen Leistungen von Kultur wie von Unterhaltung sehr tief gehängt hat.

Inzwischen mehren sich die Stimmen, die grundsätzliche Kritik an der Spaßgesellschaft üben und in ihrem Gefolge auch das Unterhaltungsfernsehen kritisch beurteilen.

Bei den 34. Mainzer Tagen der Fernsehkritik (14./15. Mai 2001) kritisierte der Intendant des ZDF, Dieter Stolte, im Blick auf das ‚reality tv' der Privatsender die „voyeuristische Selbstinszenierung des Mediums" und konstatierte in durchaus kulturkritischer Perspektive einen „Verlust des Ernstes", analog zu Sedlmaiers „Verlust der Mitte". Die Anfrage an die Spaßgesellschaft wird verstanden als „grundsätzliche Frage nach dem Wirklichkeitsverhalten und Wertgefüge unserer Gesellschaft":

> „Spaß ist ein Sekundärziel, das jenes Primärziel nicht verdrängen darf, mit unserem Medium ein adäquates Bild der gesellschaftlichen Wirklichkeit zu vermitteln. Folglich ist nicht der Spaß an etwas das Problem, sondern der verselbständigte Spaß an sich, also der Spaß alleine um des Spaßes willen."[41]

Wer wollte diesen hehren Worten nicht zustimmen? Allerdings ist dies auch ein leicht zu durchschauender Abgrenzungs- und Rechtfertigungsversuch eines Vertreters des öffentlich-rechtlichen Systems gegenüber den kommer-

---

[38] Dörner (Anm. 35), S. 97; vgl. J. Link, U. Link-Heer: Diskurs/Interdiskurs und Literaturanalyse. In: LiLi. Zeitschrift für Literaturwissenschaft und Linguistik 20 (1990), H. 77, S. 88-99.

[39] Dörner (Anm. 35), S. 188.

[40] Dörner (Anm. 35), S. 239-244, hier S. 244.

[41] D. Stolte: Wertgefüge. Der Verlust des Ernstes und die Wirklichkeitsvermittlung. In: epd medien 50 (2001), S. 3f.

ziellen Sendern, der zudem im Umgang mit Konzepten wie „gesellschaftliche Wirklichkeit" und „adäquates Bild" erhebliche Naivität erkennen lässt.

Wenn Johanna Haberer, früher Rundfunkbeauftragte des Rates der EKD, jetzt Professorin für christliche Publizistik an der Universität Erlangen-Nürnberg, in ihrer Antrittsvorlesung Unterhaltung als Spiel im Sinne von Huizingas *homo ludens* begründet – übrigens eine inzwischen fast klassisch gewordene anthropologische Begründung von Unterhaltung bei denen, die Unterhaltung positiv sehen – dann kommt auch sie aktuellen Tendenzen ein Stück entgegen.[42] Kirche und Theologie dürfen sich nicht „als kulturelle Spielverderber gerieren", wie Haberer sagt, allerdings müssen sie „Falschspieler entlarven." In diesem Sinn zieht sie eine scharfe Grenze zwischen einem Spiel, das „eskapistische Funktion hat, entlastet und harmlos unterhält", und dagegen dem Spiel, bei dem Menschen zum Gegenstand werden, instrumentalisiert und vernutzt."[43] Ins Visier nimmt sie vor allem die Talkshows, in denen Spaß durch Tabubruch erzeugt wird, in denen Menschen vorgeführt oder gemobbt werden, die sie als Indiz für den „Amüsierfaschismus" – eine Prägung von Sloterdijk – nimmt und ebenso eindeutig verurteilt, wie sie die Wiederentdeckung des Tabus „als ästhetische Notwendigkeit und kreatives Element" fordert: das Weggelassene, Angedeutete wird zum Raum des Spiels der Fantasie.

Im Bereich der Fernsehunterhaltung wie in der Nutzung des Mediums Fernsehen überhaupt ist also Unterscheidung angesagt: Haberer traut Machern wie Zuschauern solche Unterscheidung zwischen platter und anspruchsvoller Unterhaltung zu. Der souveräne Gebrauch des Mediums setzt den vielbeschworenen mündigen Mediennutzer voraus. Ein Weg dahin ist Medienpädagogik oder im Kontext dieser Vorlesungsreihe Medienrhetorik: das Durchschaubarmachen der Wirkmechanismen des Mediums und die Einübung guter Praxis. Diesem Gesichtspunkt will ich abschließend unter dem Stichwort ‚Bildung' nachgehen.

---

42 „Die Fernsehunterhaltung kommt all den angeführten Kriterien des Spiels sehr nahe." J. Haberer: Homo Homini Ludus. Fernsehen, ein Medium in der Spaßgesellschaft. In: epd medien 58 (2001), S. 23-30, hier S. 26.

43 Haberer (Anm. 42), S. 29.

4. Bildung

Gegenüber Information oder Unterhaltung oder auch unterhaltender Information führt das Bildungsfernsehen mittlerweile ein Schattendasein, auch wenn es nach wie vor bei den Öffentlich-Rechtlichen ein hochqualitatives Bildungsangebot gibt, das sich freilich mit Randplätzen begnügen muss. Am Beispiel der Wissenschaftssendungen kann man zeigen, dass Unterhaltungsformate auch in diese Domäne eingedrungen sind, eine Entwicklung, die einerseits hilft, Ergebnisse der Wissenschaft für ein breites Publikum interessant zu machen – und daran muss die Wissenschaft natürlich interessiert sein –, die andererseits Wissenschaft auf das leicht Fassliche, leicht Vermittelbare, Vorzeigbare reduziert – im Sinne etwa der inzwischen eingeschlafenen ‚Knoff-hoff-Show' des ZDF. Ausnahmen wie die ‚Sonde' des SWR oder Ranga Yogeshwars Wissenschaftsvermittlung im WDR bestätigen die Regel.

Wer wie ich versucht hat, die Macher des Fernsehens dazu zu motivieren, auch geisteswissenschaftliche Forschung auf den Bildschirm zu bringen, weiß wie schwer es für diese ist, im Bildmedium Fernsehen zu Wort zu kommen.

In einem viel umfassenderen Sinn ist Fernsehen insgesamt Vermittler von Bildung, indem es gewissermaßen en passant und unabhängig von allen Inhalten Werte und Verhaltensweisen vorstellt und über Identifikationsangebote transportiert: Chance und Gefahr zugleich. Kinderprogramme, aber nicht nur diese, machen sich dies zunutze. So wird beispielsweise in der Jahresaktion des Tigerentenclubs programmatisch und selbstbewusst formuliert: „Toleranz ist lernbar, vor allem in jungen Jahren. Das Fernsehen als dritte Kraft in der Erziehung kann und muss dazu beitragen."[44]

Die Gefahr liegt jedoch gerade darin, dass solche Vermittlungsprozesse weitgehend unbemerkt und unreflektiert ablaufen und deshalb auch manipulierbar sind.

Dies bringt mich zu meinem letzten Punkt: nicht nur Bildung *im* Fernsehen oder Bildung *durch* das Fernsehen, sondern Bildung *über* das Fernsehen, mit anderen Worten der Erwerb von Medienkompetenz oder – mit dem Titel von Christian Dölkers Buch – der ‚Kulturtechnik Fernsehen',[45] die Erwachsene und Kinder ebenso erwerben müssen wie Lesen, Schreiben und Rechnen. Das Fernsehen ist – wie jedes andere Medium – nicht eine dämonische Kraft, die einfach so über die Welt gekommen ist und deren Einfluss man sich nicht entziehen kann, es ist von Menschen gemacht und von Menschen beeinflussbar. Am Schluss stehe deshalb ein aufklärerischer Appell:

---

[44] Frankfurter Rundschau im April 2001; zit. n. Der Tigerenten Club. Jahresaktion 2001. o.O., o.J.

[45] Ch. Dölker: Kulturtechnik Fernsehen. Analyse eines Mediums. Rev. Aufl. Stuttgart 1991 ([1]1989).

Kenneth Dyson[46] hat unlängst anhand der Verhältnisse in Großbritannien gezeigt, wie die einem Medium zugeschriebene gesellschaftliche Funktion von dem jeweils dominanten Gesellschaftsmodell abhängt. So beruht das heute dominierende Medienmodell - Medien als Ausdruck persönlicher Wahlmöglichkeiten - auf einem Gesellschaftsmodell, das die Gesellschaft als wettbewerbsorientierten Markt begreift. Entsprechend beherrscht ökonomisches Denken die Medienwelt. Produktion für den Markt orientiert sich an dem, was verkäuflich ist. Demgegenüber wäre das schöpferische Potential der Medien ins Feld zu führen. Entgegen der fatalistischen Sichtweise, dass Medien vom Markt determiniert werden, wäre darauf zu setzen, dass sich Medien durch qualitativ hochstehende Produkte selbstbewusst den Markt schaffen, auf dem gerade solche Produkte florieren können. Dazu muss sich freilich die Gesellschaft darauf verständigen, was in medienästhetischer wie in medienethischer Hinsicht gelten soll. Ein solcher Wertekonsens ist etwas kategorial anderes als das Pluralitätspostulat, als dessen Ausfluss das immergleiche Programmangebot über immer mehr Kanäle in unsere Wohnzimmer gebracht wird.

In dem nach Jerzy Kosinskis Roman ‚Being There' gedrehten Film gewinnt der Held Chancy Gärtner seine Welterfahrung aus dem Fernsehen. Wie spät es ist, muss ihm vom Fernsehen gesagt werde, die Uhr kann er nicht ablesen. Die Liebesszene mit Eve gelingt so lange, wie Chancy eine Kussszene, die im Fernsehen läuft, nachmachen kann, sie endet abrupt, sobald das Fernsehbild wechselt. Die Fernbedienung, die Chancy als sein wichtigstes Werkzeug immer bei sich hat, wird zum Dingsymbol des Realitätsbezugs des total durch die Medienwelt konditionierten Menschen. Medienrealität oder nichts weiter als eine ins Groteske übersteigerte Klamotte, die von Peter Sellers' darstellerischer Komik lebt?

Das Gegenbild des von der Droge Fernsehen abhängigen Medienkonsumenten ist der souveräne, der vielbeschworene ‚mündige' Mediennutzer. Welche Chance räumen wir dem ein?

Abhilfe lässt sich nur dadurch schaffen, dass die distanzlose Magie des Fernsehens durch kritische Distanz überwunden wird.

Medienrhetorik, um auf den Rahmen dieser Veranstaltungsreihe zurückzublenden, kann solche Prozesse bewusst machen. Rhetorik ist nach klassischer Definition die *ars bene dicendi*, zu deutsch - in der Formulierung von Gert Ueding und Bernd Steinbrink:

> „die Kunst des guten Redens [...] im Sinne einer von Moralität zeugenden, ästhetisch anspruchsvollen situationsbezogenen und auf Wirkung bedachten Äußerung, die allgemeines Interesse beanspruchen kann."[47]

---

[46] K. Dyson: Der Turmbau zu Babel. Das kulturelle Vakuum in dem Streit um die Neuen Medien. In: H. Hoffmann (Hg.): Gestern begann die Zukunft. Entwicklung und gesellschaftliche Bedeutung der Medienvielfalt. Darmstadt 1994, S. 71-87.

[47] G. Ueding, B. Steinbrink: Grundriß der Rhetorik. Geschichte, Technik, Methode. Stuttgart 1986, S. 187.

Hier kommt es also auf das *bene* an. Gut ist eine Rede, wenn sie ihre Ziele erreicht, wobei in Uedings und Steinbrinks Kommentierung neben der situationsbezogenen Wirkung die ethische wie die ästhetische Dimension aufscheint. Ziele können erreicht, aber auch verfehlt werden. Anders gesagt: Vor der Diskussion der ,Mittel' – der Medien – muss die Bestimmung der ,Ziele' Vorrang haben.

Kulturkritiker wie Günther Anders würden diese Position nicht zulassen. Mit dem Titel von § 1 seiner Abhandlung ,Kein Mittel ist nur Mittel' ist für ihn die Unterscheidung zwischen „Mitteln" und „[guten] Zwecken" Illusion:

> „Die Einrichtungen selbst sind Fakten; und zwar solche, die uns prägen. Und diese Tatsache, daß sie uns, gleichem Zwecke wir sie dienstbar machen, prägen, wird nicht dadurch, daß wir sie verbal zu ,Mitteln' degradieren, aus der Welt geschafft."[48]

Dennoch gibt es als Alternative zum kulturpessimistischen Katastrophenszenario nur den Weg der Aufklärung. Zwar kann niemand normativ festlegen, was gutes und was schlechtes Fernsehen ist, aber wir können Wirkmechanismen aufdecken, in einen Diskurs darüber eintreten und uns im günstigsten Fall auf das, was gelten soll, verständigen, wir können Fernsehen als kulturelle Praxis kritisch beurteilen und – möglicherweise – ein Stück weit verbessern. Zu solcher Aufklärung und zu solchem gesellschaftlichen Konsens müssen wir alle beitragen.

---

48 Anders (Anm. 5), S. 99.

Olaf Kramer

Rhetorik im virtuellen Raum. Das Internet in medialrhetorischer Perspektive

I. Prolegomena: Vom schwierigen Umgang mit neuen Medien

> „Gott bewahre mich! Von was für Büchern redet Ihr denn?"
> „Hier habt Ihr eines", sagte der Erzdechant.
> Er öffnete das Fenster seiner Zelle und zeigte mit dem Finger auf die gewaltige Kirche Notre-Dame. Sie stand mit den beiden Türmen, den steinernen Flanken und der ungeheuerlichen Kruppe schwarz gegen den bestirnten Himmel und wirkte wie eine riesenhafte Sphinx mit zwei Köpfen, die sich inmitten der Stadt gelagert hatte.
> Der Erzdechant sah eine Weile schweigend nach dem mächtigen Gebäude hinüber; dann wies er seufzend mit der Rechten nach dem gedruckten Buch, das offen auf dem Tische lag, und mit der Linken nach Notre-Dame, ließ einen traurigen Blick von dem Buche nach der Kirche schweifen und sagte:
> „Wehe! Dieses wird jenes töten."[1]

Diese Szene aus Victor Hugos Roman ‚Notre Dame de Paris' eröffnet eine medientheoretische Reflexion avant la lettre, denn das Gespräch zwischen dem Erzdechanten Dom Claude Frollo und dem Leibarzt des Königs gibt Victor Hugo Anlass, ausführliche Überlegungen über die Auswirkungen der Buchdruckkunst anzustellen. Der Erzähler liefert zwei Interpretationen des Satzes „Dieses wird jenes töten": Zunächst bedeutet „Dieses wird jenes töten", dass die Buchdruckerkunst den Einfluss der Kirche gefährdet, die „von der Buchdruckerkunst beflügelten menschlichen Gedanken [entweichen] aus dem Gewahrsam der Kirche"[2], heißt es. Die aufklärerische und kritische Funktion des Buches also wird thematisiert. Doch im Paris des Jahres 1482 lässt Victor Hugo noch eine andere, weiter reichende These auftauchen, nämlich „daß das menschliche Denken nicht nur die Form, sondern auch den Ausdruck ändern, daß die leitende Idee jeder Generation sich zukünftig in anderem Material und in anderer Art äußern [...] werde."[3] Nicht nur ein Wechsel des Mediums wird also konstatiert, sondern eine Entwicklung, die den Inhalt der transportierten Botschaft verändert. Informationen sind demnach durch die Instanz ihrer Vermittlung geprägt oder stärker akzentuiert:

---

1 V. Hugo: Notre-Dame von Paris. o. O. [Frankfurt/M.] 1958, S. 189.
2 Hugo (Anm. 1), S. 191.
3 Hugo (Anm. 1), S. 191.

„The medium is the message" - „Das Medium ist die Botschaft", wie Marshall McLuhan 1964 in ‚Understanding Media' formuliert.[4]

Victor Hugos Reflexionen entstehen aus der gesicherten Distanz. Die Folgen der Buchdruckerkunst sind 1832, als der Roman unter Ergänzung dieses Abschnitts publiziert wird, schon ganz gut zu erkennen, trotzdem sind die Reflexionen, die er in seiner Fiktion in das Jahr 1482 verlegt, in ihrer Ausführlichkeit und Deutlichkeit vorbildliche Exempel einer Medientheorie. Die zeitliche Distanz ist eine weise Vorsichtsmaßnahme, denn ein Blick in die Mediengeschichte zeigt, dass bei der Entstehung eines neuen Mediums die Prognosen über Verwendbarkeit und Wirkung zunächst meist gründlich daneben liegen. Das Telefon etwa fand zunächst keine Beachtung und wurde dann als Medium zur Übertragung von Musikveranstaltungen gesehen. So entwickelte Edward Bellamy in seinem Roman ‚Das Jahr 2000' im Jahr 1888 die Vision, dass Städte wie Boston Dutzende Musikzimmer haben werden, in denen Musikkorps auftreten, deren Musik per Telefon rund um die Uhr übertragen wird,[5] und Franziska Baumgarten spekulierte noch 1931 über die affektive Hemmungslosigkeit der Telekommunikation: „Mit dem Verschwinden der Wahrnehmung der Physiognomik und Mimik am Telephon verschwinden vor allem die Hemmungen".[6] Die Einschätzung eines im Entstehen begriffenen Mediums fällt schwer, euphorische Zukunftsvisionen stehen neben dunklen Katastrophenszenarien. Dieser Sachverhalt hat sich bis heute nicht geändert, und so haben wir im Fall des Internets die Möglichkeit, mit eigenen Augen zu beobachten, wie sich die bekannten *topoi*, die das Erscheinen neuer Medien seit Jahrhunderten begleiten, wiederholen.

Den einen, ihre Stimmen sind in letzter Zeit etwas leiser geworden, ist das Internet Symbol für technischen Fortschritt, kulturelle Modernisierung und unbegrenztes wirtschaftliches Wachstum. Autoren wie Microsoft-Chef Bill Gates und der Leiter des MIT Media Lab Nicholas Negroponte proklamieren die schöne neue Welt, träumen vom grenzenlos wachsenden e-business, von neuen Formen der Wissensvermittlung und von „virtual neighborhoods", die ‚Total digital', so der Titel eines der Bestseller Negropontes, und somit anders, schöner und besser sind als unsere bisherige Lebenswelt.[7] Die anderen sehen im Internet ein weiteres zeitkonsumierendes Medium und einen weiteren Vorboten von Globalisierung und Amerikanisierung, zweifeln am endlosen Wachstum und zeichnen eher düstere Zukunftsprognosen, ihre

---

4 M. McLuhan: Die Magischen Kanäle. Düsseldorf 1968 (engl. Understanding Media. The Extensions of Man. New York 1964), S. 13-28.

5 Vgl. E. Bellamy: Looking backward 2000-1887. Hg. v. J. L. Thomas. 4. Aufl. Cambridge, MA 1978, S. 165.

6 F. Baumgarten: Psychologie des Telefonierens. In: Forschungsgruppe Telekommunikation (Hg.): Telefon und Gesellschaft. Beiträge zur Soziologie der Telekommunikation. Berlin 1989, S. 186-197, hier S. 188.

7 Vgl. N. Negroponte: Total digital. Die Welt zwischen 0 und 1 oder: Die Zukunft der Kommunikation. München 1995; B. Gates: Der Weg nach vorn. Die Zukunft der Informationsgesellschaft. München 1998.

Stimmen sind seit dem Niedergang der New Economy lauter geworden. Doch nicht nur der wirtschaftliche Optimismus, der sich an das Medium Internet geheftet hatte, ist zerstört. Auch der Weg zu einer virtuellen Wirklichkeit, deren Erreichen Gates und Negroponte prognostizieren, kommt uns seit dem 11. September um einiges unwegsamer vor als zuvor, und die Prophezeiungen, die Marshall McLuhan Ende der 70er Jahre, also gut 10 Jahre vor dem Entstehen des World Wide Web, mit Blick auf die elektronischen Medien formulierte, beeindrucken aus heutiger Perspektive höchstens durch ihre verwegene Präzision:

> „Spätestens im Jahre 2020 werden die Vereinigten Staaten eine deutliche psychologische Verschiebung aus ihrer Abhängigkeit von der visuellen, einheitlichen homogenen Denkweise linkshemisphärischer Art zu einer multifacettierten, konfigurativen Mentalität vollziehen, die wir als audio-taktiles, rechtshemisphärisches Denken zu fassen versucht haben. Mit anderen Worten [...] die meisten Amerikaner [werden] in der Lage sein, viele verschiedene Denksysteme gleichzeitig zuzulassen, von denen einige auf sich widersprechenden ethnischen Kulturerben stehen werden."[8]

Längst sind politische und wirtschaftliche Realitäten in den Traum vom globalen Dorf eingebrochen. Bei aller Euphorie, die wir in Anbetracht der elektronischen Medien im allgemeinen und des Internet im besonderen entwickelt hatten, war uns ganz aus dem Blick geraten, dass, so eine UN-Studie, fast 80 Prozent der Menschen, die auf dieser Erde wohnen, noch niemals in ihrem Leben ein Telefon in der Hand hatten.[9] Das Internet ist ein Medium, das bisher nur in wenigen Staaten wirklich Bedeutung besitzt, immer noch sind fast 3/4 der Dokumente, die sich im Internet finden, in englischer Sprache verfasst. Der Traum vom Leben im virtuellen Raum ist vor diesem Hintergrund als eher weit entferntes Ziel auszumachen, als Entwicklungsperspektive für einen eher kleinen Teil der Menschheit.

So haben wir uns inzwischen mit der Realität denn auch besser arrangiert, die Zeit der bloßen Faszination ist zu Ende. Selbst Amazon-Gründer Jeff Bezos etwa geht mittlerweile davon aus, dass „in zehn Jahren [...] maximal 15 Prozent des Einzelhandels über das Netz abgewickelt werden"[10], Galoob Toys, einst als virtuelle Firma gepriesen, die sämtliche Entwicklungs-, Produktions- und Marketingaktivitäten ausgelagert hatte, ist von der guten alten Spielefirma Hasbro aufgekauft[11], und Nicholas Negroponte hat Schwierigkeiten, den 40-Millionen-Dollar-Etat seines MIT Media Labs aus Sponso-

---

8 M. McLuhan, B. R. Powers: The Global Village. Der Weg der Mediengesellschaft in das 21. Jahrhundert. Paderborn 1995 (engl. The Global Village. Transformations in World Life and Media in the 21st Century. Oxford 1989), S. 120.

9 Vgl. K. Beck, P. Glotz, G. Vogelsang: Die Zukunft des Internet. Internationale Delphi-Befragung zur Entwicklung der Online-Kommunikation. Konstanz 2000, S. 110.

10 Zit. n. Beck, Glotz, Vogelsang (Anm. 9), S. 119-120.

11 Vgl. Beck, Glotz, Vogelsang (Anm. 9), S. 143.

rengeldern zusammenzubringen.[12] Die Phase der Euphorie ist vorüber, Zeit für einen unbefangenen Blick auf das Medium Internet.

II. Grundzüge einer Internetrhetorik

1. Die Ubiquität der Rhetorik in der Mediengeschichte

Die Prognosen, die über ein neues Medium gemacht werden, sind beim Entstehen einer neuen Form medialer Kommunikation unzuverlässig, ich denke, soviel ist klar geworden. Aber nicht nur die Prognosen, auch der Umgang mit einem neuen Medium macht zunächst Schwierigkeiten. Es vergeht einige Zeit, bis eine medienspezifische Rhetorik, welche die Produktionsbedingungen und Rezeptionsformen richtig einzuschätzen weiß, entsteht. Neue Medien stellen zunächst eine Form dar, der es an angemessenen Inhalten mangelt, und die Inhalte, die in einem neuen Medium anfangs transportiert werden, besitzen oft nicht die angemessene Form. Lange Zeit war nötig, bis sinnvolle Anwendungen für das Aufnehmen von Tönen entdeckt wurden, lange Zeit ist vergangen, bis eine filmische Ästhetik entstand, die mit Montage und *mise en scène* begriff, den Film zu nutzen und seine suggestive Kraft einzusetzen, statt sich auf das Aufnehmen von Eisenbahnzügen, das beliebteste Motiv zu Pionierzeiten der bewegten Bilder, zu beschränken:[13]

> „immer wenn neue technische Medien erfunden werden, wissen die Menschen zunächst einmal nichts damit anzufangen. Nur Nonsens wurde von den ersten Grammophonen gespeichert, von den ersten Telefonverbindungen übermittelt. Man mußte und muß zuallererst die Bedürfnisse lernen, deren Befriedigung neue Medien sein können."[14]

So ist auch eine Rhetorik, die die Bedingungen in den Blick nimmt, unter denen Kommunikation im Internet abläuft, erst im Entstehen. Wir lernen gerade erst, unseren im Internet publizierten „Gedanken [...] auf irgendeine Weise Brillanz zu verleihen"[15] und somit Ciceros Forderung an jede Rhetorik gerecht zu werden.

Die Beherrschung des Internets macht uns in keinem Fall weniger Schwierigkeiten als zuvor das Erlernen des Umgangs mit dem Telefon oder

---

12 Vgl. K. Lillington: Media Lab – Big Plans, Slow Funds. In: wired.com, 16.10.2001, http://www.wired.com/news/exec/0,1370,47565,00.html.

13 Vgl. O. Kramer: Montage. In: Historisches Wörterbuch der Rhetorik 5 (2001), Sp. 1476-1484.

14 N. Bolz: Wer hat Angst vorm Cyberspace? Eine kleine Apologie für gebildete Verächter. In: Merkur 47 (1993), S. 897-904, hier S. 897.

15 Marcus Tullius Cicero: Orator. Lat./dt. Übers. und hg. v. Bernhard Kytzler. München 1998, Kap. 39, 136, S.115.

der sinnvolle Einsatz des Grammophons und Films. Die Schwierigkeiten werden eher größer, da das Medium komplexer ist. Denn beim Internet haben wir es ja mit einem „Hybridmedium"[16] zu tun, das Eigenschaften massenmedialer und - Stichwort Interaktivität - persönlicher Kommunikation verbindet, zudem multimedial angelegt ist, in dem also Texte ebenso übertragbar sind wie Bilder, Töne und Animationen. Womit in drastischer Weise die zweite Bedeutung des Satzes „The medium is the message" deutlich wird: Inhalt jedes Mediums ist immer ein anderes Medium, „wie die Rede die Botschaft der Schrift und Schrift die Botschaft des Drucks ist."[17]

Am Anfang ging die Formel: „Das stellen wir ins Internet". Sie ist Zeichen völliger Ratlosigkeit. Einen langen Text unbearbeitet in das „Internet zu stellen" ist weder den Regeln des Mediums noch der Rezeptionsweise der Nutzer adäquat. Eine Bleiwüste ist am Bildschirm nur schwer in den Blick zu nehmen, das Auge verliert den Halt. Allenfalls als Transportmittel für den Ausdruck eines Textes ist das Netz nutzbar, wenn man auf diese Weise mit ihm umgeht. Die Möglichkeiten, die das Internet bietet, liegen brach, so als würde man das Telefon ausschließlich zur Musikübertragung einsetzen und den Film, um Eisenbahnzüge abzulichten.

Doch Rhetorik, von Beginn an eine Erfahrungswissenschaft, die auf genaue Beobachtungen aufbaut, kann helfen, die Eigenheiten des Mediums Internet zu verstehen. Mit Hilfe ihres empirischen Ansatzes kann sie Regeln und Gesetzmäßigkeiten für jede Art von Kommunikation aufzeigen, sei sie durch Rede, Schrift, Bild, Film oder eben das Internet vermittelt. Wichtig ist dabei eine bewusste Auseinandersetzung mit den Zielen des Kommunikators, den Möglichkeiten des Mediums und der Situation des Rezipienten. Auf diese Weise kann aus der Rhetorik eine allgemeine Theorie der Internet-Kommunikation, erwachsen, wie etwa Lanham mit Blick auf die elektronischen Medien, die seiner Meinung nach viel besser mit der Oralität antiker Rhetorik zu beschreiben sind als beispielsweise die klassischen Printmedien, deutlich macht: „Rhetoric becomes [...] a general theory for all the arts and letters."[18] Das Internet erfindet die menschliche Kommunikation nicht neu, alte Überlegungen haben weiter ihre Richtigkeit und sind lediglich vor dem Hintergrund des neuen Mediums zu spezifizieren. Es gilt, die Eigenheiten des Internets möglichst genau zu beschreiben, dazu ist es wichtig, die Rezipientenrolle einzunehmen und aus dieser Perspektive zu überlegen, welche Bedingungen das Internet kreiert: Über den Wechsel der Perspektive, der eine typisch rhetorische Tugend darstellt, und in Vertrauen auf das Urteils-

---

16 Vgl. J. R. Höflich: Zwischen massenmedialer und technisch vermittelter interpersonaler Kommunikation - der Computer als Hybridmedium und was die Menschen damit machen. In: K. Beck, G. Vowe (Hg.): Computernetze - ein Medium öffentlicher Kommunikation. Berlin 1997, S. 85-104.

17 D. Schöttker: Heiße Medien und kalte. In: D. S. (Hg.): Von der Stimme zum Internet. Texte aus der Geschichte der Medienanalyse. Göttingen 1999, S. 141-142, hier S. 142.

18 R. A. Lanham: The Electronic Word: Democracy, Technology and the Arts. Chicago, IL 1993, S. 16.

vermögen des geübten Kommunikators (*iudicium*) bleibt Rhetorik auch in Zeiten des Internets ubiquitär einsetzbares Mittel zur Produktion überzeugender kommunikativer Akte.

2. Web-Usability als Aktualisierung der *aptum*-Lehre

Wie kann nun Rhetorik die Verständigung im virtuellen Raum verbessern? Wirkungsvolle Kommunikation im Internet muss sich wie jede Art von Kommunikation um Angemessenheit bemühen. Im Prinzip der Angemessenheit, als *aptum* bzw. *prepon* in der lateinischen und griechischen Rhetorikgeschichte immer wieder Dreh- und Angelpunkt der Theoriebildung, findet der *orator* Anhaltspunkte für den richtigen Umgang mit dem Medium. Der *orator* muss zunächst ganz und gar vom Publikum her denken, er muss die „Variablen der Situation“[19], die er vorfindet, in den Blick nehmen. Es ist also zu klären, welche Eigenschaften den Rezipienten auszeichnen und in welcher Situation er sich während der Kommunikation befindet. Die Situation aber ist durch das Medium bestimmt, je nach Medium ändern sich die möglichen Situationen. Eine Rede bringt andere Situationen hervor als ein geschriebener Text oder eben das Internet. Viele Seiten des World Wide Web sind deshalb schlecht, weil sie die Bedingungen, die das Medium generiert, überhaupt nicht in den Blick nehmen. Unsere Überlegungen bedeuten nun nicht, dass der *orator* passiv der durch technische Mittel kreierten Situation ausgesetzt ist. Der Redner, im Fall des Internets kann das sowohl eine einzelne Person als auch eine Gruppe wie ein Unternehmen, eine Regierung o. ä. sein, versucht selbstverständlich, eigene Ziele und Positionen zu vertreten, doch dabei muss er sich den medialen Anforderungen stellen. Selbst Unmengen von Texten, Bildern und Informationen bringen keinerlei Wirkung hervor, wenn sie nicht angemessen für das Internet aufbereitet werden.

Die Diskussion um das Phänomen Angemessenheit erfolgt für das World Wide Web vor allem unter dem Schlagwort der „web usability“, deren größter Protagonist der Ex-Sun-Manager Jakob Nielsen ist. Dessen Werke zum Thema sind mittlerweile in Millionenauflage erschienen, und in der Tat haben seine vom Grundansatz her rhetorischen Forderungen dem Internet einen guten Dienst erwiesen. Allerdings kann man seinen Beitrag nur schwerlich als originell bezeichnen, denn viele der Gestaltungsprinzipien, die er vorschlägt, beruhen auf seit der Antike bekannten rhetorischen Konzepten.

„Web usability“ nimmt drei Dimensionen der Internet-Kommunikation in den Blick:[20]

---

[19] B. Asmuth: Angemessenheit. In: Historisches Wörterbuch der Rhetorik 1 (1992), Sp. 579-604, hier Sp. 584.

[20] Vgl. J. Nielsen: Designing Web Usability. 5. Aufl. Indianapolis, IN 2000, S. 16-260.

- Unter dem Stichwort „Page Design" beschäftigt sich Nielsen mit der Frage, wie eine Internet-Seite zu gestalten ist, dabei geht es vor allem um die Anordnung von Texten, Grafiken und Navigationselementen auf einer Webseite.
- Mit „Content Design", dem zweiten Bereich, dem sich Nielsen mehrfach angenommen hat, meint er die Gestaltung der Inhalte einer Seite, seien es Texte, Bilder oder Animationen.
- Das „Site Design" schließlich nimmt die Struktur einer Internetpräsenz insgesamt in den Blick, versucht also zu klären, wie man die Vielzahl der einzelnen Seiten, die zu einer Internetpräsenz gehören, organisieren soll.

Zu jedem dieser Bereiche stellt Nielsen ein paar Dutzend usability-Regeln zusammen, die wichtigsten und rhetorisch ergiebigsten wollen wir behandeln:

Die Grundregel Nielsens für das „Page Design" lässt sich mit der rhetorischen Formel *tua res agitur* beschreiben: Dem Rezipienten muss deutlich gemacht werden, dass es um seine eigenen Interessen geht.[21] Diese elementare Regel wird im Internet häufig verletzt. Grund ist wohl die Virtualisierung des Rezipienten. Anders als in der Redesituation, in der man um die Zuhörer ja gar nicht herumkommt, ist die Gefahr, den Rezipienten aus dem Blick zu verlieren, im Internet sehr groß, der Adressatenbezug traditioneller Rhetorik ist in Gefahr, ausgehöhlt zu werden. Doch der Adressat und sein Bedürfnis nach Information und Unterhaltung sollten nach Nielsen im Mittelpunkt einer Internetseite stehen, nicht Navigationsleisten, Animationen und Werbung, wie man das immer wieder beobachten kann. Um die angemessene Gestaltung einer Seite, die die Interessen des *orators* und die Interessen der Zuhörer ernst nimmt, zu erreichen, ist eine genaue Kenntnis der technischen Gegebenheit des Mediums nötig. So wie der gute Redner mit seiner Person, seiner Stimme und seinen Gesten umzugehen weiß, muss der *orator* in Zeiten des Internets Wissen über die Eigenheiten der eingesetzten Programme und Geräte besitzen: Nielsens Forderungen nach Resolution Independent Design, das bei jeder Bildschirmauflösung angemessene Ergebnisse garantieren soll,[22] nach einem Design, das für alle wichtigen Browsertypen funktioniert,[23] und nach einem Design, das response-Zeiten nicht gar zu sehr ausdehnt,[24] sind solche technisch bedingten Regeln der Angemessenheit.

Gehen wir über zum Content Design, also zur Frage, wie der Inhalt von Internetseiten zu gestalten ist. Auch hier spielt die Frage nach der Angemessenheit eine zentrale Rolle, Texte und Bilder müssen dem Medium und den Zuhörern angemessen sein. Für die inhaltliche Gestaltung lassen sich stilisti-

---

21 Vgl. Nielsen (Anm. 20), S. 18.
22 Vgl. Nielsen (Anm. 20), S. 29-31.
23 Vgl. Nielsen (Anm. 20), S. 36-42.
24 Vgl. Nielsen (Anm. 20), S. 42-51.

sche Ideale wie Kürze, Deutlichkeit und Klarheit formulieren.[25] Rhetorisch gesprochen werden also mit *brevitas, perspicuitas* und *claritas* wiederum altbekannte Elokutionsprinzipien eingefordert, um zu verhindern, dass Internetnutzer die Kommunikation wegen langschweifiger Erklärungen, umständlicher Darstellungen und unklarer Formulierungen abbrechen. Internetnutzer agieren ständig in großer Eile, sei es wegen der Verführung durch das beinah unendliche Angebot an Information und Unterhaltung, sei es, weil sie die Kosten für ihre Internetverbindung im Gedächtnis haben, sie „scannen" Seiten, statt sie zu lesen, das heißt, sie wollen wichtige Passagen isolieren können, um den Lesevorgang zu beschleunigen. Die Kürze als Stilideal hängt mit dieser Beschleunigung zusammen. Hinzu tritt noch die Schwierigkeit, die es bereitet, längere Texte und Sätze am Bildschirm zu lesen. Wer diese typischen Verhaltensmuster von Internetnutzern kennt, der wird wichtige Informationen an den Beginn eines Textes stellen, diese mit graphostilistischen Mitteln hervorheben und überflüssige ornamentale Mittel vermeiden, sich zudem um Kürze, Klarheit und Deutlichkeit bemühen. Ich habe die Ideale Kürze, Klarheit und Deutlichkeit nun vor allem auf Texte bezogen, aber auch Töne, Bilder und Animationen im Internet sollten diesen Regeln und dem Prinzip der Angemessenheit folgen. So sollte man Audio-Dateien nur auf einer Seite integrieren, wenn sie eine deutlich erkennbare Funktion haben, sollte bei Bildern statt Panoramen Ausschnitte zeigen, die besser zu erkennen sind, und Animationen nur einsetzen, wenn sie angemessen und notwendig sind.

Site Design ist der dritte Bereich, den Nielsen unter dem Stichwort usability diskutiert.[26] Auch bei der Gesamtgestaltung seiner Internetpräsenz sollte ein Informationsanbieter vom Rezipienten her denken, er sollte versuchen, die Perspektive des Rezipienten einzunehmen. Der Internetnutzer will wissen, an welcher Stelle einer Internetpräsenz er sich gerade befindet, muss einen für sein Anliegen sinnvollen Weg durch das Angebot konstruieren können. Rhetorische Theorien zur Gliederung können klären, wie Daten aufzubereiten sind, damit sie den Nutzer überzeugen. Mit bloßer Menge an Unterhaltung oder Information ist es nicht getan, am Eingang einer Internetpräsenz etwa – der so genannten Homepage – sind *attentum parare*, also das Erregen von Aufmerksamkeit, und *captatio benevolentiae*, das Erregen des Wohlwollens, wichtige Prinzipien, um den Internetnutzer zum weiteren Verweilen zu animieren, sie sollten kurz und knapp umgesetzt werden. Im *exordium*, dem Einleitungsteil einer Rede, dem die Homepage entspricht, wird schließlich schon von Cicero und Quintilian Kürze gefordert:

---

[25] Vgl. Nielsen (Anm. 20), S. 100-112.
[26] Vgl. Nielsen (Anm. 20), S. 162-260.

> „Das exordium sollte den Kern der Sache ‚breviter et dilucide' (kurz und klar) darlegen, so daß der Gebrauch von Wörtern und Ideen über das notwendige Maß hinaus einen Fehler darstellt."[27]

Es bieten sich zahlreiche Modelle natürlicher und kunstfertiger Ordnung, von chronologischen über assoziative bis zu metaphorischen Ordnungsschemata an, um das von der Homepage aus zugängliche Internetangebot aufzubauen. Wiederum gilt es, aus der Perspektive des Rezipienten zu überlegen, welche Fragen sich im Laufe der Lektüre stellen, welche Hinweise nützlich sein könnten. Links lassen sich rhetorisch als Periphrase fassen, Informationen werden durch andere Informationen umschrieben. Auch die Synekdoche bildet bisweilen einen Weg, Links zu verstehen, denn das Spezifizieren oder das Verallgemeinern sind Operationen, die an viele Internetlinks geknüpft sind. Schließlich gibt es Links, die im Sinne einer Antistasis verfahren: Ein Begriff wird aufgegriffen, und dann werden die unterschiedlichen möglichen Bedeutungsebenen über andere per Link zugängliche Seiten erschlossen.

Die Idee des Links, also die Möglichkeit, von einer Internetseite zu einer anderen, ja, zu einer Vielzahl von anderen Seiten zu gelangen, ist wohl die größte Innovation des Internets. Links sind die Gewebefäden, aus denen das Netzwerk Internet eigentlich hervorgeht. Die hypertextuellen Markierungen, die auf andere Dokumente verweisen, lösen die sequentielle Struktur, die die meisten Medien wie Rede, Buch und Film auszeichnet, auf. Dieser Zusammenhang war schon dem Erfinder des Hypertext Ted Nelson präsent: „By hypertext I mean non-sequential writing"[28] schrieb er. Sein Ziel war, mit Hilfe des Hypertextes eine „Bibliothek des Menschheitswissens"[29] zu erschaffen, Xanadu nannte er diesen Traum von einem globalen Wissenssystem, in dem kein Dokument zweimal existieren sollte oder besser müsste. Davon sind wir weit entfernt, hochwertige Informationen müssen erdacht oder recherchiert und dann aufbereitet werden. Wenn sich niemand findet, der dies unternimmt, dann wird das Internet nie zu einer „Bibliothek des Menschheitswissens". Hypertextuelle Strukturen bedeuten nicht automatisch eine hohe Qualität der Information, auch nicht unbedingt eine große Breite und Auswahl. So interaktiv ich auch mit dem Medium umgehe, schon der Versuch, im Internet aktuelle Nachrichten zu lesen, zeigt die Realität der Hypertext-Idee: Die großen deutschen Zeitungen und Zeitschriften bedienen sich weniger Presseagenturen für ihre aktuelle Berichterstattung im Internet, und so gleicht sich das Angebot von Site zu Site. Trotzdem ist es gerade die Erfindung des Hypertextes gewesen, die das Entstehen des Mediums Internet möglich gemacht hat.

---

[27] C. Kallendorf: Brevitas. In: Historisches Wörterbuch der Rhetorik 2 (1994), Sp. 53-60, hier Sp. 54.

[28] T. H. Nelson: Computer Lib/Dream Machines. Seattle, WA 1987, S. 29.

[29] Vgl. T. H. Nelson: Literary Machines 93.1. Sausalito, CA 1993, S. 2/4.

3. Die Verschiebung der Produktionsstadien

Die mediale Struktur des Internets, die vor allem durch Multimedialität, Interaktivität und Hypertextualität bestimmt ist, lässt sich auch an den rhetorischen Produktionsstadien nachvollziehen. Die fünf *rhetorices partes,* die von der *inventio*, das ist das Auffinden der Gedanken, über die *dispositio*, die Anordnung der Gedanken, die *elocutio*, deren sprachliche Umsetzung, die *memoria,* traditionell das Auswendiglernen der Rede, bis zur *actio* reichen, diese fünf Arbeitsschritte sind im Internet in spezifischer Weise zu realisieren.

Schon bei der *inventio,* dem Auffinden der Gedanken, ist es nötig, die mediale Struktur zu berücksichtigen, also auch über mögliche bildliche Darstellungen, Animationen und ähnliches nachzudenken, Haltung des Rezipienten und Ziele des Kommunikators zu analysieren, wobei der Gedanke der web usability als Leitfaden dienen kann.

Bei der *dispositio*, der Anordnung der Gedanken, ist die Auflösung der linearen Rezeptionsweise, die das Internet betreibt, zu bedenken. Zwar betrifft die *dispositio* auch noch die Gestaltung des einzelnen Textes, aber es kommen weitere Aspekte hinzu, über die wir ebenfalls schon beim Thema web usability gesprochen haben, nämlich die Art der Verteilung der Informationen auf die unterschiedlichen Webseiten, die zu einem Angebot gehören. Die genaue *partitio* als, Zitat Quintilian, „handgreifliche, klare und sinnvolle Grundlage"[30] spielt eine große Rolle. Auch die Frage, ob man einer natürlichen oder einer künstlichen Ordnung der Dinge folgt, *ordo naturalis* versus *ordo artificialis,* ist zu beachten.

Bei der *elocutio* ist das Leseverhalten der Internetnutzer und die Wirkung der hypertextuellen Links zu bedenken. Zudem muss der Autor einer Seite über das Medium Schrift hinausdenken, Bilder, Animationen und Töne sind in die Wahl der Gestaltungsmittel einzubeziehen. In den Worten Liestøls:

> „Elocutio in computer discourse concerns not only linguistic ornaments but also the graphic layout of the screen and the way signs and icons trigger action and interaction. In hypertext, interface design, layout, the information value of link icons, and so on all belong to elocutio."[31]

Rhetorisch betrachtet erinnern die Gestaltungsprinzipien von Internetseiten an die Emblematik des 17. und 18. Jahrhunderts. Das Emblem ist ein Sinnbild mit drei Elementen: einer Abbildung (*pictura*), einer Überschrift (*inscriptio*) und einem erläuternden Text (*subscriptio*). Das Emblem lässt „Dinge der sinnlich wahrnehmbaren Welt über sich hinausweisen und Bedeutungsträger für Abstraktes"[32] werden. J. A. Fabricius hat die Wirkungsweise von emblematischen Bild-Text-Kombinationen in seiner ‚Philosophischen Oratorie' deutlich

---

30 Marcus Fabius Quintilian: Institutio oratoria. Ausbildung des Redners. Hg. und übers. v. H. Rahn. 2 Bände. Darmstadt 1972 und 1975. Bd.1 Kap. VI, 5, 3, S. 501.

31 G. Liestøl: Wittgenstein, Genette, and the Reader's Narrative in Hypertext. In: G. P. Landow (Hg.): Hyper/Text/Theory. London 1994, S. 87-120, hier S. 100.

32 S. Mödersheim: Emblem, Emblematik. In: Historisches Wörterbuch der Rhetorik 2 (1994), Sp. 1098-1108, hier Sp. 1099.

beschrieben. Sie dienen dazu, die Wirkung zu amplifizieren, und bauen auf die besondere Ansprechbarkeit des Menschen für sinnliche Zeichen:

> „Da sich alles unserm verstande durch äusserliche sinnliche zeichen darstellet, und durch selbige in uns gedanken und neigungen erreget, so können wir auch alles, so bald uns nur solche sinnliche zeichen bekannt werden, ausdrucken."[33]

Auch bei Internetseiten setzt man immer wieder auf die Wirkung, die das Zusammenstellen einer Überschrift, einer bildlichen Information und einer Erläuterung hat.

Die *memoria*, der vierte Arbeitsschritt des Redners, verändert sich in Anbetracht des Internets ebenfalls erheblich. Sie entspricht dem Aufspielen der Dateien auf einen Internetserver. Das Medium Internet wird uns technisch übermittelt und nicht wie das Medium Rede durch einen Menschen, und so ist auch das Gedächtnis technischer Natur. Es ist kurzlebig, die durchschnittliche Lebensdauer einer Internetseite liegt bei 44 Tagen,[34] und lückenhaft. Die meisten Seiten aus den Pioniertagen des World Wide Web dürften inzwischen verloren sein. Lange hat sich niemand für die Geschichte des Internets interessiert. Zwar sind mittlerweile Ansätze zur Dokumentation der Entwicklung dieses neuen Mediums vorhanden, man denke etwa an das Nordic Web Archive, doch ist dieses bis heute nicht online zugänglich, und die Internetseite www.waybackmachine.org ist zwar funktionstüchtig, stellt aber leider nur ein höchst lückenhaftes Internetgedächtnis dar. So wiederholt sich die Lückenhaftigkeit der Urgeschichte eines jeden Mediums, die uns heute eigentlich unwahrscheinlich erscheint.

Radikale Veränderungen sind auch bei der *actio* zu beobachten: Die *actio*, womit klassischerweise das Halten der Rede vor Publikum gemeint ist, wird automatisiert, Maschinen übernehmen das Aufführen der programmierten Dokumente. Die Automatisierung hat zur Folge, dass sich Glaubwürdigkeit zwar in Teilen immer noch aus dem *ethos* des Kommunikators ergibt, einer Information auf der Homepage des Spiegels trauen wir eher als einer Information auf der Internetseite der Bild-Zeitung, stärker aber von der Perfektion der technischen Gestaltung einer Internetseite abhängt. Glaubwürdigkeit – Nielsens Forschungen haben dies deutlich gemacht – ergibt sich im Internet vor allem durch hochwertige Grafiken, zahlreiche Links und eine sinnvolle Navigationsstruktur.[35] Komplementär zu dem Bedeutungsverlust der personalen Autorität des *orators* gewinnt der Rezipient an Macht. Ein „Taumel der Möglichkeiten"[36] ersetzt den linearen Text, der Leser entscheidet, welchen Ablauf er dem vorbereiteten Material gibt, und dieser Ablauf ist nur schwer vorhersehbar. Es ist eine neue Form der Lektüre entstanden, eine Lektüre,

---

33 J. A. Fabricius: Philosophische Oratorie. Das ist: Vernuenftige Anleitung zur gelehrten und galanten Beredsamkeit. Leipzig 1724, S. 142.

34 Vgl. L. Siegele: Ein Archivar des Netzes. In: Die Zeit 12 (1998), S. 73.

35 Vgl. Nielsen (Anm. 20), S. 92.

36 U. Wirth: Literatur im Internet. Oder: Wen kümmert's, wer liest? In: S. Münker, A. Roesler (Hg.): Mythos Internet. Frankfurt/M. 1997, S. 319-337, hier S. 319.

die, so Krajewski, den Text zerfasert und somit auch der Gefahr erliegt, Orientierungslosigkeit zu produzieren.[37]

> „Lesen ist nicht länger nur der Vorgang der Rezeption einer fixen, linear abzuarbeitenden Sequenz, sondern wird zu einem Prozeß der mehrdimensionalen, kreativen Interaktion zwischen Leser, Autor und Text."[38]

Der Text entsteht erst beim Lesen, die Vorstellung eines abgeschlossen fertigen Textes ist zu überwinden: „Hypertext befreit also von der Vorstellung des Werkes als eines geschlossenen, absoluten Objekts."[39] Kommunikation im Internet bedeutet die „Teilhabe der Schreibenden / Lesenden an einer komplexen Symbolwelt"[40], auf die er ganz im Sinne der gefeierten Interaktivität in vielfacher Weise Einfluss nehmen kann. Dabei ist der Gestaltungsfreiraum des Rezipienten radikal, nicht lineares Lesen kann auch bedeuten, aus einer Datenbank mit Tausenden von Texten, Bildern oder anderen Daten einen Text, ein Bild oder eine Internetseite auszuwählen, die so noch nie jemand abgerufen hat. Zudem sind die Möglichkeiten des Rezipienten, selbst Spuren zu hinterlassen, sei es auf Formularen, in Gästebüchern oder Diskussionsforen zahlreich, und so kann aus dem Rezipienten schnell ein *orator* werden.

Die Möglichkeiten zur Interaktivität lassen sich am Beispiel des Chat besonders gut beschreiben. Hier ist jeder zugleich Produzent und Rezipient, und im Zusammenspiel von Produktion und Rezeption entstehen „textbasierte virtuelle Orte". Die Eroberung des Cyberspace, von dem William Gibson in seinem 1984 erschienenen Roman ‚Neuromancer' berichtet,[41] ist hier deutlich zu erkennen. In Räumen mit verschiedenen Namen oder im Privatgespräch zwischen zwei Nutzern oder einer kleinen Gruppe zeigt sich die Kommunikation im virtuellen Raum in reiner Form. Chats ermöglichen es, die eigene Rolle zu verlassen und binnen Sekunden eine neue Identität zu erschaffen, Chatteilnehmer „können sich ein Selbst schaffen, indem sie durch viele verschiedene Identitäten vagabundieren"[42]. Reportagen, die in einem Praxisseminar zur Internet-Rhetorik, das ich vor einiger Zeit angeboten habe, entstanden sind, berichten von jungen Menschen, die sich ganz und gar auf den virtuellen Austausch verlagern, der wirkliche Kontakt erscheint langweilig vor dem Hintergrund der Möglichkeiten, die es im Internet gibt. Die Tatsache, dass der andere unter Umständen nur eine Scheinidentität kommuni-

---

37 Vgl. M. Krajewski: Spür-Sinn. Was heißt einen Hypertext lesen? In: L. Gräf, M. K. (Hg.): Soziologie des Internet. Handeln im elektronischen Web-Werk. Frankfurt/M. 1997, S. 60-87, hier S. 67.

38 M. Sandbothe: Interaktivität – Hypertextualität – Transversalität. Eine medienphilosophische Analyse des Internet. In: Münker, Roesler (Anm. 36), S. 56-82, hier S. 72.

39 N. Gabriel: Kulturwissenschaften und Neue Medien. Wissensvermittlung im digitalen Zeitalter. Darmstadt 1997, S. 73.

40 J. Wehner: Medien als Kommunikationspartner. Zur Entstehung elektronischer Schriftlichkeit im Internet. In: Gräf, Krajewski (Anm. 37), S. 125-149, hier S. 145.

41 W. Gibson: Neuromancer. New York, NY 1984.

42 S. Turkle: Leben im Netz. Identität im Zeitalter des Internet. Reinbek 1998, S. 287.

ziert, man sich nicht mal über das Geschlecht und das Alter des anderen sicher sein kann, verringert den Reiz der Chat-Kommunikation keineswegs, denn der Chat spielt in einem virtuellen Raum, der diskursiv produziert wird. Am Beispiel Chat wird augenfällig, wohin die Interaktivität des Internets führen kann, was es bedeutet, wenn die *actio* radikal auf die Rezipienten verlagert wird, sich im Vollzug der *actio* qua Interaktivität zugleich die Möglichkeit zur *inventio* ergibt. Es ist vor allem diese Möglichkeit zur Interaktivität, die den Cyberspace eröffnet und den Traum erfüllt, in anderen möglichen Welten zu sein und andere mögliche Identitäten zu erproben.

> „Zweitausendfünfhundert Jahre abendländischer Kulturgeschichte und nur eine Wirklichkeit? Das genügt uns heute nicht mehr. Die Pointe dabei ist: Wer wirklich etwas erleben will, sucht dieses Erlebnis eben nicht mehr in der empirischen, sondern in der virtuellen Realität; sie ist formbar und weniger störanfällig. Und wer tief fühlen will, geht ins Kino."[43]

III. Grenzen der Virtualisierung

Die Überlegung, dass neue Technologien neue Formen menschlichen Ausdrucks kreieren,[44] die Marshall McLuhan zu Beginn von ‚The Gutenberg Galaxy' anstellt - auch von Victor Hugo ist sie uns inzwischen bekannt -, gilt ohne Zweifel auch für das Internet: Kontinuität, Einheit, Verbundenheit, Linearität waren Merkmale schriftlicher Kommunikation, sie sind Zeichen für den „typographic man", dessen Wahrnehmung von Realität und dessen Organisation von Raum und Zeit sie bestimmten.[45] Kommunikation im World Wide Web funktioniert nach anderen Prinzipien. Die Rhetorik des Mediums Internet ist nicht eine von Grund auf neue Form von Rhetorik, aber sie zeichnet sich doch durch ganz bestimmte Eigenheiten aus. Der Link, also die Möglichkeit, von einem Dokument zu einem anderen Dokument zu gelangen, als wichtigste Innovation, die das Internet hervorgebracht hat, bedeutet Diskontinuität und Multiplizität, Auflösung und Zerfaserung textueller Strukturen. Das Rhizom, der verzweigte Wurzelspross bestimmter Pflanzen also, das Deleuze und Guattari häufig als Metapher zur Beschreibung diskursiver Phänomene eingesetzt haben, ist geeignet zur Beschreibung der Kommunikation im virtuellen Raum.[46] Das Internet präsentiert uns ein Textgewebe, das wie ein Rhizom aus einer unendlichen Zahl einzelner Fasern besteht, die Wurzel und Spross zugleich sind und die wir durch unsere Interaktion mitgestalten und verändern können. Jenseits der empirischen Realität entsteht so ein virtueller Raum als neue Umgebung für den Menschen. Der neue virtuelle Raum, genannt Cyberspace, ist zugleich gestaltbar und

---

43 Bolz (Anm. 14), S. 900.

44 Vgl. M. McLuhan: The Gutenberg Galaxy. The Making of Typographic Man. Toronto 1962, S. 41.

45 Vgl. McLuhan (Anm. 44), S. 164-166.

46 Vgl. G. Deleuze, F. Guattari: Mille Plateaux. Paris 1980, S. 20-37.

unbeherrschbar, sind doch die Wirkungen, die durch Kommunikation entstehen, stets nur mühsam vorauszuberechnen, und nun da die Zahl möglicher Kommunikatoren ansteigt, kaum mehr vorhersehbar. Das wild wuchernde Rhizom ist in der Tat ein passendes Bild.

Medien sind laut McLuhan Verlängerungen unserer Sinne. Welcher Sinn wird durch das Internet, das uns den virtuellen Raum erschließt, verlängert? Nachdem Hören und Sehen als Sinne inzwischen längst von verschiedenen Medien prolongiert und zusammengeführt werden, scheint es nun, wenn man McLuhan glauben darf, um eine Neuorganisation und Synchronisierung hirnphysiologischer Funktionen zu gehen. Vor dem Hintergrund populärer hirnphysiologischer Konzepte orakelt McLuhan, Enzensberger nannte ihn mal einen „Bauchredner und Propheten“[47], in ‚The Global Village‘ von neuen globalen Bewusstseinsformen, der Erweiterung des Nervensystems mit Hilfe von Computern, Netzwerken und Interfaces.[48]

> „Die Erde wird im nächsten Jahrhundert ein kollektives Bewußtsein erlangen, welches in einer alles umfassenden, elektronischen Symphonie von der Oberfläche des Planeten abheben wird, auf dem alle Nationen - wenn sie noch als unabhängige Einheiten existieren - in einem Netz spontaner Synästhesien zusammenleben, schmerzhaft der Triumphe und Wunden des jeweils anderen bewußt.“[49]

Was McLuhan vorschwebt, scheint etwas zu sein, was Meiré und Meiré und Peter Glaser in dem Buch ‚meiré und meiré und peter glaser loggen sich ein‘, einem beeindruckenden Dokument der Netz-Euphorie, als Bionik bezeichnen. Elektronische Medien und Vernetzung sollen die Kommunikation grundlegend verändern, die Maschinen sollen sich an den Menschen anpassen, die Lebenswirklichkeit soll nach der Notwendigkeit des Menschen gestaltet werden.[50]

Jede neue technologische Medienerrungenschaft erweitert die Natur des Menschen auf eine eigenwillige Weise, mit spezifischer Wertigkeit und Wirkung. Das Internet eröffnet uns in der Tat den Weg in den virtuellen Raum. Jenseits der empirischen Realität entsteht eine Existenzmöglichkeit, die unser Leben verändern wird. Städte beispielsweise, selbst einst als Knotenpunkte zur Optimierung von Kommunikation entstanden, werden sich in der Folge in ihrer Struktur wandeln:

> „Der sich öffnende Cyberspace wird allmählich zu einem Lebensraum, in den viele Funktionen abwandern, die einst die urbane Umgebung, die räumliche Verdichtung, die Massengesellschaft, die Massenmedien und die Massenproduktion erforderten.“[51]

---

[47] H. M. Enzensberger: Baukasten zu einer Theorie der Medien. In: H. M. E.: Palaver. Politische Überlegungen 1967-1973. Frankfurt/M. 1974, S. 91-129, hier S. 117.

[48] Vgl. McLuhan, Powers (Anm. 8), S. 117.

[49] McLuhan, Powers (Anm. 8), S. 130.

[50] Vgl. Meiré und Meiré, Peter Glaser: Online-Universum. Düsseldorf, München 1996, S. 29-32.

[51] F. Rötzer: Die Telepolis. Urbanität im digitalen Zeitalter. Mannheim 1995, S. 8.

Wachstumszonen sind längst nicht mehr die Zentren der Städte, sondern ihre Peripherien. Die Auflösung der Städte ist im Gange, die neue Existenz ist nicht auf räumliche Verdichtung angewiesen.[52] Die „Übersiedlung verschiedenster gesellschaftlicher Binnenräume (Marktplätze, Schulen, Bibliotheken, Cafés, Nachbarschaften, Konferenzen) in Kommunikationsräume"[53] hat längst begonnen.

Über die Folgen der Virtualisierung ist viel spekuliert worden, doch sollte man den Effekt nicht überschätzen. Jede Art von Diskurs eröffnet einen virtuellen, soll heißen, einen bloß in Gedanken existierenden Raum. Die Fähigkeit, einen solchen virtuellen Raum zu erschaffen, besitzt schon der antike Redner, ebenso der Schriftsteller, ja, selbst der Verfasser eines Briefes, wenn auch weder Rede noch Roman oder Brief, ja, nicht einmal Telefon und Fernsehen die hohe Suggestionsdichte und die Möglichkeit zur Interaktion bieten, die das Internet bereithält. Auch das Internet wird Baudrillards Vision, dass die Realität durch die Produkte moderner Medien bedeutungslos wird, dass Referenz keine Rolle mehr spielt, nicht erfüllen. Das World Trade Center mit seinen beiden beinah identischen Türmen erschien ihm als Zeichen für „das Ende aller Konkurrenz, das Ende jeder ursprünglichen Referenz."[54] Doch dem ist nicht so, trotz der zwei Türme war das World Trade Center ein Zeichen, das auf soziale, politische, monetäre Tatsachen hinwies. Auch in Zeiten des Internets gibt es Konkurrenz, Referenz, eine Lebenswirklichkeit jenseits virtueller Orte.

Ohne Zweifel *ist* der virtuelle Raum im Entstehen, wir erleben in vielen westlichen Staaten das Erodieren der Städte und die Virtualisierung unserer Lebenswelt. Aber der virtuelle Raum besteht nicht jenseits der dinglichen Realität, wie die Rhetorik des virtuellen Raums nicht jenseits der Rhetorik klassischer Prägung anzusiedeln ist:

> „der Cyberspace ist kein unschuldiger Ort jenseits der Welt. Ebenso verankert in der wirklichen Welt wie die Menschen mit ihren Körpern, wirkt die Ordnung der neuen Welt auf die alte zurück. [...] Der Raum der Orte, der Raum der Standorte, wird durch den Cyberspace nicht eliminiert, in ihm werden die Kämpfe während seiner Kolonialisierung ihren Niederschlag finden. Die Rede von der Ortlosigkeit, von der Vernichtung des Raums täuscht nur darüber hinweg, daß nicht nur im Cyberspace neue Räume, neues Eigentum und neue Machtformen entstehen, sondern daß diese sich im realen Raum abbilden."[55]

Das Bild vom globalen Dorf ist wohl eine gar zu romantische Vorstellung der Veränderungen. Die alte rhetorische Überzeugung, dass wir ständig im Widerstreit von Interessen agieren, bleibt korrekt. Den „Zwangsbedingungen

---

52 Vgl. Rötzer (Anm. 51), S. 8f.

53 M. Faßler: Makromedien. In: M. F., R. Halbach: Geschichte der Medien. München 1998, S. 309-359, hier S. 332.

54 J. Baudrillard: Der symbolische Tausch und der Tod. München 1982, S. 110.

55 F. Rötzer: Digitale Weltentwürfe. Streifzüge durch die Netzkultur. München 1998, S. 227.

rhetorischer Rede"[56], endlicher Zeit, unsicherer Erkenntnis und begrenzten Ressourcen, entgehen wir auch im Internet nicht, und so bleiben im virtuellen Raum die anthropologischen Grundbedingungen der Rhetorik, über die uns Blumenberg aufgeklärt hat,[57] bestehen.

„Dieses wird jenes töten", erinnern wir uns an Dom Claude Frollo. Bei der Geburt eines neuen Mediums ist die Perspektive immer zu drastisch. Das Buch hat der Architektur nicht den Garaus gemacht und nicht der Rede, Film und Fernsehen haben das Buch nicht eliminiert und der virtuelle Raum wird Rede, Buch, Fernsehen und Film ebenso wenig zerstören. Das Internet wird unsere Lebenswirklichkeit verändern, aber nicht verschlingen und gänzlich virtualisieren. Den *homo connectus* können wir bisher nur in seinen Umrissen erkennen, doch sicher ist, dass auch er noch die Umrisse eines Menschen und nicht die eines Maschinenwesens hat.

---

56 H. Niehues-Pröbsting: Überredung zur Einsicht. Der Zusammenhang von Philosophie und Rhetorik bei Platon und in der Phänomenologie. Frankfurt/M. 1987, S. 82.

57 Vgl. H. Blumenberg: Anthropologische Annäherung an die Aktualität der Rhetorik. In: H. B.: Wirklichkeiten, in denen wir leben. Aufsätze und eine Rede. Stuttgart 1981, S. 104-136, hier S. 119.

Georg Braungart

Multimedia-Rhetorik und historische Medienästhetik

Hatte McLuhan recht? Das war die Frage der Vortragsreihe. Wenn McLuhan das Medium selbst als die eigentliche *message* bezeichnet, dann verschärft sich das Problem, wenn man von einem Verbund mehrerer Medien in einem Ensemble spricht. Und dies würde ich – ganz vorläufig – unter Multimedia verstehen: Verschiedene technisch-digitale Medien werden integriert – was Folgen hat: Folgen für die Wirkungsmechanismen innerhalb der einzelnen Kanäle und zwischen ihnen, Wechselwirkungen, Behinderungen, Synergien.

Es soll in diesem Beitrag nicht um die psychologischen Untersuchungen gehen, welche die Effektivität von multimedialen Lernsystemen, teilweise mit empirischen Argumenten, in Zweifel ziehen, auch nicht um Software-Ergonomie und auch nicht um die Zukunft der vielen neuen Medien. Ich möchte einige theoretische Überlegungen anstellen, die sich aus den strukturellen Gegebenheiten entwickeln lassen; Überlegungen, die auf historische Konstellationen Bezug nehmen und die schließlich in die Frage münden, inwiefern sich für die Rhetorik multimedialer Ensembles eine neue Situation ergibt, wenn man sich kritisch mit McLuhans These vom Ende der Gutenberg-Galaxis auseinandersetzt. Ich werde also Theorie-Probleme erörtern, die ich nicht an Bildschirmoberflächen und CD-ROMs gewinne und entfalte, sondern zunächst an historischen Beispielen, die ich vor dem Horizont der Frage nach einer Multimedia-Rhetorik ins Auge fasse und zuletzt dann auch auf die Theorien McLuhans beziehe.

I. Ästhetische Realität und rhetorische Virtualität

Ich beginne mit einem Beispiel, Christian Morgensterns berühmtem – und ich möchte sagen: genialem – Gedicht ‚Die Trichter' von 1905, hier zunächst in der Original-Typografie:[1]

---

1 Wiedergegeben nach J. Adler, U. Ernst: Text als Figur. Visuelle Poesie von der Antike bis zur Moderne. 2., durchgesehene Auflage. Wolfenbüttel 1988, S. 230.

DIE TRICHTER

Zwei Trichter wandeln durch die Nacht.
Durch ihres Rumpfs verengten Schacht
fließt weißes Mondlicht
still und heiter
auf ihren
Waldweg
u. s.
w.

Abb. 1

Beim mündlichen Vortrag wird aber nicht dieses Gedicht präsentiert, sondern das folgende:

Christian Morgenstern: Die Trichter

Zwei Trichter wandeln durch die Nacht.
Durch ihres Rumpfs verengten Schacht
fließt weißes Mondlicht still und heiter
auf ihren Waldweg *und so weiter*.

Ein einfacher Vierzeiler, jambische Vierheber, paarweise gereimt. Vielleicht sind gar nicht primär zwei Trichter, sondern zwei *Dichter* gemeint, die durch die Nacht schreiten, die das silberne Licht des Mondes als Sinnbild der Inspiration in sich aufnehmen und als Spur hinterlassen, als Spur ihrer dichterischen Tätigkeit. Vielleicht hat Morgenstern an den Nürnberger Trichter gedacht, jene Anleitungspoetik des Nürnberger Patriziers Georg Philipp Harsdörffer, aus der Mitte des 17. Jahrhunderts (1648-1653), in der dieser unter dem Titel ‚Poetischer Trichter' seinen Lesern versprach, sie in zwölf Lektionen zum passablen Poeten zu machen. Doch warum sind es dann *zwei* Dichter bzw. Trichter? Mit einem einzigen würde das Gedicht auch funktionieren: „Ein Trichter wandelt durch die Nacht. / Durch seines Rumpfs verengten

Schacht / fließt weißes Mondlicht still und heiter / auf seinen Waldweg und so weiter." Doch der Dichter des Gedichts hat eine Interpretationshilfe gegeben, die äußere, grafische Gestalt des Gedichts, die eben an einen Trichter erinnert.

Man bemerkt leicht: So, wie es gedruckt ist, wie es in grafischer Form dargeboten wird, kann dieses Gedicht nicht vorgetragen werden. Dann reimt es sich nicht. Oder es reimt sich, dann ist es kein Trichter mehr. Allgemeiner gesagt: Die auditive Existenzweise des Gedichts desavouiert die visuelle - und umgekehrt. Das Gedicht ist ein Beispiel dekonstruktiver Literatur, wie man es sich plastischer kaum wünschen könnte.[2] Es hat zwei Existenz- bzw. Realisierungsformen, die sich gegenseitig ausschließen. Die erste Rezeption ist, als Bild wahrgenommen, der Trichter. Allerdings würde man den Trichter nicht unbedingt an der nicht ganz eindeutigen Form erkennen, wenn da nicht noch die Überschrift wäre, die das Implizite der Bildgestalt sogleich explizit machen würde. Man sieht also einen Trichter - aber nur einen. Man liest das Gedicht - am besten laut - und hat im auditiven Vollzug ein neues, zweites Gedicht konstituiert: Offensichtlich ist dies der zweite Trichter, hinter der Partitur des ersten Trichters versteckt und nur in einer bestimmten Rezeptionsform herauszuholen.

Der Gegensatz zwischen der visuellen und der auditiven Realität des Gedichts ist zugleich ein Gegensatz zwischen der Simultaneität des Bildes und der Linearität des gesprochenen Textes - eine Polarität, auf die gleich noch zurückzukommen ist.

Doch zunächst möchte ich fragen: Was sind aus der Analyse von Morgensterns Gedicht für Einsichten im Kontext einer Multimedia-Rhetorik zu gewinnen?

Es geht bei diesem Beispiel erstens um eine Konkurrenz zwischen Bild und Text - eine Konkurrenz, die sich auf allen multimedial beschickten Bildschirmen ebenso findet und über die die Schöpfer solcher Bildschirmseiten oft viel zu wenig nachdenken. Denn selbstverständlich sind die Bilder suggestiver und scheinbar schneller zu rezipieren - eine Einsicht, die schon Gotthold Ephraim Lessing für seine bestechende Argumentation verwendete. Darauf ist gleich zurückzukommen.

Zweitens geht es in Morgensterns Gedicht um ein recht komplexes Verhältnis zwischen ästhetischer Realität und rhetorischer Virtualität: Der Trichter wird gesehen, gleichsam ‚angeklickt' - und führt zur Aktualisierung *einer* in ihm verborgenen Möglichkeit. Man könnte das auf Multimedia-Ensembles übertragen und sagen: Es geht um das Verhältnis von Präsenz und Latenz, denn durch die Integration mehrerer technischer Medien und Texturen in multimedialen Systemen (Soundkarte mit Lautsprecherboxen, geschriebener Text, Bilder, Animationen) und durch das Prinzip der hypermedialen Verlinkung findet eine multimediale Rhetorik die ständige Erwartung von Er-

---

2 N. Wegmann: Dekonstruktion. In: Reallexikon der deutschen Literaturwissenschaft 1 (1997), S. 334-337.

eignissen, Informationen, Aktionen, die sich hinter der Oberfläche verbergen und darauf warten, von der Virtualität in die Aktualität gehoben zu werden. Multimediale Rhetorik ist eine Rhetorik der Oberfläche und zugleich der Latenz, eine Rhetorik der ständigen Erwartung, bei der die Enttäuschung der schlimmste Verstoß gegen ihre Prinzipien ist.

Und drittens schließlich lehrt das Beispiel von Morgensterns Gedicht als rudimentär multimedialem Gebilde, dass die Kombination von Simultan-Ästhetik einerseits (das Bild also) und Prozess-Ästhetik andererseits (der gelesene, bzw. der akustisch aktualisierte Text) durchaus prinzipielle strukturelle Probleme mit sich bringt, die bis hin zur gegenseitigen Entmachtung, zur Dekonstruktion gehen können.

Die wichtigste Diskussion aus der Geschichte der Ästhetik, welche das Bild-Text-Problem als theoretisches, genauer semiotisches traktiert, ist die Diskussion in und im Anschluss an Lessings ‚Laokoon'.

II. Präsentative und diskursive Symbolik: die spezifische Zeichenlogik in Medien

Lessings 1766 erschienene Schrift ‚Laokoon: oder über die Grenzen zwischen Malerei und Poesie'[3] gibt schon im Titel zu erkennen, dass es auch um das Abstecken von Territorien zwischen zwei Medialisierungsarten der Kunst geht. In der Gesamttendenz soll in gewisser Weise der Vorrang der Poesie vor der Malerei plausibel gemacht werden, was im Kontext der zeitgenössischen Kunstpraxis wohl durchaus gelungen ist. Die Rezeption, die den Text zum Schulklassiker machte, scheint das zu bestätigen. Wilfried Barner hat die Grundthesen prägnant zusammengefasst:

> „Die Malerei verwendet Figuren und Farben im Raum, die Poesie artikuliert Töne in der Zeit; in der Malerei herrscht das Prinzip der Koexistenz oder Simultaneität, in der Poesie das der Sukzession; die Gegenstände der Malerei sind ‚Körper', die der Poesie ‚Handlungen'; die Malerei bedient sich ‚natürlicher', die Poesie ‚willkürlicher' Zeichen."[4]

Lessing hat sich mit der Überzeugung auseinander zu setzen, und er teilt sie selbst, dass Bilder, als ‚natürliche' Zeichen betrachtet, authentischer sind: Ein Gedanke, der – mit Fundamenten in der Antike, in der aristotelischen Vorstellung vom Siegelring, der sich im Wachs abdrückt, ebenso wie in der platonischen Ideenlehre – die Erkenntnistheorie der ganzen frühen Neuzeit durchzieht und auch noch in der modernen Psychologie erscheint. Bilder prägten sich besser ein, sie seien eindrücklicher, näher am Gegenstand. Lessing jedoch wendet dies, und diese Strategie scheint mir bis heute beden-

---

3 Vgl. zum Gesamtkomplex die hervorragende neue Darstellung von M. Fick: Lessing-Handbuch. Leben – Werk – Wirkung. Stuttgart, Weimar 2000, S. 216-241.

4 W. Barner: Kommentar. In: G. E. Lessing: Werke und Briefe in zwölf Bänden. Hrsg. von W. Barner. Bd. V/2 (Werke 1766-1769). Frankfurt a. M. 1990, S. 665.

kenswert, nicht gegen die Wortsprache, nicht gegen die Poesie, sondern er entwickelt daraus gerade seine je spezifische Ästhetik, die für die Poesie durchaus einen Punktsieg erbringt. Dass die Sprache der Worte – als sukzessiv verfahrend – per se schon weniger ‚lebhaft' ist, dass sie statt ‚natürlicher' ‚nur' willkürliche Zeichen verwenden kann: Das ist genau ihre Chance. So kann sie ein viel weiteres Feld zur Darstellung bringen als die Malerei, die an den Moment gebunden ist und sich gerade aus Gründen der ‚Lebhaftigkeit' Grenzen auferlegen muss. Und nicht nur der Gegenstandsbereich ist viel weiter, auch die Reichweite innerhalb des einzelnen poetischen Textes: Weil Poesie ‚Handlungen' – man könnte allgemeiner sagen: Prozesse, Abläufe – darstellt, kann sie eben besonders auch Zusammenhänge stiften, die weit über eine einzige Situation hinausreichen.

Doch was vielleicht am wichtigsten ist: Die Rolle der Einbildungskraft. Der Maler muss für seine Darstellung – so Lessing – den vielzitierten ‚prägnanten Moment' wählen, der noch nicht das Höchste etwa des Schmerzes zeigt, sondern ihn nur in sich birgt, erahnen lässt und der Einbildungskraft des Rezipienten zur Vergegenwärtigung anheim stellt. Die Produktivität der Phantasie des Zuschauers wird so zu einem entscheidenden Kriterium ästhetischer Qualität. Doch während der Raum für die Einbildungskraft in der Malerei vom Künstler geschaffen wird, ist er in der Poesie semiotisch bedingt. So erst ist es verständlich, wenn Lessing von der „weitern Sphäre der Poesie" spricht, dem „unendlichen Felde unserer Einbildungskraft" und schließlich von der „Geistigkeit ihrer Bilder, die in größter Menge und Mannigfaltigkeit neben einander stehen können, ohne dass eines das andere deckt oder schändet, wie es wohl die Dinge selbst, oder die natürlichen Zeichen derselben in den engen Schranken des Raumes oder der Zeit tun würden."[5] Beziehungsreichtum: Unter diesem Stichwort könnte man mit Lessing die Vorzüge der Poesie zusammenfassen, Beziehungsreichtum, der gerade in der Distanz begründet ist, die in der sukzessiv – und nicht analog – verfahrenden Sprache liegt.

Damit komme ich zum zweiten Aspekt im Zusammenhang der Diskussion von Lessings Text: der – wie ich meine – äußerst aktuellen Theorie, die vom Künstler gegenüber dem Dichter ästhetische Disziplin verlangt.

In seinem fulminanten Buch über die ‚Visiotype' und ihre suggestive Übermacht behandelt Uwe Pörksen 1997 auch die Frage einer „neuen Rivalität von Sprache und Bild"[6] in der modernen Medienwelt. Und in diesem Zusammenhang besinnt er sich – soweit ich sehe als bisher einziger der vielen Zeitgeist-Medienanalytiker – auf den Vorgänger Lessing. Er schreibt:

> „Dieses Thema ist alt. Lessing behauptete, er würde sein leibliches Auge für das innere hergegeben haben. [...] Sein ‚Laokoon oder über die Grenzen der Malerei und Poesie' (1766) plädiert für den Vorrang des Wortes vor dem Bild, allgemeiner gesagt, für das bewegliche Medium der stellvertretenden, nur andeutenden Zei-

---

5 Barner (Anm. 4), S. 60f.

6 U. Pörksen: Weltmarkt der Bilder. Eine Philosophie der Visiotype. Stuttgart 1997, S. 36.

chen vor dem den Phantasieraum einschränkenden, nachahmenden Abbild. Was vermag die Sprache, und was begrenzt sie? Was andererseits die Veranschaulichung? Darüber, was die Allgegenwart visueller Zeichen bedeutet, läßt sich erst urteilen, wenn man über Leistung, Grenzen, Wirkung der beiden Medien größere Klarheit gewonnen hat."[7]

Hier wird deutlich, dass sich das Wort, dass sich die Wortsprache nach Ansicht des Interpreten in der Defensive befindet und eine Klärung oder Behauptung ihrer Position braucht. Im Zeitalter der ‚Bilderflut' könnte eine Neuauflage von Lessings Entwurf noch einmal das Verhältnis zwischen Bildern und Worten thematisieren, und wiederum ginge es, wie bei Lessing, primär um die Interessen der Poesie oder - weiter gefasst - der Wortsprache. Bekanntlich schreibt Lessing der Dichtung eine erheblich größere Reichweite und einen größeren Beziehungsreichtum als der Bilderkunst zu. Ob allerdings die Situation von Lessing ähnlich empfunden wurde wie in der Gegenwart von den Interpreten der Bilder-Medienwelt - nämlich als bedrohlich für die Worte, die Poesie, die Sprache –, wäre eigens zu diskutieren. Uwe Pörksen jedenfalls postuliert:

„Nichts scheint mir im Augenblick wichtiger zu sein als ein Laokoon II, der das große Thema des 18. Jahrhunderts, das Lessing im ‚Laokoon' zugespitzt hat, auf allgemeinerer Stufe wieder aufzunehmen in der Lage wäre."[8]

Leider hat dieses Buch noch niemand geschrieben, oder es ist schon da, wurde aber nur noch nicht als ‚Neuer Laokoon' erkannt. Der Sache nach ist Lessings Thema natürlich präsent, zumindest in seiner allgemeineren Variante, der Bild-Text-Beziehung im Medienarrangement.

Ich greife nur ein Beispiel heraus. Ein Standardwerk der Multimedia-Forschung schreibt zum Thema:

„Das Zusammenspiel von propositionalen und nicht-propositionalen Repräsentationen ist ungeklärt. Damit bietet auch das ausgearbeitete Modell […] keine Möglichkeiten, Bild und Textinformationen in Beziehung zu setzen. [...] Ein Rahmenmodell für das Verstehen von Multimedia muß alle bisher bekannten Komponenten des Text- und Bildverstehens sowie mentale Modelle zusammenfassen. Abbildung 6.6 [hier Abb. 2] zeigt, wie ich mir das Zusammenspiel der einzelnen Komponenten im Gedächtnis vorstelle."[9]

Dieses Schema[10] nimmt in Bezug auf die Fragen der Bild-Text-Relation Lessings Problemstellung auf:

---

[7] Pörksen (Anm. 6), S. 36.
[8] Pörksen (Anm. 6), S. 36.
[9] J. Hasebrook: Multimedia-Psychologie. Eine neue Perspektive menschlicher Kommunikation. Heidelberg, Berlin, Oxford 1995, S. 144; die Abb. ist auf S. 145.
[10] Hasebrook (Anm. 9), S. 145.

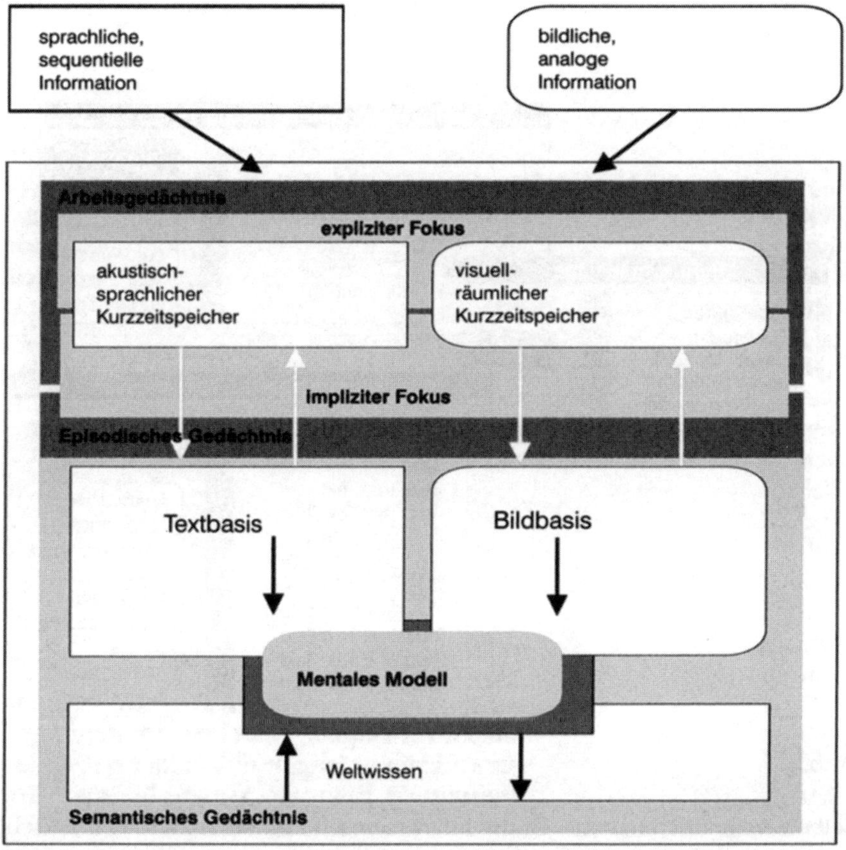

Abb. 2

Auf der einen Seite steht also die ‚sprachlich-sequentielle', auf der anderen die ‚bildlich-analoge' Information und die Grundintention des Ensembles einer Multimediaproduktion ist natürlich, die beiden Typen zu integrieren, also einem gemeinsamen Zweck unterzuordnen. Lessing zielte allerdings, wie bekannt, auf die *Grenzen* zwischen Malerei bzw. bildender Kunst und Dichtung, während die technischen Imperative des Multimediazeitalters eine integrative Sicht verlangen, ein kooperatives Modell, wie es etwa die Emblematik der Frühen Neuzeit darstellte.

Ein zweites Beispiel, ebenfalls aus Hasebrooks Standardwerk zur Multimedia-Psychologie, sei vorgeführt: Die Bildschirme von Computern überspielen nicht selten die Grenzen zwischen der sequentiellen Ordnung der Sprache und der Simultaneität des Bildes, indem sie auch die Worte, die auf dem Schirm funktionell angeordnet sind, der Logik des Tableaus und weniger der Sukzession der Rede oder der Sequentialität der gelesenen Schrift unterwerfen. So könnte man von einem Bild-Text-Tableau höherer Ordnung sprechen.

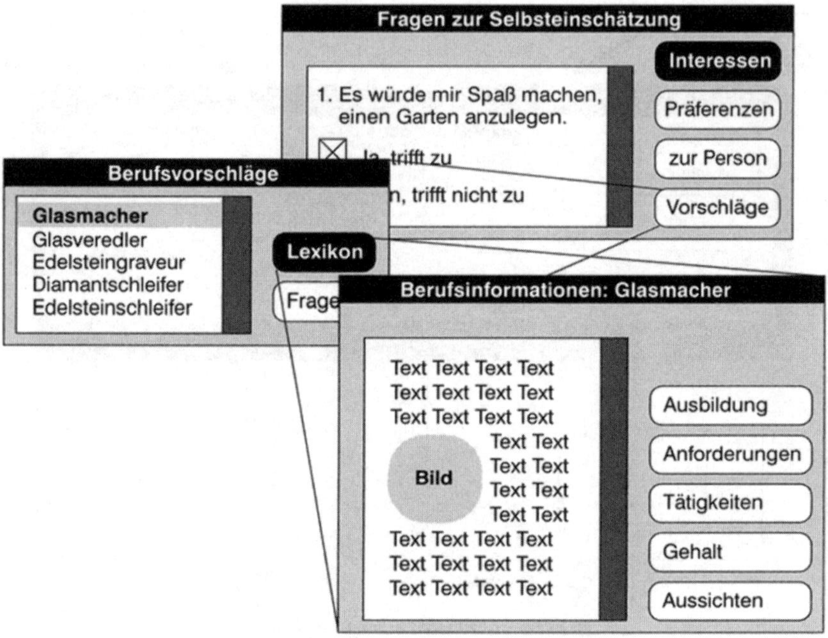

Abb. 3[11]

Selbstverständlich haben sich die Interessen seit Lessing inzwischen verschoben und selbstverständlich gibt es erhebliche neuere wahrnehmungspsychologische Einsichten. Beispielsweise weiß man seit langem, dass auch Bilder ‚gelesen', also in einer Abfolge von Sakkaden ‚abgetastet' werden, so dass der Prozess der Rezeption eines Bildes das Tableau auflöst. Andererseits weiß man auch, dass die Worte der Sprache beim Lesen durchaus zunächst fotografisch-simultan als Bilder aufgenommen werden, bevor sie in eine Buchstaben- und Wortfolge ‚eingebaut' werden.[12] So bedarf es selbstverständlich einer besonderen hermeneutischen Anstrengung, Lessings Thesen auf die gegenwärtige Medienlandschaft zu beziehen, es scheint mir aber nicht unfruchtbar.

Eigentlich wäre es längst nahe liegend gewesen, mit Lessings ‚Laokoon' ine der prominentesten, wenn nicht *die* prominenteste Theorie des Bild-Text-Verhältnisses aus der Geschichte der abendländischen Ästhetik auf diejenige Medienkultur zu beziehen, welche verschiedenste Zeichenarten kombiniert,

---

11 Hasebrook (Anm. 9), S. 208.

12 Vgl. hierzu S. Gross: Lesezeichen. Kognition, Medium und Materialität im Leseprozeß. Darmstadt 1994.

und zwar in einer äußerst intensiven und zugleich tendenziell anarchischen Weise. Zwei Gesichtspunkte sollen verdeutlichen, inwiefern es fruchtbar sein könnte, auf Lessings Theorie zu rekurrieren: Erstens die Einsicht, dass Bild und Text bzw. Sprache unterschiedlichen Zeichenlogiken folgen; zweitens: Die Rolle der Einbildungskraft bzw. der prägnante Moment.

Zum ersten Punkt: Viele Multimedia-Produkte, die zur Werbung oder als Lernprogramme eingesetzt werden, gehen von dem ungeschriebenen Dogma aus: Viel hilft viel. Viele bunte (und möglichst bewegte) Bilder seien gut für den ‚Lernerfolg'. Bei einer genaueren Analyse stellt man fest, dass sich die Bilder mit ihrem höheren Grad an Suggestivität vor die Texte (die oft die eigentlich wichtige Information enthalten) drängen und so den Lernerfolg in Frage stellen.

Der zweite Punkt: Die Theorie des prägnanten Moments bei Lessing fordert vom Maler wegen der höheren Authentizität der von ihm verwendeten Zeichen mehr Disziplin bei der Darstellung seiner Gegenstände als vom Poeten, dessen Zeichen als konventionelle *per se* weiter vom Gegenstand entfernt sind. Deshalb darf bekanntermaßen Laokoon bei Vergil durchaus schreien, während er das in der bildenden Kunst nicht darf. Nun wird der fruchtbare Augenblick für Lessing vor allem durch eines ‚fruchtbar' – Lessing schreibt: „Dasjenige aber nur allein ist fruchtbar, was der Einbildungskraft freies Spiel läßt. Je mehr wir sehen, desto mehr müssen wir hinzu denken können. Je mehr wir darzu denken, desto mehr müssen wir zu sehen glauben."[13] Hierin stecken zwei Postulate: 1. Der ‚prägnante Moment' fordert die ‚Benutzeraktivität' des Rezipienten. Bezogen auf Multimedia-Ensembles würde das bedeuten, dass nicht die leichte Verfügbarkeit der Informationen die Qualität ausmacht, sondern deren Potential, die Aktivität des *users* herauszufordern. Gerade bei Lernprogrammen, so weisen Evaluationen nach, komme es nicht darauf an, den Benutzer mit Unmengen von Informationen zu überwältigen, sondern darauf, seine Aktivität zu provozieren, denn der größte Lernerfolg stelle sich bei der höchsten Eigenaktivität ein. Etwas allgemeiner formuliert: Lessings Theorie des prägnanten Moments kann auch als *Theorie der Interaktivität* gelesen werden. 2. Der Augenblick wird im Zusammenspiel mit der Einbildungskraft des Betrachters ins Prozesshafte aufgelöst, metaphorisch gesagt: Im Kopf des Rezipienten läuft der Film weiter. Hier wie an anderen Stellen zeigt sich, dass auch Lessing letztlich eine Synthese von Tableau und Prozess vorschwebt; die nächstliegende ist sicher das von ihm auch unter dieser Perspektive favorisierte Drama. Wenn Lessing den Film gekannt hätte, sähe sein ‚Laokoon' anders aus, nicht *ganz* anders, aber ein wenig anders.

Anders als bei Lessing und in seinem Gefolge wird in der Zeit vor ihm das Verhältnis zwischen Bildern und Texten keineswegs als agonales bestimmt. Nicht nur dass der Grundsatz *ut pictura poesis* die ganze Beschreibungsliteratur vorher bestimmt. Zudem gibt es in der gesamten Frühen Neuzeit ein rhetorisch-ästhetisches Paradigma, das nicht nur eine semiotische

---

[13] Lessing (Anm. 4), S. 32 (Laokoon).

Koexistenz vorführt, sondern eine geradezu innige Kooperation: Die Emblematik, also jene ‚Mode', bei der – in Büchern, auf Flugblättern, auf Deckengemälden und bei vielen anderen Gelegenheiten – Bilder und Texte dergestalt miteinander kombiniert werden, dass ein – oft rätselhaftes – Motto durch eine – oft nicht weniger rätselhafte – *pictura* (ein Holzschnitt, ein Kupfer) exemplifiziert wird, die ihrerseits wiederum durch einen expliziten Kommentar, meist in Gedichtform, durch die *subscriptio* also, erläutert wird. Damit komme ich zum dritten Teil.[14]

III. Die Diskursivität des Bildes und die Synergie zwischen Grafik und Wort

Obwohl das Emblem eine mediengeschichtlich auffällige Erscheinung ist, welche die visuelle und zugleich die humanistisch-sprachliche Kultur der Frühen Neuzeit ganz entscheidend prägt, wurde es im Rahmen mediensemiotischer und mediengeschichtlicher Analysen noch nicht ausführlicher untersucht.[15] Auch in der allgemeinen Semiotik sind genauere Untersuchungen selten.[16] Prominenter ist das Emblem im Kontext der Forschungen zu Bild-Text-Beziehungen.[17] Die Emblematik ist ein Phänomen, das zwar innerhalb der ‚Gutenberg-Galaxis' angesiedelt ist, wie sie von Marshall McLuhan so suggestiv analysiert wurde. Doch durch ihre massive Operationalisierung gerade von Bildern im Verbund mit Worten scheint sie der These McLuhans vom *typographic man*[18] zu widersprechen. McLuhan weist jedoch darauf hin, dass dem Buchdruck, an dem er vor allem die exakte Wiederholbarkeit der

---

14 In den folgenden Passagen zur Emblematik beziehe ich mich, teilweise wörtlich, auf meinen Beitrag zum Münchner Emblemkongress von 1999; – G. Braungart: Emblematik und Mediengeschichte. Die Diskursivität des Emblems und seine Stellung in der höfischen Rede. In: W. Harms, D. Peil (Hg.): Polyvalenz und Multifunktionalität der Emblematik. Akten des 5. Internationalen Kongresses der Society for Emblem Studies. Bern u.a. 2002, S. 415-429.

15 In Ralf Schnells glänzender und historisch fundierter ‚Medienästhetik', welche die ‚Geschichte und Theorie audiovisueller Wahrnehmungsformen' untersucht und überzeugend darstellt, ist die Emblematik ausgeklammert; vgl. R. Schnell: Medienästhetik. Zu Geschichte und Theorie audiovisueller Wahrnehmungsformen. Stuttgart, Weimar 2000.

16 Das staunenswert umfassende ‚Handbuch der Semiotik' von Winfried Nöth bezieht sich auf das Emblem im hier diskutierten Sinne an genau einer Stelle; vgl. W. Nöth: Handbuch der Semiotik. 2., vollst. neu bearb. u. erw. Aufl. Stuttgart, Weimar 2000, S. 484 (im Kontext der „Mediensemiotik").

17 Exemplarisch: C.-P. Warncke: Sprechende Bilder – sichtbare Worte. Das Bildverständnis in der frühen Neuzeit. Wiesbaden 1987, S. 161-192 u.ö.

18 So formuliert der Untertitel des Klassikers von Marshall McLuhan: The Gutenberg Galaxy. The Making of Typographic Man. M. McLuhan: Die Gutenberg-Galaxis. Das Ende des Buchzeitalters. Düsseldorf, Wien 1968 (engl. The Gutenberg Galaxy: The Making of Typographic Man. Toronto 1962).

Repräsentation hervorhebt, die Einführung des Holzschnittes vorausgeht, bei dem genau jene serielle Exaktheit schon für Bilder geleistet ist.[19]

Geht man aber zunächst von McLuhans These aus, mit der Einführung des Buchdrucks habe die akustisch-haptische, habe die multisensorielle Kultur des Mittelalters, die er mit einer Stammeskultur vergleicht, ihr abruptes Ende gefunden und sei von der einen typografischen Kultur abgelöst worden, die den Blick normiert und auf die sinnlich arme, standardisierte Druckseite festgelegt habe - mit einer geistreichen Formulierung von Jochen Hörisch könnte man sagen, hier habe die Umstellung von den Sinnen auf den Sinn[20] stattgefunden -, dann hat man mit der Einordnung des Emblems - vordergründig betrachtet - einige Schwierigkeiten. Sollte das Emblem mit seiner konstitutiven Bimedialität die These von der normierten, einkanaligen typografischen Kultur und Wahrnehmung in Frage stellen? - Nimmt man jedoch hinzu, dass nach McLuhan in der Medienrevolution der frühen Neuzeit auch die Bilder einer Normierung und seriellen Vervielfachung unterzogen wurden, dann ist es naheliegend, auch sie in jene Tendenz zur Vereinheitlichung und Umstellung auf den einen, den typografisch normierten Seh-Sinn einzubeziehen. Dann wäre die Emblematik nur eine, wenn auch vielleicht die prominenteste Bewegung (neben der Flugblattliteratur), in welcher die typografische Kommunikation einerseits mit der normierten Schrift die Lautdimension der Sprache usurpiert und auf die visuell zu rezipierenden Buchstaben reduziert (in gewisser Weise also virtualisiert) - und andererseits

---

[19] „The printing of pictures, however, unlike the printing of words from movable types, brought a completely new thing into existence -- it made possible for the first time pictorial statements of a kind that could be exactly repeated during the effective life of the printing surface. This exact repetition of pictorial statements has had incalculable effects upon knowledge and thought, upon science and technology, of every kind. It is hardly too much to say that since the invention of writing there has been no more important invention than that of the exactly repeatable pictorial statement." (Originaltext von ‚The Gutenberg Galaxy' nach der kongenialen Umsetzung von McLuhans Theorien auf der CD-ROM: Unterstanding McLuhan. A CD-ROM on the ideas and life of media guru Marshall McLuhan. Voyager, southam interactive 1996). Die Einführung der in Ostasien schon früher bekannten Technik ist wohl nicht genau datierbar. Es gibt Beispiele aus dem späten 14. Jahrhundert und einige mehr aus dem 15. Jahrhundert. Vgl. P. Westheim: Das Holzschnittbuch. München 1977; H. H. Hiebel u.a.: Große Medienchronik. München 1999 (Register s.v.); M. Giesecke: Der Buchdruck in der frühen Neuzeit. Eine historische Fallstudie über die Durchsetzung neuer Informations- und Kommunikationstechnologien. Frankfurt a. M. 1998, S. 76f., S. 298-312 u. ö. Giesecke verweist im übrigen mehrfach zustimmend auf McLuhans Thesen, so etwa auch auf dessen Diktum, die typografische Kultur habe die Kultur der akustischen Sinnvermittlung überlagert und ‚ein Auge für ein Ohr' gegeben: ‚an eye for an ear' - so der englische Untertitel des neunten Kapitels von M. McLuhan: Die magischen Kanäle. Understanding Media. Übers. von M. Amann. 2. erw. Aufl. Dresden, Basel 1995 (engl. Understanding Media. The Extensions of Man. New York 1964). Vgl. Giesecke 1998, S. 34 (mit Anm. 15, S. 706).

[20] J. Hörisch: Einleitung. In: P. Ludes (Hg.): Einführung in die Medienwissenschaft. Entwicklungen und Theorien. Berlin 1998, S. 11-32, hier S. 19.

zugleich darüber hinaus auch in ‚totalitärer' Weise die Bildlichkeit revolutioniert.

Es scheint kein Zufall zu sein, dass die Gattung des Emblems gerade dann ihren Aufschwung nimmt, als die ‚Gutenberg-Galaxis' sich etabliert hat. Ist sie also, so wäre vor dem Hintergrund des Gesagten zu fragen, eine kulturelle Erscheinung, die sich in das Zeitalter des gedruckten Buches einfügt, organisch und konsequent? Oder ist sie als Kompensationsphänomen zu sehen?

> „Das Alphabet machte die visuelle Komponente zur vorherrschenden auf dieser Welt und brachte alle anderen Gegebenheiten der Sinneswahrnehmung beim gesprochenen Wort auf diesen Nenner. Damit kann man besser erklären, warum der Holzschnitt und sogar die Fotografie der alphabetischen Welt so sehr willkommen waren. Diese Formen schaffen eine Welt umfassender Gestik und spannungsgeladener Einstellung, die im geschriebenen Wort notgedrungen ausgeklammert werden."[21]

Die Bilder, von der radikalen Reformation ausgetrieben, kehren – als ‚Parasiten' der humanistischen Typografie-Kultur – wieder zurück und setzen sich, wenn man die Entwicklung der Gattung in Rechnung stellt, teilweise sogar gegen die Texte durch. Von hier aus gesehen ist es wiederum nur schlüssig, dass gerade die Niederlande solch eine reiche Emblemproduktion aufzuweisen haben. Ohne den Streit um die Priorität der Bilder oder der Worte aufzunehmen: Immerhin findet man nicht selten, dass die Attraktivität, auch die verlegerische Attraktivität der Emblembücher besonders auf die Bilder zurückgeführt wird. Wie in vielen Fällen kann auch hier Harsdörffer als Kronzeuge fungieren, denn er betont den Wert der Bilder als Ankerpunkt für die Aufmerksamkeit des Lesers.[22]

Das Problem muss aber noch etwas anders gefasst werden: Könnte es sein, dass die Bilder in den Emblembüchern ein Defizit der typografischen Kultur ausgleichen und sich zugleich deren Gesetzen unterwerfen? Könnte es sein, dass der besondere Charakter der Bilder, über deren ‚Faktizität' – ob ‚potentiell' oder nicht – viel diskutiert wurde, dass die spezifische Diskursivität der emblematischen Bilder gerade darin begründet liegt, dass sie sich den Gesetzen der Buchkultur, der typografischen Kultur unterwerfen? Was in diesem Zusammenhang ‚Diskursivität' meinen kann, sei an einem Beispiel demonstriert: Bei Gabriel Rollenhagen findet sich ein berühmtes Emblem,

---

21 So M. McLuhan (Anm. 19), S. 246f. („The alphabet left the visual component as supreme in the word, reducing all other sensuous facts of the spoken word to this form. This helps to explain why the woodcut, and even the photograph, were so eagerly welcomed in a literate world. These forms provide a world of inclusive gesture and dramatic posture that necessarily is omitted in the written word." Orig. zitiert nach der CD-ROM: Unterstanding McLuhan. (Anm. 19).)

22 G. Braungart: Rhetorik, Poetik, Emblematik. In: H. A. Glaser, H. Steinhagen. (Hg): Deutsche Literatur. Eine Sozialgeschichte. Bd. 3 (Zwischen Gegenreformation und Frühaufklärung: Späthumanismus, Barock 1572-1740). Reinbek 1985. (Rowohlt Taschenbuch Bd. 6253), S. 219-236, hier S. 235.

das durch die Abbildung einer geflügelten Zunge vor schädlicher Geschwätzigkeit warnt.[23]

Abb. 4

[23] G. Rollenhagen: Sinn-Bilder. Ein Tugendspiegel. Reprint der Ausgabe von 1611/13. Hrsg. von C.-P. Warnke. Dortmund 1983, S. 95. (Erstes Hundert, Nr. 42).

Wie - nach frühneuzeitlicher Auffassung - bei den Bilderschriften der Hieroglyphen werden auch hier einzelne Bildelemente, visuelle bzw. pikturale Lexeme, zusammengefügt, und zwar ganz analog zu einem Satz: Die Zunge als Subjekt wird mit den Flügeln als Prädikat versehen. Die Zunge hat Flügel - dies die Proposition des Bildes, dessen Sprache über eine rudimentäre Syntax verfügt. Diese Eigenschaft, dieses konstruktive Moment, zeigen sehr viele emblematische Bilder.

Das hier nur angedeutete Verständnis[24] der spezifischen Diskursivität emblematischer Bilder würde nicht nur dem Umbruch des Renaissance-Humanismus Rechnung tragen, der die neuplatonische ‚Schau' als höchste Form der Erkenntnis wieder propagiert hat und es - gerade auch in seinen reformatorisch-hermeneutischen Ausprägungen - verbietet, die mittelalterliche Denkform der Allegorese mehr oder weniger bruchlos durchlaufen zu lassen. Die Behauptung von der Überlegenheit der Bildersprachen zieht sich durch die verschiedensten Diskurse der frühen Neuzeit[25] - sie findet sich nicht zuletzt auch in den Vorstellungen zur Hieroglyphik.[26] Bei Harsdörffer heißt es einmal lapidar: „Diesem nach wolte ich sagen / daß das Gemähl ein natürliches/ das Wort ein künstliches Kennzeichen sey / dieses oder jenes Ding. [!]"[27]

Die Diskursivität der emblematischen *picturae* - das sei resümiert - würde sich durchaus plausibel in eine Geschichte der typografischen Domestizierung einordnen lassen. Für eine Multimedia-Rhetorik neuen Stils könnte die Emblematik Modelle der Kooperation zwischen Grafik und Wort bieten - eine Dichotomie, die sich in der multimedialen Praxis tendenziell auflöst.

Nach diesen beiden Rückblicken in die Vergangenheit der multimedialen (oder besser zumindest bi-medialen) Rhetorik komme ich in die Gegenwart zurück - und damit noch einmal auf McLuhan zu sprechen.

---

24 Genaueres hierzu in Braungart 2002 (Anm. 14).

25 Vgl. Braungart (Anm. 22), S. 235, unter Verweis auf Bacon, Harsdörffer, Masen, Opitz und Bodmer, darunter nicht zuletzt auf didaktische und gedächtnispsychologische Vorstellungen.

26 Vgl. hierzu besonders markant Warncke (Anm. 17), S. 148f.: „Mit dem Wiederbeleben neoplatonischer Vorstellungen durch den Humanismus werden die Methoden partieller Allegorese der Bibelhermeneutik auf die Rhetorik und in dieser Prägung auf die bildende Kunst übertragbar. Eine Schlüsselrolle spielte dabei die Entdeckung, Untersuchung und Rezeption der ägyptischen Hieroglyphen, die man in dem zu Beginn des 15. Jahrhundert nach Italien gelangten Manuskript des Horapollo erschlossen glaubte. Davon ausgehend sah man die Hieroglyphen als reine Bilderschrift an, in der die Bildmotive Zeichen für Begriffe sind, aber in einer Art Umkehrung des Systems normaler Schrift. Während aus Buchstaben gebildete Worte abstrakte Zeichen für Lautfolgen sind, die aufgrund allgemeiner Übereinkunft bestimmte Sachverhalte benennen, stehen hier Abbilder von res für damit bezeichnete abstrakte Begriffe. Von grundlegender Wichtigkeit war dabei, daß man glaubte, diese res seien aufgrund einer Wesensverwandtschaft mit den von ihnen bezeichneten Begriffen zu deren Repräsentanten bestimmt worden."

27 G. P. Harsdörffer: Gesprächspiele Siebender Theil. Nürnberg 1647, S. 96. (Repr. Tübingen 1968, S. 167).

IV. Vom akustischen Raum zum visuellen Raum – und zurück?

Es wurde bereits angesprochen: In einer seiner suggestiven und idealtypisch zuspitzenden Thesen hat McLuhan zwei Medien-Kulturen einander gegenübergestellt, die sich ausschließen: den – wie er sagt – ‚akustischen Raum' einerseits und den ‚visuellen Raum' andererseits.

Bekanntermaßen hat das Gutenberg-Zeitalter einen ungeheuren Entwicklungsschub für das geschriebene Wort gebracht, den McLuhan in die These vom Gutenberg-Zeitalter fasst, das auch einen anthropologisch greifbaren, fundamentalen Umbruch gebracht habe: ‚The making of Typographic Man'. McLuhan beschreibt dies als Verarmung. Die taktile Kultur, eine Kultur, die vom Ineinander und der Vielfalt der Sinne geprägt war, geht über in eine Kultur, die vom typografisch normierten Sehsinn geprägt ist. Oder, mit zwei anderen Begriffen von McLuhan formuliert: Der akustische Raum (sinnliche Vielfalt) geht über in den visuellen Raum. McLuhan denkt dabei etwa an Stammeskulturen, die der westlichen Zivilisation unterworfen werden.

Die akustischen Kulturen involvieren den ganzen Menschen, sie erfassen ihn körperlich, und sie bewegen ihn. Sie erfassen ihn mit allen Sinnen. Der typografische Mensch dagegen wird nun stillgestellt, normiert und vor allem visuell übermäßig entwickelt. Dann kommen, so McLuhan, die Neuen Medien ins Spiel; das Zeitalter der elektronischen Medien schafft erneut, auf synthetische Weise, so etwas wie eine integrierte, multisensorielle Stammeskultur – eine durchaus suggestive These.

Die philosophisch seit Platon und Aristoteles gerechtfertigte Dominanz des Seh-Sinnes wird im Zeitalter der Gutenberg-Galaxis medientechnisch zementiert. Zugleich wird auch die Visualität intern umstrukturiert. Die Lektüre ist viel stärker kulturell normiert als die Betrachtung eines Bildes. Und, was besonders hervorzuheben ist: Man hat bei der Lektüre in einem Buch meist keinerlei Grund, bei der Visualität stehenzubleiben. Man ist an der Optik des Textes kaum interessiert. Das Schrift-*Bild* wird normalerweise nur im Hinblick auf den dahinter liegenden ‚Sinn' wahrgenommen. Jochen Hörisch hat – wie bereits erwähnt – dafür die schöne Formel *von der Sinnlichkeit zum Sinn* geprägt. – Nebenbei: Diese Doppelung (Schrift und Sinn) sollte man nicht verwechseln mit dem, was Derrida als abendländischen ‚Phonozentrismus' kritisiert hat. Bei Derrida geht es darum, dass die engere, vermeintlich authentischere Koppelung von Signifikant und Signifikat im Falle der mündlichen Äußerung (hier also von Laut und Sinn) als Täuschung entlarvt wird. Im Falle der Schrift, welche auf einen Sinn hin transparent gemacht werden soll, ist diese Verbindung (wie in der Schriftlichkeitsforschung immer wieder festgestellt wird) keineswegs eine verlässliche, sondern vielmehr fragil und auf ständige hermeneutische Bemühungen hin ausgerichtet. Die Pointe dieses Modells liegt darin, dass durch die Einführung der Schrift gerade die Verselbständigung des in ihr chiffrierten Sinnes vom Sprecher und überhaupt von der direkten Kommunikation ermöglicht werde. Die

Schriftlichkeit favorisiert demnach eine Reifizierung, eine ‚Verdinglichung' des Sinnes.

Es kommt noch ein Gesichtspunkt hinzu: Martin Luther misstraut den historisch wandelbaren und menschlichen Schwächen unterworfenen Vermittlungsinstanzen des göttlichen Sinnes. Er verabschiedet die Pluralität der mittelalterlichen Allegorese, des vierfachen Schriftsinnes, und weist den Anspruch der Institution Kirche zurück, als autoritative Auslegerin des Bibelwortes aufzutreten. Das heilige Wort, so Luther, benötige überhaupt keinen Vermittler, es spreche für sich selbst. ‚Sola scriptura': Allein die Schrift ist die Basis für den Gläubigen. Folgerichtig hat man von einem Bündnis zwischen Gutenberg und Luther, zwischen dem Buchdruck und dem Schriftprinzip gesprochen. Medienhistorisch gesehen: die Konzentration auf einen einzigen Kanal bei Zurückdrängung der anderen Kanäle.

Ein Aspekt dieser Zurückdrängung ist die Vertreibung der Bilder aus den Kirchen, die vor allem im besonders rational ausgerichteten und ‚modernen' Calvinismus stattgefunden hat. Die Bilderstürme sind Medienpolitik. Der Glaube und seine Ausübung sollen entsinnlicht und intellektualisiert werden.

Vor diesem Hintergrund könnte man – und man hat es auch getan (etwa Horst Wenzel in seinen Arbeiten) – die Epoche vor Gutenberg und Luther als relativ multimedial betrachten, natürlich nicht pauschal, aber doch im Grundmodell. Das ist eine Sicht, die ein wenig romantisch anmutet, und in der Tat herrscht bereits in der Romantik eine solche Vorstellung.

Im Mittelalter ist die Kirche nach dieser These eine multimediale Institution: Sie bietet Musik (im Gottesdienst), Farben und Licht (die Kirchenfenster), Gerüche (der Weihrauch in der Liturgie), darüber hinaus aber: die Raumerfahrung (etwa in einem gotischen Dom) und nicht zuletzt die Körperbewegungen und Körpererfahrungen im Verlauf der Liturgie: Knien, Verbeugen, Kreuzzeichen, Stehen, Prozessionen, die haptische Erfahrung des Weihwassers und so weiter. Nicht zu vergessen und von zentraler Bedeutung: Die schmeckende Aneignung des Gottessohnes in der Kommunion. Ein ganzes Feuerwerk von Körpererfahrungen, eine multisensorielle Vermittlung von Sinn. Genau das meint McLuhan mit *acoustic space.*

Trifft es nun zu, dass wir mit dem Eintritt ins Multimedia-Zeitalter gar nichts prinzipiell Neues erleben, dass es eigentlich nur um die Wiedergewinnung einer bzw. vieler Dimensionen geht, die das Mittelalter medial bereits geboten hatte? Und: Kann Multimedia-Rhetorik sich auf eine synthetisch-elektronische Restitution eines multimedialen Mittelalters kaprizieren? Die simple Variante dieses Problems lautet, wie angedeutet: „viel hilft viel": Eine naive Multimedia-Rhetorik, wie sie häufig praktiziert wird, versucht den *user* mit einem *overkill* von Farben, Animationen, *links* und Interaktionen zu ködern, ohne zu bedenken, dass genau dies unter dem Gesichtspunkt der Intentionalität (eines Grundzugs jeder Rhetorik) zuweilen äußerst kontraproduktiv werden kann. ‚Askese' müsste stattdessen ein Prinzip dieser Rhetorik sein: Der ostentative Verzicht auf sensuelle Mittel, die zur Verfügung stünden, ist unter Umständen das weitaus effektivere rhetorische Prinzip. (Bei Lessing war es in diesem Kontext um die ästhetische Disziplin, die der Maler zu beachten hatte, gegangen.)

Ausgehend von dem Dreischritt, den McLuhan als Geschichte der modernen akustischen Kultur ansetzt (von der akustischen über die typografische zu einer neuen akustischen Kultur), möchte ich nun abschließend die These formulieren, dass es bei multimedialer Rhetorik nicht einfach um eine elektronische Restituierung der alten, direkten, multisensoriellen Kultur gehen kann, sondern stattdessen um eine Synthese: eine Synthese aus akustischer und typografischer Kultur, ein Neben- und Miteinander von stummen, zu lesenden Texten (sei es auf Bildschirmen oder in traditionell gedruckten Büchern) einerseits und von *action*, Animation und *sound* andererseits. Für eine Multimedia-bezogene Rhetorik bedeutet das einerseits, dass sie, sofern sie sich mit geschriebenen Texten befasst, darauf einzustellen hat, dass Schreiben sich von einer Kulturtechnik hin zu einer Medienkompetenz entwickelt. Und es bedeutet andererseits, dass das Lessingsche Postulat von einer medienspezifischen ästhetisch-rhetorischen Disziplin (im Sinne von ‚Zurückhaltung') erhebliche Aktualität besitzt.

Ich schließe mit Thesen, die einerseits zusammenfassen, andererseits einige weitere, auch sehr praktische Perspektiven andeuten sollen.

V. Schlussthesen

1. Hypermedia und Hypertext nehmen – als Strukturprinzipien – dem Rezipienten Strukturierungsleistungen ab, die er in der Buchwelt einst selbst erbracht hat. Auch Texte, die – oberflächlich betrachtet – rein ‚linear' aussehen, also ‚normale' gedruckte Texte, besonders literarische und ganz besonders Gedichte, enthalten eine virtuelle Hypertext-Struktur: Ein Gewebe aus Querverbindungen, Vor- und Rückverweisen, Korrespondenzen, Kontrasten, Sinnmodifikationen, und auch *links*, die aus der Hauptsequenz herausverweisen: Anspielungen, Konnotationen usw. Alles natürlich viel vager als in einem robust programmierten Hypertext, aber auch viel offener, innovationsfreundlicher. Ein solches Gewebe, eine solche Hypertext-Struktur entsteht bei der Rezeption im Kopf des Lesers. Klickt man sich durch Hypertexte, vor allem durch deren größten, das Internet, stellt man nach nicht allzu langer Zeit im Kopf meist eine gewisse Leere fest. Könnte diese Leere nicht auch daher rühren, dass dem Gehirn dabei genau die Strukturierungsleistung abgenommen wird (ja unterdrückt wird), die es bei einem scheinbar ‚linearen' Text selbst erbringen muss? Die Konsequenz für Multimedia-Rhetorik könnte darin liegen, ein sinnvolles, nicht einseitiges Verhältnis von impliziter und expliziter Hyperstruktur anzustreben.

2. Die Kehrseite des Hypertext-Prinzips ist die Zerstreuung: Das Medienarrangement gegenwärtiger Multimedia-Anlagen ist extrem zentrifugal. Multimedia-Rhetorik hat es mit Hypertexten und Hypermedia-Gebilden zu

tun. Diese wirken schon allein durch die technische Kombination verschiedener Medien - und im Gefolge davon durch das Ansprechen verschiedener Sinneskanäle und durch die Individualisierung und Fragmentierung der Rezeption - zentrifugal.

Mit der Zentrifugalität ist eines der zentralen Probleme der neuen Medien überhaupt angesprochen: Die Kombination verschiedener Komunikationsmodi und -kanäle wirkt bereits auf der technischen Ebene und vollends in den kommunikativen Prozessen selbst zunächst einmal zentrifugal. Die Gefahr, sich im Überangebot der Sinneseindrücke zu verlieren, ist groß und in verschiedenen evaluierenden Studien auch nachgewiesen worden. Für die Konzeption multimedialer Ensembles bedeutet es in der Konsequenz eine besondere Herausforderung, dieser Zentrifugalität entgegenzuarbeiten, denn in der Regel verfolgt das Produkt ein festes Ziel: Information, Training, Angebot - eine genuin rhetorische Konstellation also. Die inhärente Zentrifugalität steht diesem Ziel zumindest latent entgegen und muss aufgefangen werden: Durch ein besonderes Design, durch geeignete Orientierungs- und Navigationshilfen oder auch - darauf möchte ich einen besonderen Akzent legen - durch Techniken, die uralt sind: durch Geschichten, Mythen, Erzählungen. Seit je sind Geschichten ein probates Mittel, disparaten Inhalten Kohärenz zu verleihen - seien es die Aspekte ritterlicher Ethik im höfischen Roman des Mittelalters, seien es die Theoreme frühneuzeitlicher Staatslehre im utopischen Roman der Frühen Neuzeit. ‚Narrative Integration' - so könnte man das entsprechende Prinzip nennen.

3. Wie das Beispiel von Christian Morgensterns zwei Trichtern gezeigt hat, muss Multimedia-Rhetorik mit einer extremen Medienkonkurrenz rechnen, welche das Schreiben und das Lesen als Kulturtechniken transformiert in Medienkompetenzen. Zugleich muss Multimedia-Rhetorik mit unterschiedlichen Zeichenlogiken für die verschiedenen Medien rechnen. Die amerikanische Philosophin und Cassirer-Schülerin Susanne K. Langer hat in diesem Zusammenhang - und ganz ähnlich wie Lessing - von ‚präsentativer' und ‚diskursiver' Symbolik gesprochen.

4. Die Emblematik als historisches Paradigma hat gezeigt, dass das Prinzip der Kooperation zwischen den Medien eines Multimedia-Ensembles stärker reflektiert werden müsste. Gegenseitiges Hinweisen, systematische Entfaltung von dialogischen Strukturen, ein reflektiertes Verhältnis von impliziten und expliziten Komponenten gehören zu den sich hieraus ergebenden Postulaten einer Multimedia-Rhetorik.

5. Aus Lessings Analyse der Malerei kann man lernen, dass das unreflektiert-universelle Prinzip der Alltagsrhetorik der multimedialen Welt, nämlich das Prinzip: „viel hilft viel" durchaus kontraproduktiv und damit unrhetorisch ist. Stattdessen haben Prägnanz und Askese oder - in den Kategorien der Rhetorikgeschichte gesprochen: Momente der lipsianischen Rhetorik - eine besonders wichtige Funktion. Gerade hier liegt ein wichtiger Impuls für echte Interaktivität. Anders gesagt: Von Lessing kann man lernen: Ästheti-

sche Disziplin – genauer: rhetorische Askese, die sich aus der Eigenlogik visueller Zeichen ergibt, ist ein zentrales Postulat der Multimedia-Rhetorik.

6. Eine prinzipiell neue Qualität der Multimedia-Rhetorik liegt in den programmtechnisch realisierbaren Möglichkeiten gestischer, performativer Ereignisse. Hierbei sind verstärkende *und* dekonstruktive Prozesse denkbar.

7. In diesem Beitrag nur am Rande angesprochen, in der Multimedia-Praxis jedoch vielfach realisiert, ist das Prinzip der Emotionalisierung – ein uraltes Thema der Rhetorik. Im Multimedia-Kontext, also durch die vielen Möglichkeiten der Integration von Geräusch, Musik – *sound* jeder Art – gibt es die Chance und durchaus verbreitete Praxis, durch Emotionalisierung die Suggestivität zu erhöhen.

Joachim Knape

Katastrophenrhetorik und Strukturdeterminiertheit der Medien. Der Fall des 11. September 2001

Meine Damen und Herren,
in meinem Vortrag geht es nicht um jene furchtbaren und schrecklichen Realitäten, die der Begriff „Katastrophe" signalisiert. Es geht vielmehr um Kommunikation mit Texten, in denen das Thema Katastrophe verhandelt wird. Ich bitte Sie ausdrücklich darum, meine möglichst distanziert gehaltenen Ausführungen nicht als Rohheit angesichts schrecklicher Dinge zu betrachten. Es geht nicht um die schreckliche Welt, sondern um Bild- und Sprachtexte, die mit ihr in Verbindung gebracht werden können und meistens auch sollen. [1]

Die Erzeugung virtueller Realität per Kommunikation

Damit bin ich bereits beim ersten Hauptthema meines Vortrags: dem Problem der Erzeugung virtueller Realität per Kommunikation. Für uns Menschen ist es charakteristisch, dass wir Informationen mittels künstlicher Zeichen über weite Distanzen austauschen können. So kann z.B. ein aus Bildzeichen bestehendes Foto Information über die Zeitdistanz von mehr als hundert Jahren hinweg und den Ozean, der zwischen uns und Vietnam liegt, übermitteln (Abb. 1).

Zeichenkodes und Medien sind künstlich geschaffen worden, um eines zu erreichen: Dimission, Senden über Distanz, d.h. die Überwindung von Zeit und Raum bei der Informationsvermittlung, das Überwinden der Bindung an die primäre körperliche Situation. Wir sehen auf Abbildung 1 ein Artefakt, ein Bild, etwas Künstliches, Bildzeichen, aus denen ein Bildtext konstruiert ist. Wir sehen nicht die natürliche Welt. Was damals oder was am 11. September 2001 in New York geschehen ist, halten Bilder präsent, doch es sind nur Bilder. Auch wenn uns gerade diese unheimliche Präsenz im Sinne einer *media fallacy*, eines Medien-Trugschlusses, Realität suggeriert. Was stellt diese Fototextur der Abbildung 1 (im Sinne des erweiterten Textbegriffs) dar? Nun, eine genau inszenierte Jagdszene, genauer gesagt, das Ende einer Jagd in einer Welt, die zweidimensional ist, offensichtlich nur zwei Grundfarben kennt: schwarz und weiß, und die stumm ist. Es ist eine virtuelle Welt. Im realen Vietnam gab es damals natürlich Farben, es war laut und es roch.

---

[1] Vortrag gehalten in der Reihe „Willkommen im 21. Jahrhundert" des Staatstheaters Stuttgart am 25.11.2001. Ich danke Katie Böhme für ihre Hilfe.

Es gibt Tausende Bilder von Tiger- oder Saujagden, die diesem kompositorisch ähneln, nur dass man Tigern und Säuen nicht gleich die Köpfe abschneidet. Aber den Fuß darf man offenbar - wie hier - auf menschliches „Wild" setzen.

Abb. 1

Wir wissen, dass es eine historische Referenz für dieses Foto gibt. Es sind französische Herren vom Ende des 19. Jahrhunderts, die auf ihrer erfolgreichen „Jagd" vietnamesische aufständische Bauern erlegt haben, die nicht begreifen wollten, dass die Europäer damals den Rest der Welt zu ihrem Jagdrevier erklärt hatten. Zu Hause in Paris hat das Foto bei den Ehefrauen und Kindern gewiss Eindruck gemacht: der Papa im Jagdglück. Die Konstruktion dieser Wirklichkeitssicht im Foto ist eindeutig, aber natürlich steht es heutigen Vietnamesen frei zu fragen, wieso ihre Vorfahren eigentlich die Rolle des Jagdwilds zu spielen hatten.

Damit sind wir bei einer elementaren Tatsache: Der Kommunikator, der einen Text - hier einen Bildtext - konstruiert, egal mit welcher Technik, bietet eine Wirklichkeitskonstruktion gemäß seiner Interessenlage an. Wir als Rezipienten verarbeiten bei der Interpretation der Textur das Informationsangebot nach unseren Möglichkeiten und gemäß unserer eigenen Interessenlage. Jemand konstruiert und dimittiert Texturen; jemand interpretiert.

Zur Rhetorik: Die rhetorische Betrachtungsweise wendet sich der Seite der Konstruktion, genauer: der strategisch bewussten und gezielten Textkonstruktion eines Kommunikators oder einer Instanz zu, die wir Kommunikator oder gar Orator, also strategischen Kommunikator, nennen.[2] Ich komme darauf zurück.

---

[2] Knape, Joachim: Was ist Rhetorik? Stuttgart 2000, S. 33 ff. (= Reclams Universal-Bibliothek Nr. 18044).

Was sehen wir auf der 2. Abbildung? Wir sehen diesmal keine streng komponierte, gestellte Jagdszene, sondern ein Streubild, einfach hingemähte Leichen. Im Hintergrund Soldaten, die sich vielleicht gerade von ihrer Tätigkeit des Tötens ausruhen. Das Ergebnis des Schlachtens von Menschen wird hier ohne Pathos, statisch, vor Augen geführt, auch die Töter sehen wir ohne jede Erregung, lässig am Rande des Bildes. Ein Schnappschuss, wieder aus Vietnam, diesmal aus den 1960er Jahren.

Abb. 2

Pathosformeln

Ganz anders ist es, wenn die Bildzeichen keine abgeschlossene Handlung, sondern eine Handlung im Vollzug zeigen, insbesondere, wenn es sich um affektbesetzte Handlungen handelt, z.B. den Vollzug einer Tötung, wie sie auf einem berühmten Foto aus dem Jahre 1968 (Abb. 3) Nguyen Loan, der Polizeipräsident von Saigon, auf der Straße an einem vorbeigehenden Verdächtigen vornimmt.

Abb. 3

Wir können den auf dem Zeigen affektiver oder affektbesetzter Handlungen beruhenden Konstruktions-Kern von Fotos, wie sie die Abbildungen 4 bis 6 zeigen, mit Aby Warburg „Pathosformeln" nennen.[3] Sie rufen einen Kode ab, bei dem ein psychologischer Stimulus-Response-Mechanismus ins Spiel kommt. Das haben antike Theoretiker schon erkannt. Aristoteles etwa wusste in seiner ‚Poetik', dass bestimmte, in der Tragödie vorgezeigte Handlungen beim Rezipienten Jammer bzw. innere Rührung und Schauder bzw. Schrecken hervorbringen (*éleos* und *phóbos*) und dass der Körper davon geschüttelt wird, darauf mit einer direkten Ergriffenheit physisch in Form von Entleerung und Reinigung reagiert (*kátharsis*), um dann wieder zur Ruhe zu finden.[4] Lessing füllt diese Begriffe im 18. Jahrhundert christlich und spricht von Furcht und Mitleid. Die Reinigung beruht dann, so Lessing wörtlich, „in nichts anders" als „in der Verwandlung der Leidenschaften in tugendhafte Fertigkeiten."[5] Diese Wirkung der Leidenschaft (*páthos*) auf unser moralisches Bewusstsein, so möchte ich betonen, gilt bei Pathosformeln generell, nicht nur auf dem Theater.

---

3 A. Warburg: Sandro Boticellis „Geburt der Venus" und „Frühling". In: A. Warburg: Die Erneuerung der heidnischen Antike. Repr. Berlin 1998, S. 1-59 (= Gesammelte Schriften, 1. Abt., Bd. I.1) und A. Warburg: Der Bilderatlas Mnemosyne. Hg. v. M. Warnke unter Mitarbeit v. C. Brink. Berlin 2000, S. 3-6 (= Gesammelte Schriften, 2. Abt., Bd. II.1).

4 Aristoteles: Poetik. Griechisch/Deutsch. Übers. u. hg. v. M. Fuhrmann. Stuttgart 1991, 1449 b 25–30.

5 Lessing: Hamburgische Dramaturgie, 78. Stück.

Abb. 4

Abb. 5

Abb. 6

Fassen wir an dieser Stelle einige der hier und im Folgenden interessierenden, elementaren Kommunikationstatsachen zusammen:

1. Jede Kommunikation arbeitet künstlich, bringt mittels Zeichen einen Text hervor, der eine eigene künstliche Wirklichkeit, eine virtuelle Realität, konstruiert, auch wenn Außenweltreferenz vorliegen sollte.[6]
2. Immer gibt es einen konstruierenden Kommunikator - einen Einzelnen oder eine Produktionsgruppe -, der etwas Bestimmtes kommunizieren will. Das ist der rhetorische Ansatz.
3. Medien und Kodes unterliegen Strukturdeterminiertheiten (z.B. sprechen Fotos oder Zeitungen nicht; das Fernsehen riecht nicht). Dies stellt für jeden Kommunikator einen Widerstandsfaktor bei seinen Konstruktionen dar, weil immer bestimmte Konstruktionsmöglichkeiten ausgeschlossen sind. Immer geht bei der Fakten-Kommunikation Primärinformation verloren.
4. Rezipienten interpretieren Texte nach ihren eigenen Interessen und Möglichkeiten. Der rhetorisch arbeitende Kommunikator muss daher solche Textstrategien entwickeln oder seine Texte so determinieren, dass die Rezipienten sein Angebot von Wirklichkeitskonstruktion akzeptieren, sich darauf einlassen und sich im Medienwettbewerb dann möglichst nur an ihn binden.

---

6 Wenn wir unserem ersten Foto sprachlich die Begriffe Töten oder Rangelei, Schlachten oder Rauferei, Krieg, Jagderlebnis, Kampf, Wettbewerb oder gerechte Polizeiaktion zuordnen, so konstruieren wir bereits mit jedem einzelnen Wort eine bestimmte Realität durch die Wahl unserer Worte. Mit allen anderen Zeichenarten, z.B. Bildzeichen, tun wir das auch.

Schwierigkeiten der Fakten-Kommunikation

Nicht erst in den modernen Mediengesellschaften bereiten diese Elementartatsachen allen Beteiligten große Schwierigkeiten, wenn es um Fakten-Kommunikation geht. Was ist damit gemeint? Meine oben ausgeführte Konstruktionsthese akzeptiert man sofort, wenn es um Fiktion, um Dichtung, Lüge oder reines Spiel geht. Nicht jedoch ohne weiteres bei Faktizität, in Chroniken, Dokumenten, Zeugenberichten, deren Rezeption von einer Widerspiegelungshypothese gesteuert wird: Diese Art Texturen, sagt man, vermitteln die extramedialen, wirklichen Tatsachen der Welt. Sie sind kommunikativ sensibel, weil sie Reaktionen hervorrufen, die möglicherweise von großem gesellschaftlichem Stellenwert sein können, indem sie z.B. Kriegshandlungen auslösen oder akzeptabel machen.

Zeichentheoretisch gesehen gibt es aber keinen Unterschied zwischen Fiktionalität und Faktizität. Die von Hollywood erzeugten Katastrophen, die Sie auf den Abbildungen 7 bis 9 sehen können, sind von nicht-fingierten, so genannten authentischen Fotos nicht zu unterscheiden. Jede Bildrealität ist eben nur eine Bildrealität und bleibt in der Kommunikation künstliche Bildrealität.[7]

Abb. 7

Abb. 8

Kommunikative Authentizität gibt es nur dort, wo man sich küssen und schlagen kann. Insofern ist das Theater, das Stuttgarter Staatstheater etwa, in dem ich gerade spreche – für manchen vielleicht paradox –, ein urauthentischer Ort der Kommunikation.

Ob Zeichen auf ein Faktum außerhalb ihrer selbst verweisen, mithin keine fiktive Konstruktion sind, sondern eine medienspezifische Re-Konstruktion von externen Fakten, wie wir unterscheidend sagen können, bedarf pragmatischer Zusatzinformationen. Wir müssen etwa aus irgendwelchen Quellen

---

7 Vgl. hierzu auch: G. Seeßlen, M. Metz: Krieg der Bilder – Bilder des Krieges. Abhandlung über die Katastrophe und die mediale Wirklichkeit. Berlin [1]2002, S. 25–29; K. von Hammerstein, F. Hornig: Die Echtzeit-Katastrophe. In: Der Spiegel 38/2001 (15.09.2001), S. 126 f.; V. Hage, M. Wolf: Die Bilder in uns: Wie die Schreckensvisionen amerikanischer Filme und Romane unser kollektives Unterbewusstsein prägen – und wie sie von der Wirklichkeit überholt wurden. In: kultur SPIEGEL Heft 10/Oktober 2001, S. 14-17.

wissen und dann glauben, dass der Sender CNN normalerweise keine Hollywood-Fakes, sondern referenzgeprüfte Bilder sendet. Die Außen-Realitäts-Vermutung braucht also stets eine Beglaubigungsstütze.[8]

Abb. 9

Ich sprach vom Problem, das auch die sendenden Kommunikatoren mit der medialen Rekonstruktion in modernen Krisen und Kriegen haben.[9] Der Journalist Ulrich Kienzle hat die Hauptwiderstände bei Medialisierungsbemühungen im November 2001 in einem Interview mit Sandra Maischberger angesprochen. Dabei ging es um folgende Problemlagen:

1. Es ist schwierig, in Krisen überhaupt Sprach- oder Bildtexte für eine mediale Rekonstruktion zu bekommen, weil man etwa von Militär-Quellen abhängt.
2. Bildmaterial muss kontrolliert eingesetzt werden, denn unkontrollierte Botschaften können als unliebsame rhetorische Waffe wirken.
3. Bestimmte Sender werden zu Monopolisten der medialen Wirklichkeits-Rekonstruktion im „globalen Dorf"[10] der neuen Medienwelt.
4. Das Fernsehen bekommt Schwierigkeiten mit seiner Hierarchie kommunikativer Modi, die man in der Sprache der klassischen Rhetorik in absteigender Reihe wie folgt nennen kann: 1. *evidentia*, 2. *narratio*, 3. *argumentatio*. Auf gut Deutsch: Obenan steht Showing, also das Zeigen lebender Bilder als das signifikanteste Strukturmoment des Mediums Fernsehen. Dann erst kommt das Telling, das Erzählen von Geschichten durch Zeugen. Am Ende steht das Talking, also das Besprechen oder Ersatzbequasseln von Fakten, die man nicht oder zu wenig zeigen kann.

---

[8] Zu „Realitätsproblemen" vgl. J. Knape: Fiktionalität und Faktizität als Erkenntnisproblem am Beispiel spätmittelalterlicher Reiseerzählungen. In: H. Krapp; T. Wägenbaur (Hg.): Künstliche Paradiese, virtuelle Realitäten: Künstliche Räume in Literatur-, Sozial- und Naturwissenschaften. München 1997, S. 47-62, hier S. 52 ff.

[9] Dazu die Beiträge in M. Löffelholz (Hg.): Krieg als Medienereignis. Grundlagen und Perspektiven der Krisenkommunikation. Opladen 1993.

[10] M. McLuhan, B. R. Powers: The Global Village. Der Weg der Mediengesellschaft in das 21. Jahrhundert. Paderborn 1995 (engl. The Global Village. Transformations in World Life and Media in the 21st Century. Oxford 1989).

5. Das Nachrichten-Fernsehen kann die Grenze zwischen fiktionaler Konstruktion und faktizistischer Rekonstruktion nicht sauber einhalten (Kienzle verweist hier auf die Berichterstattung im Golfkrieg von 1991, die sich nachträglich als Fake herausstellte) und verstößt damit ungewollt gegen die sogenannte journalistische Trennungsnorm, also Nachricht versus Meinung oder gar Fiktion.

Exkurs: Vom Reisen zu Wasser und in der Luft

Meine Damen und Herren,
am Vormittag des 11. September 2001 war die deutsche Welt noch in Ordnung. Die Presse war gerade damit beschäftigt, aus den Eskapaden eines verliebten Ministers eine Regierungskrise zu basteln, weil das Spätsommerloch sonst wenig an politischer Neuigkeit bot (vgl. Abb. 10). Solange der Minister im Pool planschte, ging es noch. Als man ihm dann vorwarf, zu viel umsonst zu fliegen, reagierten viele empfindlich. Seit Jahren ein beliebtes Thema. Man fragt sich, warum.

AUSGABE KONSTANZ

SÜDKURIER

E 6574

KLEINANZEIGEN ABOSERVICE KOSTENLOSE TELEFONNUMMER 0800 - 880 8000

DIENSTAG, 11. SEPTEMBER 2001 — UNABHÄNGIGE TAGESZEITUNG IN BADEN-WÜRTTEMBERG — NR. 210 · 57. JAHR

AUS DEM INHALT

Gorillas in Gefahr

In zunehmendem Maß werden Gorillas und Schimpansen für den menschlichen Verzehr getötet. Grund ist die zunehmende Landnahme der Holzfirmen. DRITTE SEITE

Sieg für Lukaschenko

Der amtierende Staatschef Alexander Lukaschenko hat die Präsidentenwahlen in Weißrussland mit großem Vorsprung gewonnen. Die Opposition spricht hingegen von einem Wahlbetrug. KOMMENTAR UND SEITE 4

T-Aktie auf Talfahrt

DM 28,50

Ein Bild aus besseren Zeiten: Als die Telekom 1996 an die Börse ging, versprühte Telekom-Chef Ron Sommer Optimismus. Gestern rutschte die T-Aktie unter den Ausgabepreis. WIRTSCHAFT, SEITE 7

Scharping legt Flugliste vor

Union fordert weitere Aufklärung und beharrt auf Rücktritt des Verteidigungsministers

Berlin (Reuters) Die CDU/CSU-Opposition hält auch nach der Vorlage einer Liste angeblich aller Dienstflüge von Verteidigungsminister Rudolf Scharping (SPD) an ihrer Forderung nach Entlassung des Ministers fest. Zuvor war Scharping im Verteidigungsausschuss des Bundestages zu den umstrittenen Flügen befragt worden. SPD-Fraktionschef Peter Struck sagte dagegen: „Die Vorwürfe der Opposition sind in sich zusammengebrochen."

Scharping hatte im Ausschuss eine Liste mit insgesamt 349 Flügen vorgelegt, die nun vom Bundesrechnungshof geprüft werden soll. Der CDU-Wehrexperte Paul Breuer sagte, Scharping sei Antworten auf viele Fragen schuldig geblieben, etwa warum er für eine Nacht zu seiner Freundin Kristina Gräfin Pilati nach Mallorca geflogen sei. Scharping und SPD-Vertreter erklärten die Affäre dagegen für beendet. Bundeskanzler Schröder (SPD) sprach Scharping nochmals sein Vertrauen aus.

Der Verteidigungsausschuss befasste sich erstmals in einer fast sechsstündigen Debatte mit den Flügen des Ministers. Scharping sagte anschließend, er habe den Parlamentariern alle Auskünfte gegeben, um die er gebeten worden sei. Noch nie habe ein Minister einer Bundesregierung eine derart detaillierte Liste seiner Flüge zur Verfügung gestellt. Auch künftig werde er alle Fragen beantworten: „Da ist überhaupt nichts zu verbergen, nichts zu verheimlichen und auch nichts zu fingieren, wie mir manche Leute unterstellt haben."

Auf der rund 70 Seiten langen Liste sind die Flugdaten, der Zielort, die Passagiere und Bemerkungen zu den einzelnen Terminen verzeichnet. Die Opposition wirft Scharping vor, teils dienstliche Anlässe nur vorgeschoben zu haben, um vor allem in Frankfurt seine Freundin auf Staatskosten treffen zu können. Der Liste liegen auch ärztliche Atteste sowie Dankschreiben von Unternehmern bei, die Scharping in Frankfurt getroffen hatte. Scharping sagte, aus der Liste sei zu ersehen, dass er von Beginn seiner Amtszeit an im Oktober 1998 Flüge auch privat bezahlt habe, die rein privater Natur gewesen seien.

Der Ausschuss-Vorsitzende Helmut Wieczorek (SPD) sagte, die Liste werde dem Bundesrechnungshof zur Prüfung übergeben. Scharping sei nicht an einer einzigen Stelle von den Regeln für die Nutzung der Flugbereitschaft abgewichen. Die Grünen-Verteidigungsexpertin Angelika Beer sagte, Scharping habe mit der Vorlage der Flugliste die Forderungen ihrer Fraktion erfüllt. SPD-Fraktionschef Struck sagte: „Die Vorwürfe sind in sich zusammengebrochen." Die Opposition müsse sich nun für die Verleumdungen und „unflätigen Angriffe" entschuldigen.

Die Opposition zeigte sich dagegen unzufrieden mit den Ausführungen Scharpings und forderte weitere Aufklärung. Breuer sagte, für den Mallorca-Flug zum Beispiel habe der Minister keine Begründung geben können. Von einem möglichen Antrag auf Einsetzung eines Untersuchungsausschusses war allerdings keine Rede mehr. Der Ausschuss vertagte sich auf Dienstagmorgen. Dann soll auch zur Sprache kommen, ob Scharping Soldaten gefährdet hatte, als er bei einer Pressekonferenz in Skopje den Grenzübergang genannt hatte, den die bisher im Kosovo stationierten deutschen Soldaten nach Mazedonien überqueren wollten.

■ Leitartikel und Dritte Seite

Eine Liste mit 349 Flügen präsentierte Verteidigungsminister Rudolf Scharping dem Bundestagsausschuss. Bild: dpa

DER KOMMENTAR

Populärer Despot

Der viel gescholtene Alexander Lukaschenko hat seine Gegner überrascht. Einen so klaren Wahlsieg hat dem autoritären Staatschef bei den Präsidentenwahlen in Weißrussland niemand zugetraut. Im Westen hält sich die Freude über das Ergebnis in engen Grenzen. Doch die Botschaft aus Minsk ist klar: Europa wird in den nächsten fünf Jahren mit dem Schattenmann Lukaschenko leben müssen.

Sicher ist Lukaschenko ein Despot. Doch leider scheint sich zu bestätigen, was er nach seiner Amtsbestätigung sagte: Der Westen hat eine falsche Vorstellung von der Situation in Weißrussland. Lukaschenko wird von einem Großteil der Bevölkerung unterstützt. Vielleicht hätte er bei wirklich demokratischen Wahlen keine 75 Prozent der Wählerstimmen bekommen, allemal aber über 50. Erst diese Popularität macht den früheren KGB-Offizier für den Westen wirklich gefährlich. Die weißrussische Opposition ist weitgehend eine Attrappe. Ihr Kandidat kam nur auf 15 Prozent.

Die Kritik der internationalen Beobachter an der Legitimität der weißrussischen Präsidentenwahlen ist begründet. Dennoch wird sie wohl wirkungslos bleiben. Dafür war das Ergebnis zu eindeutig und die demokratischen Ungereimtheiten nicht offensichtlich genug.

ALEXEJ DUBATOW, MOSKAU

Flausen

Der FDP-Landesvorsitzende Walter Döring hat seine Partei in eine Zerreißprobe geschickt, deren Sinn niemand so recht versteht.

Döring mag Recht haben mit der Annahme, jemand, der mit Minister-Bonus als Nummer eins Bundestagswahlkampf mache, hole für die FDP mehr Stimmen als Birgit Homburger, die über ihren Konstanzer Wahlkreis hinaus noch kaum bekannt ist. Vermutlich geht es aber um mehr. Warum soll einer jungen, ehrgeizigen Frau nicht eine Chance gegeben werden? Wahrscheinlich gerade, weil sie jung und ehrgeizig ist. Schon möglich, dass Döring befürchtet, das politische Ta…

NIEDERSACHSEN

CDU sieht sich

Schily optimistisch

Trotz Unions-Nein zu Zuwanderungsgesetz

LIBERALE

Landesvorsitzender

Abb. 10

Offensichtlich hat das Fliegen für uns Westler einen besonderen Symbolgehalt, weil sich in ihm die endgültige Überwindung unserer natürlichen Schranken ausdrückt. Nicht nur die Welt, auch die Physik gehört uns. Im Fliegen kommt das die westliche Kultur antreibende Motto „immer besser, weiter, schneller, höher" auf den Erlebnispunkt. Alle fliegen und alle können fliegen, wohin sie wollen.

Da haben es die meisten Asiaten, die wir schon von unserer Jagdszene her kennen, schwerer. Die Mehrheit kann weder fliegen, noch darf sie überall hin fliegen. Achtzig Prozent von ihnen, heißt es, haben noch nie telefoniert. Das Abheben ist ihnen verwehrt. Wenn sie in den gelobten Westen, in die vom Union Jack überwehte Londoner City wollen, bleibt ihnen oft nur das wurmartige Kriechen durch die Kanaltunnelröhre oder eine gefährliche Meerfahrt, wie sie uns hier ironisch der SPECTATOR am 8. September 2001 - drei Tage vor der Katastrophe in New York - zeigt (vgl. Abb. 11). Oder wenn Afghanen auf einem maroden Schiff vor Australien ankommen, werden sie nach wochenlangem Warten auf dem Meer auf Südseeinseln abgeschoben, so jüngst geschehen.

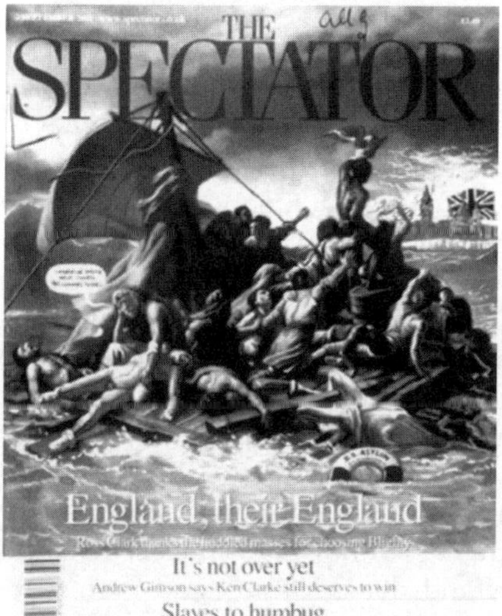

Abb. 11

Die nur uns Menschen möglichen Versuche, sich durch technische Überwindung unserer physikalischen Begrenzung neue Freiheit oder auch nur Lebensmöglichkeit zu erobern, sind zugleich der Ort vieler von uns am schlimmsten empfundener Katastrophen. Denn so wie wir bei der Überwindung von Raum und Zeit triumphale Erlebnisse haben, so empfinden wir das unglückliche Scheitern, insbesondere wenn es durch menschliches Versagen oder gar Bosheit bewirkt wird, als ganz besonders katastrophal.

Ein berühmtes Beispiel war im Jahre 1816 der Untergang der Medusa. Der unfähige, vom korrupten, nachnapoleonischen Bourbonenregime eingesetzte Fregattenkapitän Chaumareys sollte 365 Personen in die französische Afrika-Kolonie Senegal bringen, setzte jedoch das Hauptschiff Medusa auf Sand und veranlasste dann einen sinnlosen Floßbau, um rund 150 Menschen zu retten. Bis auf 15 Personen kamen jedoch alle um. Die melodramatischen Berichte der Überlebenden verursachten einen europäischen Skandal, weil man das allseits als ungeheure Katastrophe empfundene Desaster letztlich für das Ergebnis unfähiger Personalpolitik in der französischen Monarchie hielt. Der weit gefächerten medialen Verarbeitung des Ereignisses setzte der Maler Théodore Géricault 1818 mit seinem Monumentalgemälde von 5 mal 7 Metern ,Das Floß der Medusa' die Krone auf (vgl. Abb. 12). Er inszeniert den Moment, in dem die Überlebenden erstmals das Rettungsschiff am Horizont sehen, als Moment der Erhabenheit im Schrecken. Davon wird später noch ausführlicher die Rede sein.

Abb. 12

Die Struktur- und Systemdeterminiertheit von Medien

Ich habe schon eine Reihe von kommunikations-, medien-, kode-, zeichen- und rhetoriktheoretischen Aspekten angerissen. Betrachten wir den 11. September 2001 näher. Plötzlich auftretende Katastrophen bringen für die moderne Medienwelt spezielle Probleme mit sich. Bestimmte Fragen stellen sich jetzt in aller Schärfe: Was können die Kommunikatoren angesichts der Katastrophe überhaupt kommunizieren, was wollen sie kommunizieren? Wer ist eigentlich der Kommunikator? Wir stehen bei diesen Fragen vor einer unübersichtlichen Gemengelage. Die Rhetorik denkt natürlich vom einzelmenschlichen Kommunikator her. Doch in den modernen Medienapparaturen ist der Humankommunikator nur schwer als Einzelner zu identifizieren.

Der handlungsmächtige, einzelmenschliche Orator hat es aus seiner Perspektive mit dem übermächtigen Widerstand der Struktur- und Systemdeterminiertheit von Medien und Mediensystemen zu tun. Diese Determiniertheiten zwingen zur medial-textlichen Integration der Katastrophe in die Struktur und es besteht die Gefahr, dass der Kommunikator nur Operator einer Struktur ist.

Drei Hauptfaktoren sind bei solcher Katastrophenkommunikation von Bedeutung:

1. das unerwartete externe Ereignis,
2. die System- und Strukturzwänge der Medien und
3. der Kommunikator, der mit den beiden anderen Faktoren irgendwie professionell fertig werden muss.

Es zeigt sich, dass die Hauptleistung der Kommunikatoren bei einem so exzeptionellen Ereignis wie der New York-Katastrophe vom 11. September darin bestand, dieses ungewöhnlich Katastrophale in die spezifischen Medienstrukturen zu integrieren.[11] Zu den System- und Strukturdeterminiertheiten unserer Massenmedien gehören zwei Dinge, die im Moment der Katastrophe problematisch werden. Erstens: Massenmedien können nicht nicht kommunizieren, und zweitens: Massenmedien stehen in einem Konkurrenzkampf. Auch die Verarbeitung einer Katastrophe hat diese Determinanten zu berücksichtigen.

Valenzerzeugung durch mediale Verarbeitungsstrategien im Fall des 11. September

Wenn wir uns fragen, wie die medialen Integrationsstrategien aussahen, sind wir bei einem weiteren Hauptthema angelangt: der Erzeugung von Wertigkeit durch mediale Verarbeitungsstrategien. Betrachten wir das Nachrichten-Fernsehen, dann die Presse sowie den Fernseh-Unterhaltungssektor.

1. Nachrichtenfernsehen

Am Tag der Katastrophe und auch am Folgetag, also am 11. und 12. September 2001, versuchten die auf Nachrichten eingestellten Fernsehsender eine Bewältigung der Ereignisse auf dreierlei Weise: Dokumentation der Fakten in Form von „Chroniken der Ereignisse", sodann Ausdruck von Betroffenheit und schließlich Analyse der Ereignisse. Der Einzigartigkeit des Ereignisses gemäß berichtete man monothematisch rund um die Uhr. Doch dies wurde für alle zur Qual, denn die Hauptbedingung, das Vorhandensein von ausreichendem dokumentarischem Material, war nicht erfüllt. So wurden die paar Videos vom Einschlag der Flugzeuge und dem Einsturz des World Trade Centers meist in einer Art Endlosschleife gesendet.[12]

In der physikalischen Außenwelt kann ein Gebäude nur einmal zusammenbrechen. In der Welt der Kommunikation jedoch tagelang, tausende Mal, auf allen Kanälen. Die optische Endlosschleife führt zu einer Einsturzwoge, einer Konstruktion, mit großer rhetorischer Wirkung.

Showing und Telling waren am 12. und 13. September 2001 nicht im wünschenswerten Umfang einzulösen. So war man auf die für das Fernsehen zweitschlechteste Lösung angewiesen: das „Besprechen" bei magerer Datenlage, Talking als Lückenbüßer. Die, medial gesehen, schlechteste Lösung, das „Schweigen", ist heute aufgrund der Determiniertheiten von Massenmedien

---

[11] Vgl. hierzu auch: M. Emmer u.a.: Der 11. September – Informationsverbreitung, Medienwahl, Anschlusskommunikation. In: Media Perspektiven 4 (2002), S. 166-177.

[12] Vgl. hierzu: J. B. Thompson.: Bilder als Komplizen. Im Kampf der Symbole haben Amateurvideos und Endlosschleifen den Terror sichtbar gemacht. In: Die Zeit Nr. 39 (20. September 2001), S. 66 f.

nicht ohne weiteres möglich. Oder doch? Vor dreißig, vierzig Jahren sendete man bei solchen Anlässen in der ARD durchaus nur Trauermusik zu einem Standbild oder spielte einfach ein Beethoven-Konzert ein. Das geht heute nicht mehr, weil auch wir in der entwickelten Demokratie immer an allem teilhaben wollen.

Und wieder war es die Stunde der Monopolisten wie CNN, deren interner Zensur alle Sender ausgeliefert waren:[13] So wurden nach amerikanischem Komment keine Leichenteile gezeigt, höchstens Feuerwehrmänner mit verhüllenden Plastiksäcken.[14] Der Informationsmangel hatte zur Folge, dass das Internet bis an die Grenze des Zusammenbruchs frequentiert wurde, wo man inzwischen auch ohne Zensur drastische Bilder der Toten abrufen kann. In diesem neuen Medium lässt sich offensichtlich eine andere, härtere Bildrealität konstruieren bzw. rekonstruieren.

In der journalistischen Aufarbeitung auch unserer Fernsehsender trat dagegen schon bald eine bemerkenswerte Stilisierung und Abhebung des Ereignisses als eines Ungeheuren hervor, die es menschlichem Mittelmaß entzieht und das Ergebnis bestimmter Ästhetisierungsstrategien war, die uns noch beschäftigen werden.

2. Presse

Auch bei der Presse können die von den journalistischen Kommunikatoren gefundenen Lösungen für die Bewältigung der Katastrophe unter den Stichwörtern „Dokumentation", „Betroffenheit" und „Analyse" subsumiert werden.

Am ungewöhnlichsten reagiert die Frankfurter Allgemeine Zeitung (Abb. 13). Ihr bleibt in diesem Moment die Sprache weg, sie wechselt vom Sprach- zum Bildkode und bringt zum ersten oder zweiten Mal in ihrer Geschichte halbseitig Fotos auf der Titelseite. Sprachlosigkeit nicht ganz, denn es gibt eine Headline, die den Tenor der meisten deutschen Titelschlagzeilen repräsentiert: „Krieg". An den folgenden Tagen kehrte die FAZ wieder zur üblichen Bleiwüste zurück. Die meisten Zeitungen integrieren das besondere Ereignis dennoch in ihre Standard-Struktur und vollziehen damit performativ eine schwächere Wertzuweisung, ungewollt (vgl. das Beispiel in Abb. 14). Dagegen ist die Wertzuweisung als Extreminformation beim ‚Koblenzer Stadt-Anzeiger' vom 19. September 2001 durch die völlig deviante, geschwärzte Titelseite eindeutig (Abb. 15). Manche Blätter wählen umstandslos die Betroffenheitsgeste und rufen den Schöpfer an (Abb. 16). Ja noch viel mehr, die Bildzeitung druckt ihr Titel-Logo tagelang mit unterlegter ameri-

---

13 Zur patriotistischen Kriegsberichterstattung in den USA vgl. J. Fleischhauer: Jeden Tag strammstehen? In: Der Spiegel Nr. 46/2001 (12.11.2001), S. 120 ff.

14 Vgl. hierzu auch: H. M. Kepplinger: Die Medien im Krieg. Journalistische Berichterstattung zu den Terroranschlägen vom 11. September. In: Forschung und Lehre 12/2001, S. 630-631.

kanischer Flagge (Abb. 17). Da bleiben andere Zeitungen mit der affektreichen Herzmetapher etwas zurückhaltender (Abb. 18).

Frankfurter Allgemeine

ZEITUNG FÜR DEUTSCHLAND

Angriff auf Amerika

World Trade Center zerstört / Großbrand im Verteidigungsministerium / Weißes Haus und Kapitol geräumt / Bush: Nationale Tragödie

Ins Herz

Von Klaus-Dieter Frankenberger

Abb. 13

Brisante Sparpläne

Kein Geld für BSE-Tests

Seite 9

STUTTGARTER NACHRICHTEN

Digitale Wunderwelt

Popmusik aus dem Wohnzimmer

Seite 17

Mittwoch, 12. September 2001

HEUTE

WIRTSCHAFT

Limousinen in Bestform

STUTTGART FLAIR

Richlings Frauen-Gipfel

SPORT

Im Rampenlicht

Terror-Katastrophe in Amerika

Entführte Flugzeuge bringen World Trade Center zum Einsturz – Anschlag auf Pentagon – Tausende Tote

Sechs Seiten Hintergrund

TAGESTHEMA

Krieg gegen Amerika

VON JÜRGEN OFFENBACH

Abb. 14

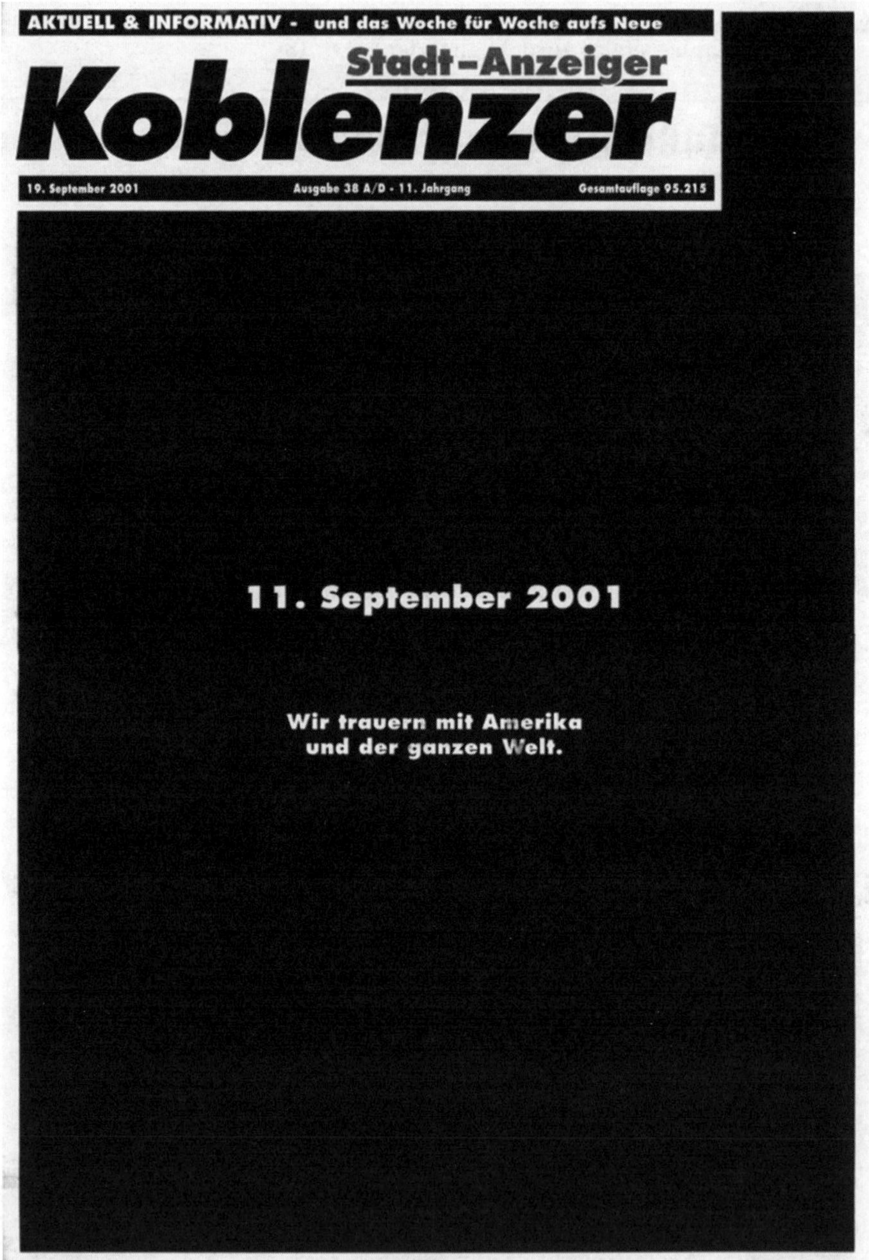

AKTUELL & INFORMATIV - und das Woche für Woche aufs Neue

Stadt-Anzeiger

Koblenzer

19. September 2001 Ausgabe 38 A/D - 11. Jahrgang Gesamtauflage 95.215

11. September 2001

Wir trauern mit Amerika
und der ganzen Welt.

Abb. 15

Tausende Tote in Amerika! 7 Sonder-Seiten
Die Welt in Angst! Gibt es Krieg?
Großer Gott, steh uns bei!
Bild
UNABHÄNGIG · ÜBERPARTEILICH
Kommentar

Abb. 16

Freitag, 14. September 2001, 80 Pf
Bild
UNABHÄNGIG · ÜBERPARTEILICH
www.bild.de

Abb. 17

Im Lokalteil: Das Horber Zollamt kommt nach Empfingen

SÜDWEST PRESSE

Gesamtauflage 365 000

NECKAR-CHRONIK

Nummer 211 / Mittwoch, 12. September 2001 — Heimatzeitung für Horb, Sulz, Freudenstadt und Umgebung — 152. Jahrgang / Einzelpreis 1.90 DM (€ 0,97) / E 5118 A

AUS DEM INHALT

BLICK IN DIE WELT
Die Moderatorin Nina Ruge hat heimlich geheiratet

WIRTSCHAFT
Chaos an den Aktienmärkten rund um den Globus

SÜDWESTUMSCHAU
Schilderwerbung fürs Alemannische: Rast am Verschnuufeckli

HORB
Geschenktipp: Ein Buch über die 50er Jahre in Horb

HORB
Naturkindergarten „Blätschkapp" sucht Standort

Heute mit MM Mittwoch Markt

KURZ UND BÜNDIG
Bundestag will absagen

TERROR / Die schrecklichsten Anschläge der Geschichte mit tausenden von Toten schockieren die Welt

Supermacht USA ins Herz getroffen

World Trade Center in New York eingestürzt – Pentagon in Washington zerstört – Flugzeuge entführt

Die schrecklichsten Terroranschläge der Geschichte haben die Supermacht USA getroffen und tausende von Menschenleben gekostet. Die unbekannten Selbstmordattentäter brachten das New Yorker World Trade Center zum Einsturz und griffen das Verteidigungsministerium in Washington an.

Manhattan in Flammen: Das New Yorker Finanzzentrum kurz nach dem Einsturz des World Trade Centers. FOTO: AP

Terror in den USA

Abb. 18

Betroffenheit hin, Betroffenheit her, auch die Presseleute kommen natürlich nicht gegen die medialen System- und Strukturdeterminiertheiten mit entsprechender Neigung zur Selbstbezüglichkeit an. Dazu gehört, dass Zeitungen Werbeträger sind und es sich nicht leisten können, wegen noch so bedeutender Katastrophen ihre Finanzinteressen zu vernachlässigen. Ja, man kann die Katastrophe gut für den Kommerz nutzen. Und so mag für jenen Leser, der die in einer Zeitungsausgabe versammelten Texte in ihrer Zusammenstellung ernst nimmt, der Effekt eintreten, dass sich die mediale Katastrophenwelt und die bunte, schöne Werbewelt wechselseitig performativ ironisch aufheben. Alles wird zum Spiel. Das Katastrophale, das Biedere und das Glänzende bilden einen medialen Verein. Was ist da noch ungeheuerlich?

Blättern wir die NEWSWEEK vom 24. September 2001 durch:

Abb. 19

Die Titelseite zeigt uns amerikanischen Patriotismus in der Not (Abb. 19); gleich danach auf Seite 1 versichert uns der Pharmakonzern Aventis, dass man sein Leben nach Herzenslust genießen kann (Abb. 20). Auf Seite 2 bieten sich die erdverhafteten Botendienste einer Spedition an, die sich nun bestens der unsicheren Luft auf der gegenüberliegenden Seite entgegensetzen können (Abb. 21). Ab Seite 4 die Bilder der Katastrophe; dann, auf den Seiten 18 und 19 sehen wir eine Frau nach dem Angriff, der Lacoste fatalistisch zuruft: „werde was du bist" (Abb. 22). Auf Seite 22 wird den im Dunkeln trauernden Frauen New Yorks ein fröhliches „Imagine" der Elektrizitätsfirma RWE entgegengestellt (Abb. 23), und auf Seite 37 hat Castelli für die beratenden Militärs gleich die richtigen Terminkalender parat (Abb. 24).

Abb. 20

After the Attack

SEPTEMBER 11, 2001

A Nation United By Kenneth Auchincloss 4

FIGHTING BACK

Bush: 'We're at War' By Evan Thomas and Mark Hosenball 28

Tech's Double-Edged Sword By Steven Levy 43

How to Strike Back By Michael Hirsh and John Barry 44

Training for Terror By Christopher Dickey 50

Tearing a Hole in the Skyline 53

The Mesmerizer By Rod Nordland and Jeffrey Bartholet 54

A President Finds His Voice By Howard Fineman 56

Grit, Guts and Rudy Giuliani By Jonathan Alter 60

THE FALLOUT

Economic Shockwaves By Robert J. Samuelson 70

Wall Street's Morality Play By Allan Sloan 73

A Peaceful Faith, a Fanatic Few By Kenneth L. Woodward 74

Patriotism vs. Ethnic Pride: An American Dilemma 79

The End of the End of History By Fareed Zakaria 80

COVER: *Photograph by Thomas E. Franklin – Bergen Record – AP*

Newsweek

NEWSWEEK SEPTEMBER 24, 2001 3

Abb. 21

said Jamie MacDonald, a Boston dock-worker, hugging the trunk of a flagpole at an "interfaith vigil of prayer and solidarity" outside Boston's city hall. In the face of the unspeakable carnage from last Tuesday's terror attack, Americans displayed a renewed spirit of togetherness. Amid all the shock and grief, there welled up an even louder chorus of determination, a pledge to stand together in a moment of crisis. National character is an elusive and suspect notion. But Americans—at most times carefree, pleasure-seeking and willfully independent—have a way of rallying in the face of tragedy. A Pearl Harbor, a Kennedy assassination, an Oklahoma City welds the nation together, not in numb paralysis but in fierce resolve. We are an undaunted people, and so we were last week.

Everywhere, in acts large and small, people rallied to help. Blood centers were overwhelmed by would-be donors, even though it sadly turned out that there was not that much demand for it in New York and Washington; in contrast to most disasters, here the injured were far outnumbered by the dead. E-mail networks sprang up in desperate efforts to find the missing. A round-robin message called on Americans everywhere to step outside and light a candle last Friday evening. Military-recruiting stations were jammed. At Atlanta's Hartsfield airport, Continental Airlines gate attendant Susan Golden looked out at thousands of passengers stranded when their flights were canceled,

Miniature flags were everywhere after the WTC collapsed. This vendor was giving one to everyone who bought a bandana.

18

Abb. 22

and was touched by their plight. She called her friends, asking them to bring vans to the airport and offer lodging to the weary strangers. She herself put up seven people in her Peachtree City home. "It was such a joy having these people here," she said. "It got us all so busy, taking care and being together. It's that kind of strength that America is all about."

A similar spirit of solidarity broke out abroad. All through Europe, bells tolled at noon on Friday for a three-minute period of silence. The soccer league postponed European Cup games scheduled for Wednesday and Thursday. The Automobile Show in Frankfurt was canceled. Top political leaders flocked to services of remembrance. In London, Prince Charles was the first to sign a book of condolence outside the American Embassy. Margaret Thatcher signed, too, adding, "Freedom, Justice and Democracy will prevail." Last week's attack was also the most deadly terrorist strike in *British* history: between 100 and 500 Britons are estimated to have died at the World Trade Center. The French brokerage firm Carr Futures had 139 employees on the 92d floor of the North Tower; as of Thursday, 74 had not been heard from. Thanks to globalization, the wars of terrorism know no borders.

Dividing lines of all sorts vanished in the new sense of the civilized world at bay. Gone were complaints of United States "unilateralism": country after country pledged to stand together

On Wednesday night, New Yorkers came to Washington Square Park in Greenwich Village to share sorrow and seek solace

23

Abb. 23

Desk Diary
Only $29.95
$50 Value!
Presenting the
Newsweek 2002 International Desk Diaries
by Castelli USA
Shipping and Handling
International Shipments—actual amount
Newsweek Diaries
c/o Castelli USA

Defense Secretary
Donald Rumsfeld,
Gen. Hugh Shelton and
other leaders discuss
military options at
the Pentagon
37

Abb. 24

Die Strukturdeterminiertheit des Mediums macht diesen von mir hier nur ansatzweise dokumentierten ironischen Effekt unvermeidlich. Die großen Magazine versuchen daher die Besonderheit der in Frage stehenden Ereignisse durch Specials zu würdigen, in denen monothematisch berichtet wird. Und hier tritt nun wieder das ein, was sich schon mehrfach andeutete: Die Katastrophe wird geradezu zum Gegenstand eines ästhetischen Wettbewerbs bzw. eines Spiels mit den Möglichkeiten der Darstellung des absolut Ungeheuren und Unbegreiflichen. Die architektonischen Besonderheiten des World Trade Center fordern offensichtlich dazu heraus, wie etwa im ‚kultur-SPIEGEL' (Abb. 25-26).

Da Bilder der toten oder körperlich geschundenen Opfer fast ganz tabuisiert sind, sehen wir statt Pathosformeln, statt affektiver Dokumente des Jammers, immer wieder Bilder der Ruinen mit einer gewissen Großartigkeit (Abb. 27-28), deren ästhetische Modelle wir unschwer in der bildenden Kunst, etwa bei dem Romantiker Caspar David Friedrich, ausmachen können (Abb. 29).

Wir kommen noch einmal darauf zurück.

Abb. 25

Abb. 26

Abb. 27

Abb. 28

Abb. 29

3. Fun-Medien

Zunächst noch ein Wort zu den Fun-Medien und zu den Fun-Formaten. Sie bedienen den hoch entwickelten Sektor unserer Spaß- und Unterhaltungsgesellschaft. Alles erschütternde Katastrophen wie in New York lassen sich in deren Strukturen nur schwer integrieren. Da liegt es nahe, Betroffenheit durch das eigentlich Unmögliche auszudrücken, nämlich das Nicht-Senden: Der Video-Clip-Sender VIVA sendet einen Tag lang einfach schwarz, und Harald Schmidt, der satirische Daily-Talker, taucht eine Woche lang unter.

Die Unterhaltungssender der Kirch-Gruppe werden tagelang über Stunden gleichgeschaltet, um monothematisch vom Unglück zu berichten. Viele Musiksender bringen speziell ausgewählte „ruhigere" Musik, in Amerika findet eine Titelzensur statt. „It's raining men" darf nicht mehr überall ohne weiteres gespielt werden, und selbst der alte Frank Sinatra-Song „New York, New York" fällt dem kurzzeitig zum Opfer, so wird erzählt.

Hollywood muss aus neuen Filmen plötzlich als anstößig Empfundenes herausnehmen, wie das Spinnennetz zwischen den Twin Towers im Film „Spiderman" (Abb. 30). Filmpremieren werden verschoben. Klagen über entsprechend horrende Werbeeinnahme-Verluste sind inzwischen bekannt geworden.

Abb. 30

Die Kommunikatoren der Fun-Formate und Fun-Sender haben nur wenig Spielraum. Sie können als Reaktion auf die Katastrophe ganz aussetzen, wie es VIVA getan hat, oder sie müssen Wege finden, das Schreckliche doch in ihre Struktur zu integrieren. Da es sich um Medien und Formate handelt, zu deren Basisstruktur das permanente ästhetische Spiel gehört, auf welchem Niveau auch immer, wundert es nicht, dass bereits sehr früh Versuche unternommen wurden, die Katastrophe auf strukturangemessene Weise zu verarbeiten. Ein entsprechendes Beispiel will ich jetzt am Ende genauer anschauen.

Die Katastrophe als Erhabenes

Zuvor aber nochmals die Feststellung, dass die von der reinen Chronistik und dem Zufalls-Snapshot abweichende Vertextung des Unglücks auch im Falle des 11. September allerorten zu beobachten war. Die Eigengesetzlichkeiten der Kodes und Medien schlagen immer wieder durch, weil der spielerische Umgang selbst mit dem Grauen in einer medial anspruchsvoll gewordenen Gesellschaft die Bindungen schafft, die die Medien für ihre Erfolgsbilanz brauchen.

Abb. 31

Abb. 32

Abb. 33

Abb. 34

Das Ereignis selbst ist von einer Dimension, die eine ganz bestimmte ästhetische Lösung des Darstellungsproblems herausfordert, die wir als Darstellungsmethode schon bei Caspar David Friedrich gesehen haben: die Katastrophe als Erhabenes (Abb. 31-34). Man bewältigt das Ungeheure, indem man es als Ungeheures zum Vorschein zu bringen sucht. Damit aber entzieht man es den menschlichen Dimensionen, für deren Repräsentation man z. B. mittels Pathosformeln den direkten Jammer- und Schauder-Effekt nutzen könnte, weil wir uns im vorgestellten Affekt selbst spiegeln und wiedererkennen.

Das World Trade Center war in seiner Dimension bereits menschlichem Maß entzogen und dem ästhetisch Wunderbaren zugeschlagen und so ist es auch in seinem Fall jeglicher Fassungskraft entzogen. Seine unmäßige Existenzform bedingt eine entsprechende Fallhöhe. Im Untergang des Monuments kann der geopferte Mensch nur noch abperlen, wie es die Fotos der in Todesangst Springenden zeigten (Abb. 35).

Abb. 35

Schon in der Antike hat die Rhetorik für solche Phänomene eine Theorie entwickelt. Es ist die *hýpsos-*, die Erhabenheits-Theorie, die Ps.Longin im ersten Jahrhundert vor Christus in seiner Schrift ‚*Perí Hýpsūs*'/‚Über das Erhabene' entworfen hat. Sie wurde im 18. Jahrhundert von Edmund Burke[15] und dann entscheidend von Immanuel Kant in seiner ‚Kritik der Urteilskraft' weiterentwickelt. Heute spielt sie wieder eine große Rolle in der modernen

15 E. Burke: Philosophische Untersuchung über den Ursprung unserer Ideen vom Erhabenen und Schönen. Übers. v. F. Bassenge. Neu eingeleitet u. hg. v. W. Strube. Hamburg ^{2}1989.

Kunsttheorie. Für unseren Zusammenhang ist an dieser Theorie die Feststellung der Paradoxie des Schrecklichen als positiv erlebtem Psychoereignis von Bedeutung. In unfasslichen, herausragend großen, vor allem angstbesetzten Naturerlebnissen tritt uns ein „wunderbarer Schrecken"/„a delightful Horrour", so John Dennis bereits 1688, entgegen.[16] „Ideen, die Terror produzieren", bemerkt er einige Jahre später, „tragen in großem Maße zur Erhabenheit bei". Und da Terror die heftigste Leidenschaft von allen sei, verbleibe hiervon ständig ein bleibender Eindruck, dem wir uns nicht entziehen könnten und der schwer zu entstellen sei; und keine Leidenschaft werde mit größerer Freunde wahrgenommen als „enthusiastischer Terror", welcher sich entfaltet in unserem Reflektieren darüber, dass wir außer Gefahr sind, während wir diese Gefahr zur selben Zeit vor uns sehen. Beispiel ist die bis dato dämonisierte schreckliche Alpenwelt, deren Erhabenheit die Engländer im 17./18. Jahrhundert entdecken. So auch auf einem Gemälde aus meinem Privatbesitz, das um 1700 den im Gebirge vor düsterem Himmel verlorenen kleinen Menschen zeigt (Abb. 36).

Abb. 36

[16] J. Dennis: Letter describing his crossing the Alps, dated from Turin, Oct. 25, 1688. In: Ders.: The Critical Works. Hg. v. E. N. Hooker. Bd. 2, Baltimore 43, S. 380-82, hier: S. 380.

Burke sagt in seinen Untersuchungen zu den Ideen des Erhabenen und Schönen (Sublime and Beautiful), dass alles, was Gedanken an Qual und Gefahr impliziert - „whatever is fitted in any sort to excite the ideas of pain, and danger" - oder schrecklich ist bzw. Schreckliches verhandelt - „whatever is in any sort terrible, or is conversant about terrible objects" -, eine Quelle des Erhabenen ist - „is a source of the sublime".[17] Nach Kant nimmt natürlich unser Denken die Erhabenheitszuschreibung vor, die sich auf die Größe oder Kraft einer Sache beziehen kann. Sie erzeugt anfänglich eine Unlustreaktion, schlägt dann in Lust um und kann so bedeutungsvoll für unser moralisches Bewusstsein werden, indem sie erlaubt, die Idee der Totalität zu erzeugen. In unserem Fall natürlich die Totalität des Terrors.

Die Ästhetisierung der Katastrophe: „Tribute to the World Trade Center" von Enya

Abb. 37

Der schon angesprochene Strukturzwang der Fun-Formate hat bereits einen Tag nach der Katastrophe des 11. September in New York ein Produkt hervorgebracht, das mit einem Schlag einen seit einem Jahr von der Bildfläche verschwundenen Song der Gruppe Enya zu einem Hit (für Wochen auch bei uns) und in Amerika zur Katastrophenhymne schlechthin machte. Im ursprünglichen Songtext geht es um die üblichen Liebe-Leben-Fragen mit dem Refrain:

> „Who can say
> where the road goes
> when the day flows?
> Only time!"

---

[17] E. Burke: A philosophical enquiry into the origin of our ideas of the sublime and beautiful. Ed. with an introduction and notes by James T. Boulton. London 1958, S. 39.

Und auf der Homepage dazu konnte man auf Englisch lesen: „'Only Time' ist eine erhabene (sublime) Mischung aus Romantik und Melancholie." Dies war das Stichwort für den Bearbeiter. Sein „Tribute", sein Gedenkbeitrag zum World Trade Center-Desaster, sollte dieses angeblich Erhabene der Musik ausdrücken. Der Bearbeiter unterlegte zusätzlich Katastrophen-O-Töne, einschließlich solcher von Präsident Bush, und bald gab es auch Video-Clips, die das Unglück in seiner Komposition endgültig zu einem erhabenen Wahrnehmungs-Erlebnis machen wollten. Den erfolgreichsten, nur wenige Minuten dauernden Clip will ich nun abschließend genauer erörtern (ein Bild daraus auf Abb. 37).

Er hat drei Teile:

Erstens: Eine Art Teaser oder Lead, wie es in der journalistischen Sprache heißt, d.h. in drei ganz kurz geschnittenen Einstellungen werden uns der Ort des Geschehens und die Situation vorgestellt: die – noch intakte – Skyline von New York, die brennenden Türme des World Trade Centers sowie Menschen, die in Panik fliehen. Auf der Tonspur sind O-Töne von zwei Augenzeugen zu hören: „I wasn't looking at it as I was driving past but I just heard a huge explosion." „it was like there wasn't any trouble at all with the plane, he didn't swoop at all, he just landed directly in the building. It was like ... almost like a grey black color of nature on the plane." Zäsur durch eine weiche Ausblendung.

Dann zweitens der Hauptteil, der aus zwei Sequenzen besteht:

In der ersten Sequenz werden uns Vertreter der betroffenen Gruppen in eindrücklichen knappen Szenen mit O-Ton-Komponenten vorgestellt: Wir haben anfänglich die Pathosformel des in Schutz genommenen Opfers (Einzelmensch in Angst), dann die Pathosformel angstvoll Fliehender beim Einsturz des Südturms (Masse in Angst). Als nächstes sehen wir die Opfer: Todesspringer vom World Trade Center. Dann der Zeuge, der alles gesehen hat. Bilder vom Einsturz des Nordturms. Dann der Held: ein blutüberströmter Fire-Fighter, der sich zwar ausruht, aber durch energisches Spucken Kraft signalisiert.

Die zweite Sequenz beginnt mit einer Bilderserie, die die Katastrophe in chronologischer Reihenfolge vergegenwärtigt: rauchender Südturm, Einschlag des zweiten Flugzeugs in den Nordturm, Feuer, Rauch, Explosionen, Einsturz des Südturms, Einsturz des Nordturms. Die Bilder werden wiederholt, damit es eindrücklicher wird. Aus dem Off ertönt ein Polizeikommentar, der sich auf den Pittsburgh-Absturz bezieht, dann die Stimme des „Erlösers": Präsident Bushs erster Satz nach der Katastrophe: „Two air-planes have crashed into the World Trade Center in an apparent terrorist attack on our country." Danach wieder O-Töne von Augenzeugen.

Wiederum mit einer weichen Ausblendung wird der Hauptteil abgeschlossen, und es kommt ein Epilog. Ein „Hohepriester" oder zumindest Prediger der Mediengesellschaft, ein bekannter amerikanischer Anchorman, hat das Wort: „You will remember this day as long as you live!" verkündet er.

Den Schluss bildet ein Spruchband mit der religiösen Gebetsformel: „God bless America!“

Wer wollte bezweifeln, dass es sich bei diesem Enya-Song-Clip besonderer Art um eine hochgradig ästhetisierte Konstruktion handelt, wenn auch keine besonders raffinierte. Und diese Konstruktion sorgt dafür, dass wir immer noch und immer wieder mit einem bestimmten Erlebnisgefühl reagieren, obwohl das, was da einmal real zusammenbrach, längst nicht mehr bricht.

Meine Damen und Herren,
in den Texturen der Welt ist alles möglich. Da wachsen Zigaretten, wie in Abb. 38, in einem (jetzt natürlich veralteten) New York-Führer, auf die Größe des World Trade Centers an. Nun, die Tatsachen der Außenwelt haben dafür gesorgt, dass dieses Bild eingestampft werden muss. Schluss mit „New York light“. Aber man bastelt bereits an neuen, größeren Bildkonstrukten, die uns jetzt schon die Vision eines neuen New York liefern (Abb. 39). Warten wir ab.

Abb. 38

„New York wird wieder blühen. Schöner denn je“
Donald Trump
New Yorker Baulöwe
„TÜRME DES LICHTS“
Eine Vision, so genial wie simpel: Zwei New Yorker Künstler wollen mit einem Lichtspektakel die Silhouette der Twin Towers im Himmel über Manhattan zum Leuchten bringen – weit höher als 110 Stockwerke. Voller Sarkasmus der Vorschlag eines New Yorkers im Internet (r.): vier neue Türme, einer zeigt Bin Laden den Stinkefinger
The New World Trade Center, 2005
Fuck You, Bin Laden
*** New Yorks Rudy Giuliani: Die Terroristen können unser Leben nicht stoppen ***

Abb. 39

Abbildungsverzeichnis

Abbildung 12:
Théodore Géricault: La Méduse (1818)
Abbildung 13:
Frankfurter Allgemeine Zeitung, Nr. 212/37 D (12. 09. 2001), Titelseite.
Abbildung 14:
Stuttgarter Nachrichten, Nr. 211/37. Woche/56. Jahrgang (12. 09. 2001), Titelseite
Abbildung 15:
Koblenzer Stadt-Anzeiger, Ausg. 38 A/D/11. Jahrgang (19. 09. 2001), Titelseite
Abbildung 16:
BILD-Zeitung, 213/37 (12. 09. 2001), Titelseite
Abbildung 17:
BILD-Zeitung, 215/37 (14. 09. 2001), Titelseite
Abbildung 18:
Südwestpresse, Nr. 211/152. Jahrgang (12. 09. 2001), Titelseite
Abbildung 19:
Amerikanischer Patriotismus nach der Katastrophe vom 11. September 2001
Quelle: NEWSWEEK, 24. 09. 2001, Titelseite
Abbildung 20:
„Enjoy life to your hearts's content!" (Werbung des Pharmakonzerns Aventis)
Quelle: Newsweek (Abb. 19), S. 0-1.
Abbildung 21:
Die erdverhafteten Botendienste von UPS können sich nun bestens dem unsicheren Luftraum auf der gegenüberliegenden Seite entgegensetzen
Quelle: Newsweek (Abb. 19), S. 2-3.
Abbildung 22:
„Become what you are!" New Yorkerin nach der Katastrophe und Lacoste-Werbung
Quelle: Newsweek (Abb. 19), S. 18-19.
Abbildung 23:
„Imagine!" Der Energiekonzern RWE kann das Katastrophengebiet in neuem Licht erstrahlen lassen
Quelle: Newsweek (Abb. 19), S. 22-23.
Abbildung 24:
Terminkalender gefällig? Castelli hilft! Auch den Militärs der US-Regierung
Quelle: Newsweek (Abb. 19), S. 36-37.
Abbildung 25:
Die Skyline von New York nach dem Anschlag
Quelle: kultur-SPIEGEL (Abb.7), Titelseite.